Kosten- und Erfolgsrechnung
für immaterielle Potentiale

Europäische Hochschulschriften

Publications Universitaires Européennes
European University Studies

Reihe V
Volks- und Betriebswirtschaft

Série V Series V
Sciences économiques, gestion d'entreprise
Economics and Management

Bd./Vol. 2753

PETER LANG
Frankfurt am Main · Berlin · Bern · Bruxelles · New York · Oxford · Wien

Jörg Scheffner

Kosten- und Erfolgsrechnung für immaterielle Potentiale

PETER LANG
Europäischer Verlag der Wissenschaften

Die Deutsche Bibliothek - CIP-Einheitsaufnahme

Scheffner, Jörg:

Kosten- und Erfolgsrechnung für immaterielle Potentiale /
Jörg Scheffner. - Frankfurt am Main ; Berlin ; Bern ; Bruxelles ;
New York ; Oxford ; Wien : Lang, 2001
(Europäische Hochschulschriften : Reihe 5, Volks- und
Betriebswirtschaft ; Bd. 2753)
Zugl.: Berlin, Techn. Univ., Diss., 2001
ISBN 3-631-36708-2

D 83
ISSN 0531-7339
ISBN 3-631-36708-2

www.peterlang.de

Inhaltsüberblick

Vorwort

Diese Arbeit ist aus dem Interesse an den Problemen bei der kostenrechnerischen Berücksichtigung und Abbildung der Vorleistungen, insbesondere immaterieller Vorleistungen, entstanden. Die strategische Relevanz dieser Potentiale und die unzulängliche Berücksichtigung in den innerbetrieblichen Reportingstrukturen und Reportingsystemen ist im Rahmen meiner Diplomarbeit dargestellt worden. Als Ergebnis ist ein Ausblick angestellt worden, der die Forderungen konkretisiert und Anforderungen an ein zu entwickelndes System definiert.

Ich möchte mich bei Allen bedanken, die zur Entstehung und zum Gelingen dieser Arbeit beigetragen haben. Mein besonderer Dank gilt Prof. Dr. Klaus Pohle, der mich umfassend und kritisch unterstütze und mir eine Vielzahl hilfreicher Anregungen lieferte sowie Prof. Dr. Rolf Brühl, der das Zweitgutachten übernahm. Besonders hervorheben möchte ich meinen verehrten akademischen Lehrer, Prof. Dr. Sönke Peters (†), der mich unterstützte, förderte und dessen Rat und Hilfestellung ich mich jederzeit versichern konnte.

Neben der wissenschaftlichen Unterstützung möchte ich auch die praktischen Anregungen nicht unerwähnt lassen, die ich von einer Vielzahl von Kunden, Kollegen, Freunden und Bekannten erhalten habe. Insbesondere diese Anregungen haben mich darin bestätigt dieses Thema abzuhandeln, da die Vielzahl praktischer Fälle und Probleme die Notwendigkeit der Lösung dieser Fragen nahezu aufdrängte.

Meinen Eltern gebührt der Dank und die Verehrung für die Förderung meiner Ausbildung und die mir überlassene absolute Freiheit, meine Ziele und Interessen zu verfolgen, ohne vor scheinbaren Hindernissen zu kapitulieren. Ich hoffe, diese Tugenden eines Tages an meine Kinder weitergeben zu können. Dipl.-Kommunikationswirt Anja Brehm gebührt der unendliche Dank meiner unbegrenzten und ausdauernden moralischen Unterstützung und Förderung in allen Höhen und Tiefen des Promotionslebens. Ich habe mich jederzeit ihrer vollsten moralischen und fachlichen Unterstützung und insbesondere Hilfe und Antrieb versichern können.

Inhaltsverzeichnis

Darstellungsverzeichnis

Tabellenverzeichnis

Abkürzungsverzeichnis

akt.	-	aktualisiert
Anm.	-	Anmerkung
Aufl.	-	Auflage
BB	-	Betriebs Berater (Zeitschrift)
Bd.	-	Band
bearb.	-	bearbeitet
BFuP	-	Betriebswirtschaftliche Forschung und Praxis (Zeitschrift)
CIM	-	Computer Integrated Manufacturing
DB	-	Deckungsbeitrag
DB	-	Der Betrieb (Zeitschrift)
DBW	-	Die Betriebswirtschaft (Zeitschrift)
Darst.	-	Darstellung
Diss.	-	Dissertation
durchges.	-	durchgesehen
erg.	-	ergänzt
erw.	-	erweitert
f./ff.	-	folgende/fortfolgende
FFS	-	Flexibles Fertigungssystem
FuE	-	Forschung und Entwicklung
GWA	-	Gemeinkostenwertanalyse
HBR	-	Harvard Business Review (Zeitschrift)
Hrsg./hrsg.	-	Herausgeber/herausgegeben
ibL	-	innerbetriebliche Leistungsverrechnung
IO	-	Industrielle Organisation (Zeitschrift)
JfB	-	Jahrbuch für Betriebswirtschaft
Jg.	-	Jahrgang
Krp	-	Kostenrechnungspraxis (Zeitschrift)
N.A.C.A.	-	National Association of Cost Accountants
neubearb.	-	neubearbeitet
N. F.	-	Neue Folge
NL	-	Nachleistungen
o.	-	ohne
PR	-	Public Relations
QM	-	Qualitätsmanagement
RKW	-	Rationalisierungs-Kuratorium der Deutschen Wirtschaft
S.	-	Seite/Seiten
Sp.	-	Spalte/Spalten
SzU	-	Schriften zur Unternehmensführung (Zeitschrift)
Tab.	-	Tabelle/Tabellen
TQM	-	Total Quality Management
überarb.	-	überarbeitet
unveränd.	-	unverändert
verb.	-	verbessert
vgl.	-	vergleiche
VL	-	Vorleistungen
vollst.	-	vollständig
VuB	-	Der Volks- und Betriebswirt (Zeitschrift)

WiSt	-	Wirtschaft und Studium (Zeitschrift)
Wisu	-	Das Wirtschaftsstudium (Zeitschrift)
Wpg	-	Die Wirtschaftsprüfung (Zeitschrift)
ZBB	-	Zero Base Budgeting
ZFB	-	Zeitschrift für Betriebswirtschaft
ZfbF	-	Schmalenbachs Zeitschrift für betriebswirtschaftliche Forschung
ZfhF	-	Zeitschrift für handelswissenschaftliche Forschung
ZfO	-	Zeitschrift für Organisation

A. Einleitung

I. Ausgangssituation und Problemstellung

Vor dem Hintergrund steigender Unternehmens- und Umweltdynamiken steigen die Anforderungen an das interne Rechnungswesen, diese Veränderungen und Zusammenhänge abzubilden und entscheidungsrelevante Informationen bereit zu stellen. Die Veränderungen des Unternehmensumfeldes können mit erhöhtem Wettbewerb, Internationalisierung und Globalisierung, kürzeren Marktzyklen und komplexeren Entstehungszyklen beschrieben werden.[1] Diese Veränderungen erfordern von den Unternehmen kürzere Reaktions- und Realisierungszeiträume der getroffenen Maßnahmen.

Die Unternehmen versuchen diesen Veränderungen mit Effizienz- und Effektivitätsverbesserungen entgegen zu treten und einen Wettbewerbsvorsprung zu erzielen, bzw. einen Wettbewerbsnachteil zu kompensieren. Die Maßnahmen der Unternehmen werden beispielsweise in Kostensenkungsmaßnahmen, Gemeinkostenanalysen, Outsourcing, Reengineering, Redesign, Prozeßanalysen, Organisationsstrukturanalysen, etc. realisiert.

Neben der Kombination der traditionellen Produktionsfaktoren werden in erhöhtem Maße Faktoren eingesetzt, die das Merkmal der Immaterialität erfüllen. Hierunter wird im allgemeinen Wissen subsumiert, welches insbesondere in der Forschung und Entwicklung, der Werbung, dem Qualitäts- und dem Produktionsmanagement, der Rationalisierung und der Personalentwicklung produziert und genutzt wird. Das produzierte oder erworbene Wissen stellt ein Potential dar, welches dem Unternehmen zur Verfügung steht und in Kombination mit den materiellen Produktionsfaktoren eingesetzt wird. Die Bedeutung des Wissens ist in den vergangenen Jahren zunehmend erkannt worden und wird als Wissens- oder Knowledge Management institutionalisiert, indem eine Sammlung und Dokumentation in Datenbanken angestrebt wird, die den Entscheidungsträgern erhöhte Transparenz verschafft und eine systematische Verwertung des Wissens erlaubt.

Zur Erfüllung der Zwecke der Kosten- und Erfolgsrechnung hat eine Planung, Kontrolle und Abbildung der in immateriellen Potentialen resultierenden Kostenströme zu erfolgen, deren Kostenentstehung sich von den materiellen Potentialen insbesonde-

---

1 Vgl. auch REICHMANN, T./NEUKIRCHEN, R., Potentialanalyse 1998, S. 340-341.

re durch die Langfristigkeit in Aufbau und Nutzung sowie die gemeinsame Nutzung durch verschiedene Kostenträger und Organisationseinheiten unterscheidet. Insbesondere in der Kalkulation führt eine fehlende oder fehlerhafte Verrechnung zu verzerrten Kosteninformationen, die die Grundlage weiterer Planungen bilden.

In den traditionellen Verfahren der Kosten- und Erfolgsrechnung werden die Probleme, die aus veränderten Kosten- und Erfolgsstrukturen resultieren, nur unzureichend abgebildet und führen zu Informationen, die die Forderungen nach Entscheidungsrelevanz und Veranlassungsgerechtigkeit nicht erfüllen können. Insbesondere in der kurzfristigen Erfolgsrechnung als Produkt- oder Artikelergebnisrechnung führen falsche oder pauschale Kostenzuordnungen zu Verzerrungen und beeinflussen den Erfolgsausweis und die Produktpolitik der Unternehmen.[1] Aufgrund der Ergebnisse der Kosten- und Erfolgsrechnung können Entscheidungen des Managements zu suboptimalen Entscheidungen führen, die sich in suboptimalen Strategien und Erfolgen niederschlagen.

In Theorie und Praxis sind in der Vergangenheit unterschiedliche Systeme entwickelt worden, deren gemeinsames Ziel in der Bewältigung der skizzierten Veränderungen und Probleme bestehen. Diesen Entwicklungen ist gemein, daß sie die besonderen Probleme immaterieller Potentiale identifizieren, die Lösung dieser Probleme zumeist jedoch in einem anderen Kontext erfolgt, weshalb eine Fokussierung auf die immateriellen Potentiale bisher unterblieb.

---

1 Vgl.: MÄNNEL, W., Integration 1999, S. 11.

II. Ziele der Arbeit

Zur Berücksichtigung der skizzierten Probleme der immateriellen Potentiale sind die vorherrschenden Systeme der Kosten- und Erfolgsrechnung zu erweitern und an die dargestellten Veränderungen und Auswirkungen anzupassen. Hierzu werden die immateriellen Potentiale gekennzeichnet und ihre besonderen Probleme dargestellt, welche zugleich die Anforderungen an das zu entwickelnde System darstellen.

Das zu entwickelnde System deckt die Anforderungen an die Kosten- und Erfolgsrechnung vollständig ab. Zur Erfüllung dieses Zieles werden die existierenden Ansätze bezüglich immaterieller Potentiale dargestellt und die Anforderungen an die Kosten- und Erfolgsrechnung definiert.

Die Basis des zu entwickelnden Systems stellen die existierenden Verfahren der Kostenträgerstückrechnung und der Kostenträgerzeitrechnung dar. Das zu entwickelnde System orientiert sich an diesen Systemen und zeigt die notwendigen Anpassungen und Transformationsprozesse bezüglich der Abbildung der immateriellen Potentiale.

Im Fokus dieser Arbeit stehen einerseits Planung und Kontrolle immaterieller Potentiale sowie andererseits die Verrechnung dieser Kosten im Zuge der Kostenträgerstück- und der Kostenträgerzeitrechnung. Durch die Verbindung zu den bestehenden Systemen der Kosten- und Erfolgsrechnung kann aus praktischer Sicht die Notwendigkeit und Möglichkeit der Erweiterung der im Einsatz befindlichen Systeme vorgenommen werden. In theoretischer Sicht werden die Probleme und Unzulänglichkeiten des Status quo herausgearbeitet und ein an den definierten Anforderungen und Notwendigkeiten orientiertes System konzipiert, entwickelt und realisiert.

In einem ersten Schritt werden die Eigenschaften, die Bedeutung und die Probleme im Zusammenhang mit der Abbildung immaterieller Potentiale in den Systemen der Kosten- und Erfolgsrechnung herausgearbeitet. Dieser Schritt verfolgt das Ziel, die immateriellen Potentiale zu identifizieren und die Notwendigkeit der besonderen Berücksichtigung zu bestimmen. Die Notwendigkeit einer Anpassung der bestehenden Systeme wird durch die Darstellung der bestehenden Systeme und die Abbildung der immateriellen Potentiale in ihnen unterstrichen.

Die aufgedeckten Erfordernisse an die Systeme der Kosten- und Erfolgsrechnung des ersten Schrittes werden im zweiten Schritt umgesetzt, indem die Ziele der Planung und Kontrolle dieser Kostenart definiert und die Umsetzung dargestellt wird. In diesem Schritt werden die Unterschiede zu den bestehenden Systemen verdeutlicht und anhand von Zahlenbeispielen und Szenarien belegt.

Ein weiteres Ziel stellt die Verrechnung der Kosten immaterieller Potentiale neben Planung und Kontrolle dar. Die Formen der gewählten Verrechnung werden an den Anforderungen an die Systeme der Kosten- und Erfolgsrechnung ausgerichtet und liefern eine konsistente und umfassende Berücksichtigung dieser Prinzipien. Die Auswirkungen auf die Ziele und Zwecke der Kostenträgerstückrechnung sowie auf die Kostenträgerzeitrechnung werden ebenfalls durch umfangreiche Zahlenbeispiele verdeutlicht, indem mehrfach unterschiedliche Szenarien entwickelt werden.

III. Methodik der Arbeit

Im ersten Abschnitt wird die Problemstellung der immateriellen Potentiale thematisiert, indem immaterielle Potentiale definiert und systematisiert werden. Die definierten Problembereiche bestimmen zugleich den Anforderungskatalog an das zu entwickelnde System. Im Anschluß werden die Bereiche immateriellen Potentiale im Unternehmen dargestellt, ihre Bedeutung für die unternehmerischen Zielsetzungen herausgearbeitet und bereits existierende Ansätze überprüft. Abschließend werden die besonderen Problembereiche dieser Kosten herausgearbeitet.

Im zweiten Abschnitt werden die Anforderungen an das Informationsversorgungssystem bezüglich Planung und Kontrolle herausgearbeitet. Die Brücke zu dem zu entwickelnden System wird geschlagen, indem die Behandlung dieser Kosten in den existierenden Systemen der Kosten- und Erfolgsrechnung aufgezeigt und ausführlich einer kritischen Analyse unterzogen wird.

Im dritten Abschnitt werden Planung und Kontrolle der Kosten und Erlöse immaterieller Potentiale untersucht. Auf die zuvor dargestellten Ergebnisse aufbauend werden notwendige Anpassungen vorgenommen und ein konsistentes System zur Planung und Kontrolle dieser Kosten entwickelt.

Im vierten Abschnitt wird das an immateriellen Potentialen orientierte System der Kosten- und Erfolgsrechnung konzipiert. Grundlage dieser Konzeption ist die Betrachtung des Lebenszyklus, anhand dessen Kostenvolumen, Deckungsvorgaben und Erfolge bestimmt werden. Die besonderen Probleme werden an Abweichungen und deren Behandlung dargestellt. Abschließend wird das konzipierte System in einer ganzheitlichen Form dargestellt und seine Anwendung auf die Periodenerfolgsrechnung vorgenommen. Darüber hinaus werden auftretende Probleme durch Abweichungen aufgezeigt und deren Behandlung erläutert.

B. Begriff und Abgrenzung immaterieller Potentiale

I. Der Begriff immaterielle Potentiale

1. Die Eigenschaften der Potentiale

In der Betriebswirtschaftslehre werden Potentiale im Zusammenhang mit der Einteilung der Produktionsfaktoren genannt.[1] Hierbei werden die elementaren Produktionsfaktoren danach unterschieden, ob sie bei ihrem Einsatz im Kombinationsprozeß der Leistungserstellung unmittelbar verbraucht oder lediglich gebraucht werden. Elementare Produktionsfaktoren, die unmittelbar verbraucht werden, werden Repetier- oder Verbrauchsfaktoren genannt. Hiervon zu unterscheiden sind die Potentialfaktoren, die gebraucht werden und demnach mehrmals in aufeinander folgenden Kombinationsprozessen zum Einsatz gelangen können.[2] Beispielhaft sollen die ausführende menschliche Arbeit, Maschinen und maschinelle Anlagen, Grundstücke oder Gebäude als materielle Potentialfaktoren, sowie Rechte, Patente, Lizenzen und auch das Wissen als mögliche Formen immaterieller Potentialfaktoren genannt werden.[3]

Bedingt durch die Möglichkeit des mehrfachen Einsatzes im Kombinationsprozeß (Gebrauch) verfügen Potentialfaktoren über ein Bündel von Nutzungsmöglichkeiten, das als Leistungspotential bezeichnet wird.[4] In seiner Darstellung kennzeichnet BRUHN Potentialfaktoren als dauerhafte Produktivfaktoren, deren unteilbare Einheiten ein Bündel möglicher, nur im Zeitablauf ausnutzbarer Faktoreinsatzmengen in sich tragen.[5]

---

1 Vgl. hierzu ausführlich Kapitel B.II.1 dieser Arbeit.

2 Vgl.: PETERS, S./BRÜHL, R./STELLING, J. N., Betriebswirtschaftslehre 1997, S. 116; BRUHN, E.-E., Potentialfaktoren 1965, S. 71; KEIL, A., Controlling 1991, S. 179; DIEDERICH, H., Betriebswirtschaftslehre 1989, S. 137; RICHERT, E., Marketingpotential 1992, S. 79; HUMMEL, S./MÄNNEL, W., Kostenrechnung I 1990, S. 133.

3 Vgl.: SCHOLL, K./DITTMAR, J., Prototyping 1996, S. 190. Zu materiellen und immateriellen Potentialen vgl. auch KREIKEBAUM, H., Potentialanalyse 1971, S. 262.

4 Vgl.: PAMPEL, J. R., Ressourcenorientierung 1996, S. 321-322; BRUHN, E.-E., Potentialfaktoren 1965, S. 6; KILGER, W., Plankostenrechnung 1993, S. 133-134; KNOLMAYER, G., Potentialplanung 1989, Sp. 1672; PETERS, S./BRÜHL, R./STELLING, J. N., Betriebswirtschaftslehre 1997, S. 116-117; HAHN, D., PuK 1996, S. 21-22. Die Begriffe Leistungspotential und Nutzungspotential werden synonym verwendet, vgl. RIEBEL, P., Einzelkostenrechnung 1994, S. 72, Fußnote 33; DIEDERICH, H., Betriebswirtschaftslehre 1989, S. 137.

5 Vgl.: BRUHN, E.-E., Potentialfaktoren 1965, S. 6; FREIDANK, C.-C., Kostenrechnung 1994, S. 38; HUMMEL, S./MÄNNEL, W., Kostenrechnung I 1990, S. 133; RIEBEL, P., Einzelkostenrechnung 1994, S. 72, Fußnote 33.

Neben diesen Eigenschaften resultieren aus Produktionsfaktoren feste Kostenströme, die von der Leistungsgeschwindigkeit unabhängig und zur betrieblichen Leistungserstellung notwendig sind.[1] Demnach definiert BRUHN Potentialfaktoren als die "substantiell unteilbare Einheit des dauerhaften Produktivfaktors als Träger eines Bündels möglicher zukünftiger Faktoreinsatzmengen."[2]

"Da immaterielle Güter im Prozeß der Leistungserstellung und Leistungsverwertung nicht verbraucht, sondern lediglich genutzt werden, haben immaterielle Investitionen stets die Entstehung von Potentialfaktoren zur Folge."[3] GAS unterscheidet folgende immaterielle Investitionen:

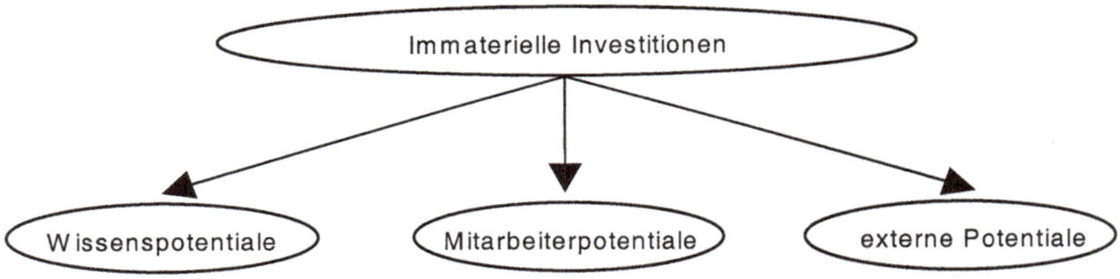

Darst. 1: Immaterielle Investitionen
Quelle: GAS, B., Wirtschaftlichkeitsrechnung 1971, S. 19

(1) Wissenspotentiale

Die Wissenspotentiale entstehen durch menschliche Erkenntnisse mit dem Ziel, die Effizienz wirtschaftlichen Handelns bei Entscheidungen zu steigern.[4] Hierzu entstehen im Unternehmen Ausgaben für die Beschaffung des Wissens durch Erwerb oder Produktion sowie für die Erhaltung des Wissens.[5] Die Wissenserhaltung resultiert aus der Vergänglichkeit der Wissenspotentiale durch Veralterung, Trivialisierung oder Überholung durch technischen Fortschritt.[6]

---

1 Vgl.: BÜHNER, R., Organisationslehre 1994, S. 13.

2 BRUHN, E.-E., Potentialfaktoren 1965, S. 74. In seiner Darstellung der Potentialfaktoren bezieht BRUHN sich jedoch auf materielle Potentiale, die als technisch-institutionelle Voraussetzung der Leistungserstellung betrachtet werden. Zur Kennzeichnung der Potentiale ist diese Sichtweise jedoch irrelevant. Vgl. auch KREIKEBAUM, H., Unternehmensplanung 1993, S. 43.

3 GAS, B., Wirtschaftlichkeitsrechnung 1971, S. 19. Vgl. auch KNOLMAYER, G., Potentialplanung 1989, Sp. 1676; ALBRECHT, F., Management 1993, S. 70.

4 Vgl.: BINDER, M., Steuerung 1998, S. 359; PÜMPIN, C., Dynamik-Prinzip 1992, S. 49.

5 Vgl.: ALBRECHT, F., Management 1993, S. 70.

6 Vgl.: GAS, B., Wirtschaftlichkeitsrechnung 1971, S. 20-22.

(2) Mitarbeiterpotentiale

Die Mitarbeiterpotentiale entstehen durch menschliche Erfahrungen. Hierzu werden Mitarbeiter angeworben oder ausgebildet. Das Ziel besteht in der Steigerung der Leistungsfähigkeit der Mitarbeiter im Sinne einer erhöhten Realisierung der Unternehmensziele.[1]

(3) Externe Potentiale

Die Entstehungsursache externer Potentiale ist die menschliche Einstellung externer Personen zum Unternehmen. Durch die Instrumente der Wirtschaftswerbung soll die Unternehmensumwelt in eine für das Unternehmen positive Richtung beeinflußt werden.[2]

2. Die Eigenschaften der Immaterialität

Die Eigenschaften der Immaterialität können von denen der Materialität durch das Merkmal der Gegenständlichkeit differenziert werden. Hierbei wird die Materialität als sachlich, körperlich und gegenständlich betrachtet.[3] WITTE kennzeichnet die Immaterialität als "nicht körperlich faßbar und nicht inventarisierbar."[4] "Es handelt sich hier um Werte, die dem Leistungs- und Umsatzprozeß der Unternehmung dienen, aber sie schlagen sich nicht in einer sichtbaren Substanz nieder, deren Erscheinung be„greif"bar wäre."[5] Immaterielle Güter können demnach nur dann vorliegen, wenn sie durch keinerlei Substanz repräsentiert werden.[6] Als Beispiele werden neben Patenten und Erfindungen besonders Wissen, Kenntnisse und Erkenntnisse als Ergebnisse geistiger Leistungen hervorgehoben.[7]

---

1 Vgl.: BÜHNER, R., Organisationslehre 1994, S. 12-14; PÜMPIN, C., Dynamik-Prinzip 1992, S. 49-52; GAS, B., Wirtschaftlichkeitsrechnung 1971, S. 20 und 43-46. Vgl. auch REICHMANN, T./NEUKIRCHEN, R., Potentialanalyse 1998, S. 341.

2 Vgl.: PÜMPIN, C., Dynamik-Prinzip 1992, S. 49; GAS, B., Wirtschaftlichkeitsrechnung 1971, S. 20, 63-65.

3 Vgl.: HARTMANN, B., Wirtschaftsgut 1972, S. 290; STÜDEMANN, K., Güter 1985, S. 347; VEIT, K.-R., Vermögensgegenstände 1990, S. 170; RICHTER, M., Anlagewerte 1990, S. 11.

4 WITTE, E., Investitionen 1962a, S. 210. Vgl. auch KOSIOL, ERICH: Kalkulatorische Buchhaltung (Betriebsbuchhaltung), 5. Aufl., Wiesbaden 1953, S. 85.

5 WITTE, E., Investitionen 1962a, S. 210. Vgl. auch VEIT, K.-R., Vermögensgegenstände 1990, S. 170; PFEIFFER, T., Wirtschaftsgut 1984, S. 336; BÜHNER, R., Organisationslehre 1994, S. 13.

6 Vgl.: GAS, B., Wirtschaftlichkeitsrechnung 1971, S. 8-9.

7 Vgl.: KOSSACK, E., Wirtschaftsgüter 1960, S. 12-14; JÄGER, J., Planung 1976, S. 9; HARTMANN, B., Wirtschaftsgut 1972, S. 290; STÜDEMANN, K., Güter 1985, S. 347; RICHTER, M., Anlagewerte 1990, S. 11-12; VORMBAUM, H./FRANZ, K.-P./RAUTENBERG, H. G., Forschung 1980, S. 184-185; (Fortsetzung ...)

Neben dem Kriterium der Gegenständlichkeit weist GAS auf die Substanzveränderung als weiteres notwendiges Kriterium hin. Er definiert materielle Investitionen als Investitionen in Güter, bei denen eine Substanzveränderung zugleich eine Wertveränderung bewirkt.[1] Im Gegensatz hierzu werden die Ergebnisse immaterieller Investitionen in Form von Wissen oder Erkenntnissen auf materiellen Datenträgern gespeichert, die jedoch nur materielle Begleiterscheinungen darstellen.[2] Zeichnungen oder Modelle als Datenträger gehen nicht in den Produktionsprozeß mit ein und unterliegen somit keinem Verbrauch. Folglich ist ein weiteres Merkmal der Immaterialität, daß eine Substanzveränderung auf die Höhe des Wertes des immateriellen Gutes keinen Einfluß hat.[3]

KOSSACK nennt als weiteres Merkmal immaterieller Güter deren Individualität in der Entstehung.[4] Bedingt durch das Entstehen dieser Güter durch immaterielle Investitionen sind die Ergebnisse in Form von Wissen und Kenntnissen an die geistige Leistung gebunden und können nicht als Massenprodukte erstellt werden. Hiervon zu unterscheiden ist die Verbreitung des erlangten Wissens. Diese kann sehr wohl durch Vervielfältigung die Kennzeichen der Massenproduktion annehmen und sich somit vom Unternehmen lösen.

Immaterielle Güter werden nicht verbraucht, sondern lediglich gebraucht.[5] Die Folge ist die Entstehung von Potentialfaktoren, die im vorherigen Abschnitt dargestellt wurden. Darst. 2 verdeutlicht zusammenfassend die Merkmale der Immaterialität:

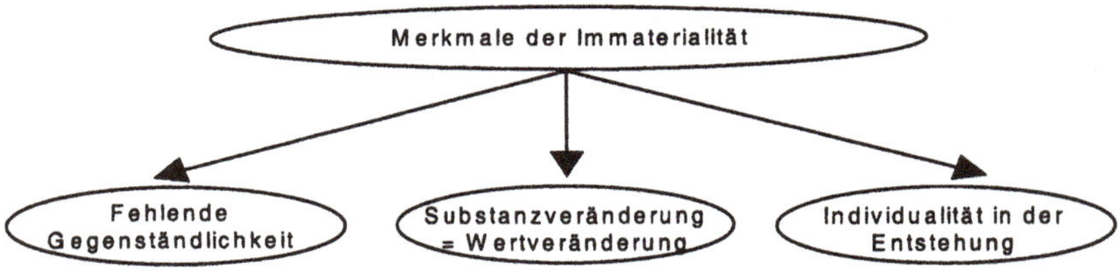

Darst. 2: Merkmale der Immaterialität

ZIEGLER, H., Leistungen 1982, S. 816; MOXTER, A., Immaterielle Vermögensgegenstände 1986, S. 246; LAßMANN, G., Periodenerfolg 1988, S. 224; KREIKEBAUM, H., Potentialanalyse 1971, S. 262.

1 Vgl.: GAS, B., Wirtschaftlichkeitsrechnung 1971, S. 10.

2 Vgl.: JÄGER, J., Planung 1976, S. 9.

3 Vgl.: GAS, B., Wirtschaftlichkeitsrechnung 1971, S. 11.

4 Vgl.: KOSSACK, E., Wirtschaftgüter 1960, S. 31-32. Vgl. auch JÄGER, J., Planung 1976, S. 11.

5 Vgl.: GAS, B., Wirtschaftlichkeitsrechnung 1971, S. 19.

II. Die Systematisierung der immateriellen Potentiale

1. Die immateriellen Potentiale im System der betrieblichen Produktionsfaktoren

a. Das System der Produktionsfaktoren

Zur Erfüllung des Betriebszwecks werden im Unternehmen Güter in Form von Sach- und Dienstleistungen erstellt, die das Ergebnis des Prozesses der betrieblichen Leistungserstellung darstellen.[1] Im Rahmen des Leistungserstellungsprozesses werden Güter niederer Ordnung in Güter höherer Ordnung umgewandelt.[2] Die Güter niederer Ordnung werden als Input des Leistungserstellungsprozesses bezeichnet und derart miteinander kombiniert, daß Güter höherer Ordnung als gewünschter Output resultieren. Die als Input verwendeten Güter werden als Produktionsfaktoren bezeichnet, deren Systematik auf GUTENBERG zurückgeht.[3]

Zu den Produktionsfaktoren zählen Betriebsmittel, Werkstoffe, bzw. Leistungsobjekte und menschliche Arbeit.[4] Die menschliche Arbeit unterteilt sich in ausführende Arbeit und dispositive menschliche Arbeit. Darst. 3 verdeutlicht die getroffene Abgrenzung.

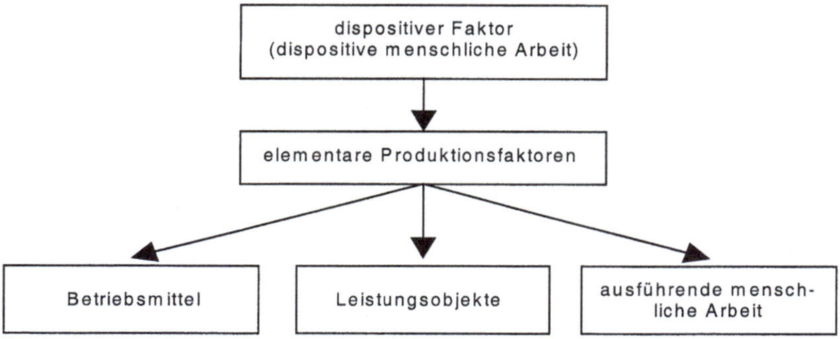

Darst. 3: Das System der Produktionsfaktoren
Quelle: PETERS, S./BRÜHL, R./STELLING, J. N., Betriebswirtschaftslehre 1997, S. 115

---

1 Zur Darstellung und Bedeutung der Geschäftsprozesse vgl. KLEIN, A./VIKAS, K., Überblick 1999, S. 83-87.

2 Vgl.: PETERS, S./BRÜHL, R./STELLING, J. N., Betriebswirtschaftslehre 1997, S. 114.

3 Vgl.: GUTENBERG, E., Produktion 1979, S. 3-9; HOITSCH, H.-J., Produktionswirtschaft 1993, S. 2; ZÄPFEL, G., Produktionswirtschaft 1982, S. 2-3.

4 Vgl.: GUTENBERG, E., Produktion 1979, S. 3; DIEDERICH, H., Betriebswirtschaftslehre 1989, S. 136; WÖHE, G., Einführung 1993, S. 83-84; STEINBUCH, P./OLFERT, K., Fertigungswirtschaft 1993, S. 21; FREIDANK, C.-C., Kostenrechnung 1994, S. 31-32.

Die Aufgabe des dispositiven Faktors besteht in der Kombination der elementaren Produktionsfaktoren.[1] Der dispositive Faktor wird auch als Management des Betriebes bezeichnet und besteht aus einem originären und einem derivativen Teil.[2] Dem originären Teil, bzw. der Unternehmensleitung, unterliegt die Erfüllung der obersten, nicht delegierbaren Aufgaben der Unternehmensführung. Der derivative Teil umfaßt die Aufgaben Planung, Organisation und Kontrolle, die an nachgeordnete Instanzen delegiert werden können.

Die elementaren Produktionsfaktoren können in Repetierfaktoren, bzw. Verbrauchsfaktoren, sowie in Potentialfaktoren, bzw. Bestandsfaktoren, eingeteilt werden. Repetierfaktoren können nur einmal im Leistungserstellungsprozeß verwendet werden und werden verbraucht.[3] Hierzu zählen als Leistungsobjekte Roh- oder Hilfsstoffe, als Betriebsmittel beispielsweise die Betriebsstoffe. Potentialfaktoren können im Leistungserstellungsprozeß mehrmals verwendet werden und werden gebraucht. Hierzu zählen die ausführende menschliche Arbeit und als Betriebsmittel Gebäude, Maschinen oder Werkzeuge.[4]

b. Die Einordnung der immateriellen Potentiale

Im Rahmen des Kombinationsprozesses werden neben den genannten Produktionsfaktoren zunehmend Informationen als weiterer Produktionsfaktor benötigt.[5] Informationen sind zweckorientiertes Wissen, das zur Erreichung des Zweckes einer möglichst vollkommenen Disposition eingesetzt wird.[6] Der Bedarf an Informationen resul-

---

1 Vgl.: GUTENBERG, E., Produktion 1979, S. 5-6 und S. 131-136; HOITSCH, H.-J., Produktionswirtschaft 1993, S. 2; JEHLE, E./MÜLLER, K./MICHAEL, H., Produktionswirtschaft 1994, S. 1; KIENER, S./MAIER-SCHEUBECK, N./WEISS, M., Produktions-Management 1993, S. 9-10.

2 Vgl.: PETERS, S./BRÜHL, R./STELLING, J. N., Betriebswirtschaftslehre 1997, S. 115-116; WÖHE, G., Einführung 1993, S. 87.

3 Vgl.: JEHLE, E./MÜLLER, K./MICHAEL, H., Produktionswirtschaft 1994, S. 27; PIROTH, E., Potentialkosten 1984, S. 14-15; ZÄPFEL, G., Produktionswirtschaft 1982, S. 3; KILGER, W., Plankostenrechnung 1993, S. 134-135; KIENER, S./MAIER-SCHEUBECK, N./WEISS, M., Produktions-Management 1993, S. 10; DIEDERICH, H., Betriebswirtschaftslehre 1989, S. 137; WEBER, J., Kostenrechnung 1993, S. 33.

4 Vgl.: PETERS, S./BRÜHL, R./STELLING, J. N., Betriebswirtschaftslehre 1997, S. 116; JEHLE, E./MÜLLER, K./MICHAEL, H., Produktionswirtschaft 1994, S. 16.

5 Vgl.: ALBRECHT, F., Management 1993, S. 59; SERFLING, K., Controlling 1992, S. 12; ZANGL, H., Durchlaufzeiten 1985, S. 19-24.

6 Vgl.: WITTMANN, WALDEMAR: Unternehmung und unvollkommene Information - Unternehmerische Voraussicht, Ungewißheit und Planung, Köln/Opladen 1959, S. 14; ALBRECHT, F., Management 1993, S. 33. Vgl. auch HORVÁTH, P., Controlling 1994, S. 357; WEBER, J., Controlling (Fortsetzung ...)

tiert aus steigenden Anforderungen sowohl an die ausführende, als auch an die dispositive menschliche Arbeit. Die Gründe dieser Entwicklung liegen im Wandel der Märkte, im technischen Fortschritt, in Arbeitsteilung und Spezialisierung begründet. JEHLE/MÜLLER/MICHAEL führen an, daß bis zu 75% der Belegschaft eines Unternehmens sich mit der Erfassung, Verarbeitung und Übermittlung von Informationen beschäftigen.[1]

Informationen erstrecken sich über sämtliche Produktionsfaktoren.[2] Sie sind durch Projektion und Konstruktion Bestandteil der Betriebsmittel, die beispielsweise eine neuartige Fertigungstechnik ermöglichen. Neue Werkstoffe als Leistungsobjekte ermöglichen eine schnellere und genauere Verarbeitung.[3] Von größter Relevanz jedoch sind die an den Menschen gebundenen Informationen. Durch die Einstellung eines neuen Mitarbeiters hofft das Unternehmen, sein Wissen und seine Kenntnisse entsprechend der unternehmerischen Zielsetzung einzusetzen. Neben dieser externen Beschaffung spielt die Erweiterung des Wissens im Unternehmen eine bedeutende Rolle.[4]

Die extern beschafften Informationen, d.h. das in Betriebsmitteln, Leistungsobjekten und Menschen inkorporierte Wissen, ist von keiner weiteren Bedeutung, da es mit den Gütern fest verbunden ist und somit keinen eigenständigen Produktionsfaktor darstellt. Eine Aufteilung des Gutes in physische Leistung und enthaltene Information ist für die weitere Betrachtung nicht notwendig.[5] Im Gegensatz hierzu zählen die zur Wissenserweiterung notwendigen Informationen zu den Produktionsfaktoren in Form von Vorleistungen, wie z.B. die Ergebnisse eines Forschungsvorhabens oder einer Konsumentenanalyse.

In Analogie zu der Einteilung der elementaren Produktionsfaktoren kann die Information ebenfalls charakterisiert werden. Als Potentialfaktoren stehen Informationen

---

1995, S. 170; PIROTH, E., Potentialkosten 1984, S. 20. Zum Wissensbegriff vgl. ALBRECHT, F., Management 1993, S. 31-47.

1 Vgl.: JEHLE, E./MÜLLER, K./MICHAEL, H., Produktionswirtschaft 1994, S. 48; ZANGL, H., Durchlaufzeiten 1985, S. 59-62.

2 Vgl.: EVERSHEIM, W./FUHLBRÜGGE, M., Kostenbewertung 1993, S. 36.

3 Vgl.: ALBRECHT, F., Management 1993, S. 59. An dieser Stelle werden ausschließlich die Werkstoffe als Teil der Leistungsobjekte betrachtet. Zur Systematik der Leistungsobjekte vgl. PETERS, S./BRÜHL, R./STELLING, J. N., Betriebswirtschaftslehre 1997, S. 118-121.

4 Die Erweiterung des Wissens erfolgt in aller Regel intern, kann aber auch extern durch Beratung, Software, Literatur erfolgen; vgl. hierzu PIROTH, E., Potentialkosten 1984, S. 21.

5 Vgl.: PIROTH, E., Potentialkosten 1984, S. 22.

dem Unternehmen langfristig zur Verfügung und können über mehrere Perioden hinweg genutzt werden.[1] Als Repetierfaktor kommt der Information die Aufgabe der Kommunikation zu, indem Informationen im Unternehmen verarbeitet und übermittelt werden.[2] Diese Prozesse sind Bestandteil der menschlichen Arbeit und somit nicht als eigenständiger Produktionsfaktor darstellbar. Insofern stellen nur diejenigen Informationen Produktionsfaktoren dar, die der Wissenserweiterung dienen, da sie Potentialcharakter besitzen.[3] Darst. 4 verdeutlicht die Stellung der Informationen im System der Produktionsfaktoren.[4]

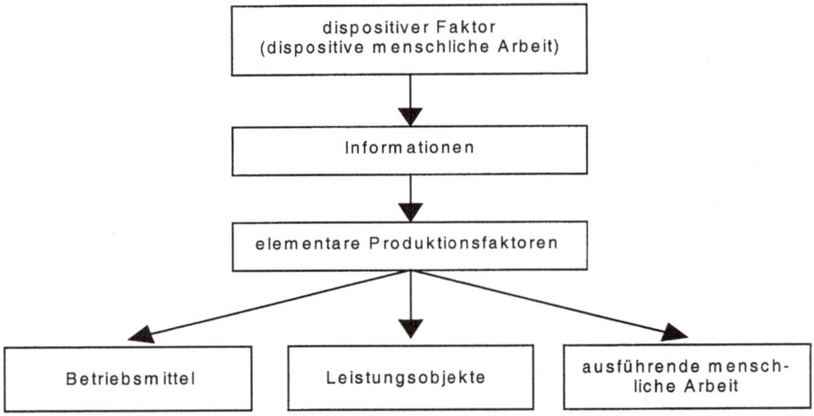

Darst. 4: Die Information im System der Produktionsfaktoren

---

1 Vgl.: PAMPEL, J. R., Ressourcenorientierung 1996, S. 322; EVERSHEIM, W./FUHLBRÜGGE, M., Kostenbewertung 1993, S. 38. Hierzu zählen die bereits genannten Forschungsergebnisse oder Ergebnisse des Qualitätsmanagement.

2 Vgl.: PIROTH, E., Potentialkosten 1984, S. 24.

3 Vgl.: PIROTH, E., Potentialkosten 1984, S. 25.

4 Die Informationen, die in den Elementarfaktoren enthalten sind, werden in dieser Darstellung nicht weiter berücksichtigt. Vgl. im Gegensatz zu dieser Darstellung JEHLE, E./MÜLLER, K./MICHAEL, H., Produktionswirtschaft 1994, S. 1, die Informationen als Elementarfaktor auffassen. Vgl. hierzu auch das System der Produktionsfaktoren von WITTMANN, WALDEMAR: Betriebswirtschaftslehre, in: Handwörterbuch der Wirtschaftswissenschaften (HdWW), Bd. 1, hrsg. von W. ALBERS, Stuttgart u. a. 1977, S. 585-609, hier S. 589-590. Anders hingegen BUSSE VON COLBE, WALTHER/LAßMANN, GERT: Betriebswirtschaftstheorie, Bd. 1, Grundlagen, Produktions- und Kostentheorie, Berlin/Heidelberg/New York 1988, S. 81.

2. Die zeitliche Extension der immateriellen Potentiale

Die zeitliche Extension der immateriellen Potentiale bezieht sich auf die zeitliche Lage der Potentiale im Verhältnis zu einem betrachteten Bezugsobjekt. Ein Ziel dieser Arbeit besteht in der Verrechnung der Kosten des Aufbaus der Potentiale auf Kostenträger. Hierbei ist die Kostenträgerrechnung von besonderem Interesse, da bei Entscheidungen über immaterielle Potentiale deren Ausmaß quantifiziert werden soll und sein Einfluß auf den Erfolg des Unternehmens dargestellt wird. Da die Erlöse aus den Kostenträgern des Unternehmens resultieren, wird die zeitliche Extension, soweit möglich, in Bezug zu den Kostenträgern dargestellt.

Die zeitliche Extension wird im Lebenszyklus der Kostenträger abgebildet. Zu unterscheiden sind *immaterielle Vorleistungen* und *immaterielle Nachleistungen* als Formen der immateriellen Potentiale, vgl. Darst. 5.[1]

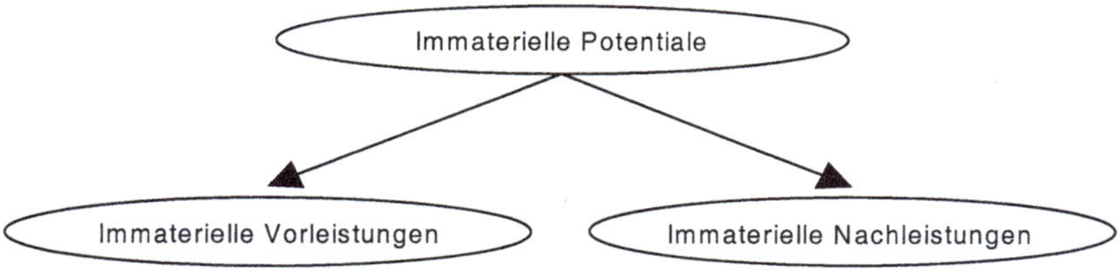

Darst. 5: Zeitliche Unterteilung immaterieller Potentiale

Bei der Unterteilung der immateriellen Potentiale soll der Zeitpunkt der Bereitstellung oder Verfügbarkeit als Entscheidungszeitpunkt für die weitere kostenrechnerische Behandlung gewählt werden. Des weiteren soll versucht werden, eine Beziehung zum Markteinführungszeitpunkt eines Produktes herzustellen, da hierdurch eine ganzheitliche Lebenszyklusbetrachtung ermöglicht wird. Dieser Zeitpunkt wird als Entscheidungszeitpunkt gewählt, da der bedeutende Anteil der Vorleistungen abgeschlossen ist und die Form der Verrechnung bestimmt werden muß. Hierbei ist es irrelevant, ob die Nachleistungskosten während des Marktzyklus entstehen oder erst im Anschluß hieran, vgl. Darst. 6.

---

1 Vgl. auch ZEHBOLD, C., Kostenbeeinflussung 1996, S. 46-47.

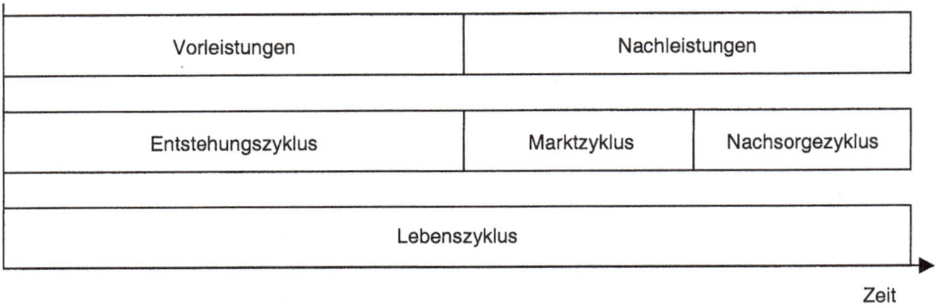

Darst. 6: Zeitliche Lage der Vor- und Nachleistungen im Lebenszyklus
Quelle: In Anlehnung an BACK-HOCK, A., Ergebnisrechnung 1992, S. 706

Die Nachleistungen erstrecken sich über den Marktzyklus hinaus, da nach Beendigung der Degenerationsphase Auslauf-, Entsorgungs-, Service- und Garantiekosten anfallen.[1] Diese Phase kann als *Nachsorgezyklus* bezeichnet werden.[2]

3. Der sachliche Umfang der immateriellen Potentiale

In diesem Abschnitt wird untersucht, inwieweit sich immaterielle Potentiale als Vorleistung und/oder Nachleistung differenzieren lassen. Des weiteren wird untersucht, ob eine produktbezogene Zuordnung vorgenommen werden kann. Das Ziel der Zuordnung besteht in der Verrechnungsmöglichkeit auf Kostenträger. Vorleistungen werden im Entscheidungszeitpunkt kalkulatorisch verrechnet. Nachleistungskosten sind in ihrer Höhe und ihrem zeitlichen Ausmaß zu planen und ebenfalls im Entscheidungszeitpunkt kalkulatorisch (vor-) zu verrechnen. Wenn im folgenden das Bereitstellungsdatum als Entscheidungszeitpunkt gewählt wird, handelt es sich um Kosten immaterieller Potentiale, die keinen Produktbezug besitzen und periodenbezogen verrechnet werden, vgl. Darst. 7.

Im Rahmen der Forschung und Entwicklung (FuE) stellen die angewandte Forschung und die Entwicklung Vor- und Nachleistungen dar, da sie eine finale Beziehung zu den Kostenträgern aufweisen.[3] Die Grundlagenforschung hingegen ist nicht

---

1 Vgl.: FRÖHLING, O., Kostenmanagement 1994, S. 37-44; BACK-HOCK, A., Ergebnisrechnung 1992, S. 703, S. 706; KILGER, W., Kostenträgerrechnung 1986, S. 30.

2 Vgl.: BRÜHL, R., Kosten- und Erfolgsrechnung 1996, S. 309.

3 Vgl. Kapitel C.I.4. dieser Arbeit.

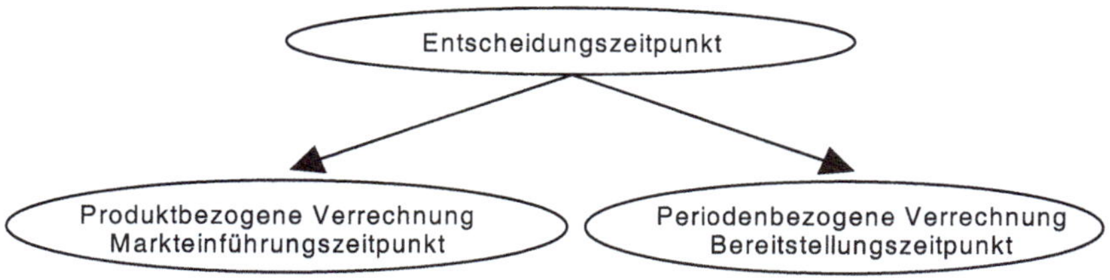

Darst. 7: Entscheidungszeitpunkt der Verrechnung immaterieller Potentiale

an einer praktischen Anwendbarkeit interessiert und steht zu den Kostenträgern in keinem finalen Verhältnis. Hier bestimmt der Bereitstellungszeitpunkt den Entscheidungszeitpunkt, vgl. Darst. 8.

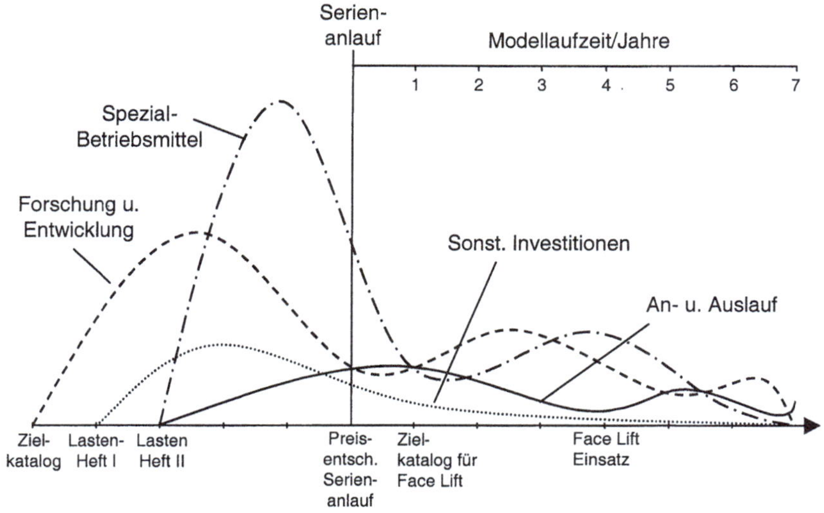

Darst. 8: Entwicklung von Ausgaben über die Modellaufzeit
Quelle: LAßMANN, G., Serienfertigung 1984, S. 968

Im Marketing werden die Werbung und die Verkaufsförderung produktbezogen durchgeführt. Hierbei liegen sowohl Vor- als auch Nachleistungen vor, da diese Maßnahmen nicht mit der Markteinführung enden. Eine finale Beziehung zu den Absatzprodukten liegt demgemäß vor. Bei der Marktforschung und der Öffentlichkeitsarbeit ist diese Beziehung nicht herstellbar, da diese Maßnahmen gesamtunternehmensbezogen geplant werden und der Bereitstellungszeitpunkt Ausgangspunkt der

Verrechnung ist. Auch in diesen Fällen handelt es sich sowohl um Vor- als auch Nachleistungen.

Im Produktionsmanagement werden Potentiale für das gesamte Produktionsprogramm geplant und eingesetzt. Durch den zunehmenden Einsatz flexibel einsetzbarer Systeme wird eine direkte Zuordnung auf einzelne Produkte erschwert. Dennoch kann der Markteinführungszeitpunkt als Entscheidungszeitpunkt verwendet werden, da die Kosten produktbezogen entstehen. Diese Potentiale lassen sich größtenteils als Vorleistungen determinieren, da sie die Voraussetzung einer späteren Leistungserstellung bilden.

Das Qualitätsmanagement umfaßt ebenfalls Vor- und Nachleistungen, da Planungs- und Kontrollentscheidungen auch während der Marktphase getroffen werden. Produktbezogen tritt hier eine ähnliche Situation wie im Produktionsmanagement auf, da die Qualitätsplanung zumeist analog durchgeführt wird. Im Bereich der Personalentwicklung können Vorleistungen produktbezogen bestimmt werden, wenn die Maßnahme durch ein zukünftiges Produkt oder eine neue Technologie veranlaßt ist. Kosten der Personalentwicklung, die keinen direkten Produktbezug besitzen, können vom Bereitstellungsdatum an verrechnet werden.

Die Rationalisierung besitzt in der Regel nur eine geringe Beziehung zu den Kostenträgern, da diese Maßnahmen für das Gesamtunternehmen oder Teilbereiche geplant werden. Hierdurch kann eine genauere Zuordnung zu Kostenträgern nicht vorgenommen werden. Als Entscheidungszeitpunkt wird die Bereitstellung gewählt. Eine Unterteilung in Vor- und Nachleistung in diesem Bereich muß unterbleiben.

Abschließend sei nochmals auf die Schwierigkeit der Zuordnung als Vorleistung oder Nachleistung hingewiesen. Die vorgenommenen Unterteilungen sind nicht allgemeingültig und unterliegen in starkem Maße den spezifischen Charakteristika einzelner Unternehmen.

III. Die Behandlung immaterieller Potentiale in der Betriebswirtschaftslehre

1. Die Darstellung von KNAYER

KNAYER weist auf Kosten hin, die sich nicht in das bestehende Schema der Kostenrechnung einordnen lassen. Als Beispiele nennt er Aufwendungen für Werbung und Öffentlichkeitsarbeit, für Forschung und Entwicklung, für die Weiterbildung der Mitarbeiter, für Betriebsverbesserungen, Berichtswesen und Beratungen sowie für erneuernde Instandhaltungen. Zweck dieser Leistungen ist es, "die Stellung des Unternehmens zu halten, auszubauen, zu verbessern, und zwar durch taktische Maßnahmen."[1]

KNAYER weist auf die Unmöglichkeit hin, diese Kosten als fix oder variabel im herkömmlichen Sinne einzuteilen. Die Variabilität dieser Leistungen fehlt, da sie mit dem Ausstoß und der Beschäftigung allenfalls eine mittelbare Beziehung besitzen und sich eher antizyklisch verhalten.[2] Eine Einteilung als fixe Kosten ist ebenfalls nicht möglich, da "ein Federstrich, ein Vorstands- oder Aufsichtsratsbeschluß (...) einen guten Teil davon alsbald zum Verschwinden bringen" kann.[3] Ebenso können sich die Leistungen innerhalb kürzester Zeit sprunghaft erhöhen. Die Veränderlichkeit dieser Leistungen wird ausschließlich durch Dispositionen der Unternehmensführung determiniert.[4]

Als zweiten Unterschied nennt KNAYER die zeitliche Lage dieser Leistungen im Vergleich zum Auftragseingang. Die herkömmliche Einteilung läßt die Kosten als Folge des Auftragseingangs entstehen. Erst nach Auftragseingang entstehen Kosten für die Beschaffung und die Erstellung von Produktionsfaktoren. Bei den Taktischen Kosten gehen die Kosten dem Auftragseingang voraus.[5] Zu den Eigenschaften dieser Leistungen zählt die Unterstützung und Förderung der später folgenden Auftragseingänge. Des weiteren besitzen die Taktischen Leistungen eine hohe Nachwirkung.[6]

---

1 KNAYER, M., Taktische Kosten 1971, S. 20, im Original teilweise hervorgehoben. Taktische Kosten definiert KNAYER als Kosten, die einen schnellen Erfolg auf mittlere Sicht erwarten lassen; vgl. KNAYER, M., Taktische Kosten 1974, S. 169; ZWERGEL, A./FRITZ, G., Taktische Kosten 1973, S. 202-204.

2 Vgl.: KNAYER, M., Taktische Kosten 1974, S. 170; ZWERGEL, A./FRITZ, G., Taktische Kosten 1973, S. 202.

3 KNAYER, M., Taktische Kosten 1971, S. 19.

4 Vgl.: KNAYER, M., Taktische Kosten 1974, S. 170; ROGALSKI, E., Taktische Kosten 1974, S. 275.

5 Vgl.: KNAYER, M., Taktische Kosten 1971, S. 21. Vgl. auch die Beispiele bei KNAYER, M., Taktische Kosten 1974, S. 169-170.

6 Vgl.: KNAYER, M., Taktische Kosten 1974, S. 170-171.

Eine dritte Unterscheidung trifft KNAYER bezüglich der Verrechnungsmöglichkeiten der Taktischen Kosten. Stellt bereits die Erfassung der Kosten ein großes Problem dar, so ist die Bestimmung und Zuordnung von Erlösen ungleich schwieriger, wenn nicht unmöglich.[1] Eine Veränderung der Höhe der Taktischen Kosten zeigt eine abweichende und unproportionale Veränderung der Erträge. In einem unteren Bereich können keine Erträge erzielt werden, bevor nicht eine gewisse Mindestleistung und somit Mindestkosten erbracht werden. Nach einem Mittelfeld stark positiv korrelierender Kosten und Erträge sinken die Erträge wieder im höheren Bereich, auch wenn die Kosten weiterhin gleichmäßig ansteigen, vgl. Darst. 9.[2]

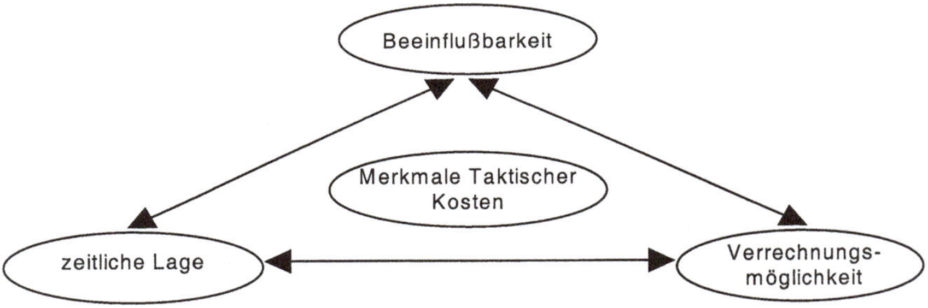

Darst. 9: Merkmale Taktischer Kosten nach KNAYER

Obwohl KNAYER die Bedeutung der Taktischen Kosten frühzeitig erkannt hat, kann mit seiner Einteilung dieser Kosten nicht in allen Punkten übereingestimmt werden. Der Haupteinwand richtet sich gegen die Einteilung der Taktischen Kosten als weder fixe noch variable Kostenart. "Fixe Kosten sind (...) beschäftigungsunabhängige Kosten, und ihre Höhe ist damit für eine bestimmte Periode unabhängig von der erstellten Leistungsmenge fest gegeben."[3] Die Taktischen Kosten sind gemäß dieser Definition fixe Kosten, deren Veränderung unabhängig von der erstellten Leistungsmenge resultiert.

---

1 Vgl.: KNAYER, M., Taktische Kosten 1971, S. 21; KNAYER, M., Taktische Kosten 1974, S. 172; ROGALSKI, E., Taktische Kosten 1974, S. 276.

2 Vgl.: KNAYER, M., Taktische Kosten 1971, S. 21.

3 PETERS, S./BRÜHL, R./STELLING, J. N., Betriebswirtschaftslehre 1997, S. 209, im Original teilweise hervorgehoben. Ebenso FREIDANK, C.-C., Kostenrechnung 1994, S. 36; RIEBEL, P., Einzelkostenrechnung 1994, S. 763; KILGER, W., Plankostenrechnung 1993, S. 48-52; GUTENBERG, E., Produktion 1979, S. 338; COENENBERG, A. G., Kostenrechnung 1993, S. 53; KUNZ, B. R., Differenziertheit 1983, S. 450.

Das von KNAYER angeführte Argument gegen die Einteilung als fixe Kosten, nämlich die Determinierung durch Dispositionen der Unternehmensleitung, richtet sich allenfalls auf die Abbaufähigkeit der Taktischen Kosten. Auch hier muß angezweifelt werden, ob die Taktischen Kosten durch einen „Federstrich" oder einen Beschluß des Vorstandes alsbald zum Verschwinden gebracht werden können, da es sich vornehmlich um beschäftigungsfixe Personalkosten handelt, deren Abbaufähigkeit sich zeitlich, je nach Kündigungsfrist, über mehrere Monate oder Quartale erstreckt.[1] Ein Unterschied zu herkömmlichen Fixkosten ist in diesem Punkt nicht feststellbar.

Im Gegensatz zu der Einteilung in fixe Kosten sind die weiteren Unterschiede der Taktischen Kosten sehr wohl relevant für den Fortgang dieser Untersuchung. Zum einen nennt KNAYER die zeitliche Lage, bzw. den Kostenanfall, der vor dem Auftragseingang liegt. Diesem Charakteristikum wird in der Literatur durch die Bezeichnung *Vorleistungen* oder *Vorleistungskosten* Rechnung getragen. Hierzu zählen Kosten, bzw. Leistungen, die vor Beginn des Produktionsprozesses anfallen.[2] Diese Leistungen stellen Produktionsfaktoren dar, die das Erreichen der Unternehmensziele ermöglichen oder erleichtern. Die Eigenschaft der Nachwirkung wird derart berücksichtigt, daß diese Leistungen als Potentiale behandelt werden. Des weiteren werden die Eigenschaften der problematischen Erfassung, Verrechnung und Ermittlung von anteiligen Erlösen ebenfalls im Verlaufe dieser Untersuchung eingehend dargestellt.

2. Der Ansatz von KILGER

KILGER hat die Bedeutung und die Problematik der Taktischen Kosten erkannt und spricht von Vorleistungskosten.[3] "*Vorleistungskosten* sind Kosten, die dazu dienen, zeitungebundene Nutzungspotentiale zu schaffen, welche die Voraussetzungen dafür bilden, daß in zukünftigen Perioden die Stellung einer Unternehmung im Markt verbessert wird oder sich zumindest nicht verschlechtert."[4]

---

1 Vgl. hierzu Kapitel D.III.1.c.ca.(3) dieser Arbeit.

2 Vgl.: ZEHBOLD, C., Kostenbeeinflussung 1996, S. 46.

3 Vgl.: ALBACH, H., Unternehmenstheorie 1987, S. 22-23; KILGER, W., Grenzplankostenrechnung 1983, S. 70.

4 KILGER, W., Plankostenrechnung 1993, S. 270-271. Vgl. auch PAMPEL, J. R., Ressourcenorientierung 1996, S. 321-322; BÜHNER, R., Organisationslehre 1994, S. 13; RICK-LENZE, R., Fixkostenmanagement 1992, S. 203.

Auch KILGER kennzeichnet diese Kosten als weder kapazitätsdeterminiert fix, noch ausbringungsabhängig variabel.[1] "Das charakteristische Merkmal dieser Kosten besteht darin, daß mit ihrer Hilfe im voraus Leistungspotentiale für spätere Perioden geschaffen werden, welche die Voraussetzung dafür bilden, daß bestimmte Produktions- und Absatzmengen realisiert werden können."[2] In Analogie zu KNAYER stellt er ebenfalls fest, daß diese Kosten eine leichte Veränderbarkeit besitzen, bedingt durch die Dispositionen der Unternehmensleitung.[3]

Von den fixen Kosten unterscheiden sich die Vorleistungskosten durch die Tatsache, daß sie keine Kapazitäten schaffen, sondern zeitungebundene Nutzungspotentiale. Mit den fixen Kosten gemein haben sie die mangelnde funktionale Beziehung zur späteren Nutzung, nachdem die Entscheidung über die Maßnahme gefallen ist. Aus diesen Eigenschaften heraus fordert KILGER die Bildung einer dritten Kostenkategorie für die Vorleistungskosten, vgl. Darst. 10.[4]

Auch KILGERS Einordnung der Vorleistungskosten kann nicht uneingeschränkt gefolgt werden. Der Einwand richtet sich erneut gegen die Einteilung als weder fixe noch variable Kosten.[5] KILGER weist darauf hin, daß Vorleistungskosten aus der Fixkostenproblematik resultieren und diesen sehr nahe stehen.[6] Zuvor sind die fixen Kosten als beschäftigungsunabhängig und für eine bestimmte Periode von der Leistungsmenge unabhängig definiert worden. Dieses Merkmal ist ebenfalls für die Vorleistungskosten zutreffend.[7] Ein Vergleich der Kostenarten in den Vorleistungsberei-

---

1 Vgl.: KILGER, W., Grenzplankostenrechnung 1983, S. 70.

2 KILGER, W., Einführung 1987, S. 52; ALBACH, H., Unternehmenstheorie 1987, S. 22-23.

3 Vgl.: KILGER, W., Einführung 1987, S. 52.

4 Vgl.: KILGER, W., Einführung 1987, S. 52. Ablehnend gegenüber einer dritten Kostenkategorie äußert sich HAX, KARL: Rezension zu WOLFGANG KILGER, Einführung in die Kostenrechnung, in: ZfbF, 29. Jg. (1977), S. 560-562, hier S. 561. Vgl. hierzu auch KILGERS Stellungnahme in: KILGER, W., Plankostenrechnung 1993, S. 295, Fußnote 55.

5 Vgl.: BRÜHL, R., Kosten- und Erfolgsrechnung 1996, S. 306.

6 Vgl.: KILGER, W., Einführung 1987, S. 52; ALBACH, H., Unternehmenstheorie 1987, S. 22.

7 KILGER, W., Einführung 1987, S. 36, definiert die Kapazität "als die maximale Beschäftigung, die (ein) Teilbereich während eines bestimmten Zeitraumes realisieren kann". Im Sinne KILGERS dürften durch Vorleistungen somit keine Kapazitäten im Sinne maximaler Beschäftigung oder Ausbringung geschaffen werden. Doch genau dieses Ziel wird mit Maßnahmen der Rationalisierung oder Aus- und Weiterbildungsmaßnahmen verfolgt; vgl. hierzu die Abschnitte B.IV.7 und B.IV.6 dieser Arbeit. Die Kapazität wird neben der Anzahl vorhandener Betriebsmittel und der Intensität ebenfalls durch die Anzahl vorhandener Mitarbeiter bestimmt. Die Erhöhung des Wissens und der Kenntnisse sowie Fähigkeiten der Arbeitskräfte, beispielsweise im Bürobereich, wirkt sich, bei Konstanz aller übrigen Bestimmungsfaktoren, direkt auf die Leistung in Form einer Leistungserhöhung aus. Zu Beschäftigung und Kapazität vgl. KILGER, W., Einführung 1987, S. 35-36.

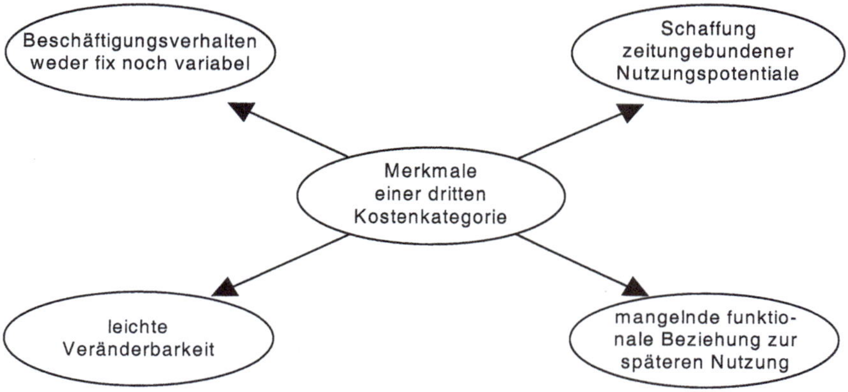

Darst. 10: Merkmale einer dritten Kostenkategorie nach KILGER

chen mit denen in den übrigen Unternehmensbereichen verdeutlicht die getroffene Abgrenzung. Es dominieren die beschäftigungsunabhängigen Personalkosten.[1] Aufgrund dieser Identität der Kostenarten ist eine weitere Einteilung als dritte Kostenkategorie überflüssig.[2]

Es ist unbestritten, daß Vorleistungskosten eine Reihe von unterschiedlichen Merkmalen gegenüber beschäftigungsunabhängigen Fixkosten aufweisen, nicht jedoch nach dem Kriterium der Veränderlichkeit bei Beschäftigungsänderungen. Die von KILGER dargestellten zentralen Unterschiede beziehen sich auf die zeitliche Lage und den mangelnden Zusammenhang zur späteren Leistungserstellung, die unter Umständen überhaupt nicht erfolgt.[3]

KILGER charakterisiert zurecht, daß Vorleistungskosten Nutzungspotentiale schaffen, welche in zukünftigen Perioden die Stellung eines Unternehmens positiv beeinflussen.[4] Diese Nutzungspotentiale sind jedoch nicht *zeitungebunden*. Hierunter wird verstanden, daß die Zeit eine unabhängige Variable in Bezug auf die Vorleistungen darstellt und diese quantitativ und qualitativ nicht beeinflußt. Dies ist nicht bei allen

1 Vgl.: MÄNNEL, W., Kostenrechnung 1993, S. 166.

2 Vgl.: BRÜHL, R., Kosten- und Erfolgsrechnung 1996, S. 306.

3 Auf die Charakterisierung der Vorleistungskosten als sunk costs wird an anderer Stelle dieser Arbeit Bezug genommen.

4 Zum Potentialbegriff vgl. KNOLMAYER, G., Potentialplanung 1989, Sp. 1675.

Vorleistungen der Fall. Eine zeitungebundene Nutzung ist bei dokumentierten Ergebnissen oder Patenten durchaus möglich. Erbrachte Vorleistungen als Werbung, Öffentlichkeitsarbeit oder Aus- und Weiterbildung unterliegen einem Verzehr im Zeitablauf, z.B. bedingt durch das Vergessen als Informationsverlust der beteiligten Personen im Zeitablauf.[1]

Eine erfolgreiche Werbekampagne kann die Nachfrage sprunghaft erhöhen lassen. Ergebnisse der Konsumentenforschung zeigen, daß die Nachfrage mit der Werbeintensität positiv korreliert.[2] Eine einmalige Werbekampagne verliert schon nach wenigen Monaten an Wirkung und die zuvor angestiegene Nachfrage sinkt wieder ab. Ähnlich verhält es sich mit dem durch Weiterbildungsmaßnahmen vermittelten Wissen, welches sich im Zeitablauf verringert, wenn es nicht regelmäßig benötigt wird. Analoges gilt für das Image eines Unternehmens in der Öffentlichkeit, welches durch langjährige Öffentlichkeitsarbeit positiv geprägt wurde. Stellt das Unternehmen diese Maßnahmen ein, verliert das Image im Laufe der Zeit an Bedeutung im Bewußtsein der Konsumenten.[3]

Auch die von KILGER erwähnte "kurzfristige Veränderbarkeit" muß bezweifelt werden, da, wie bereits ausgeführt, die Personalkosten dominieren und der Anteil fixer Kosten überwiegt. Insofern ist bei diesen Kostenarten im Vergleich keine leichtere Veränderbarkeit gegeben. Läßt ein Unternehmen Vorleistungen extern erstellen, so z.B. Werbekampagnen, Weiterbildungs- oder Rationalisierungsmaßnahmen, ist es vertraglich gebunden und muß vereinbarte Kündigungsfristen wahren. Eine leichtere Veränderbarkeit gegenüber anderen Fixkosten ist somit nicht zu erkennen.

---

1 Die Entwertung des Wissens durch Fortschritt und neue Erkenntnisse (Halbwertzeit des Wissens) ist hier nicht Gegenstand der Betrachtung.

2 Vgl.: NIESCHLAG, R./DICHTL, E./HÖRSCHGEN, H., Marketing 1988, S. 574-575.

3 Vgl.: KNOLMAYER, G., Potentialplanung 1989, Sp. 1676; ROGALSKI, E., Taktische Kosten 1974, S. 276.

IV. Die Darstellung ausgewählter Vorleistungen

1. Vorbemerkungen

In diesem Abschnitt werden die Formen immaterieller Potentiale in Unternehmen dargestellt. Es ist hierbei eine allgemeingültige Darstellung beabsichtigt. Die Formen und besonders die Bedeutung der immateriellen Potentiale können unternehmens- und branchenbezogen differieren. Die hier gewählte Unterteilung erhebt keinen Anspruch auf Vollständigkeit, obwohl der größte Teil der immateriellen Potentiale abgedeckt werden soll. Die Ausprägungen können in den Unternehmen unterschiedlich sein, so daß eine Überschneidung zwischen einzelnen Formen stattfinden kann. Dies ist besonders bei der Rationalisierung, dem Produktionsmanagement und dem Qualitätsmanagement möglich, vgl. Darst. 11.

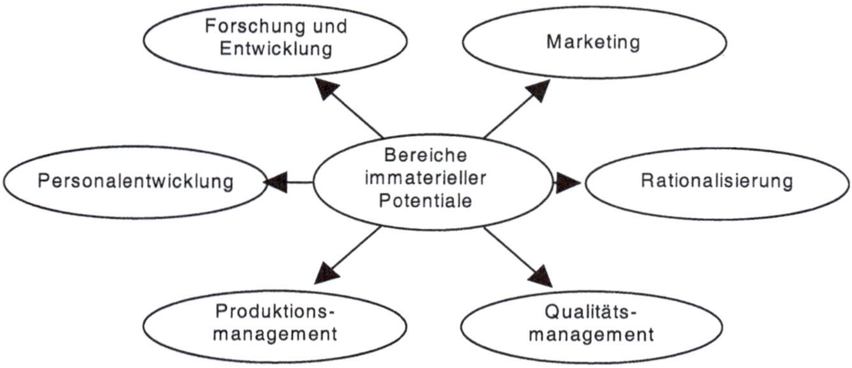

Darst. 11: Bereiche immaterieller Potentiale

2. Forschung und Entwicklung

"Forschung und Entwicklung ist eine Kombination von Produktionsfaktoren, die die Gewinnung neuen Wissens ermöglichen soll."[1] Ziel des FuE-Prozesses ist die planmäßige, systematische und methodische Gewinnung neuen technischen Wissens,

---

1 BROCKHOFF, K., Forschung 1994, S. 35, im Original hervorgehoben. Vgl. auch SCHÄTZLE, G., Forschung 1965, S. 1, S. 9 und S. 12, der von der Produktion oder der Erzeugung neuen technischen Wissens spricht; MELLEROWICZ, K., Forschung 1958, S. 10; KÜNZLI, E., Forschungsplanung 1984, S. 42; VEIT, K.-R., Behandlung 1992, S. 453.

welches die Erreichung der Unternehmensziele in zukünftigen Perioden gewährleisten soll.[1] Das neue Wissen konkretisiert sich in neuen oder verbesserten Produkten, Produktionsprozessen oder Anwendungsmöglichkeiten herkömmlicher Produkte.[2]

Die FuE-Aktivitäten sind Teil eines umfassenden Innovationsprozesses.[3] Der erfolgreiche Abschluß eines Forschungs- und Entwicklungsprojektes führt zunächst zu einer Erfindung oder Invention. Eine vielversprechende Invention erfordert des weiteren Vorleistungen für Fertigungsvorbereitung, Markterschließung, Produktion und Marketing. Erst die gelungene Verwertung der Leistung führt zu einer Produkt- oder Prozeßinnovation, vgl. Darst. 12.[4]

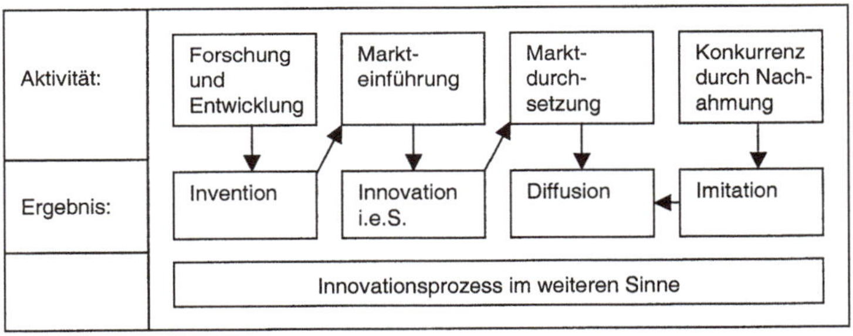

Darst. 12: Der Innovationsprozeß im weiteren Sinne
Quelle: BROCKHOFF, K., Forschung 1994, S. 30

Die Erhaltung einer konstanten Umsatzhöhe erfordert rechtzeitig neue Produkte, deren Absatz die schrumpfenden Umsätze älterer Produkte kompensieren. Eine Erhöhung der Umsätze erfordert demgemäß weitaus intensivere FuE-Anstrengungen. "So wird plausibel, daß FuE heute zu wirtschaftlichen Ergebnissen morgen führt."[5] Im Rahmen der FuE kommt dem Stand des Wissens eine besondere Bedeutung zu,

---

1 Vgl.: BROCKHOFF, K., Forschung 1994, S. 161; TANSKI, J., Kostenplanung 1984, S. 3 und S. 33-42; MARTIN, T. A., Forschungscontrolling 1992, S. 11-12 und S. 25; FRÖHLING, O., Controlling 1990, S. 67; TYLL, Á., Forschung 1989, S. 71-75; VORMBAUM, H./FRANZ, K.-P./RAUTENBERG, H. G., Forschung 1980, S. 183.

2 Vgl.: SCHÄTZLE, G., Forschung 1965, S. 9-10, S. 19 und besonders S. 43-54, der technisches Wissen im weiten Sinne und Information gleichsetzt, da es sich hierbei um zweckorientiertes Wissen handelt. Vgl. auch BROCKHOFF, K., Forschung 1993, S. 167; KÜNZLI, E., Forschungsplanung 1984, S. 48-49.

3 Vgl.: BROCKHOFF, K., Forschung 1994, S. 35 und S. 50.

4 Vgl.: BROCKHOFF, K., Forschung 1994, S. 28; SCHÄTZLE, G., Forschung 1965, S. 2 und S. 42.

5 BROCKHOFF, K., Forschung 1993, S. 167-168. Vgl. auch MELLEROWICZ, K., Forschung 1958, S. 34-38; UNTERGUGGENBERGER, S., Problematik 1972, S. 263.

da dieses das Potential zur Schaffung objektiv neuen Wissens in Form immaterieller Werte darstellt.[1] Die in der Definition des Begriffs FuE genannten Produktionsfaktoren bestehen in erster Linie in der kreativen menschlichen Tätigkeit sowie geistigen Anstrengungen.[2] "Wissen wird im produktionstheoretischen Sinne zu einem Produktionsfaktor."[3]

Der Prozeß der Wissensgewinnung und -verwertung ist mit großer technischer und wirtschaftlicher Unsicherheit belastet. Technische Unsicherheiten begründen zeitliche und finanzielle Überschreitungen des geplanten Projektes. Wirtschaftliche Unsicherheiten existieren bei der Verwertung der Innovation am Markt.[4]

Die im Rahmen dieser Arbeit gewählte Phaseneinteilung des FuE-Prozesses in Grundlagenforschung, angewandte Forschung und Entwicklung hat eine weite Verbreitung gefunden.[5] Jedoch können nicht sämtliche FuE-Aktivitäten eindeutig einer der drei Phasen zugeordnet werden, noch werden die Phasen stets identisch eingeteilt, vgl. Darst. 13.[6]

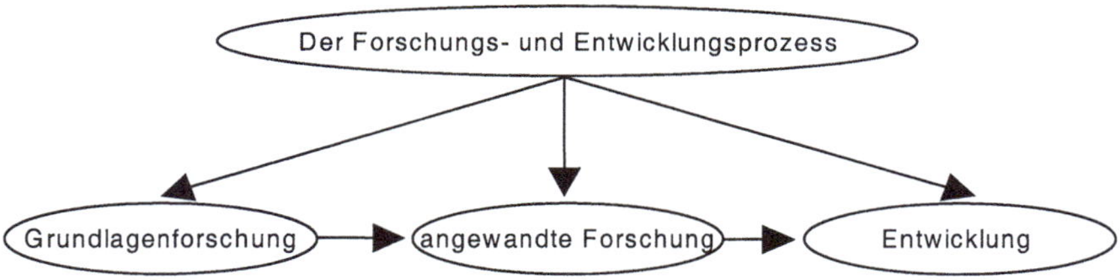

Darst. 13: Der Forschungs- und Entwicklungsprozeß

---

1 Vgl.: TANSKI, J., Kostenplanung 1984, S. 54-55; JÄGER, J., Planung 1976, S. 9. Aus der getroffenen Abgrenzung folgt, daß Zufallsentdeckungen, Freizeit- und Liebhaberbeschäftigungen oder zielloses Herumprobieren nicht Gegenstand des Forschungs- und Entwicklungsprozesses sind. Zur Abgrenzung des objektiv neuen Wissens vgl. SCHÄTZLE, G., Forschung 1965, S. 14-16, sowie S. 66-67.

2 Vgl.: TANSKI, J., Kostenplanung 1984, S. 73-75; EVERLING, W., Entwicklungskosten 1962, S. 255.

3 BROCKHOFF, K., Forschung 1994, S. 37.

4 Vgl.: MELLEROWICZ, K., Forschung 1958, S. 43-57; KÜNZLI, E., Forschungsplanung 1984, S. 68-75; JÄGER, J., Planung 1976, S. 13-19; UNTERGUGGENBERGER, S., Problematik 1972, S. 264.

5 Vgl.: BROCKHOFF, K., Forschungsprojekte 1973, S. 23-27, der einen Überblick über mögliche Gliederungsschemata vermittelt; BERTHEL, J./HERZHOFF, S./SCHMITZ, G., F&E-Management 1990, S. 35; MARTIN, T. A., Forschungscontrolling 1992, S. 16-20 und S. 47.

6 Vgl.: BROCKHOFF, K., Forschung 1994, S. 37-40.

(a) Die Grundlagenforschung

"Grundlagenforschung ist ausschließlich auf die Gewinnung neuer wissenschaftlicher Erkenntnisse gerichtet, ohne überwiegend an dem Ziel einer praktischen Anwendbarkeit orientiert zu sein."[1] Das Ziel der Grundlagenforschung besteht somit in der Produktion allgemeiner Kenntnisse grundsätzlicher Art, die nicht unmittelbar praktisch verwertet werden können und keinen direkten Produkt-, bzw. Prozeßbezug aufweisen.[2]

Die Ergebnisse der Grundlagenforschung werden in der angewandten Forschung als Mitteleinsatz der weiteren Tätigkeiten verwendet. Hierbei geht man davon aus, daß die angewandte Forschung zeitlich nach der Grundlagenforschung beginnt.[3] Die Tatsache, daß aus den Ergebnissen der Grundlagenforschung Erlöse erst mit großer zeitlicher Verzögerung resultieren, läßt eine geringe Bedeutung dieses Bereichs zur Erreichung der Unternehmensziele vermuten. Die Ergebnisse empirischer Untersuchungen deuten jedoch darauf hin, daß Grundlagenforschung stärker als die sonstige Forschung und Entwicklung zum Produktivitätswachstum beiträgt.[4]

Das Grundlagenwissen wird systematisch und methodisch auf praktische Probleme angewendet und reduziert in diesem Bereich Zeit und Aufwand zur Problemlösung. Insofern führen neue Erkenntnisse der Grundlagenforschung, wenn auch zeitlich verzögert, zu neuen Erkenntnissen der angewandten Forschung. Das Grundlagenwissen stellt somit eine notwendige, jedoch keine hinreichende Bedingung für Inventionen dar.[5]

(b) Die angewandte Forschung

Die angewandte Forschung ist an der praktischen Anwendung interessiert. „Angewandte Forschung umfaßt ebenfalls alle Anstrengungen, die ausschließlich auf die Gewinnung neuer wissenschaftlicher oder technischer Erkenntnisse gerichtet sind. Sie bezieht sich jedoch vornehmlich auf eine spezifische praktische Zielsetzung oder Anwendung."[6]

---

1 OECD, Messung 1971, S. 11. Vgl. auch MELLEROWICZ, K., Forschung 1958, S. 25.

2 Vgl.: SCHÄTZLE, G., Forschung 1965, S. 70.

3 Vgl.: BROCKHOFF, K., Forschung 1994, S. 41.

4 Vgl.: BROCKHOFF, K., Forschung 1994, S. 77-79.

5 Vgl.: SCHÄTZLE, G., Forschung 1965, S. 28-30.

6 OECD, Messung 1971, S. 11. Vgl. auch MELLEROWICZ, K., Forschung 1958, S. 25, der von Zweckforschung spricht.

Die Unsicherheit der Entscheidungen im Bereich der angewandten Forschung nimmt daher ab.[1] Die Unsicherheit der FuE-Entscheidungen besteht im technischen und im wirtschaftlichen Risiko.[2] Das technische Risiko ist durch die erbrachte Invention weitestgehend ausgeräumt, da die Produktionsmöglichkeit bewiesen wurde. Es verbleibt somit das wirtschaftliche (Rest-) Risiko bestehen, das erst in der Entwicklung durch weiteren Wissenserwerb verringert werden kann.

Die Abgrenzung der angewandten Forschung von der Grundlagenforschung kann eindeutiger durchgeführt werden als gegenüber der Entwicklung.[3] Das Ergebnis der angewandten Forschung ist Wissenserwerb in absehbarer Zeit und richtet sich damit unmittelbar an die Schaffung neuer oder die Verbesserung alter Produkte und Produktionsprozesse.[4] Die angewandte Forschung stellt Forschung im eigentlichen Sinne dar, wie sie von der Mehrzahl der Unternehmen betrieben wird.[5] Das Ziel der angewandten Forschung ist eine Invention, deren technische Durchführbarkeit bewiesen ist. Die wirtschaftliche Anwendbarkeit wird erst im nächsten Schritt, der Entwicklung, überprüft.

(c) Die Entwicklung

„Entwicklung ist die Nutzung wissenschaftlicher Erkenntnisse, um zu neuen oder wesentlich verbesserten Materialien, Geräten, Produkten, Verfahren, Systemen oder Dienstleistungen zu gelangen."[6] Das Ergebnis der angewandten Forschung stellt eine Invention oder Erfindung dar. Hierzu zählen zum einen das Wissen über die Problemlösungsfähigkeit und zum anderen der erste Versuch als Beweis der technischen Durchführbarkeit. Um von der Invention zur Innovation zu gelangen, ist weiterer Wissenserwerb nötig. In der Phase der Entwicklung zählen hierzu die Abstim-

---

1 Vgl.: EVERLING, W., Entwicklungskosten 1962, S. 256-257.

2 Vgl.: SCHÄTZLE, G., Forschung 1965, S. 70. Risiko und Ungewißheit sind die zwei Formen der Unsicherheit. Unsicherheit ist die Möglichkeit des Abweichens vom erwarteten Wert (als Chance oder Gefahr). Im Falle einer Entscheidung unter Risiko können Wahrscheinlichkeiten für das Eintreten der möglichen Umweltzustände angegeben werden. Ungewißheit liegt vor, wenn für das Eintreten der relevanten Umweltzustände keine Wahrscheinlichkeiten angegeben werden können, vgl. BAMBERG, G./COENENBERG, A. G.: Betriebswirtschaftliche Entscheidungslehre, 4. Aufl., München 1985, S. 58 und S. 98-105. Zum Risikobegriff vgl. auch BAETGE, J./JERSCHENSKY, A., Frühwarnsysteme 1999, S. 171.

3 Vgl.: MELLEROWICZ, K., Forschung 1958, S. 26-27.

4 Vgl.: TANSKI, J., Kostenplanung 1984, S. 14.

5 Vgl. hierzu die Entwicklung des Anteils der Grundlagenforschung an den Gesamtaufwendungen der Wirtschaft bei BROCKHOFF, K., Forschung 1994, S. 61.

6 OECD, Messung 1971, S. 11.

mung der Invention mit den Bereichen Produktion und Marketing.[1] Im Rahmen der Produktion sind die technischen Möglichkeiten der Herstellung darzustellen, im Marketing sind die Möglichkeiten der Leistungsverwertung zu prüfen. Die Entwicklung orientiert sich somit ausschließlich an den Wünschen und Bedürfnissen der Konsumenten, während die vorausgegangene angewandte Forschung sich an der technischen Problemlösung orientiert.

Im Zuge der Entwicklung soll das wirtschaftliche Risiko weitgehend ausgeschaltet werden, indem sich diese Phase ausschließlich an den Konsumentenwünschen orientiert. Hierbei dienen die Ergebnisse der Marktforschung als Grundlage der weiteren Entwicklung der Invention. Das wirtschaftliche Risiko kann jedoch nicht gänzlich ausgeschaltet werden. Die Reduzierung des Risikos erfolgt in hohem Maße durch die Nutzung oder Generierung verfügbarer Informationen. Hierauf deuten die zahlreichen Beispiele von Markteinführungen hin, die zwar technische Höchstleistungen darstellen, die Wünsche und Bedürfnisse der Konsumenten bezüglich Preisstellung und Problemlösung jedoch nicht erfüllen.[2]

3. Marketing

a. Die kommunikationspolitischen Instrumente

Die Definitionen des Marketing sind ebenso vielfältig wie seine Bedeutung selbst. Allen Definitionen ist gemein, daß der (Absatz-) Markt als Engpaß im Mittelpunkt der Betrachtung steht und bei der Koordinierung aller betrieblichen Teilbereiche dominiert.[3] MEFFERT berücksichtigt in seiner Definition den systemtheoretischen Aspekt und definiert Marketing als „Planung, Koordination und Kontrolle aller auf die aktuellen und potentiellen Märkte ausgerichteten Unternehmensaktivitäten. Durch eine dauerhafte Befriedigung der Kundenbedürfnisse sollen die Unternehmensziele im gesamtwirtschaftlichen Güterversorgungsprozeß verwirklicht werden."[4]

---

1 Vgl.: SCHÄTZLE, G., Forschung 1965, S. 36.

2 Vgl.: BROCKHOFF, K., Forschung 1994, S. 11-14.

3 Vgl.: RAFFÉE, H., Gegenstand 1993, S. 42; BRUHN, M., Marketing 1990, S. 14-15; KOTLER, P./BLIEMEL, F., Marketing 1995, S. 7-8 und S. 15-16. Kritisch hierzu äußert sich HAX, HERBERT: Stichwort "Absatz", in: Handbuch der Wirtschaftswissenschaften, Bd. I, hrsg. von KARL HAX/THEODOR WESSELS, 2. Aufl., Köln/Opladen 1966, S. 17.

4 MEFFERT, H., Marketing 1980, S. 35, im Original hervorgehoben. Eine Übersicht über weitere Definitionen und Kritik an der gewählten Betrachtungsweise zeigt WÖHE, G., Einführung 1993, S. 532-533.

NIESCHLAG/DICHTL/HÖRSCHGEN kennzeichnen das Marketing durch drei Ansatzpunkte:

(1) Als Grundhaltung der für ein Unternehmen Verantwortlichen werden alle den Markt betreffenden Entscheidungen an den Erfordernissen und Bedürfnissen der Verbraucher, bzw. Abnehmer, konsequent ausgerichtet (Marketing als *Maxime*).
(2) Durch gezielte unternehmerische Maßnahmen werden Präferenzen geschaffen, aus denen Wettbewerbsvorteile resultieren (Marketing als *Mittel*).
(3) Im Rahmen der Entscheidungsfindung werden systematisch moderne Techniken genutzt (Marketing als *Methode*).[1]

Die Aufgaben des Marketing können zu drei Gruppen zusammengefaßt werden:
(1) Markterschließung, bzw. Schaffung eines neuen Marktes,[2]
(2) Marktausweitung[3] und
(3) Marktsicherung.[4]

Zur Erfüllung dieser Aufgaben bedienen sich die Unternehmen der Marketinginstrumente Produktpolitik, Preis- und Konditionenpolitik, Kommunikationspolitik und Distributionspolitik als Marketing-Mix.[5] Die Einteilung der Marketinginstrumente in vier Gruppen ist eine Zusammenfassung einer Vielzahl einzelner Instrumente und Aktivitäten. Da die Unternehmen zur Erfüllung ihrer Marketingaufgaben diese Instrumente und Aktivitäten nicht isoliert anwenden, sondern miteinander kombinieren, spricht man in diesem Zusammenhang auch vom Marketing-Mix oder Marketingprogramm.[6] Das Marketing-Mix stellt das Ergebnis der Marketingplanung dar und bezeichnet die zu einem bestimmten Zeitpunkt getroffene Auswahl von Marketingaktivitäten in einer bestimmten Ausprägung.[7]

---

1 Vgl.: NIESCHLAG, R./DICHTL, E./HÖRSCHGEN, H., Marketing 1988, S. 8; MEFFERT, H., Marketing 1980, S. 34; RAFFÉE, H., Gegenstand 1993, S. 42.

2 Vgl.: BRUHN, M., Marketing 1990, S. 19-21; MEFFERT, H., Marketing 1980, S. 36.

3 Vgl.: NIESCHLAG, R./DICHTL, E./HÖRSCHGEN, H., Marketing 1988, S. 11.

4 Vgl.: NIESCHLAG, R./DICHTL, E./HÖRSCHGEN, H., Marketing 1988, S. 12; SCHWEIGER, G./SCHRATTENECKER, G., Werbung 1992, S. 25-26. Die Aufgaben des Marketing werden in der Markt/Produkt-Matrix von ANSOFF graphisch dargestellt, vgl. ANSOFF, H. IGOR, A Model for Diversification, in: Management Science, Vol. 4, (1958), S. 392-414.

5 Vgl.: ZENTES, J., Marketing 1993, S. 340-341; BRUHN, M., Marketing 1990, S. 26-28; KOTLER, P./ARMSTRONG, G., Marketing 1988, S. 67-68.

6 Vgl.: ZENTES, J., Marketing 1993, S. 348-349.

7 Vgl.: MEFFERT, H., Marketing 1980, S. 87.

Zu den immateriellen Potentialen zählen die Instrumente und Aktivitäten der Kommunikationspolitik. Diese werden zur Werbung, zur Verkaufsförderung und zur Öffentlichkeitsarbeit zusammengefaßt. Einen vierten Teil der Kommunikationspolitik bildet der persönliche Verkauf, der aufgrund seiner Merkmale jedoch nicht zu den immateriellen Potentialen zählt.[1] Diese Differenzierung der Instrumente, von denen es eine Vielzahl von Ausprägungen gibt, wird als Kommunikationsmix bezeichnet, vgl. Darst. 14.[2]

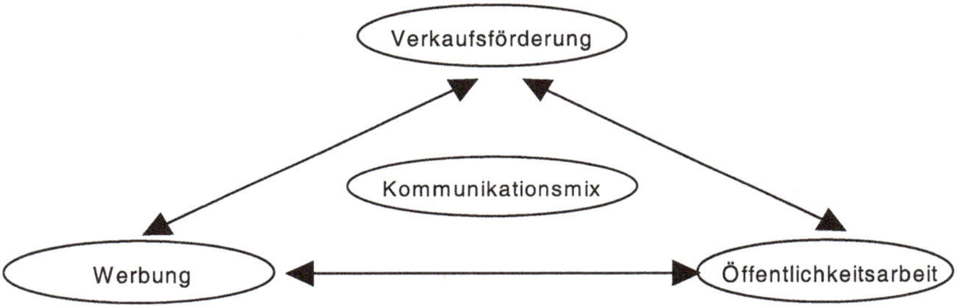

Darst. 14: Kommunikationsmix
Quelle: In Anlehnung an KOTLER, P./BLIEMEL, F., Marketing 1995, S. 909

(a) Werbung

"Werbung ist jede bezahlte Form nicht-personaler Präsentation und Förderung von Ideen, Waren oder Dienstleistungen durch einen identifizierten Auftraggeber."[3] Es können fünf verschiedene Ziele der Werbung unterschieden werden, vgl. Darst. 15.[4]

Im Rahmen dieser Arbeit ist die Werbung für wirtschaftliche Zwecke, die Wirtschaftswerbung, von Bedeutung, die nach den jeweils beworbenen Gegenständen (Werbeobjekte) von der politischen sowie der religiösen und kulturellen Werbung unterschieden werden kann.[5]

---

1 Vgl.: HILL, W., Marketing 1988, S. 179-184; Bruhn, M., Marketing 1990, S. 229-233, der von Direktwerbung spricht.

2 Vgl.: KOTLER, P./BLIEMEL, F., Marketing 1995, S. 908-909.

3 KOTLER, P./ARMSTRONG, G., Marketing 1988, S. 602, im Original hervorgehoben. Vgl. auch NIESCHLAG, R./DICHTL, E./HÖRSCHGEN, H., Marketing 1988, S. 470; SCHWEIGER, G./SCHRATTENECKER, G., Werbung 1992, S. 10; HILL, W., Marketing 1988, S. 139; ZENTES, J., Marketing 1993, S. 345.

4 Vgl.: KOTLER, P./BLIEMEL, F., Marketing 1995, S. 956.

5 Vgl.: SCHWEIGER, G./SCHRATTENECKER, G., Werbung 1992, S. 10-11.

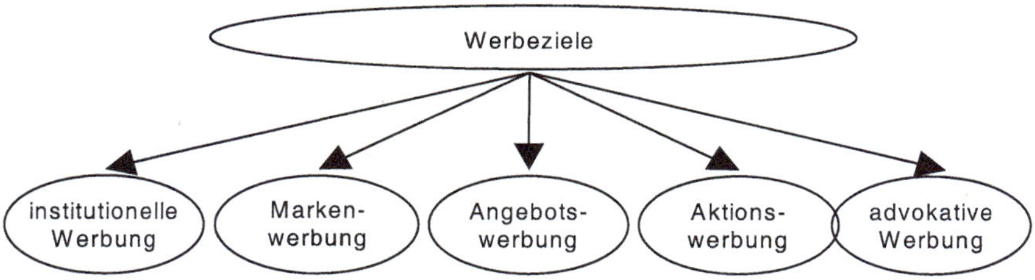

Darst. 15: Werbeziele

(b) Verkaufsförderung

Die *Verkaufsförderung* oder *Sales Promotion* setzt "kurzfristige Anreize zum Kauf bzw. Verkauf eines Produkts oder einer Dienstleistung."[1] Während die Werbung in der Regel längerfristige Ziele verfolgt und einen Kaufgrund bietet, stellt die Verkaufsförderung eine Ergänzung hierzu dar, indem sie einen Anreiz schafft, einen Kaufakt zu vollziehen oder voranzutreiben und somit den Verkaufserfolg kurzfristig erhöht.[2] Die Instrumente der Verkaufsförderung erlangen eine immer größer werdende Bedeutung, da in den Unternehmen der Absatzdruck wächst und durch verstärkte Bemühungen der Konkurrenz die Werbeeffizienz abnimmt.[3]

Der Entscheidung über die Durchführung einer Verkaufsförderungsmaßnahme geht die Bestimmung der verfolgten Verkaufsförderungsziele voraus, die aus den grundlegenden Marketingzielen und den daraus abgeleiteten Absatzförderungszielen resultieren. Zum Verkaufsförderungsprogramm zählen Entscheidungen über das gewünschte Ausmaß des Anreizes, die Teilnahmebedingungen, die Dauer der Aktion, die Wahl der Verteilungsträger, das Timing und das Gesamtbudget. Die Verkaufsförderungsaktion ist am wirkungsvollsten, wenn sie mit der Werbung kombiniert wird.[4] Nach Durchführung und Kontrolle der Aktion sind die Ergebnisse zu bewerten, um Aufschluß über den Erfolg des Programms und Planungsgrundlagen für zukünftige Projekte zu erhalten.[5]

---

1 KOTLER, P./BLIEMEL, F., Marketing 1995, S. 908 und S. 1003.

2 Vgl.: MEFFERT, H., Marketing 1980, S. 458.

3 Vgl.: BRUHN, M., Marketing 1990, S. 226; NIESCHLAG, R./DICHTL, E./HÖRSCHGEN, H., Marketing 1988, S. 492-493; MEFFERT, H., Marketing 1980, S. 458.

4 Vgl.: BRUHN, M., Marketing 1990, S. 228; SCHWEIGER, G./SCHRATTENECKER, G., Werbung 1992, S. 12.

5 Vgl.: KOTLER, P./ARMSTRONG, G., Marketing 1988, S. 628-630.

(c) Öffentlichkeitsarbeit

„Öffentlichkeitsarbeit oder Public Relations umfassen ein zielgerichtetes Bemühen von Institutionen oder Personengruppen, vornehmlich jedoch von Unternehmen, das Verständnis für die eigenen Anliegen und die Vertrauensbasis gegenüber der Öffentlichkeit aufzubauen und zu pflegen."[1]

KOTLER/BLIEMEL nennen fünf Aufgaben der Öffentlichkeitsarbeit:[2]

(1) *Pressebeziehungen* erleichtern die Verbreitung von Informationen über Personen, Produkte oder Dienstleistungen in der Presse.

(2) *Produkt-Publicity* fördert die Bekanntmachung von Produkten in der Presse und anderen öffentlichen Medien.

(3) *Unternehmenskommunikation* verbessert das Verständnis für das Unternehmen intern und extern.[3]

(4) *Interessenvertretungen* ("Lobbyismus") stellen Kontakte zu Politik und Verwaltung mit dem Ziel dar, gesetzgeberische Vorhaben und Verwaltungsvorschriften zu fördern oder zu verhindern.

(5) *Beratung* der Unternehmensführung zu Themen von öffentlichem Interesse sowie Stellung und Image des Unternehmens.

Die Instrumente der Öffentlichkeitsarbeit sind Veranstaltungen, z.B. Pressekonferenzen, Seminare, Ausstellungen, etc., Veröffentlichungen in Form von Geschäftsberichten, Prospekten, Magazinen, etc., Nachrichten, Reden und Vorträge, Soziosponsoring (Förderung des Allgemeinwohls, etc.) und Visuelle Identität (optische Darstellung des Namens, des Logos, der Prospekte, etc.).[4]

b. Die Marktforschung

Neben den dargestellten Bereichen der Kommunikationspolitik stellt die Marktforschung oder Marketingforschung einen weiteren Vorleistungsbereich im Marketing

---

1 ZENTES, J., Marketing 1993, S. 346. Vgl. auch MEFFERT, H., Marketing 1980, S. 461; NIESCHLAG, R./DICHTL, E./HÖRSCHGEN, H., Marketing 1988, S. 495; SCHWEIGER, G./SCHRATTENECKER, G., Werbung 1992, S. 10.

2 Vgl.: KOTLER, P./BLIEMEL, F., Marketing 1995, S. 1019-1020. Vgl. auch MEFFERT, H., Marketing 1980, S. 462, der in acht Funktionen unterteilt.

3 Zu den Zielgruppen der Öffentlichkeitsarbeit vgl. BRUHN, M., Marketing 1990, S. 232-233.

4 Vgl.: KOTLER, P./BLIEMEL, F., Marketing 1995, S. 1022-1028; NIESCHLAG, R./DICHTL, E./HÖRSCHGEN, H., Marketing 1988, S. 496; ZENTES, J., Marketing 1993, S. 346.

dar. "Marketingforschung ist die systematische Anlage und Durchführung von Datenerhebungen sowie die Analyse und Weitergabe von Daten und Befunden, die in bestimmten Marketingsituationen vom Unternehmen benötigt werden."[1] Darst. 16 verdeutlicht die Aufgaben der Marktforschung beispielhaft:[2]

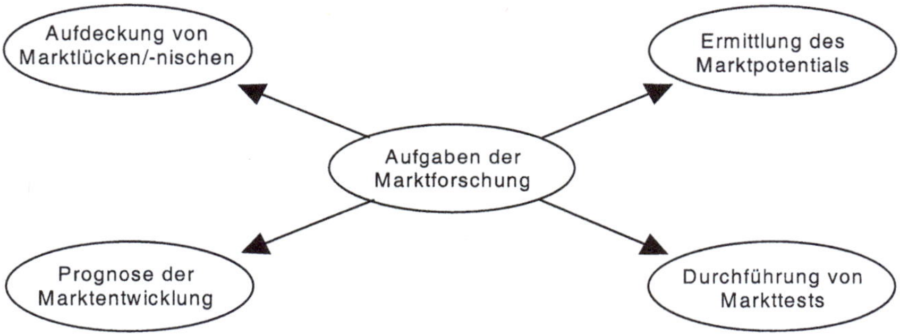

Darst. 16: Aufgaben der Marktforschung

Gegenstand der Marketingforschung sind die Umwelt des Unternehmens und das Unternehmen selbst.[3] Innerhalb der Marketingforschung wird zwischen Informationsgewinnung und Informationsauswertung unterschieden.[4] Die Objektbereiche der Informationsgewinnung sind Absatzanalysen, Trendbeobachtungen, Analyse der Konkurrenzprodukte, Absatzpotentialschätzungen, etc.[5] Bei der Vorgehensweise der Informationsgewinnung unterscheidet man Marktanalyse und Marktbeobachtung, wobei die Marktanalyse die Erforschung des statischen Marktzustandes darstellt und die Marktbeobachtung die Erforschung der dynamischen Marktveränderungen zum Inhalt hat.[6]

---

1 KOTLER, P./BLIEMEL, F., Marketing 1995, S. 187, im Original teilweise hervorgehoben. Vgl. auch HAMMANN, P./ERICHSON, B., Marktforschung 1990, S. 23, BRUHN, M., Marketing 1990, S. 81.

2 Vgl.: HAMMANN, P./ERICHSON, B., Marktforschung 1990, S. 54.

3 NIESCHLAG, R./DICHTL, E./HÖRSCHGEN, H., Marketing 1988, S. 612-617, differenzieren in Unternehmen, Mikro-Umwelt und Makro-Umwelt.

4 Vgl.: PETERS, S./BRÜHL, R./STELLING, J. N., Betriebswirtschaftslehre 1997, S. 134.

5 Vgl.: KOTLER, P./BLIEMEL, F., Marketing 1995, S. 189-190.

6 Vgl.: MEFFERT, H., Marketing 1980, S. 153-155.

4. Produktionsmanagement

a. Die automatisierten Fertigungstechnologien

Produktion stellt die Transformation von Gütern niederer Ordnung in Güter höherer Ordnung dar. Dieser Prozeß umfaßt die Kombination der Produktionsfaktoren.[1] "Produktionsmanagement kann als Tätigkeit verstanden werden, welche die Gestaltung und Lenkung des Produktionsbereiches zum Gegenstand hat."[2] In prozessualer Sicht können drei Bereiche unterschieden werden, vgl. Darst. 17.

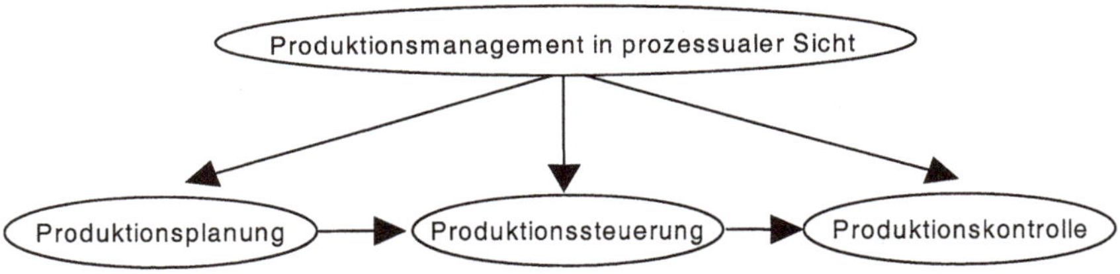

Darst. 17: Produktionsmanagement in prozessualer Sicht

Die Ziele automatisierter Fertigungstechnologien bestehen insbesondere in der Steigerung der Wettbewerbsvorteile sowie des weiteren in einer erhöhten Flexibilität, einer Verkürzung der Durchlaufzeiten, einer Senkung des Umlaufvermögens, einer Verringerung von Produktions- und Lagerflächen sowie einer Qualitätsverbesserung und der Reduzierung der daraus resultierenden Kostenströme.[3]

Neben der Mechanisierung (Substitution des Produktionsfaktors ausführende menschliche Arbeit durch Betriebsmittel) kann als zweite Entwicklung der Einsatz der Mikroelektronik in der Produktion genannt werden, welcher Prozeß als Automatisierung bezeichnet wird.[4] Die Aufgaben der ausführenden menschlichen Arbeit, die wiederum substituiert wurde, besteht in der Beseitigung von Störungen.[5] Auf ferti-

---

1 Vgl.: PETERS, S./BRÜHL, R./STELLING, J. N., Betriebswirtschaftslehre 1997, S. 114-115; HOITSCH, H.-J., Produktionswirtschaft 1993, S. 1; GUTENBERG, E., Produktion 1979, S. 1-14 und S. 298; STEINBUCH, P./OLFERT, K., Fertigungswirtschaft 1993, S. 20.

2 HOITSCH, H.-J., Produktionswirtschaft 1993, S. 27. Vgl. auch KIENER, S./MAIER-SCHEUBECK, N./WEISS, M., Produktions-Management 1993, S. 8; ZÄPFEL, G., Produktionswirtschaft 1982, S. 30-34.

3 Vgl.: SERFLING, K., Controlling 1992, S. 194-195.

4 Vgl.: BURGER, A., Kostenrechnung 1992, S. 4-5.

5 Vgl.: LAßMANN, G., Periodenerfolg 1988, S. 223.

gende Tätigkeiten hat der Mensch nur noch geringen Einfluß. Das Ziel der Automatisierung ist die Automation und stellt den Zustand eines weitgehend bedienerfreien Produktionssytems dar.[1]

Die Entwicklung neuer Fertigungstechnologien hat auch zu einer Veränderung der Organisationsformen in der Produktion geführt. Neben den traditionellen Organisationsformen Werkstattfertigung und Fließfertigung sind neue, durch neue Fertigungstechnologien bedingte, Organisationsformen entwickelt worden.[2]

Bearbeitungszentren sind CNC-Maschinen, die einen automatischen Werkzeugwechsel vollziehen können und hierdurch an einer Maschine verschiedene Arbeitsgänge nacheinander oder parallel an einem Werkstück vollziehen.[3] Werden verschieden Bearbeitungszentren zusammengefaßt und mit Transporteinrichtungen und Pufferzonen ausgerüstet, damit die Werkstücke automatisch weitergeleitet werden können, spricht man von *Flexiblen Fertigungszellen.*[4] Eine weiterentwickelte Stufe hierzu stellen *Flexible Fertigungssysteme* dar.[5] Hierbei werden verschiedene Werkzeugmaschinen mit einem automatischen Transportsystem computergesteuert verbunden, deren Ablauf von einem Zentralrechner gesteuert wird. Der Vorteil dieser Form liegt in der Vermeidung von Umrüstungen und der wahlfreien Maschinenreihenfolge. Die mit der Entwicklung der Organisationsformen verfolgten Ziele bestehen in erster Linie in einer erhöhten Produktivität, Flexibilität und Qualität.[6]

Diese Fertigungstechnologien werden durch den Einsatz von Computern gesteuert.[7] In Analogie zu der Entwicklung der Technologie hat auch eine Entwicklung des

---

1 Vgl.: KAISER, K., Kosten- und Leistungsrechnung 1993, S. 7; SIEGWART, H./RAAS, F., Rechnungswesen 1991, S. 2-3.

2 Vgl.: ADAM, D., Fertigungssysteme 1993, S. 13-15; STEINBUCH, P./OLFERT, K., Fertigungswirtschaft 1993, S. 27-28; PETERS, S./BRÜHL, R./STELLING, J. N., Betriebswirtschaftslehre 1997, S. 127.

3 Vgl.: STEINBUCH, P./OLFERT, K., Fertigungswirtschaft 1993, S. 109; KIENER, S./MAIER-SCHEUBECK, N./WEISS, M., Produktions-Management 1993, S. 57.

4 Vgl.: BURGER, A., Kostenrechnung 1992, S. 36-38; HOITSCH, H.-J., Produktionswirtschaft 1993, S. 173; SIEGWART, H./RAAS, F., Rechnungswesen 1991, S. 14-15.

5 Vgl.: KÜTING, K./LORSON, P., Technologien 1994, S. 427-428; SIEGWART, H./RAAS, F., Rechnungswesen 1991, S. 16; KALUZA, B., Kostenmanagement 1994, S. 375-377. Neben den hier aufgezählten Hauptformen nennt BURGER, A., Kostenrechnung 1992, S. 38-47, noch weitere Möglichkeiten, die aus einer Kombination der hier erwähnten Formen resultieren.

6 Vgl.: WEILENMANN, P., Management 1992, S. 800; JEHLE, E./MÜLLER, K./MICHAEL, H., Produktionswirtschaft 1994, S. 60; ADAM, D., Fertigungssysteme 1993, S. 6-10.

7 Vgl.: LAßMANN, G., Periodenerfolg 1988, S. 223.

Computereinsatzes stattgefunden, wobei eine Ausdehnung auf Bereiche erfolgte, die an die Fertigung angrenzen, z.B. Entwicklung, Konstruktion, Arbeitsplanung. Der Computereinsatz in allen Bereichen wird unter dem Begriff *Computer Integrated Manufacturing* (CIM) subsumiert.[1] "CIM bezeichnet die integrierte Informationsverarbeitung für betriebswirtschaftliche und technische Aufgaben eines Industriebetriebes."[2]

b. Produktionsplanende und -kontrollierende Tätigkeiten

Die Entwicklung neuer Technologien und Organisationsformen in der Produktion hat zu einem veränderten Einsatzverhältnis der Produktionsfaktoren geführt. Die ursprünglich dominierende ausführende menschlichen Arbeit hat sich deutlich verringert.[3] Der verbliebene Anteil erstreckt sich in immer geringerem Maße auf physische Tätigkeiten, als vielmehr auf die bereits erwähnten steuernden, überwachenden und kontrollierenden Tätigkeiten.[4] Diese Tätigkeiten finden in aller Regel während des Produktionsprozesses statt und stellen somit keine Vorleistungen dar. Darst. 18 verdeutlicht die Veränderung der Kostenstrukturen.

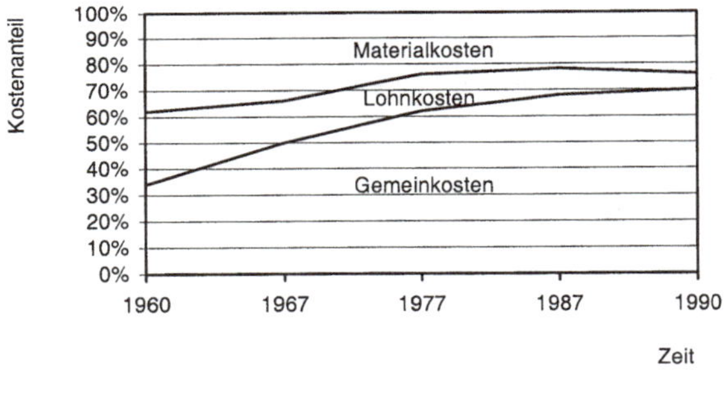

Darst. 18: Veränderung der Produktkostenstruktur im Siemens-Gerätewerk Amberg im Zeitablauf
Quelle: In Anlehnung an KÜTING, K./LORSON, P., Technologien 1994, S. 429

---

1 Eine ausführliche Darstellung über die Formen und Einsatzmöglichkeiten des CIM liefert SCHEER, A.-W., CIM 1990. Vgl. auch KÜTING, K./LORSON, P., Technologien 1994, S. 432-434; KALUZA, B., Kostenmanagement 1994, S. 378-386.

2 SCHEER, A-W., CIM 1990, S. 2. Vgl. auch HOITSCH, H.-J., Produktionswirtschaft 1993, S. 161-167; JEHLE, E./MÜLLER, K./MICHAEL, H., Produktionswirtschaft 1994, S. 87-93.

3 Vgl.: KÜTING, K./LORSON, P., Technologien 1994, S. 428; SIEGWART, H./RAAS, F., Rechnungswesen 1991, S. 60-63; WÄSCHER, D., Management 1992, S. 164.

4 Vgl.: KÜTING, K./LORSON, P., Technologien 1994, S. 429; RICK-LENZE, R., Fixkostenmanagement 1992, S. 200.

Durch den gestiegenen Anteil der Betriebsmittel haben sich die Aufgaben und Tätigkeiten der dispositiven menschlichen Arbeit ständig erweitert.[1] Die Komplexität der neuen Fertigungstechnologien und Organisationsformen erfordert umfangreiche Planungs-, Steuerungs- und Kontrollaufgaben als Produktionsmanagement.[2] Teile dieser Aufgaben werden, in Analogie zu der ausführenden menschlichen Arbeit, während des Produktionsprozesses vollzogen. Dies sind ebenfalls Aufgaben der Steuerung, Überwachung und Kontrolle der laufenden Produktion. Auch bei diesen Aufgaben handelt es sich nicht um Vorleistungen. Darst. 19 stellt die Kostenstruktur in Abhängigkeit des Fertigungstyps dar.

	Fertigungstyp		
Kostenarten	WF	FFS	FF
menschliche Arbeitskosten	44 %	25 %	20 %
Kapitalkosten	18 %	33 %	30 %
Instandhaltungskosten	8 %	10 %	8 %
Werkzeugkosten	6 %	8 %	3 %
Raumkosten	5 %	6 %	9 %
Energiekosten	3 %	2 %	5 %

Legende: WF = Werkstattfertigung
FFS = Flexibles Fertigungsverbundsystem
FF = Fließfertigung

Darst. 19: Die prozentuale Kostenstruktur flexibler Fertigungsverbundsysteme im Vergleich zur Werkstatt- und zur Fließfertigung
Quelle: BURGER, A., Kostenrechnung 1992, S. 75

Die im Produktionsmanagement enthaltenen Vorleistungen, bzw. die durch das Produktionsmanagement veranlaßten Vorleistungskosten, haben sich in zweifacher Weise ausgedehnt. Zum einen ist das Niveau der Vorleistungskosten in diesem Bereich gestiegen. Dieser Anstieg resultiert aus einer rein quantitativen und qualitativen Ausdehnung des Produktionsmanagement. Der quantitative Anstieg liegt in einer mengenmäßigen Erweiterung der Aufgaben begründet. Die qualitative Erweiterung liegt in dem Erfordernis begründet, daß zur Kombination der Elementarfaktoren inhaltlich veränderte Aufgaben im Produktionsmanagement hinzukommen, zu deren Erfüllung neue Informationen benötigt werden.[3]

---

1 Vgl.: SERFLING, K., Controlling 1992, S. 195; SIEGWART, H./RAAS, F., Rechnungswesen 1991, S. 55, S. 63.

2 Vgl.: LAßMANN, G., Periodenerfolg 1988, S. 224; SCHULTE, C., Komplexitätsmanagement 1992, S. 88-94.

3 Vgl.: EVERSHEIM, W./FUHLBRÜGGE, M., Kostenbewertung 1993, S. 33; SERFLING, K., Controlling 1992, S. 13-14; LAßMANN, G., Periodenerfolg 1988, S. 224.

Eine Ausdehnung der Vorleistungskosten ist des weiteren in zeitlicher Hinsicht zu beobachten. Das Produktionsmanagement beginnt, bedingt durch die gestiegene Komplexität der Fertigungstechnologien, in immer größeren Zeitabständen vor Beginn der Fertigung.[1] Diese zeitliche Verschiebung ist ebenfalls auf die Gründe zurückzuführen, die auch für die Erhöhung der Vorleistungskosten verantwortlich sind. Darüber hinaus führen neue Managementtechniken zu dieser zeitlichen Verschiebung.

In der Literatur werden folgende Vorleistungen im Produktionsmanagement beispielhaft genannt:[2]

- Produktions-Programmplanung (Umsatzplanung, Betriebsmittelplanung, Programm-Grobplanung), Mengen-, Termin- und Kapazitätsplanung, Arbeitsvorbereitung,
- Produktions-Faktorplanung (Fabrikplanung, Planung maschineller Anlagen, Planung der Werkstoff- und Energieversorgung),
- Produktions-Prozeßplanung (Planung neuer Prozeßtechnologien, Layoutplanung),
- Softwareerstellung, bzw. Anschaffung der Software,
- Testläufe und Simulationen,
- Kosten organisatorischer Verbesserungen,
- Aus- und Weiterbildungskosten,
- Planungs-, Steuerungs- und Störungsbeseitigungsaufwand durch Struktur- und Niveauänderungen in der Technologieentwicklung.

---

1 Vgl.: SCHULTE, C., Komplexitätsmanagement 1992, S. 84-94; WÄSCHER, D., Management 1992, S. 17.

2 Vgl.: LAßMANN, G., Periodenerfolg 1988, S. 228; KALUZA, B., Kostenmanagement 1994, S. 386; BURGER, A., Kostenrechnung 1992, S. 133-134, S. 139-140; HOITSCH, H.-J., Produktionswirtschaft 1993, S. 34, S. 43-44, S. 72-75, S. 82-86, S. 158-163, S. 232-234; JEHLE, E./MÜLLER, K./MICHAEL, H., Produktionswirtschaft 1994, S. 62-64; HEINEMEYER, WOLFGANG: Die Planung und Steuerung des logistischen Prozesses mit Fortschrittszahlen, in: Schriften zur Unternehmensführung (SzU), Band 39, hrsg. von DIETRICH ADAM, Wiesbaden 1988, S. 5-32, hier S. 14-30; ZÄPFEL, G., Produktionswirtschaft 1982, S. 45-48., S. 289-293.

5. Qualitätsmanagement

a. Die Systematik der Qualitätskosten

Die Qualität stellt einen bedeutenden Erfolgsfaktor für die im Wettbewerb stehenden Unternehmen dar.[1] Durch das Erreichen eines optimalen Qualitätsniveaus erwirbt ein Unternehmen Wettbewerbsvorteile gegenüber Konkurrenten und im Zeitvergleich gegenüber vergangenen Perioden.[2] Die Bedeutung der Qualität resultiert aus der Höhe der Kosten für Nacharbeit und Ausschuß im Falle ungenügender Qualität im Leistungserstellungsprozeß.[3] Diesen Kosten stehen Kosten für Planung, Steuerung und Kontrolle der Qualitätssicherung gegenüber.

Qualitätsmanagement kann als Entscheidungen über Maßnahmen zur Beeinflussung der Qualität definiert werden. Hierzu zählen die Prozesse Qualitätsplanung, Qualitätssteuerung und Qualitätskontrolle.[4] Die immateriellen Potentiale im Rahmen des Qualitätsmanagements erstrecken sich insbesondere auf die Prozesse Produktplanung, Komponentenkonstruktion, Produktionsplanung und Arbeitsvorbereitung, [5]

"Die Qualitätskosten eines Produktes sind die Differenz zwischen den tatsächlichen Kosten und jenen Kosten, die entstehen würden, wenn keine Fehler bei der Entwicklung, Herstellung und beim Absatz dieses Produktes vorkämen oder vorkommen könnten."[6] Bei dieser Definition ist zu beachten, daß nicht nur das Management der

---

1 Vgl.: TÖPFER, A./MEHDORN, H., Quality 1995, S. 1-7; KAMISKE, G. F./BRAUER, J.-P., Qualitätsmanagement 1993, S. 1-2. Zur Abgrenzung des Begriffs "Qualität" vgl. KAMISKE, G. F./BRAUER, J.-P., Qualitätsmanagement 1993, S. 72-75; KRUMMENACHER, S., Prozessmanagement 1993, S. 96; ORTLIEB, P., Qualitätsmanagement 1993, S. 7-13; SHENG, Q., Qualitätsmanagement 1991, S. 12; OBERHOFER, A. F., Qualitätswirtschaft 1987, S. 13; FRIES, S., Qualitätskostenrechnung 1994, S. 10.

2 Vgl.: OECKING, G., Qualitätskostenmanagement 1995, S. 81.

3 Vgl.: TÖPFER, A./MEHDORN, H., Quality 1995, S. 18-25; STEINBACH, W. S., Qualitätskosten 1988, S. 890-892; BÄR, K., Qualitätskosten 1985, S. 493. SCHOLL, K./DITTMAR, J., Prototyping 1996, S. 191, betonen, daß Qualität häufig ein Problem der Produktentwicklung und nicht der Produktion ist.

4 Vgl. auch SHENG, Q., Qualitätsmanagement 1991, S. 15-16; KAMISKE, G. F./BRAUER, J.-P., Qualitätsmanagement 1993, S. 75; FRIES, S., Qualitätskostenrechnung 1994, S. 10-11, sowie verschiedene Auffassungen bei ORTLIEB, P., Qualitätsmanagement 1993, S. 35-38. Tätigkeiten des Qualitätsmanagements stellt GESEKUS, J., Qualitätskosten 1980, S. 906-909, dar.

5 Vgl.: KRUMMENACHER, S., Prozessmanagement 1993, S. 110-123; Sheng, Q., Qualitätsmanagement 1991, S. 32-34, S. 37-39. Eine ausführliche Übersicht liefert MASING, W., Qualitätssicherung 1980, S. 553-559.

6 BÄR, K., Qualitätskosten 1985, S. 492. Vgl. auch STEINBACH, W. S., Qualitätskosten 1988, S. 880, der Qualitätskosten als diejenigen Kosten definiert, die durch alle Maßnahmen der Fehlerverhütung, durch planmäßige Qualitätsprüfungen sowie durch unternehmensintern und -extern festgestellte Fehler (Fehlerfolgen) verursacht sind.

Qualität Kosten veranlaßt, sondern daß eine mangelnde Qualität Kosten durch Nacharbeiten veranlaßt.[1] Eine Systematik von Qualitätskosten wird in Darst. 20 abgebildet.

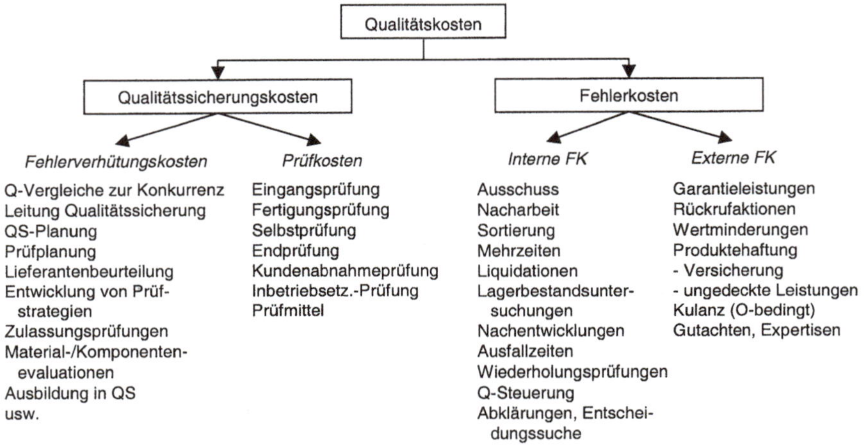

Darst. 20: Qualitätskostenstruktur
Quelle: BÄR, K., Qualitätskosten 1985, S. 493

In dieser Darstellung werden Fehlerverhütungskosten und Fehlerkosten, bzw. Kosten mangelnder Qualität unterschieden.[2] Die immateriellen Potentiale sind vornehmlich in den Fehlerverhütungskosten als Qualitäts-Planungskosten und Qualitäts-Steuerungskosten enthalten. Die Prüfkosten stellen hingegen Nachleistungen dar, da sie erst nach Beginn des Leistungserstellungsprozesses anfallen. Als immaterielles Potential ist hier das Wissen der Arbeitnehmer zu nennen, die an der Qualitätsprüfung beteiligt sind.

Die Fehlerkosten sind die Folgen mangelnder Qualität. Für diese Arbeit sind die internen, indirekten Fehlerkosten relevant, da sie eine erneute Qualitätsplanung und Qualitätskontrolle erfordern.[3] Die weiteren aufgeführten Fehlerkosten entstehen nicht für immaterielle Potentiale und sind nicht Gegenstand der weiteren Untersu-

---

1 Vgl.: BRUNNER, J., Unternehmensgewinn 1988, S. 41.

2 Vgl. auch SEGHEZZI, H. D./FRIES, S., Fehlerkostenrechnung 1995, S. 87. Zur Kritik an dieser Systematisierung vgl. OECKING, G., Qualitätskostenmanagement 1995, S. 83.

3 Vgl.: SEGHEZZI, H. D./FRIES, S., Fehlerkostenrechnung 1995, S. 89.

chung. Die Höhe der Qualitätskosten in Unternehmen kann nur geschätzt werden. Bezogen auf die Gesamtkosten wird ein Anteil von 5% bis 10% geschätzt, bezogen auf den Umsatz 3% bis 10%.[1] Im Verhältnis zu den Fertigungskosten können die Kosten der Qualitätssicherung bis zu 50% betragen.[2] Die Zusammensetzung der Qualitätskosten wurde aufgrund einer Untersuchung in der Maschinenbauindustrie wie folgt ermittelt:

59%	Qualitätssicherungskosten,	
	davon	16% Fehlerverhütungskosten,
		43% Prüfkosten,
41%	Fehlerkosten.[3]	

b. Die Optimierung des Qualitätsniveaus

Die Optimierung des Qualitätsniveaus ist durch das generelle Problem der immateriellen Potentiale gekennzeichnet, resultierende Erfolge in Form sinkender Fehlerkosten quantitativ in einer Wirtschaftlichkeitsberechnung zu berücksichtigen.[4] Aus diesem Grunde beschränkt sich die Optimierung des Qualitätsniveaus auf die Analyse der Qualitätskosten im Unternehmen. Im vorangegangenen Abschnitt sind die Qualitätskosten systematisiert worden. Mit zunehmender Qualität ergeben sich zwei gegenläufige Tendenzen in der Entwicklung der Qualitätskosten.[5] Die Qualitätssicherungs- oder Fehlerverhütungskosten steigen mit zunehmender Qualität an. Diese Entwicklung ist durch steigenden Planungs- und Kontrollaufwand sowie Prüfkosten begründet. Im Gegensatz hierzu sinken die Fehlerkosten, da Nacharbeiten, Ausschuß und Mehrverbrauch sinken. Des weiteren sinken Fehlerkosten für Gewährleistung, Kulanz und Haftung.[6]

---

1 Vgl.: OBERHOFER, A., Qualitätswirtschaft 1987, S. 31; BRUNNER, J., Unternehmensgewinn 1988, S. 42; SHENG, Q., Qualitätsmanagement 1991, S. 114; STEINBACH, W. S., Qualitätskosten 1988, S. 881; BÄR, K., Qualitätskosten 1985, S. 494.

2 Vgl.: OECKING, G., Qualitätskostenmanagement 1995, S. 82; SCHEER, A.-W., CIM 1990, S. 56.

3 Vgl.: VOGELEY, M.: Ist CAQ rentabel?, in: FB/IE, (1987), Heft 4, S. 174-177, hier S. 176.

4 Vgl.: BÜRGEL, H. D., Management 1983, S. 96-97; KNOLMAYER, G., Potentialplanung 1989, Sp. 1677-1678; WEBER, J., Change-Management 1989, S. 40; WITTE, E., Investitionen 1962a, S. 217-218; GAS, B., Wirtschaftlichkeitsrechnung 1971, S. 76-77.

5 Vgl.: KRUMMENACHER, S., Prozessmanagement 1993, S. 150; BRUNNER, J., Unternehmensgewinn 1988, S. 42; FRIES, S., Qualitätskostenrechnung 1994, S. 17-18, S. 23.

6 Vgl.: HAHN, D./LAßMANN, G., Produktionswirtschaft 1986, S. 193-194; OBERHOFER, A. F., Qualitätswirtschaft 1987, S. 29; GESEKUS, J., Qualitätskosten 1980, S. 909. Vgl. hierzu auch das Beispiel bei WOMACK, J. P./JONES, D. T./ROOS, D., Revolution 1994, S. 60-63 und S. 83-84.

Der Faktor Zeit wirkt sich in entscheidendem Maße auf die Höhe der Fehlerkosten aus.[1] Desto früher die Fehlerentdeckung im Planungsprozeß stattfindet, desto geringer sind die Fehlerkosten. Je weiter sich die Fehlerentdeckung zum Markteinführungszeitpunkt hin verzögert, desto höher sind die Kosten der Fehlerbeseitigung, da zeit- und kostenintensive Rücksprünge im Planungs- und Steuerungsprozeß notwendig sind.[2] Die gegenläufigen Kostenentwicklungen in Abhängigkeit von der erzielten Qualität veranschaulicht Darst. 21.

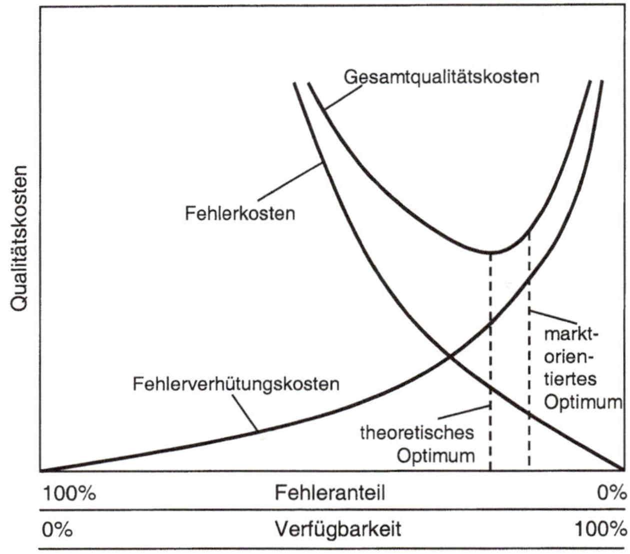

Darst. 21: Modell zur Qualitätskostenoptimierung
Quelle: BRUNNER, F. J., Unternehmensgewinn 1988, S. 41

In der Darstellung wird ausschließlich auf die Qualitätskosten abgestellt. Der Einfluß der Qualität auf die Erlöse bleibt zunächst unberücksichtigt. Es kann davon ausgegangen werden, daß ein höheres Qualitätsniveau sich positiv auf den Absatz der Erzeugnisse auswirkt.[3] Eine Zuordnung steigender Umsatzerlöse durch Kundentreue,

---

1 Vgl.: SCHOLL, K./DITTMAR, J., Prototyping 1996, S. 191.

2 Vgl.: ZEHBOLD, C., Kostenbeeinflussung 1996, S. 48; OECKING, G., Qualitätskostenmanagement 1995, S. 82-83; TÖPFER, A./MEHDORN, H., Quality 1995, S. 18-21; FRÖHLING, O./WULLENKORD, A., Qualitätskostenmanagement 1991, S. 172.

3 Vgl.: OECKING, G., Qualitätskostenmanagement 1995, S. 80

Reputation oder erhöhter Preisforderungen kann veranlassungsgerecht nur geschätzt werden, da sich die Maßnahmen der Qualitätssicherung erst mit Verzögerung auf den Absatz übertragen.[1] Das unter Berücksichtigung der Absatzwirkungen resultierende Qualitätsoptimum ist in Darst. 21 als „marktorientiertes Optimum“ dargestellt. Dieser Punkt liegt rechts vom theoretischen Optimum, da eine positive Absatzwirkung durch höhere Qualitätssicherungskosten veranlaßt wird.[2]

6. Personalentwicklung

Neben den materiellen Potentialen des Unternehmens stellt die Qualifikation der Mitarbeiter ein weiteres immaterielles Potential dar. Die Erfahrungen, Kenntnisse und Fähigkeiten des Personals, die als Qualifikation subsumiert werden können, bilden eine zentrale Erfolgsvoraussetzung der Unternehmen.[3] "Die Personalentwicklung kann als die Gesamtheit der Maßnahmen verstanden werden, welche die Verbesserung der Mitarbeiterqualifikation zum Ziel hat."[4] Die Personalentwicklung findet als Prozeß statt und beeinflußt das Leistungspotential der Mitarbeiter. Diese werden, unter Berücksichtigung individueller und betrieblicher Ziele, individuell auf zukünftige Aufgaben hin gefördert.[5]

Mit den Maßnahmen der Personalentwicklung werden vielfältige Ziele verfolgt. Hierzu zählen u. a.

- die Anpassung der Qualifikationen an veränderte Anforderungen,
- die Erhöhung der Leistungsfähigkeit der Mitarbeiter,
- die Vermittlung neuen Wissens und neuer Verfahren,
- die Bildung akquisitorischen Potentials auf dem Arbeitsmarkt,

---

1 Vgl.: SIEGWART, H./RAAS, F., Rechnungswesen 1991, S. 210; TÖPFER, A./MEHDORN, H., Quality 1995, S. 32-35; ORTLIEB, P., Qualitätsmanagement 1993, S. 39; SHENG, Q., Qualitätsmanagement 1991, S. 21; FRIES, S., Qualitätskostenrechnung 1994, S. 67-71; FRÖHLING, O./WULLENKORD, A., Qualitätskostenmanagement 1991, S. 173.

2 Vgl.: BRUNNER, J., Unternehmensgewinn 1988, S. 42.

3 Vgl.: MENTZEL, W., Personalentwicklung 1994, S. 15. Vgl. auch WEBER, WOLFGANG: Betriebliche Personalarbeit als strategischer Erfolgsfaktor der Unternehmung, in: Strategisches Personalmanagement, hrsg. von WOLFGANG WEBER/JOACHIM WEINMANN, Stuttgart 1989, S. 3-15.

4 OLFERT, K./STEINBUCH, P. A., Personalwirtschaft 1985, S. 258. Vgl. auch BÜHNER, R., Personalmanagement 1994, S. 123; HENTZE, J., Personal I 1991, S. 314; DRUMM, H. J., Personalwirtschaftslehre 1992, S. 292. Eine Übersicht über eine Vielzahl von Definitionen liefern NEUBERGER, O., Personalentwicklung 1991, S. 4-5 und THOM, N., Personalentwicklung 1987, S. 8-14.

5 Vgl.: BÜHNER, R., Personalmanagement 1994, S. 123; HENTZE, J., Personal I 1991, S. 314.

- die Steigerung der Konkurrenzfähigkeit des Unternehmens und
- die Sicherung des sozialen Status der Arbeitnehmer[1], vgl. Darst. 22.[2]

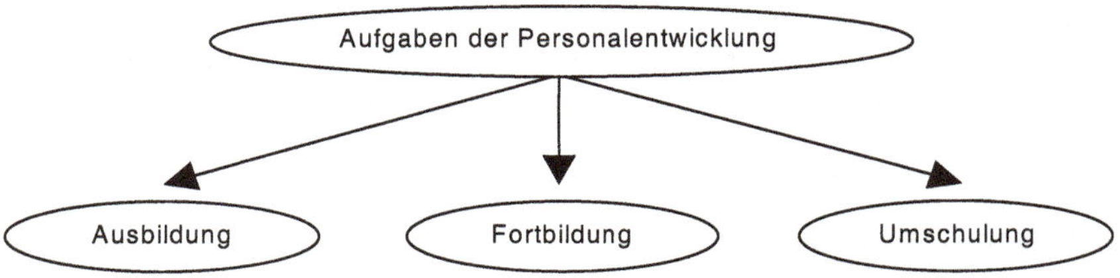

Darst. 22: Aufgaben der Personalentwicklung

(1) Ausbildung
Die Ausbildung oder Berufsausbildung dient der Vermittlung einer breit angelegten beruflichen Grundbildung, fachlicher Fertigkeiten und Kenntnisse sowie erforderlicher Berufserfahrungen.[3] Die Ausbildung findet in der Bundesrepublik Deutschland üblicherweise im *dualen System* statt, welches unternehmerische und staatliche Ziele integriert.

(2) Fortbildung
Während es sich bei der Berufsausbildung um eine Erstausbildung handelt, stellt die Fortbildung oder Weiterbildung eine sich daran anschließende Maßnahme dar, bei der bereits vorhandenes Wissen vertieft werden soll.[4] "Die berufliche Fortbildung soll

---

1 Eine ausführliche Auflistung verfolgter Ziele und Notwendigkeiten findet sich bei HENTZE, J., Personal I 1991, S. 319-326; OLFERT, K./STEINBUCH, P. A., Personalwirtschaft 1985, S. 259; MENTZEL, W., Personalentwicklung 1994, S. 15 und S. 166-171; KLUSEN, N., Weiterbildung 1975, S. 1; GRÜNEFELD, H.-G., Kostenerfassung 1976, S. 334-335.
Zur Bildung akquisitorischen Potentials vgl. BÜHNER, R., Personalmanagement 1994, S. 62-67, der von Personalmarketing spricht, das dem Unternehmen langfristig Humanressourcen erschließt. DRUMM, H. J., Personalwirtschaftslehre 1992, S. 292-293, beschränkt sich in seiner Darstellung auf drei Ziele der Personalentwicklung, zu denen er (1) den Ausbau unternehmensspezifischer Kenntnisse und Fähigkeiten, (2) die Erfüllung individueller Ziele des Personals zur Weiterbildung und zum Erfahrungserwerb sowie (3) die institutionelle Verstetigung des Lernens zählt. Die Auswirkungen der Weiterbildung auf Innovativität und Produktivität weisen GEBERT, D./STEINKAMP, T., Weiterbildung 1990, S. 218-230 empirisch nach.

2 Vgl. die Übersichten bei HENTZE, J., Personal I 1991, S. 332, der in Anlehnung an das Berufsbildungsgesetz Fortbildung in Anpassungs- und Aufstiegsfortbildung unterteilt und Weiterbildung unabhängig hiervon nennt; KÜPPERS, B., Weiterbildung 1981, S. 11-12, der analog zu J. HENTZE vorgeht, jedoch die Begriffe Weiterbildung und Fortbildung synonym verwendet und somit nur eine Dreiteilung erhält. Ebenso KLUSEN, N., Weiterbildung 1975, S. 11.

3 Vgl.: § 1 Absatz 2 Berufsbildungsgesetz vom 14. August 1969; THOM, N., Personalentwicklung 1987, S. 36-45.

4 Vgl.: KLUSEN, N., Weiterbildung 1975, S. 9; HENTZE, J., Personal I 1991, S. 337.

es ermöglichen, die beruflichen Kenntnisse und Fertigkeiten zu erhalten, zu erweitern, der technischen Entwicklung anzupassen, oder beruflich aufzusteigen."[1] Die Fortbildung läßt sich inhaltlich in die Bereiche *Anpassungsfortbildung* und *Aufstiegsfortbildung* unterteilen.

(3) Umschulung
Die Umschulung umfaßt Maßnahmen, die zu einem neuen Beruf oder zu einer anders qualifizierten beruflichen Tätigkeit führen und zählt zur Erwachsenenbildung.[2] Die Notwendigkeit beruflicher Umschulungsmaßnahmen liegt in erster Linie im technischen Wandel begründet, der sowohl Fertigungs- als auch Dienstleistungsberufe gleichermaßen betrifft. Weitere Gründe bestehen in berufsstrukturellen Veränderungen, altersbedingten Tätigkeitsumorientierungen sowie unfall- oder krankheitsbedingten beruflichen Veränderungen.[3] Zu den Umschulungsmaßnahmen zählen beispielsweise die Umschulung eines kaufmännischen Sachbearbeiters zum EDV-Sachbearbeiter oder eines Elektromechanikers zum Elektroniker.

Kontrollen der Wirtschaftlichkeit finden zumeist als Kostenkontrollen statt. Hierbei werden die Kosten, nach Kostenarten unterteilt, erfaßt und dokumentiert. Diese Kosteninformationen stellen die Grundlage für Kostenvergleichsrechnungen alternativer Entwicklungsmaßnahmen, die Bildung von zukünftigen Entwicklungsbudgets und spätere Wirtschaftlichkeitskontrollen dar.[4] Die Kostenarten können Seminargebühren, Honorare, Reisekosten, Opportunitätskosten, Gehälter interner Referenten, Raum- und Lehrmittelkosten, etc. sein.[5]

Insbesondere die Ermittlung von Kosten interner Entwicklungsmaßnahmen bereitet Schwierigkeiten, da ein großer Teil aus Opportunitätskosten für abwesenheitsbedingte Minderleistungen besteht.[6] Neben diesen Schwierigkeiten bereitet die Durchführung von Wirtschaftlichkeitskontrollen ungleich größere Probleme, da hierzu re-

---

1 § 1 Absatz 2 Berufsbildungsgesetz vom 14. August 1969.

2 Vgl.: HENTZE, J., Personal I 1991, S. 338; KÜPPERS, B., Weiterbildung 1981, S. 12.

3 Vgl.: OLFERT, K./STEINBUCH, P. A., Personalwirtschaft 1985, S. 284; HENTZE, J., Personal I 1991, S. 338.

4 Vgl.: MENTZEL, W., Personalentwicklung 1994, S. 223-226 und S. 235-238; NEUBERGER, O., Personalentwicklung 1991, S. 301.

5 Vgl.: MENTZEL, W., Personalentwicklung 1994, S. 226-231; GRÜNEFELD, H.-G., Kostenerfassung 1976, S. 336-337.

6 Auf dieses Problem wird an anderer Stelle noch ausführlich eingegangen. Ablehnend gegenüber dem Ansatz von Opportunitätskosten äußert sich MÄNNEL, W., Integration 1999, S. 13, der von dem „Dilemma des Rechnens mit Opportunitätskosten“ spricht.

sultierende Erlöse zu bestimmen sind.[1] Einen Lösungsansatz zu diesem Problem liefert das Human Ressource Accounting, das eine Investitionsrechnung für das Humanvermögen erstellt, wobei das Humanvermögen durch den Wert des Mitarbeiterstamms in Form von spezifischen Kenntnissen für das Unternehmen ausgedrückt wird.[2]

Neben den Maßnahmen der Personalentwicklung stellen *betriebliche Sozialleistungen* immaterielle Leistungen im Personalbereich dar.[3] "Unter betrieblichen Sozialleistungen versteht man die freiwilligen, zusätzlichen, aber nicht gesetzlich oder tarifvertraglich festgelegten Zuwendungen des Betriebes, die weder als Arbeitsentgelt noch als Erfolgsbeteiligung gelten."[4] Betriebliche Sozialleistungen werden Mitarbeitern in Form von Sachleistungen, Nutzungsrechten oder Geld gewährt.[5]

7. Rationalisierung

"Unter Rationalisierung werden (Entscheidungen über; Anmerkung d. Verf.) Maßnahmen in allen Funktionsbereichen eines Unternehmens zur Erhaltung und Verbesserung der Wirtschaftlichkeit verstanden."[6] Die Notwendigkeit von Rationalisierungsmaßnahmen ergibt sich aus der Dynamik der Unternehmensumwelt.[7] Die vom Unternehmen ausgewählten Maßnahmen zur Zielerreichung werden durch Wettbewerber, Beschäftigung, Nachfrageverschiebungen und technischen Fortschritt beeinflußt und müssen im Sinne des ökonomischen Prinzips an die veränderten Situatio-

---

1 Vgl.: GRÜNEFELD, H.-G., Kostenerfassung 1976, S. 341-344.

2 Vgl.: HENTZE, J., Personal I 1991, S. 372.

3 Vgl.: BÜHNER, R., Personalmanagement 1994, S. 336-345. Vgl. hierzu auch die Aufgaben und Maßnahmen der betrieblichen Sozialarbeit bei HENTZE, J., Personal II 1991, S. 232-242, die auf die Wiederherstellung und Erhaltung der Leistungsfähigkeit der Beschäftigten abzielen.

4 HENTZE, J., Personal II 1991, S. 144, im Original hervorgehoben.

5 Vgl.: HENTZE, J., Personal II 1991, S. 146.

6 LÜCK, W., Rationalisierung 1984a, S. 679. Vgl. auch ZANGL, H., Durchlaufzeiten 1985, S. 181; IHDE, G.-B., Rationalisierung 1970, S. 15 und S. 131; LÜCK, W., Möglichkeiten 1984, S. 103; MATHES, H. D., Rationalisierung 1981, S. 400; LINDEMANN, F., Rationalisierung 1984, S. 80. Zum entscheidungslogischen Rationalisierungsbegriff vgl. IHDE, G.-B., Rationalisierung 1970, S. 25-28; SCHWEITZER, M./KÜPPER, H.-U., Rationalisierung 1975, Sp. 3304; LÜCK, W., Strukturwandel 1984, S. 18-20.

7 Vgl.: SCHOLL, K./DITTMAR, J., Prototyping 1996, S. 190; MARR, R./HOFMANN, K., Rationalisierung 1992, Sp. 2145; LÜCK, W., Strukturwandel 1984, S. 17-18.

nen angepaßt werden.[1] Durch die Maßnahmen der Rationalisierung soll die Stellung der Unternehmen im Wettbewerb nachhaltig verbessert werden.[2] LÜCK unterscheidet drei Formen der Rationalisierung in betrieblichen Teilbereichen, vgl. Darst. 23.[3]

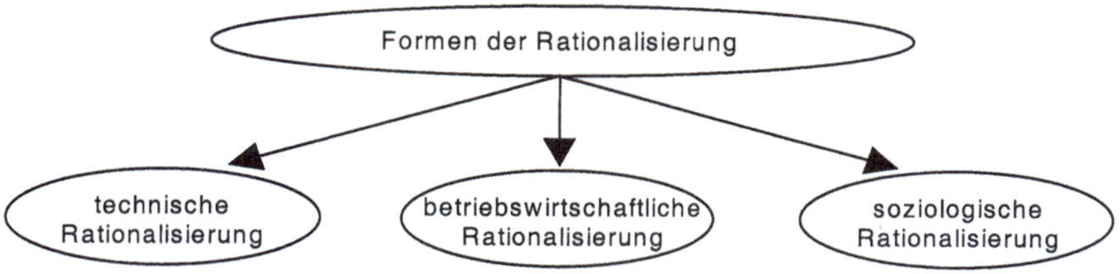

Darst. 23: Rationalisierungsformen

(1) Technische Rationalisierung

Die technische Rationalisierung stellt die wichtigste und umfangreichste Form der Rationalisierung dar. Die Maßnahmen resultieren in erster Linie aus dem technischen Fortschritt, der sich in veränderten Fertigungsabläufen und -strukturen konkretisiert. Die mit der Rationalisierung in diesem Bereich verfolgten Ziele bestehen in der Substitution des Humanfaktoreinsatzes durch Mechanisierung und Automatisierung.[4] Die Kosten dieser Maßnahmen fallen überwiegen für materielle Leistungen an, z.B. Mikroprozessoren, Roboter, Automation, etc. und sind nicht Gegenstand der weiteren Untersuchung. Die immateriellen Leistungen dieser Maßnahmen können zu Planungs- und Kontrollaktivitäten zusammengefaßt werden und sind im Rahmen dieser Arbeit im Kapitel B.IV.4. Produktionsmanagement dargestellt.

(2) Betriebswirtschaftliche Rationalisierung

Ausgehend von der technischen Rationalisierung hat die betriebswirtschaftliche Rationalisierung an Bedeutung gewonnen. Zu den Maßnahmen in diesem Bereich zäh-

---

1 Vgl.: SCHWEITZER, M./KÜPPER, H.-U., Rationalisierung 1975, Sp. 3304-3306, die Änderungen der Zielvorstellungen, Änderungen des Lösungsraums und Änderungen im Wissen über die Parameter des Entscheidungsfeldes unterscheiden.

2 Vgl. auch REICHMANN, T./NEUKIRCHEN, R., Potentialanalyse 1998, S. 340-341. Eine Übersicht über Rationalisierungsmöglichkeiten in verschiedenen Teilbereichen findet sich bei LÜCK, W., Möglichkeiten 1984, S. 105-117.

3 Vgl.: LÜCK, W., Rationalisierung 1984a, S. 679-680; LÜCK, W., Rationalisierung 1984b, S. 162. Eine Übersicht über verschiedene Gründe für Unwirtschaftlichkeiten im Unternehmen liefert KILGER, WOLFGANG: Potentielle Unwirtschaftlichkeitszentren industrieller Betriebe, in: Rationalisierung, 3. Saarbrücker Arbeitstagung 1982, hrsg. von W. KILGER/A. W. SCHEER, Würzburg/Wien 1982, S. 48-75.

4 Vgl.: MATHES, H. D., Rationalisierung 1981, S. 400.

len die Marktforschung, die Planung, die Organisation und die Kontrolle. In diesen Bereichen werden Maßnahmen der Planung und Prognose, Strukturierungs-, Kontroll- und Überwachungsmaßnahmen angewendet und verbessert.[1] Der Schwerpunkt der Rationalisierungsmaßnahmen liegt dabei in der Substitution menschlicher Arbeitsleistung durch den Einsatz von EDV-Systemen.[2]

(3) Soziologische Rationalisierung

Die soziologische Rationalisierung kann nur unter Berücksichtigung der Interdependenzen zwischen der technischen und der betriebswirtschaftlichen Rationalisierung betrachtet werden. Die Unwirtschaftlichkeiten in diesem Bereich resultieren aus den Beziehungen zwischen dem Menschen und einer Gruppe, sowie zwischen dem Menschen und dem Unternehmen. Im Mittelpunkt dieses Bereichs stehen die Auswirkungen der Maßnahmen der technischen und betriebswirtschaftlichen Rationalisierung auf den Menschen durch Frühpensionierung, Automation oder Entlassung.

Die Rationalisierungsmaßnahmen werden von MARR/HOFMANN in technisch-zweckorientiert und kommunikativ-wertorientiert unterschieden.[3] Zu den *technisch-zweckorientierten Maßnahmen* zählen die Arbeitsplatzgestaltung, die Analyse des Arbeitsprozesses und der Arbeitsanweisungen, die Gestaltung von Lohnanreizsystemen und Informationsprozessen, die Gemeinkosten-Wertanalyse und das Zero-Base-Budgeting als Instrumente des Kostenmanagement im Verwaltungsbereich, die Aus- und Weiterbildung oder die Anpassung der Organisationsstruktur.[4]

Kommunikativ-wertorientierte Maßnahmen stellen bislang lediglich Ansätze dar, deren empirische Überprüfung noch aussteht. Hierunter werden Maßnahmen subsumiert, die der Idee der partizipativen Führung folgen. Die Beteiligung der Mitarbeiter an Willensbildungsprozessen vollzieht sich im Projektmanagement, in selbststeuernden Gruppen, in Qualitätszirkeln oder Lernstattkonzepten.[5]

---

1 Vgl.: MATHES, H. D., Rationalisierung 1981, S. 400.

2 Zum Einsatz der EDV als Instrument der Rationalisierung vgl. SCHEER, A.-W.: Rationalisierungserfolge durch Einsatz der EDV - Ziel und Wirklichkeit, in: Rationalisierung, 3. Saarbrücker Arbeitstagung 1982, hrsg. von W. KILGER/A. W. SCHEER, Würzburg/Wien 1982, S. 260-288.

3 Vgl.: MARR, R./HOFMANN, K., Rationalisierung 1992, Sp. 2147-2149.

4 Vgl.: SCHWEITZER, M./KÜPPER, H.-U., Rationalisierung 1975, Sp. 3306-3308; PFEIFFER, W., Rationalisierung 1993, Sp. 3645-3646; LINDEMANN, F., Rationalisierung 1984, S. 83-84; LÜCK, W., Strukturwandel 1984, S. 24-31.

5 Vgl.: MARR, R./HOFMANN, K., Rationalisierung 1992, Sp. 2148-2149.

V. Die Bedeutung der immateriellen Potentiale

1. Die Ziele des Aufbaus immaterieller Potentiale

Der Betriebszweck besteht in der Erstellung von Gütern in Form von Sach- und Dienstleistungen für den Bedarf Dritter.[1] Der Betriebszweck stellt das Mittel zum Erreichen des Betriebszieles dar. Betriebsziele sind grundlegender Natur und stellen keine einperiodigen Ziele dar, da sie über einen längeren Zeitraum hinweg erreicht werden sollen.[2] Hierzu werden im Unternehmen die Produktionsfaktoren eingesetzt und miteinander kombiniert. In der Systematik der Produktionsfaktoren wurden Repetier- und Potentialfaktoren voneinander unterschieden.[3] Die Eigenschaft der Potentialfaktoren ist die Möglichkeit ihres mehrmaligen Einsatzes im Leistungserstellungsprozeß. Sie stehen dem Unternehmen in mehreren Perioden, in der Regel über mehrere Jahre hinweg, zur Verfügung.[4]

Diese Einteilung soll als Ausgangspunkt für die weiteren Überlegungen gewählt werden. Zur Erreichung der Betriebsziele auch in künftigen Perioden stehen dem Unternehmen die Potentialfaktoren zur Verfügung.[5] Bei materiellen Potentialen, z.B. Betriebsmitteln, kann deren Anschaffung durch Erwerb innerhalb einer Periode vollzogen werden. Bei immateriellen Potentialen hingegen bedarf es eines längerfristigen Aufbaus. Die Beispiele zu den einzelnen Formen immaterieller Potentiale haben dies im Rahmen dieser Arbeit verdeutlicht.[6] Ausgehend von den Betriebszielen werden im Unternehmen, im Rahmen des Betriebszwecks, die hierzu notwendigen Maßnahmen geplant.[7]

Zur Erreichung der Betriebsziele in zukünftigen Perioden muß der Aufbau der immateriellen Potentiale unter Berücksichtigung ihres Einsatzzeitpunktes geplant werden.[8] Im Gegensatz zu materiellen Potentialen verringern sich die positiven Zielbeiträge der immateriellen Potentiale im Zeitablauf. Ein Grund hierfür besteht in den Bestre-

---

1 Vgl.: PETERS, S./BRÜHL, R./STELLING, J. N., Betriebswirtschaftslehre 1997, S. 7, S. 15-16.

2 Vgl.: HAHN, D., PuK 1996, S. 98-100, S. 166; HORVÁTH, P., Controlling 1994, S. 190-191; SHENG, Q., Qualitätsmanagement 1991, S. 1.

3 Vgl. hierzu die Ausführungen in Abschnitt B.II.1. dieser Arbeit.

4 Vgl.: RICK-LENZE, R., Fixkostenmanagement 1992, S. 203.

5 Vgl.: BRÜHL, R., Kosten- und Erfolgsrechnung 1996, S. 307.

6 Vgl. Abschnitt B.IV dieser Arbeit.

7 Vgl.: WILD, J., Grundlagen 1974, S. 173; HAHN, D., PuK 1996, S. 100.

8 Vgl.: VORMBAUM, H./FRANZ, K.-P./RAUTENBERG, H. G., Forschung 1980, S. 183; HORVÁTH, P., Controlling 1994, S. 189.

bungen der Konkurrenz, die ihrerseits Potentiale aufbauen und versuchen, einen Potentialvorsprung zu erzielen.[1] Hierdurch sind die Unternehmen gezwungen, rechtzeitig Potentiale zu schaffen, da ein kurzfristiger Aufbau in der Regel nicht möglich ist. .

Durch die Verkürzung der Lebenszyklen der Produkte, steigenden Wettbewerb und den Einsatz neuer Technologien sehen sich die Unternehmen einem zweifachen Problem ausgesetzt.[2] Zum einen verkürzen sich mit den Lebenszyklen die pay off-Perioden am Markt.[3] Ein geplanter Gesamterlösbetrag verteilt sich auf eine kürzere Marktphase und ist pro Periode entsprechend höher. Zweitens steigen die Kosten des Aufbaus immaterieller Potentiale regelmäßig.[4] Die zu ihrem Ausgleich geplanten Rückflüsse über Umsatzerlöse erhöhen sich um diesen Betrag. Darst. 24 verdeutlicht diesen Zusammenhang.

Bezüglich der Relevanz der immateriellen Potentiale können *betriebsnotwendige* und *nicht betriebsnotwendige* immaterielle Potentiale unterschieden werden. Einem Verzicht auf *betriebsnotwendige* Potentiale folgt die Nichterreichung des Betriebszwecks. In Abhängigkeit von der Branche zählen hierzu z.B. die Entwicklung und Projektion der Fertigungstechnologie, die Planung der Fertigungsorganisation und deren Umsetzung in Computerprogramme oder die Ausbildung der Mitarbeiter auf neue Anforderungen hin.[5]

---

1 Vgl.: KNOLMAYER, G., Potentialplanung 1989, Sp. 1675; FRÖHLING, O./WEIS, E., Thesen 1992, S. 136-137; BÜHNER, R., Organisationslehre 1994, S. 13.

2 Vgl.: REICHMANN, T./NEUKIRCHEN, R., Potentialanalyse 1998, S. 340; TÖPFER, A./MEHDORN, H., Quality 1995, S. 44-49; SCHOLL, K./DITTMAR, J., Prototyping 1996, S. 190; TÖPFER, A., Marketing 1991,S. 168-177; SERFLING, K., Controlling 1992, S. 185; FRÖHLING, O./WEIS, E., Thesen 1992, S. 134; MÄNNEL, W., Kostenkalkulation 1994, S. 109; KEIL, A., Controlling 1991, S. 180; SIEGWART, H./RAAS, F., Rechnungswesen 1991, S. 83-84; COENENBERG, A. G., Kostenrechnung 1993, S. 405.

3 Vgl.: LOHMANN, U., Gemeinkostenmanagement 1992, S. 134; CORSTEN, H./STUHLMANN, S., Kostenmanagement 1997, S. 22; SIEGWART, H./SENTI, R., Life Cycle 1995, S. 157. SCHÜTZDELLER, K., Projektcontrolling 1991, S. 19, nennt aus der Elektrotechnik und dem Computerbereich eine Erhöhung der pay off-Perioden um 5,5 % und zugleich eine Verkürzung der Produktlebenszeit um 46 %.

4 Vgl.: MÄNNEL, W., Kostenrechnung 1993, S. 165; WEBER, J., Change Management 1990, S. 124; RADOMSKI, J./BETZING, G., Einmalausgaben 1977, S. 188-190; BETZING, G., Einmalkosten 1980, S. 681; LAßMANN, G., Probleme 1985, S. 4-5; RIEBEL, P., Meinung 1981, S. 77; ZIEGLER, H., Leistungen 1982, S. 819; ZWERGEL, A./FRITZ, G., Taktische Kosten 1973, S. 202.

5 Vgl.: LAßMANN, G., Probleme 1985, S. 4-5; LEDERLE, H., Verrechnung 1985, S. 192-195.

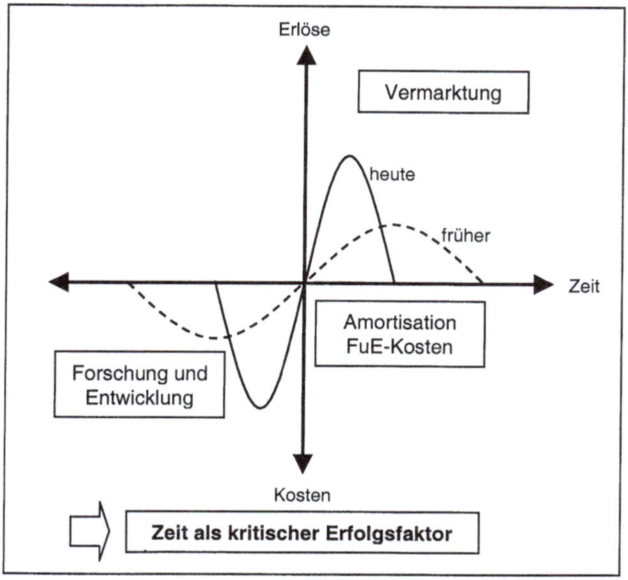

Darst. 24: Stauchung von FuE-Zyklen und PLZ-Zyklen,
Quelle: In Anlehnung an TÖPFER, A./MEHDORN, H., Quality 1995, S. 53

Die *nicht betriebsnotwendigen* immateriellen Potentiale ermöglichen Wettbewerbsvorteile.[1] Der Betriebszweck kann ohne diese Potentiale kurzfristig erreicht werden.[2] Mittel- und langfristig ist der Betriebszweck gefährdet, wenn bestehende Potentiale abgebaut werden. Zu diesen Potentialen zählen z.B. Rationalisierungen, Weiterbildungsmaßnahmen, bestimmte Marketing- und Forschungspotentiale.[3]

Kurzfristig bleibt ein Verzicht auf den Aufbau immaterieller Potentiale ohne negative Auswirkungen auf den Betriebszweck. Das Betriebsergebnis kann kurzfristig verbessert werden, da den gesunkenen Kosten durch Wegfall des Aufbaus nur geringe Er-

---

1 Vgl.: BÜHNER, R., Organisationslehre 1994, S. 13; FRÖHLING, O./WEIS, E., Thesen 1992, S. 135, S. 137; ZIEGLER, H., Leistungen 1982, S. 816.

2 Vgl.: KNOLMAYER, G., Potentialplanung 1989, Sp. 1675.

3 Als Beispiel für nicht betriebsnotwendige Forschungspotentiale kann die Strategie der "Imitatoren" genannt werden, die Produkte nachbauen (me-too-Strategie), nachdem die (forschungsintensive) Innovation bereits von anderen Unternehmen am Markt angeboten wird. Durch diese Strategie werden hohe FuE-Aufwendungen vermieden. Wettbewerbsvorteile werden über geringe Verkaufspreise aufgebaut, die aus den geringen FuE-Kosten resultieren, vgl.: NIESCHLAG, R./DICHTL, E./HÖRSCHGEN, H., Marketing 1976, S. 846-847; TÖPFER, A., Marketing 1991, S. 168-173.

löseinbußen gegenüberstehen. Dieses Verhältnis ändert sich im Zeitablauf, da sich der Potentialabbau erst im Zeitablauf negativ auf die Erlöse auswirkt. Diese Entwicklung findet ihren Höhepunkt in der Gefährdung des Betriebszwecks, wenn betriebsnotwendige Potentiale nicht mehr zur Verfügung stehen und extern nicht bereitgestellt werden können

2. Die Entwicklung der Kosten immaterieller Potentiale im Zeitvergleich

Zur Verdeutlichung der zuvor dargestellten zunehmenden Bedeutung der immateriellen Potentiale für die Unternehmen sollen die Ergebnisse empirischer Untersuchungen angeführt werden. Darst. 25 verdeutlicht die Entwicklung des Aufwands für FuE in der Bundesrepublik Deutschland.

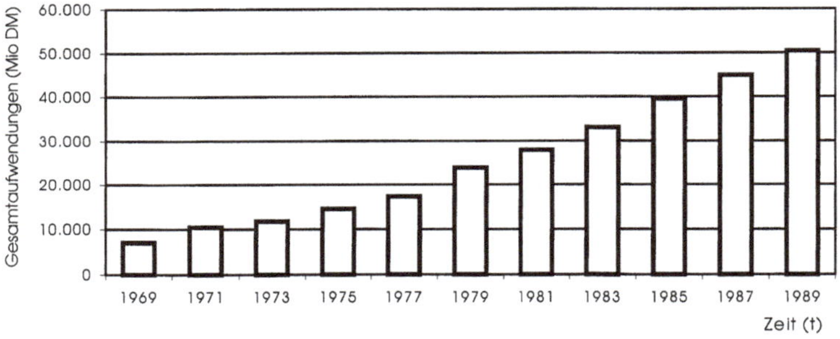

Darst. 25: Gesamtaufwendungen der Wirtschaft für FuE 1969-1989
Quelle: entnommen aus BROCKHOFF, K., Forschung 1994, S. 61

Der Anteil der Personalaufwendungen an den Gesamtaufwendungen in FuE beläuft sich auf ca. 65% und zeigt Konstanz im Zeitablauf. Ähnliche Verläufe existieren auch für einzelne Branchen, so z.B. der Automobilindustrie, in dem betrachteten Zeitraum. Der Anteil der Gesamtaufwendungen für FuE am Umsatz unterliegt branchenspezifischen Unterschieden und sind von durchschnittlich 5% in den 1970er Jahren über 7% in den 1980er Jahren auf 8% in den 1990er Jahren angestiegen.[1]

---

1 Vgl.: BACKHAUS, K./FUNKE, S., Fixkostenintensität 1994, S. 126 sowie die Ergebnisse einer empirischen Studie bei BINDER, M., Steuerung 1998, S. 360-362.

Die Entwicklung der Werbeinvestitionen in Deutschland wird in Darst. 26 verdeutlicht.

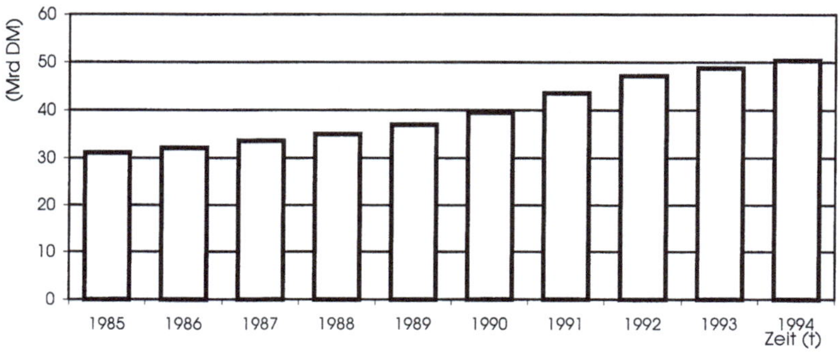

Darst. 26: Werbeinvestitionen in Deutschland 1985-1994 in Milliarden DM
Quelle: Zentralverband der deutschen Werbewirtschaft (Hrsg.): Werbung in Deutschland 1994, Bonn 1994

Der Anteil der Werbeausgaben am Umsatz unterliegt produktgruppenspezifischen Unterschieden. Im Jahr 1989 betrug dieser Anteil bei Schmerzmitteln und Allzweckreinigern 20-30 %, bei Waschmitteln und Körperpflegeartikeln 10-20 % und bei Schokolade und Bier 5-10%.[1]

Bei dieser Graphik ist zu beachten, daß die Werbung nur ein Instrument des Marketing darstellt. Die Kosten anderer Marketinginstrumente müssen ebenfalls berücksichtigt werden, um das Ausmaß der Kosten des Aufbaus immaterieller Potentiale abschätzen zu können.

---

1 Vgl.: KOTLER, P./BLIEMEL, F. W., Marketing 1992, S. 869.

VI. Besondere Probleme im Zusammenhang mit immateriellen Potentialen

1. Die Risiken immaterieller Potentiale

Das Risiko, bzw. die Ungewißheit, stellt das bedeutendste Problem der immateriellen Potentiale dar.[1] "Die Ungewißheit ergibt sich aus der mangelnden Vorhersehbarkeit des zukünftigen Geschehens."[2] Die Länge des Planungszeitraumes wirkt sich hierbei negativ auf die Sicherheit der zu treffenden Entscheidungen aus.[3] Kennzeichen der immateriellen Potentiale sind ihr langfristiger Aufbau und ihre langfristige Nutzung.[4] Der Entscheidung der Unternehmensleitung hierüber geht ein Planungsprozess voraus.[5] Hierbei ist es notwendig, die Dauer des Potentialaufbaus und den Zeitraum der Potentialnutzung zu bestimmen.

Ausgehend von einem Bereitstellungsdatum der Potentiale im Unternehmen wird retrograd bestimmt, zu welchem Zeitpunkt der Aufbau zu beginnen hat. Kurzfristig können immaterielle Potentiale nur in geringem Umfang aufgebaut werden. In diesem Planungszeitraum ist der Bestand der vorhandenen Potentiale zu berücksichtigen. Mit zunehmender Entfernung des Planungshorizontes können auch zunehmend Potentiale berücksichtigt werden, da in wachsenden Zeiträumen ihr Aufbau zunehmend möglich ist.[6]

Eine weitere Erhöhung des Risikos ergibt sich durch die Entscheidung, mittel- bis langfristig neue Märkte zu bearbeiten. Es müssen angestammte Märkte und neue Märkte unterschieden werden. Auf den angestammten Märkten besitzen Unterneh-

---

1 Vgl.: VORMBAUM, H./FRANZ, K.-P./RAUTENBERG, H. G., Forschung 1980, S. 184; VEIT, K.-R., Vermögensgegenstände 1990, S. 170; WITTE, E., Investitionen 1962b, S. 238; ZIMMERER, C., Bilanzmanipulationen 1979, S. 459-460.
Zur Unterscheidung von Risiko und Ungewißheit vgl. BAETGE, J./JERSCHENSKY, A., Frühwarnsysteme 1999, S. 171; WÖHE, G., Einführung 1993, S. 129, S. 133, S. 138; PETERS, S./BRÜHL, R./STELLING, J. N., Betriebswirtschaftslehre 1997, S. 92; PERRIDON, L./STEINER, M., Finanzwirtschaft 1991, S. 95-96; KREIKEBAUM, H., Unternehmensplanung 1993, S. 98; WITTE, E., Investitionen 1962a, S. 218-219.

2 SCHÄTZLE, G., Forschung 1965, S. 69. Vgl. auch HAHN, D., PuK 1996, S. 70-72; GUTENBERG, E., Absatz 1979, S. 15-19.

3 Vgl.: KREIKEBAUM, H., Unternehmensplanung 1993, S. 128; HORVÁTH, P., Controlling 1994, S. 169, S. 188, S. 370.

4 KILGER, W., Einführung 1987, S. 52, spricht von zeitungebundenen Nutzungspotentialen. Vgl. auch LASSMANN, G., Probleme 1985, S. 4-5; MARTIN, T. A., Forschungscontrolling 1992, S. 27, S. 200-201; PIROTH, E., Potentialkosten 1984, S. 254; KNOLMAYER, G., Potentialplanung 1989, Sp. 1672-1673; HAHN, D., PuK 1996, S. 21-22, S. 66, S. 173; COENENBERG, A. G., Kostenrechnung 1993, S. 28.

5 Vgl.: HAHN, D., PuK 1996, S. 45-47, S. 251-266.

6 KNOLMAYER, G., Potentialplanung 1989, Sp. 1672-1673.

men Informationen über die Unternehmensumwelt (Kunden, Wettbewerber, Staat, etc.). Diese Informationen liegen nicht oder nur unvollständig vor, wenn ein Unternehmen sein Engagement auf neuen Märkten plant.[1]

Die Unternehmen sehen sich einem zweifachen Risiko ausgesetzt. Das Risiko liegt zum einen in der Langfristigkeit der immateriellen Potentiale begründet, d.h. der Aufbau der Potentiale an sich ist mit Risiko behaftet. Zum anderen verstärkt sich dieses Risiko, wenn neue Märkte bearbeitet werden sollen, da die den Markteintritt ermöglichenden Potentiale vorab nicht genau bestimmt werden können.[2] Ein weiteres Risiko besteht in dem Problem, den aus immateriellen Potentialen resultierenden Erfolg quantitativ zu bestimmen.[3] In der Planung der Potentiale werden fast ausschließlich deren Kosten berücksichtigt, eine Erfolgsberechnung bleibt aufgrund der mangelnden objektiven Erlösbestimmung zumeist aus.

Das Risiko der immateriellen Potentiale besteht in einem technischen und einem wirtschaftlichen Risiko.[4] Diesen Zusammenhang verdeutlicht der Forschungs- und Entwicklungsbereich. Das technische Risiko oder Produktionsrisiko besteht in der Erkenntnis, daß ein Problem technisch nicht lösbar ist. Bis zu dieser Erkenntnis sind unter Umständen monate- oder jahrelang Forschungskosten entstanden. Der Nutzen dieser Erkenntnis liegt in dem hinzugewonnenen Wissen über die Unlösbarkeit des Problems. Das wirtschaftliche Risiko oder Verwertungsrisiko bezieht sich auf den Absatz der Leistungen. Der Absatz unterliegt dem Einfluß konkurrierender Unternehmen, Präferenzänderungen der Kunden oder staatlicher Regulierung.[5]

In den einzelnen Vorleistungsbereichen ist das Risiko unterschiedlich groß. Besonders risikoreich sind die Tätigkeiten der FuE-Abteilung, da die zeitliche Distanz zu späteren Leistungen besonders groß ist.[6] In diesem Bereich sinkt das Risiko mit zu-

---

1 Vgl.: HORVÁTH, P., Controlling 1985, S. 402-412.

2 Vgl.: KNOLMAYER, G., Potentialplanung 1989, Sp. 1672-1673.

3 Vgl.: BÜRGEL, H. D., Management 1983, S. 96-97; KNAYER, M., Taktische Kosten 1971, S. 21; NIESCHLAG, R./DICHTL, E./HÖRSCHGEN, H., Marketing 1976, S. 370; WEBER, J., Change-Management 1989, S. 40; WITTE, E., Investitionen 1962a, S. 217-218; GAS, B., Wirtschaftlichkeitsrechnung 1971, S. 76-77.

4 Vgl.: COMMES, M.-T./LIENERT, R., Controlling 1983, S. 349-350; HAHN, D., PuK 1996, S. 451-452.

5 Vgl.: SCHÄTZLE, G., Forschung 1965, S. 69-74; EVERLING, W., Entwicklungskosten 1962, S. 256-257.

6 Vgl.: MARTIN, T. A., Forschungscontrolling 1992, S. 200; HAHN, D., PuK 1996, S. 451, S. 454; MELLEROWICZ, K., Forschung 1958, S. 12-13; FREUDENMANN, H., Planung 1965, S. 29-30.

nehmender sachlicher und zeitlicher Marktnähe.[1] Als Indikator für das Risiko wird der Anteil der Forschungsprojekte betrachtet, aus deren Ergebnissen Leistungen resultieren, deren Markteinführung erfolgreich verläuft. Darst. 27 verdeutlicht diesen Sachverhalt.

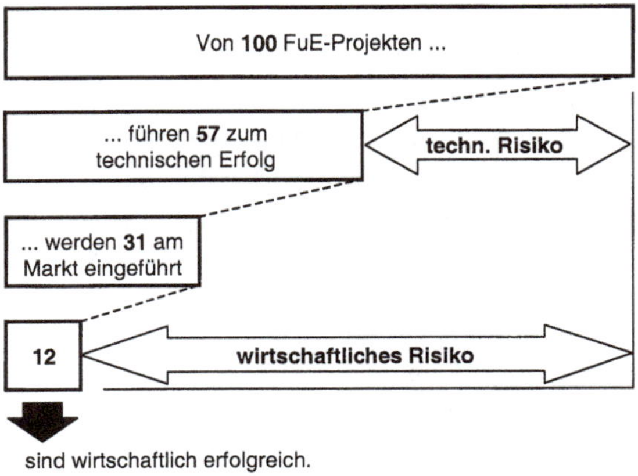

Darst.27: Erfolgswahrscheinlichkeit von FuE-Projekten
Quelle: In Anlehnung an MANSFIELD, EDWIN, u.a.: Research and Innovation in the Modern Corporation, New York 1971, S. 41

Ein geringeres Risiko weist das Marketing auf. Im Rahmen der Werbung gilt das Risiko am höchsten, da die Akzeptanz einzelner Werbemaßnahmen durch die Konsumenten kaum vorhersehbar ist und die Auswirkungen auf den Absatz der Produkte nur unter Risiko bestimmt werden können und im extrem sogar negativ sein können.[2]

Im Produktionsmanagement besteht das Risiko im wesentlichen im Absatzrisiko. Aus Investitionen in moderne Technologien resultieren hohe Kapitalkosten und erfordern eine hohe Auslastung der Systeme. Veränderungen der Kundenwünsche können nur egalisiert werden, wenn die Technologien ein genügend hohes Maß an Flexibilität aufweisen.

---

1 Vgl.: BÖNING, D., Probleme 1969, S. 518-519.

2 Vgl.: NIESCHLAG, R./DICHTL, E./HÖRSCHGEN, H., Marketing 1976, S. 370. Nicht selten sind erfolgreiche Werbemaßnahmen, wie auch Forschungsergebnisse, ein Produkt des Zufalls. Ein durch lange Öffentlichkeitsarbeit geschaffenes positives Image kann durch einen Umweltschaden oder die Ankündigung von Entlassungen innerhalb kurzer Zeit das Vertrauen der Konsumenten verlieren.

2. Die Verbundbeziehungen

Immaterielle Potentiale stellen, mit Ausnahme der Einproduktunternehmen, Gemeinkosten dar.[1] Gemeinkosten fallen nicht unmittelbar für ein einzelnes Erzeugnis oder einen einzelnen Auftrag an.[2] Als Beispiel ist die Entwicklung von Motoren oder Getrieben in der Automobilindustrie zu nennen, die in verschiedenen Modellreihen Verwendung finden. Der Verbund der Nutzung immaterieller Potentiale durch verschiedene Kostenträger in mehreren Perioden wird besonders bei der Rationalisierung deutlich. Hierbei profitiert das Gesamtunternehmen mit der Summe seiner Kostenträger längerfristig von dem erzielten Produktivitätszuwachs.

In Vorleistungsbereichen werden in der Regel Potentiale geschaffen, deren Nutzung nicht auf einzelne Kostenträger oder einzelne Abrechnungsperioden begrenzt ist. Eine veranlassungsgerechte Zuordnung auf einzelne Kostenträger als Einzelkosten ist somit nicht möglich.

Ausnahmen dieser Verbundbeziehungen können in der Entwicklung, der Werbung oder der Verkaufsförderung bestehen, wenn diese Maßnahmen kostenträgerweise geplant werden.[3] Es bleibt jedoch zu berücksichtigen, daß Werbung und Verkaufsförderung durchaus positive Wirkungen auf den Absatz weiterer Produkte ausüben. In diesen Fällen verbindet der Kunde das umworbene Produkt mit dem Namen des Unternehmens. Auch wenn kein Interesse an den umworbenen Produkten besteht, bleiben dem Kunden der Name und das Auftreten des Unternehmens bekannt.[4] Umgekehrt wirken negative Informationen über einzelne Produkte auf die gesamten Absatzleistungen des Unternehmens, wie Beispiele aus dem Nahrungsmittelbereich eindrucksvoll belegen.

Aufgrund dieser Verbundbeziehungen können der Einsatz und die Wirkung von immateriellen Potentiale auf einzelne Kostenträger oder Abrechnungsperioden nicht

---

1 Vgl.: RIEBEL, P., Meinung 1981, S. 75; KILGER, W., Einführung 1987, S. 52; COENENBERG, A. G., Kostenrechnung 1993, S. 51, S. 54; RADOMSKI, J./BETZING, G., Einmalausgaben 1977, S. 186; FRÖHLING, O./WEIS, E., Thesen 1992, S. 137.

2 Vgl.: HUMMEL, S./MÄNNEL, W., Kostenrechnung I 1990, S. 97; KILGER, W., Plankostenrechnung 1993, S. 6-8; PETERS, S./BRÜHL, R./STELLING, J. N., Betriebswirtschaftslehre 1997, S. 209; FREIDANK, C.-C., Kostenrechnung 1994, S. 95.

3 Vgl.: LEDERLE, H., Verrechnung 1985, S. 197-200.

4 Vgl.: NIESCHLAG, R./DICHTL, E./HÖRSCHGEN, H., Marketing 1976, S. 367-371; SCHWEIGER, G./SCHRATTENECKER, G., Werbung 1992, S. 217.

veranlassungsgerecht begrenzt werden.[1] Von Entscheidungen über einzelne Produktmaßnahmen sind auch weitere Produkte des Unternehmens in zukünftigen Perioden betroffen.[2]

3. Die Nutzungsdauer immaterieller Potentiale

Die zeitliche Abgrenzung der geschaffenen Potentiale stellt ein weiteres Problem dar, das aus der geplanten Nutzungsdauer resultiert. Potentiale stellen zukünftige Nutzungsmöglichkeiten dar, die auch für Folgeprojekte genutzt werden können.[3] Bevor auf die kostenrechnerischen Konsequenzen eingegangen wird, ist das Problem der Bestimmung der Nutzungsdauer aus planerischer Sicht darzustellen.

Potentiale werden in der Regel langfristig aufgebaut und auch langfristig genutzt.[4] Im Kombinationsprozeß der Leistungserstellung können Potentiale mehrmals zum Einsatz gelangen und werden, im Gegensatz zu Repetierfaktoren, gebraucht.[5] Im externen Rechnungswesen sind die Nutzungsdauern materieller und immaterieller Potentiale durch den Gesetzgeber vorgegeben. Im internen Rechnungswesen sind die Unternehmen an keine Konventionen gebunden und können die Kosten- und Erfolgsrechnung frei gestalten.

Die Nutzungsdauern der immateriellen Potentiale sind unterschiedlich lang und weichen voneinander ab. In der Verkaufsförderung und auch teilweise in der Werbung sollen die mit den gewählten Maßnahmen verfolgten Ziele schon kurzfristig realisiert werden. Die Zeitspanne des Wartens auf geplante Erfolge, bzw. Nutzungsmöglichkeiten ist hier besonders kurz.[6]

---

1 Vgl.: KILGER, W., Kostenträgerrechnung 1986, S. 31-32.

2 Dieser Sachverhalt äußert sich auch in der Berücksichtigung der Potentiale in der strategischen Planung. Hierbei wird das Gesamtunternehmen über einen langfristigen Planungszeitraum betrachtet. Entscheidungen über einzelne Produkte sind nicht Gegenstand dieser Planung, vgl. KREIKEBAUM, H., Unternehmensplanung 1993, S. 26-27, S. 33, S. 113-114.

3 Vgl.: KILGER, W., Einführung 1987, S. 52; RIEBEL, P., Kosten 1972, S. 31; KEIL, A., Controlling 1991, S. 179; KNOLMAYER, G., Potentialplanung 1989, Sp. 1672; LAßMANN, G., Probleme 1985, S. 4-5; WITTE, E., Investitionen 1962b, S. 238.

4 Vgl.: KILGER, W., Einführung 1987, S. 52; PIROTH, E., Potentialkosten 1984, S. 254; HAHN, D., PuK 1996, S. 21-22; COENENBERG, A. G., Kostenrechnung 1993, S. 28; BRÜHL, R., Kosten- und Erfolgsrechnung 1996, S. 307.

5 Vgl.: GAS, B., Wirtschaftlichkeitsrechnung 1971, S. 19; PETERS, S./BRÜHL, R./STELLING, J. N., Betriebswirtschaftslehre 1997, S. 116.

6 Vgl.: WITTE, E., Investitionen 1962a, S. 213.

Nach Eintreten des Erfolges in Form erhöhter Nachfrage kann die Dauer, bzw. das Anhalten der Nachfrageerhöhung, nicht bestimmt werden. Beispiele aus dem FuE-Bereich belegen, daß nach einer mehrjährigen Forschungstätigkeit, unter Umständen nur eine kurze Erfolgsphase am Markt folgt. Andererseits kann eine über Nacht geborene Idee für einen Werbefeldzug oder einen Werbeslogan das Image des Unternehmens auf Jahre hinaus prägen.[1]

Die Nutzungsdauer immaterieller Potentiale kann in eine technische und eine wirtschaftliche Nutzungsdauer unterschieden werden. Die *technische Nutzungsdauer* determiniert die theoretische Nutzungsdauer des Potentials unter Abstrahierung von der Unternehmensumwelt. Diese Nutzungsdauer ist zeitlich praktisch unbegrenzt, sofern das Wissen dokumentiert ist.[2] Informationen über einen geplanten Werbefeldzug, Wissenserweiterung durch Personalentwicklung oder Rationalisierung stehen dem Unternehmen zeitlich unbegrenzt zur Verfügung.

Bei der Bestimmung der *wirtschaftlichen Nutzungsdauer* wird die Unternehmensumwelt (Konkurrenz, Nachfrage, Staat, ...) in der Entscheidungssituation berücksichtigt. Die wirtschaftliche Nutzungsdauer bestimmt den Zeitraum, in dem ein geschaffenes Potential einen positiven Zielbeitrag zur Erreichung der Unternehmensziele leistet. Im Zeitablauf unterliegen die Potentiale besonders dem Einfluß der Konkurrenz, die ihrerseits versuchen, Potentialvorsprünge aufzubauen. Dieser Wettbewerb führt zu der Notwendigkeit, regelmäßig Potentialvorsprünge zu erarbeiten.[3] Unterbleiben diese Anstrengungen, sinken die Zielbeiträge der bestehenden Potentiale durch die Bestrebungen der Konkurrenz, ohne sich in ihrer Zusammensetzung zu verändern.[4]

Für die weitere Vorgehensweise ist ausschließlich die wirtschaftliche Nutzungsdauer relevant, da nur während dieser Zeitspanne eine Kompensation der Kosten durch Umsatzerlöse erzielt werden kann. Die Bestimmung ihrer Länge kann nur aufgrund von Informationen vergangener Projekte und Schätzungen bestimmt werden.[5] Im Extrem ist die Nutzungsdauer Null, wenn Projekte nicht zu Leistungen führen.

---

1 Vgl.: MELLEROWICZ, K., Forschung 1958, S. 43-49.

2 Die Erfindung der Dampfmaschine oder des Wolframfadens kann heute noch, aufgrund des seinerzeit gewonnenen Wissens, technisch genutzt werden.

3 Vgl.: KNOLMAYER, G., Potentialplanung 1989, Sp. 1675.

4 Beispielhaft ist ein Forschungsergebnis zu nennen, daß nur eine kurze Marktphase erreicht, da ein Konkurrenzprodukt eine bessere Problemlösung bei einem geringeren Verkaufspreis ermöglicht.

5 Vgl.: VEIT, K.-R., Vermögensgegenstände 1990, S. 171.

4. Das Problem der Verrechnung immaterieller Potentiale

a. Die zeitliche Verrechnung

Aus den im vorherigen Abschnitt dargestellten Verbundbeziehungen immaterieller Potentiale resultieren zwei Hauptprobleme für die Gestaltung der Kosten- und Erfolgsrechnung, die *zeitliche* und die *sachliche Verrechnung*.

Gegenstand dieses Abschnitts ist die zeitliche Verrechnung, die aus den Problemen der mehrperiodigen Aufbau- und Nutzungsdauer der immateriellen Potentiale resultiert. In der Kosten- und Erfolgsrechnung werden Kosten und Erlöse in unterjährigen Zeiträumen, in der Regel monatlich, geplant und kontrolliert.[1] Variable Kosten verhalten sich proportional, progressiv oder degressiv zur Beschäftigung und können ohne größere Probleme monatlich ermittelt werden.[2] Fixe Kosten sind hingegen von der Beschäftigung unabhängig und fallen kalenderzeitproportional an.[3] Aus diesem Grunde werden sie auch Bereitschaftskosten genannt, die zur Errichtung und Erhaltung der Betriebsbereitschaft veranlaßt werden.[4]

In der Kosten- und Erfolgsrechnung werden die fixen Kosten, in Abhängigkeit von dem Kostenrechnungssystem, nach bestimmten Schlüsseln in der Kalkulation verrechnet oder als Block in der Ergebnisrechnung ausgewiesen.[5] Die Anschaffungs- oder Herstellungskosten eines materiellen Potentials, z.B. einer Drehbank, werden auf die geplante Nutzungsdauer oder auf die geplante Beschäftigung aufgeteilt.

Der Aufbau immaterieller Potentiale beginnt zeitlich vor dem Marktzyklus späterer Produkte, für die die Potentialkosten entstanden sind.[6] Zudem kann die Länge des

---

1 Vgl.: MÄNNEL, W., Integration 1999, S. 12; PETERS, S./BRÜHL, R./STELLING, J. N., Betriebswirtschaftslehre 1997, S. 189; COENENBERG, A. G., Kostenrechnung 1993, S. 25; FREIDANK, C.-C., Kostenrechnung 1994, S. 91; WÖHE, G., Einführung 1993, S. 1138; HORVÁTH & PARTNER, Controllingkonzept 1995, S. 35.

2 Vgl.: COENENBERG, A. G., Kostenrechnung 1993, S. 54; KILGER, W., Einführung 1987, S. 35, S. 78.

3 Vgl.: KILGER, W., Plankostenrechnung 1993, S. 48-57; FREIDANK, C.-C., Kostenrechnung 1994, S. 36-40; PETERS, S./BRÜHL, R./STELLING, J. N., Betriebswirtschaftslehre 1997, S. 209; KUNZ, B. R., Differenziertheit 1983, S. 449-450.

4 Vgl.: RIEBEL, P., Einzelkostenrechnung 1994, S. 16-17, S. 81-97; COENENBERG, A. G., Kostenrechnung 1993, S. 53-54; MÄNNEL, W., Kostenrechnung 1993, S. 168; KUNZ, B. R., Differenziertheit 1983, S. 451-452.

5 Vgl.: COENENBERG, A. G., Kostenrechnung 1993, S. 115.

6 Vgl.: REICHMANN, T./FRÖHLING, O., Kosten- und Erfolgscontrolling 1994, S. 294-298; LASSMANN, G., Probleme 1985, S. 17-19.

Marktzyklus nicht bestimmt werden. Die Entscheidung, in welchen Perioden die Potentialkosten über Erlöse der Absatzleistungen wieder in das Unternehmen zurückfließen, kann nur unter Risiko bestimmt werden.[1] Die Höhe und die Zeitdauer können, im Gegensatz zu materiellen Potentialen, nicht bestimmt werden.

Aufgrund dieses Risikos im Entscheidungszeitpunkt werden in Theorie und Praxis zwei Formen der zeitlichen Verrechnung diskutiert, vgl. Darst. 28.

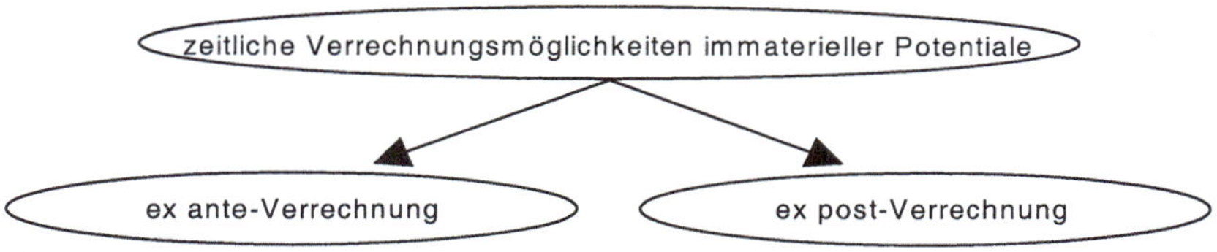

Darst. 28: Zeitliche Verrechnungsmöglichkeiten immaterieller Potentiale

Die erste Form wird als *"ex ante-Verrechnung"* bezeichnet.[2] Bei dieser Möglichkeit werden die Kosten der Vorleistungsbereiche im Monat ihres Entstehens ex ante in der Kosten- und Erfolgsrechnung ausgewiesen. Diese Methode hat in der Praxis aufgrund ihrer Einfachheit eine weite Verbreitung gefunden. Aus theoretischer Sicht muß diese Form strikt abgelehnt werden, da sie das Veranlassungsprinzip durchbricht und nicht zweckgerechte Periodenergebnisse ausweist.[3] Besteht beispielsweise im FuE-Bereich die Zielsetzung in der Entwicklung eines Nachfolgemodells, wird durch die ex ante-Verrechnung das derzeit produzierte Modell mit diesen Vorleistungskosten belastet. Die Zielsetzung des FuE-Bereich wird bei dieser Form der Verrechnung außer Acht gelassen, das Veranlassungsprinzip verletzt.

Argumente für die ex ante-Verrechnung werden im Falle der Serienfertigung vorgebracht. Wenn die Potentiale zyklisch wiederkehrend in annähernd gleicher Höhe an-

---

1 Vgl.: WEBER, R., Forschungsaufwendungen 1971, S. 105-106; BÜRGEL, H. D., Management 1983, S. 96-97; KNAYER, M., Taktische Kosten 1971, S. 21.

2 Vgl.: RADOMSKI, J./BETZING, G., Einmalausgaben 1977, S. 187-188; LEDERLE, H., Verrechnung 1985, S. 203-204; KILGER, W., Kostenträgerrechnung 1986, S. 32; ZIEGLER, H., Leistungen 1982, S. 819; BETZING, G., Einmalkosten 1980, S. 683-684; SIEGWART, H./SENTI, R., Life Cycle 1995, S. 184.

3 Vgl.: EVERSHEIM, W./KÜMPER, R., Vorkalkulation 1997, S. 96; MÄNNEL, W., Kostenrechnung 1993, S. 168; KILGER, W., Kostenträgerrechnung 1986, S. 32; BRÜHL, R., Kosten- und Erfolgsrechnung 1996, S. 307; LAßMANN, G., Periodenerfolg 1988, S. 227; FRÖHLING, O./WEIS, E., Thesen 1992, S. 138; HUBER, R., Gemeinkosten-Wertanalyse 1987, S. 122.

fallen, soll jede Serie die Vorleistungskosten der Nachfolgeserie tragen.[1] Dieser "Generationenvertrag" wird auch aus finanzpolitischer Sicht genannt.[2] Auch in diesem Fall hat eine ex ante-Verrechnung zu unterbleiben, da im Betriebsergebnis nicht zweckgerechte Kosten ausgewiesen werden.[3] Die Höhe der Vorleistungskosten steigt regelmäßig. Dieser Anstieg führt zu einer Verzerrung, da der laufenden Serie die höheren Vorleistungskosten der Nachfolgeserie angelastet werden.[4] Das Ergebnis der laufenden Serie enthält Kosten, die diese Serie nicht veranlaßt hat und die zu hoch ausgewiesen das Ergebnis verfälschen. Die finanzpolitischen Argumente müssen ebenso abgewiesen werden, da sich die Finanzplanung an Zahlungen zu orientieren hat. In den Zahlungsströmen sind die auszahlungswirksamen Vorleistungskosten im Monat ihres Entstehens enthalten.

Die zweite Form der Verrechnung wird als *"ex post-Verrechnung"* oder Verrechnung im nachhinein bezeichnet.[5] Diese Möglichkeit findet unter strikter Einhaltung des Veranlassungsprinzips statt und ist aus theoretischer Sicht zweckgerecht. Die laufenden Vorleistungskosten werden projektweise erfaßt und dokumentiert.[6] Eine Verrechnung auf Kostenträger findet erst dann statt, wenn diese Kostenträger sich im Marktzyklus befinden und in der Kosten- und Erfolgsrechnung ausgewiesen werden.[7] Die Probleme dieser exakten Verrechnungsform bestehen in der Bestimmung der Länge des Marktzyklus. Des weiteren können die geschaffenen Potentiale auch von Folgeprodukten genutzt werden. Auf diese Probleme wird in den weiteren Kapiteln ausführlich eingegangen.

---

1 Vgl.: LEDERLE, H., Verrechnung 1985, S. 204.

2 Vgl.: WEIS, E., Projekt-Controlling 1997, S. 89; SIEGWART, H./SENTI, R., Life Cycle 1995, S. 185.

3 Vgl.: MÄNNEL, W., Produktkostenkalkulationen 1997, S. 16.

4 Vgl.: LAßMANN, G., Probleme 1985, S. 10.

5 Vgl.: KEIL, A., Controlling 1991, S. 181; REICHMANN, T./FRÖHLING, O., Kosten- und Erfolgscontrolling 1994, S. 294; KILGER, W., Kostenträgerrechnung 1986, S. 32; BETZING, G., Einmalkosten 1980, S. 684.

6 Vgl.: KILGER, W., Kostenträgerrechnung 1986, S. 31; RADOMSKI, J./BETZING, G., Einmalausgaben 1977, S. 192; ZWERGEL, A./FRITZ, G., Taktische Kosten 1973, S. 204-205. WEBER, J., Change Management 1990, S. 123; MÄNNEL, W., Kostenrechnung 1993, S. 170; LEDERLE, H., Verrechnung 1985, S. 195, fordern eine überperiodische Rechnung, der eine langfristige Betrachtungsweise zugrunde liegt.

7 Vgl.: MÄNNEL, W., Kostenrechnung 1993, S. 168; ZWERGEL, A./FRITZ, G., Taktische Kosten 1973, S. 204-205; KEIL, A., Controlling 1991, S. 181; SIEGWART, H./RAAS, F., Rechnungswesen 1991, S. 55.

b. Die sachliche Verrechnung

Die sachliche Verrechnung, als zweites Problem der Verbundbeziehungen, bezieht sich auf die Verrechnung der Vorleistungskosten auf Kostenträger. Zuvor sind die Vorleistungskosten als Gemeinkosten charakterisiert worden. In der Betriebsergebnisrechnung muß eine Zuordnung der Vorleistungskosten zu bestimmten Bezugsobjekten vorgenommen werden. Nach Abschluß eines Vorleistungsprojektes wird bestimmt, welche Bezugsobjekte von den geschaffenen Potentialen profitieren.

Eine beträchtliche Höhe nehmen im FuE-Bereich die Kosten fehlgeschlagener Projekte ein.[1] Aus diesen Projekten resultieren keine Leistungen, denen Vorleistungskosten veranlassungsgerecht zugeordnet werden können. Dieser Bereich wird ebenfalls an späterer Stelle behandelt. Erfolgreiche Vorleistungsprojekte führen zu Potentialen, die sich in der Folgezeit im Absatzprogramm widerspiegeln. Bereits zu Beginn der Projekte werden die Ziele bestimmt. Über diese Zielbestimmung wird ein Zusammenhang zum späteren Produktionsprogramm hergestellt, auf dessen Grundlage eine Verrechnung stattfinden kann.

Auch in diesem Fall ist die Verrechnung durch Risiko gekennzeichnet, da die zu produzierende Gesamtstückzahl nur geschätzt werden kann.[2] Verändert sich die Absatzmenge gegenüber der geplanten Absatzmenge, entstehen Über- oder Unterdekkungen der verrechneten Potentialkosten. Viele Projekte können einer einzelnen Serie oder einem Produkt nicht direkt zugeordnet werden, da eine Nutzung durch verschiedene Bezugsobjekte stattfindet.[3] Eine Verlängerung der Nutzungszeit ist durch technische Modifikationen möglich. Die modifizierten Teile weisen weitaus geringere FuE-Kosten aus, da nur geringfügige Veränderungen vorgenommen wurden. Hier stellt sich die Frage nach der Höhe der zu verrechnenden Kosten der modifizierten Teile. Auch diese Fragen sollen im Verlauf der weiteren Arbeit eingehend behandelt werden.

Darst. 29 verdeutlicht noch einmal die Probleme der zeitlichen und sachlichen Verrechnung.

---

1 Vgl.: COMMES, M.-T./LIENERT, R., Controlling 1983, S. 349-350.

2 Vgl.: BETZING, G., Einmalkosten 1980, S. 684-685.

3 Vgl.: REICHMANN, T./FRÖHLING, O., Kosten- und Erfolgscontrolling 1994, S. 294-295; KEIL, A., Controlling 1991, S. 181. Aus dem Entwicklungsbereich stammt das Beispiel eines neuen Getriebes oder eines Airbag, das in verschiedenen Modellen verwendet wird und auch in Folgemodelle noch genutzt wird.

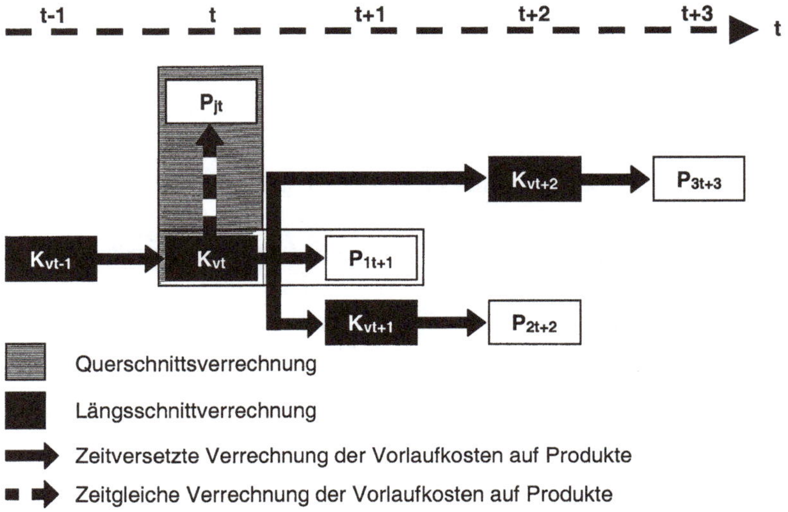

Darst. 29: Vereinfachtes Modell der kostenrechnerischen Verrechnungsproblematik von Vorlaufkosten
Quelle: In Anlehnung an REICHMANN ,T./FRÖHLING, O., Kosten- und Erfolgscontrolling 1994, S. 295

C. Anforderungen an das Informationsversorgungssystem bezüglich Planung und Kontrolle im Bereich immaterieller Potentiale

I. Anforderungen an die Kosten- und Erfolgsrechnung

1. Die traditionellen Zwecke der Kostenrechnung

Das betriebliche Rechnungswesen besteht aus sämtlichen Verfahren, die den Unternehmensprozeß zahlenmäßig abbilden.[1] Es wird als Modell des Wirtschaftsgeschehens zwischen dem Betrieb und seiner Umwelt auf der Grundlage quantitativer, insbesondere zahlungsbezogener Rechnungsgrößen bezeichnet und stellt ein Subsystem des Informationsversorgungssystems dar, dessen Aufgabe in der Versorgung aller seiner Adressaten mit den benötigten Informationen besteht.[2] Nach den Adressaten werden das externe und das interne betriebliche Rechnungswesen unterschieden.[3] Das externe betriebliche Rechnungswesen, bzw. die Finanzbuchhaltung, erfüllt die Aufgaben der Dokumentation und der Rechenschaftslegung gegenüber externen Adressaten, z.B. Fiskus, Gläubiger oder Lieferanten.[4] Die Aufgabe des internen betrieblichen Rechnungswesens (Betriebsbuchhaltung) besteht in der Deckung des Informationsbedarfs in betrieblichen Entscheidungs-, Planungs- und Kontrollprozessen und beschränkt sich auf die Erfassung jenes sachzielbezogenen Werteverzehrs, der durch die Leistungserstellung und -verwertung veranlaßt wird.[5] Die innerbetrieblichen Adressaten werden als dispositiver Faktor oder Management bezeichnet.

Die Zwecke der Kosten- und Erfolgsrechnung, als Ausgestaltung des internen betrieblichen Rechnungswesens, resultieren aus dem Informationsbedarf des Management zur Erfüllung seiner Aufgaben der Unternehmensführung im Sinne einer

---

1 Vgl.: SCHWEITZER, M./KÜPPER, H.-U., Systeme 1995, S. 16; HORVÁTH & PARTNER, Controllingkonzept 1995, S. 19; HABERSTOCK, L., Einführung 1997, S. 1-2; HUMMEL, S./MÄNNEL, W., Kostenrechnung I 1990, S. 4; KILGER, W., Einführung 1987, S. 6.

2 Vgl.: KAISER, K., Kosten- und Leistungsrechnung 1993, S. 16; KLÜMPER, P., Kostenrechnung 1979, S. 20-24, S. 99-100; KOSIOL, E., Kostenrechnung 1972, S. 22; KLOOCK, J./SIEBEN, G./SCHILDBACH, T., Leistungsrechnung 1990, S. 8; PINNEKAMP, H.-J., Kostenrechnung 1993, S. 1-7; PETERS, S., Kosten- und Leistungsrechnung 1985, S. 15.

3 Vgl.: FREIDANK, C.-C., Kostenrechnung 1994, S. 89; PETERS, S./BRÜHL, R./STELLING, J. N., Betriebswirtschaftslehre 1997, S. 154; HORVÁTH & PARTNER, Controllingkonzept 1995, S. 19; WEBER, J., Controlling 1995, S. 174.

4 Vgl. auch MÄNNEL, W., Integration 1999, S. 12; SCHNEIDER, D., Abschreibung 1998, S. 34.

5 Vgl.: MÄNNEL, W., Integration 1999, S. 12; SCHNEIDER, D., Abschreibung 1998, S. 34; SCHWEITZER, M./KÜPPER, H.-U., Systeme 1995, S. 16; HEINEN, E., Kostenlehre 1978, S. 36; LANG, H., Kostenrechnung 1994, S. 3-4; WEIGAND, C., Entscheidungsorientierung 1988, S. 134. Zum Informationsbedarf vgl. HORVÁTH, P., Controlling 1994, S. 379-383; SCHWEITZER, M., Systematik 1992, S. 193-194.

bestmöglichen Betriebszielerreichung.[1] Dieser Informationsbedarf kann durch das externe betriebliche Rechnungswesen nur unzureichend gedeckt werden, da die Erfolgsquellen, z.B. Erzeugnisarten, -gruppen, Bereiche, etc., nicht sichtbar werden und die Ergebnisse in Form des Jahresabschlusses als Jahresrechnung zu spät vorliegen.[2] Die traditionellen Zwecke der Kosten- und Erfolgsrechnung können wie folgt bestimmt werden:[3]

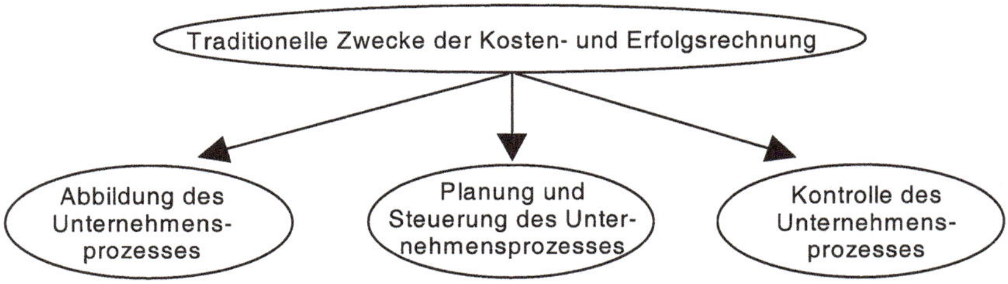

Darst. 30: Traditionelle Zwecke der Kosten- und Erfolgsrechnung

(1) Abbildung des Unternehmensprozesses

Nach dem Merkmal des Prozeßvollzuges kann die Abbildung des realisierten Unternehmensprozesses als Nachrechnung sowie die Abbildung des zukünftigen Unternehmensprozesses als Vorrechnung erfolgen. Im Rahmen der Nachrechnung werden tatsächlich angefallene Kosten als Istkosten dem Bezugsobjekt Periode, dem Bezugsobjekt Ausbringungsmengeneinheit sowie weiteren möglichen Bezugsobjekten, z.B. Absatzsegmente, Kostenstellen, Prozesse, etc., zugeordnet.[4] Im ersten Schritt der Kostenerfassung werden die in einer Rechnungsperiode benötigten Kostengüter nach ihren tatsächlich verbrauchten Mengen gemessen und mit Preisen bewertet. Im zweiten Schritt werden die gemessenen Kostengüter auf Kostenträger verteilt, wobei diese Zuordnung veranlassungsgerecht auf Bezugsobjekte (Kostenstellen, Kostenträger) nach unterschiedlichen Prinzipien erfolgen kann.[5]

---

1 Vgl.: PETERS, S./BRÜHL, R./STELLING, J. N., Betriebswirtschaftslehre 1997, S. 188; HUMMEL, S./MÄNNEL, W., Kostenrechnung I 1990, S. 22-25; SCHWEITZER, M./KÜPPER, H.-U., Systeme 1995, S. 63-67; CHRISTMANN, J./WITTHOFF, H.-W., Kostenrechnung 1994, S. 37; BÖRNER, D., Kostenverteilung 1993, Sp. 1282.

2 Vgl. ausführlich HABERSTOCK, L., Grundzüge 1982, S. 11.

3 Vgl.: SCHWEITZER, M./KÜPPER, H.-U., Systeme 1995, S. 38.

4 Vgl.: SCHWEITZER, M./KÜPPER, H.-U., Systeme 1995, S. 39.

5 Vgl.: KÜPPER, H.-U., Anforderungen 1992, S. 143; KILGER, W., Plankostenrechnung 1993, S. 10; FRIEDL, B., Anforderungen 1995, S. 104; MÄNNEL, W., Kostenrechnung 1991, S. 14.

(2) Planung und Steuerung des Unternehmensprozesses

Die Planung und Steuerung des Wirtschaftsgeschehens eines Unternehmens mit Informationen der Kostenrechnung bedarf der Festlegung der Zielgrößen. Zu den Zielgrößen der Kostenrechnung zählen Kosten, Erlöse und als Saldo der kalkulatorische Erfolg. Folgende Auflistung vermittelt eine Übersicht über betriebliche Entscheidungsprobleme, für welche die Zielgrößen der Kostenrechnung von Bedeutung sind:

- Bestimmung des Produktions-, Beschaffungs- und Absatzprogramms,
- Bestimmung von Bestellmengen und Fertigungslosen,
- Entscheidung über Eigenfertigung oder Fremdbezug,
- Bestimmung der Preisuntergrenzen von Zusatzaufträgen,
- Preiskalkulation,
- Ermittlung innerbetrieblicher Verrechnungspreise, etc.[1]

(3) Kontrolle des Unternehmensprozesses

Die Kontrolle wird als Vergleich von Kostengrößen vorgenommen, wozu Istkosten zu einer Vergleichsgröße ins Verhältnis gesetzt werden.[2] Besondere Bedeutung besitzt die Ermittlung der Wirtschaftlichkeit, welche als Maßzahl bestimmt wird und über die Einhaltung des Wirtschaftlichkeitsprinzips (ökonomisches Prinzip) informiert.[3] In der Kostenrechnung bestimmt sich die Wirtschaftlichkeit als Quotient (Sollkosten : Istkosten).[4] Die Sollkosten stellen eine zu erreichende Vorgabe dar, die sich aus den Kosten vergangener Perioden ergeben kann (Zeitvergleich), aus den Kosten vergleichbarer Unternehmen (Betriebsvergleich) oder aus den geplanten Kosten (Soll-Ist-Vergleich).[5] Das Ziel der Wirtschaftlichkeitskontrolle besteht im Aufdecken und

---

1 Vgl.: HUMMEL, S./MÄNNEL, W., Kostenrechnung I 1990, S. 33-34; HABERSTOCK, L., Einführung 1997, S. 4; KLOOCK, J./SIEBEN, G./SCHILDBACH, T., Leistungsrechnung 1990, S. 18; KOCH, J., Kostenrechnung 1990, S. 6; SCHWARZ, H., Kostenträgerrechnung 1969, S. 22-23; RIEBEL, P., Einzelkostenrechnung 1994, S. 208-210; WEBER, J., Kostenrechnung 1993, S. 52-56. Vgl. zur Problematik der Eigenerstellung und des Fremdbezuges auch KILGER, WOLFGANG: Optimale Produktions- und Absatzplanung - Entscheidungsmodelle für den Produktions- und Absatzbereich industrieller Betriebe, Opladen 1973, S. 276-297. Zu Marktleistungen und internen Leistungen vgl. BRÜHL, R., Kosten- und Erfolgsrechnung 1996, S. 95; FUNKE, S., Vollkostenrechnung 1994, S. 326. Zur Planung von Preisgrenzen im Beschaffungsbereich vgl. auch REICHMANN, THOMAS: Die Planung von Preisgrenzen im Beschaffungsbereich der Unternehmung, in: ZfbF, 23. Jg. (1971), S. 793-802.

2 Vgl.: SCHWEITZER, M./KÜPPER, H.-U., Systeme 1995, S. 47.

3 Vgl.: HEINEN, E., Kostenlehre 1978, S. 28-32; BRÜHL, R., Informationen 1995, S. 73; BOHR, K., Wirtschaftlichkeit 1993, Sp. 2182; KÜPPER, H.-U., Entwicklungslinien 1991, S. 57.

4 Vgl.: OLFERT, K., Kostenrechnung 1987, S. 46; PETERS, S., Kosten- und Leistungsrechnung 1985, S. 16.

5 Vgl.: PETERS, S., Kosten- und Leistungsrechnung 1985, S. 16; SCHWEITZER, M./KÜPPER, H.-U., Systeme 1991, S. 68-70.

Vermeiden von Unwirtschaftlichkeiten.[1] Die Nachteile dieser wertmäßigen Kennziffer bestehen zum einen in enthaltenen Preisschwankungen, welche die Aussagekraft einschränken. Zum anderen sind die vorgegebenen Sollkosten bei Zeit- und Betriebsvergleichen wenig aussagekräftig, da betriebliche Unwirtschaftlichkeiten in ihnen enthalten sind und somit Vorgabecharakter bekommen.[2]

2. Die Anforderungen an eine entscheidungsorientierte Kostenrechnung

a. Das Problem der entscheidungsrelevanten Kosten

Im vorangegangenen Abschnitt ist die Bereitstellung von Zahlenmaterial für dispositive Zwecke als eine der traditionellen Aufgaben der Kostenrechnung genannt worden. Bei genauerer Analyse zeigt sich, daß dispositive Zwecke oder Dispositionen und Entscheidungen identische Begriffe sind. Insofern entspricht die Forderung nach entscheidungsrelevanten Kosten der oben dargestellten Aufgabe Zahlenmaterial für dispositive Zwecke bereitzustellen".[3] In der Aufzählung der traditionellen Aufgaben der Kostenrechnung ist die Bereitstellung von entscheidungsrelevanten Kosten nicht als gleichrangige Aufgabe zu betrachten, sondern ist allen anderen Aufgaben übergeordnet.[4] Die Bereitstellung von entscheidungsrelevanten Kosten bildet die Hauptaufgabe der Kostenrechnung, die weiter unterteilt werden kann, da Wirtschaftlichkeitskontrollen und Kalkulationsaufgaben ihrerseits ebenfalls Entscheidungen erfordern, die geeigneter Kosteninformationen bedürfen.[5]

Zum Treffen einer Entscheidung, als Ergebnis eines Wahlprozesses, benötigt der Entscheidungsträger alle Informationen, die er zur Lösung des Problems benötigt.[6] Hierzu sind alle Kosten in die Entscheidungsfindung einzubeziehen, die von den

---

1 Vgl.: SCHWARZ, H., Kostenträgerrechnung 1969, S. 21-22; MÄNNEL, W./WARNICK, B., Rechnungswesen 1990, S. 404; BOHR, K., Wirtschaftlichkeit 1993, Sp. 2184-2186.

2 Vgl.: HUMMEL, S./MÄNNEL, W., Kostenrechnung I 1990, S. 31-33; SERFLING, K., Controlling 1992, S. 133.

3 Vgl.: HABERSTOCK, L., Einführung 1997, S. 4; KILGER, W., Plankostenrechnung 1993, S. 10.

4 Vgl.: BRÜHL, R., Kosten- und Erfolgsrechnung 1996, S. 87; RIEBEL, P., Thesen 1983, S. 26; SCHILDBACH, T., Vollkostenrechnung 1993, S. 346; ebenso KILGER, W., Einführung 1987, S. 17; PETERS, S., Controlling 1987, S. 52.

5 Vgl.: SCHWEITZER, M./KÜPPER, H.-U., Systeme 1995, S. 7, S. 294.

6 Vgl.: HUMMEL, S., Kosteninformationen 1992, S. 77; SIMMONDS, K., Accounting 1989, S. 265; PETERS, S., Kosten- und Leistungsrechnung 1985, S. 16-17. Zur Definition der Entscheidung vgl. HEINEN, E., Zielsystem 1976, S. 18-21; GUTENBERG, E., Produktion 1979, S. 133-134.

Handlungsparametern beeinflußt werden.[1] Es werden zwei Anforderungen an entscheidungsrelevante Kosteninformationen gestellt. Einerseits müssen sie vollständig sein, andererseits müssen überflüssige und irreführende Kosteninformationen herausgefiltert werden.[2] "Die Forderung nach entscheidungsrelevanten Kosteninformationen soll sicherstellen, daß der Informationsempfänger mit den „richtigen" (geeigneten, passenden, maßgeschneiderten, beweiskräftigen) Kostengrößen versorgt wird."[3]

"Als relevant sind die Kosten zu bezeichnen, die von einer Entscheidung über eine bestimmte Aktion (Handlungsmöglichkeit, Maßnahme) zusätzlich ausgelöst werden und die demzufolge auch bei der kostenmäßigen Beurteilung dieser Disposition zu berücksichtigen sind."[4] Der Begriff der entscheidungsrelevanten Kosten umfaßt nach HUMMEL folgende Merkmale, vgl. Darst. 31.[5]

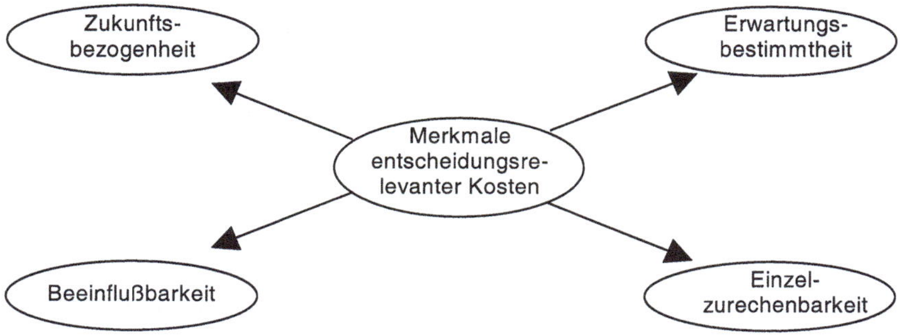

Darst. 31: Merkmale entscheidungsrelevanter Kosten

---

1 Vgl.: COENENBERG, A. G., Kostenrechnung 1993, S. 285; PETERS, S., Kosten- und Leistungsrechnung 1985, S. 17; WEIGAND, C., Entscheidungsorientierung 1988, S. 135; HUMMEL, S., Relevante Kosten 1993, Sp. 1714.

2 Vgl.: HUMMEL, S., Kosteninformationen 1992, S. 77; KLÜMPER, P., Kostenrechnung 1979, S. 44.

3 HUMMEL, S., Kosteninformationen 1992, S. 77. Vgl. auch MÄNNEL, W., Führung 1988, S. 13-15; Schweitzer, M., Systematik 1992, S. 186-187.

4 HUMMEL, S./MÄNNEL, W., Kostenrechnung I 1990, S. 116, im Original hervorgehoben. Vgl. auch RIEBEL, P., Einzelkostenrechnung 1994, S. 302, S. 409; MÄNNEL, W./WARNICK, B., Rechnungswesen 1990, S. 412; WEIGAND, C., Entscheidungsorientierung 1988, S. 135; HABERSTOCK, L., Voll- und Teilkosten 1993, Sp. 2118; DÄUMLER, K.-D./GRABE, J., Kostenrechnung 2 1994, S. 175; SCHWEITZER, M., Systematik 1992, S. 186-187.

5 Vgl.: HUMMEL, S., Kosteninformationen 1992, S. 79-81; HUMMEL, S., Relevante Kosten 1993, Sp. 1714-1715.

(1) Zukunftsbezogenheit
Entscheidungsrelevante Kosten können nur zukünftig entstehen oder wegfallen, da Entscheidungen immer nur zukünftiges Geschehen beeinflussen können. Daher handelt es sich stets um Plankosten.[1]

(2) Erwartungsbestimmtheit
Die in (1) genannte Zukunftsbezogenheit beinhaltet Erwartungen über die zukünftige Kostenhöhe in sich. Hierbei sind die Prognosekosten entscheidungsrelevant, da sie die tatsächlich erwartete Kostenwirklichkeit bestimmen.

(3) Beeinflußbarkeit
Nur noch beeinflußbare Kosten können entscheidungsrelevant sein, da Kosten vergangener Perioden oder im voraus festgelegte Kosten zukünftiger Perioden durch Entscheidungen nicht mehr beeinflußt werden können.[2]

(4) Einzelzurechenbarkeit
In sachlicher Hinsicht müssen entscheidungsrelevante Kosten einer einzelnen Entscheidung für eine Alternative direkt, d.h. einzeln zurechenbar sein. Aus der Summe aller möglichen Kostenwirkungen der Alternativen sind die entscheidungsrelevanten Kosten der gewählten Alternative isoliert und spezifisch zuzurechnen.[3]

b. Die Ermittlung entscheidungsrelevanter Kosten

Die Forderungen nach entscheidungsrelevanten Kosten entstanden mit der Einführung von Teilkostenrechnungssystemen. Hierdurch erfuhr die Kostenrechnung eine Verlagerung von der vergangenheitsorientierten Dokumentationsrechnung hin zur zukunfts- und führungsorientierten Planungs- und Kontrollrechnung.[4] Die Kostenrechnung übernimmt Planungs- und Kontrollaufgaben im Rahmen gegebener Kapa-

---

1 Vgl. auch KILGER, W., Plankostenrechnung 1993, S. 191-192; FREIDANK, C.-C., Kostenrechnung 1994, S. 253; SCHWEITZER, M./KÜPPER, H.-U., Systeme 1995, S. 294; HUMMEL, S., Relevante Kosten 1993, Sp. 1714; PETERS, S., Controlling 1987, S. 52. Kritisch hierzu in Bezug auf Vorlaufkosten äußert sich FRÖHLING, O., Kostenmanagement 1994, S. 33-34.

2 Vgl. auch KILGER, W., Plankostenrechnung 1993, S. 191-192; HUMMEL, S., Relevante Kosten 1993, Sp. 1715. Kritisch hierzu in Bezug auf Vorlaufkosten äußert sich FRÖHLING, O., Kostenmanagement 1994, S. 33-34.

3 Vgl. auch MÄNNEL, W./WARNICK, B., Rechnungswesen 1990, S. 414; WEBER, J., Kostenrechnung 1991, S. 454.

4 Vgl.: KÜPPER, H.-U., Anforderungen 1992, S. 138-139, S. 145-146; HUMMEL, S., Kostenbegriff 1983, S. 1204; WEBER, J., Change-Management 1989, S. 32; SCHWEITZER, M./KÜPPER, H.-U., Systeme 1995, S. 25, S. 356; FRÖHLING, O., Accounting 1991, S. 7; SCHWEITZER, M., Systematik 1992, S. 190; Schneider, D., Kostentheorie 1961, S. 690.

zitäten und ist daher eine kurzfristige Rechnung.[1] Kurzfristig wird jedoch nur die Beschäftigung als Kosteneinflußgröße als variabel betrachtet. Hieraus wird gefolgert, daß die (beschäftigungs-) variablen Kosten entscheidungsrelevant sind und die (beschäftigungs-) fixen Kosten entscheidungsirrelevant sind.[2] Diese Auffassung tritt jedoch nur unter ganz bestimmten Voraussetzungen ein, die weitere Bedingungen enthält, als ausschließlich eine Variation der Beschäftigung.[3]

"Welche Kosten für ein bestimmtes Entscheidungsproblem relevant sind, kann nicht generell bestimmt werden, sondern hängt davon ab, welche Aktionsparameter durch die betreffende Entscheidung verändert werden sollen und welche Kostenbestimmungsfaktoren dieses Aktionsparameter beeinflussen."[4] Bei der Ermittlung entscheidungsrelevanter Kosten sind ausschließlich diejenigen Kosten zu berücksichtigen, die durch die Entscheidung beeinflußt werden, wobei es unerheblich ist, ob diese Beeinflussung gewollt oder ungewollt ist. Eine pauschale Bestimmung relevanter Kosten ist nicht möglich, da sie von der jeweiligen Entscheidungssituation, den verfolgten Zielen und Restriktionen abhängig sind.[5]

Im Zusammenhang mit entscheidungsrelevanten und -irrelevanten Kosten sind an dieser Stelle die "sunk costs" hervorzuheben, da sie für diese Arbeit von besonderer Bedeutung sind. Sunk costs sind in der Vergangenheit bereits angefallene Istkosten, bzw. schon vordisponierte Kosten, deren Höhe in Gegenwart und Zukunft nicht mehr beeinflußt werden kann.[6] Sunk costs stellen insofern einen Spezialfall entschei-

---

1 Vgl.: SCHILDBACH, T., Vollkostenrechnung 1993, S. 346; FRANZ, K.-P., Entwicklung 1993, S. 268; KÜPPER, H.-U., Anforderungen 1992, S. 144; BOHR, K., Verhältnis 1988, S. 1172; FRÖHLING, O., Accounting 1991, S. 7-8; PETERS, S., Kosten- und Leistungsrechnung 1985, S. 16.

2 Vgl.: DÄUMLER, K.-D./GRABE, J., Kostenrechnung 2 1994, S. 175.

3 Vgl.: HUMMEL, S., Relevante Kosten 1993, Sp. 1716; RIEBEL, P., Einzelkostenrechnung 1994, S. 20, S. 362-365; FUNKE, S., Vollkostenrechnung 1994, S. 326; KÜPPER, H.-U., Teilkostenrechnung 1983, S. 71; KOCH, J., Kostenrechnung 1990, S. 177; HUMMEL, S., Kosten 1975, S. 69-70. Zur Entscheidungsrelevanz von Fixkosten vgl. auch SCHNEIDER, DIETER: Entscheidungsrelevante fixe Kosten, Abschreibungen und Zinsen zur Substanzerhaltung, in: DB, 37. Jg. (1984), S. 2521-2528; SIEGEL, THEODOR: Zur Irrelevanz fixer Kosten bei Unsicherheit, in: DB, 38. Jg. (1985), S. 2157-2159; MALTRY, HELMUT: Überlegungen zur Entscheidungsrelevanz von Fixkosten im Rahmen operativer Planungsrechnungen, in: BFuP, 40. Jg. (1990), S. 294-311.

4 KILGER, W., Plankostenrechnung 1993, S. 191-192. Vgl. auch RIEBEL, P., Einzelkostenrechnung 1994, S. 302, S. 367, S. 409; FREIDANK, C.-C., Kostenrechnung 1994, S. 254; WEIGAND, C., Entscheidungsorientierung 1988, S. 135.

5 Vgl.: HUMMEL, S./MÄNNEL, W., Kostenrechnung I 1990, S. 116; FRÖHLING, O./WEIS, E., Thesen 1992, S. 137. Beispiele, die belegen, daß (beschäftigungs-) variable Kosten entscheidungsirrelevant sein können, bzw. daß (beschäftigungs-) fixe Kosten durchaus entscheidungsrelevant sein können, finden sich bei HUMMEL, S./MÄNNEL, W., Kostenrechnung I 1990, S. 116-117; HUMMEL, S., Kosteninformationen 1992, S. 82.

6 Vgl.: RIEBEL, P., Abbildung 1989, S. 70.

dungsirrelevanter Kosten dar, da sie überhaupt nicht mehr beeinflußt werden können, während entscheidungsirrelevante Kosten nur von *einer* bestimmten Entscheidung nicht beeinflußt werden.[1]

3. Die Wahl des Kostenbegriffs

In der betriebswirtschaftlichen Literatur werden folgende Kostenbegriffe unterschieden, vgl. Darst. 32.

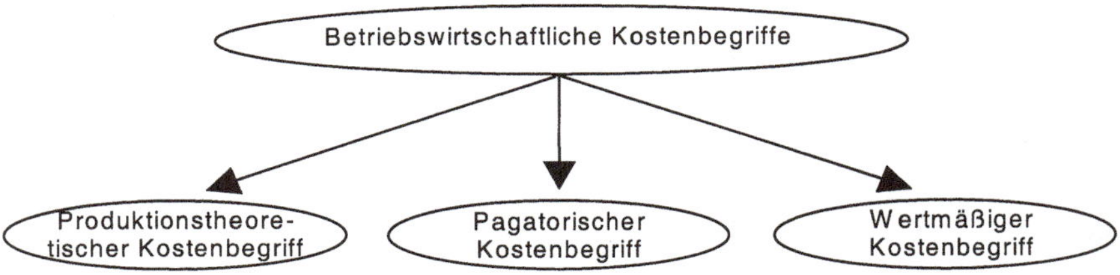

Darst. 32: Betriebswirtschaftliche Kostenbegriffe

(1) Produktionstheoretischer Kostenbegriff

In der Produktionstheorie werden funktionale Beziehungen zwischen Faktoreinsatz und Faktorertrag dargestellt. Die Kostentheorie hingegen stellt die Beziehungen zwischen Faktoreinsatz und den Kosten des Faktoreinsatzes dar. Die Kosten (K) ergeben sich in dieser Beziehung als das Produkt aus der eingesetzten Faktormenge (m) und dem Preis für eine Einheit des eingesetzten Faktors (p).[2] Im Produktionsprozeß werden mehrere Faktoren j (j = 1, 2, ..., n) kombinativ miteinander verknüpft. Um die Kosten des gesamten Faktoreinsatzes zu ermitteln, wird die Summe aus den Kosten der verschiedenen Faktoreinsätze gebildet. Folgende Formel verdeutlicht diesen Zusammenhang:

$$(K = m_1 \cdot p_1 + m_2 \cdot p_2 + \ldots + m_n \cdot p_n).$$

---

1 Vgl.: FRÖHLING, O./WEIS, E., Thesen 1992, S. 136; HUMMEL, S., Relevante Kosten 1993, Sp. 1716; WITT, F.-J., Deckungsbeitragsmanagement 1991, S. 28-29.

2 Vgl.: GUTENBERG, E., Produktion 1979, S. 338.

Im produktionstheoretischen Kostenbegriff werden nur solche Bestandteile berücksichtigt, die sich als Produkt aus Faktoreinsatzmenge und Preis darstellen lassen. Zur Erfüllung der genannten Aufgaben der Kostenrechnung ist dieser Kostenbegriff ungeeignet, da er zu eng gefaßt ist, die Kosten der Potentialfaktoren nicht berücksichtigt und eine Bewertung ausbleibt.

(2) Pagatorischer Kostenbegriff

Das kennzeichnende Merkmal des pagatorischen Kostenbegriffs ist seine Ausgabenbezogenheit. Die Kosten ergeben sich als Produkt aus Faktoreinsatzmenge und dem Beschaffungspreis, den das Unternehmen zur Beschaffung einer Einheit aufgewendet hat, bzw. aufzuwenden plant.[1] Es werden nur diejenigen Ausgaben berücksichtigt, die gleichzeitig Aufwand darstellen. Die aufwandsgleichen Ausgaben bezeichnet man auch als nichtkompensierte Ausgaben. "Unter dem (pagatorischen) Kostenbegriff werden alle diejenigen betrieblichen Ausgaben zusammengefaßt, die nicht als Tilgungsausgaben oder Kreditgewährungsausgaben durch entsprechende Einnahmen aus einer Kreditinanspruchnahme oder Rückempfang eines gewährten Kredites kompensiert werden."[2]

Die Kritik am pagatorischen Kostenbegriff richtet sich in erster Linie dagegen, daß durch die Ausgabenbezogenheit der Kosten alle Faktoreinsätze, die nicht mit Ausgaben und nicht mit Aufwand verbunden sind, keinen Kostencharakter besitzen.[3] Hierzu zählen der kalkulatorische Unternehmerlohn, die kalkulatorischen Eigenkapitalzinsen und die kalkulatorische Miete. Weiter richtet sich die Kritik gegen die bloße Nominalkapitalerhaltung als Unternehmensziel und die fehlende Berücksichtigung rein finanzwirtschaftlicher Ausgaben.

(3) Wertmäßiger Kostenbegriff

Der wertmäßige Kostenbegriff ist definiert als "der bewertete Verzehr von Gütern und Dienstleistungen (einschließlich öffentlicher Abgaben), der zur Erstellung und zum Absatz der betrieblichen Leistungen sowie zur Aufrechterhaltung der Betriebsbereit-

---

1 Vgl.: FREIDANK, C.-C., Kostenrechnung 1994, S. 9; HEINEN, E., Kostenlehre 1978, S. 82; KLOOCK, J./SIEBEN, G./SCHILDBACH, T., Leistungsrechnung 1990, S. 29.

2 KOCH, H., Kostenbegriff 1958, S. 361-362.

3 Vgl.: HUMMEL, S./MÄNNEL, W., Kostenrechnung I 1990, S. 75; KILGER, W., Plankostenrechnung 1993, S. 2-3.

schaft (Kapazitäten) erforderlich ist."[1] Der wertmäßige Kostenbegriff geht auf SCHMALENBACH zurück und ist in der Kostentheorie und -praxis vorherrschend.[2] Dieser Kostenbegriff ist zum einen von der Zweckabhängigkeit geprägt und soll möglichst vielen kostentheoretischen Anforderungen entsprechen. Zum anderen wird zur Bestimmung der Kosten auf die Güterströme abgestellt. Der wertmäßige Kostenbegriff ist durch die Merkmale (a) Güterverzehr, (b) Sachzielbezogenheit des Güterverzehrs und (c) Bewertung des sachzielorientierten Güterverzehrs gekennzeichnet.[3]

(a) Güterverzehr

Der Güterverzehr als eine Mengenkomponente besteht zum einen aus dem Gebrauch von Potentialfaktoren, zum anderen aus dem Verbrauch von Repetierfaktoren, wobei auf innerbetriebliche Güterbewegungen abgestellt wird.[4] Der Verzehr wird getrennt von pagatorischen Größen erfaßt, so daß sowohl unentgeltlich überlassene, als auch selbsterstellte Güter erfaßt werden.[5]

(b) Sachzielbezogenheit des Güterverzehrs

Die Sachzielbezogenheit als zweite Mengenkomponente schränkt den unter (a) genannten Güterverzehr ein. Ein Verzehr von Gütern führt nur dann zur Entstehung von Kosten, wenn er unmittelbar mit dem unternehmerischen Sachziel in Zusammenhang steht.[6] Die Realisation des Sachziels erfordert nicht nur die Herstellung, sondern auch den Absatz der Absatzleistungen.[7]

(c) Bewertung des sachzielorientierten Güterverzehrs

Die Bewertung des sachzielorientierten Güterverzehrs stellt die Wertkomponen-

---

1 HABERSTOCK, L., Grundzüge 1982, S. 63, im Original teilweise hervorgehoben. Vgl. auch COENENBERG, A. G., Kostenrechnung 1993, S. 38; SCHWEITZER, M./KÜPPER, H.-U., Systeme 1995, S. 25; KLÜMPER, P., Kostenrechnung 1979, S. 26.

2 Vgl.: SCHMALENBACH, EUGEN: Kostenrechnung und Preispolitik, 8. Aufl., Köln/Opladen 1963, S. 6.

3 Vgl.: HEINEN, E., Kostenlehre 1978, S. 55-56; BRÜHL, R., Kosten- und Erfolgsrechnung 1996, S. 93; KLOOCK, J./SIEBEN, G./SCHILDBACH, T., Leistungsrechnung 1990, S. 27; Vgl. auch KOSIOL, E., Kostenrechnung 1972, S. 23-24.

4 Vgl.: BRÜHL, R., Kosten- und Erfolgsrechnung 1996, S. 94.

5 Vgl.: KOSIOL, E., Kostenrechnung 1972, S. 24-27; HEINEN, E., Kostenlehre 1978, S. 58-66.

6 Zur Abgrenzung des Sachziels vgl. PETERS, S./BRÜHL, R./STELLING, J. N., Betriebswirtschaftslehre 1997, S. 7; SCHWEITZER, M./KÜPPER, H.-U., Systeme 1995, S. 21; HUMMEL, S./MÄNNEL, W., Kostenrechnung I 1990, S. 74. Vgl. auch KLEIN, A./VIKAS, K., Überblick 1999, S. 84, S. 85, zu der Ableitung der Geschäftsprozesse aus den Sachzielen des Unternehmens.

7 Vgl.: SCHWEITZER, M./KÜPPER, H.-U., Systeme 1995, S. 20-22; KOSIOL, E., Kostenrechnung 1972, S. 27-33.

te dieses Kostenbegriffs dar.[1] Hiernach muß eine Bewertung des sachzielorientierten Güterverzehrs stattfinden, damit die Vergleichbarkeit der Kosten gewährleistet ist. Der Wert ergibt sich aus der persönlichen Nutzenpräferenz des Entscheidungsträgers im Hinblick auf die Zweckgebundenheit (gerundiver Wertansatz), da ein objektiver Wertansatz nicht existiert. Da die Bestimmung der Nutzenpräferenz mit Schwierigkeiten behaftet ist, werden in der Regel Marktpreise zur Bewertung herangezogen. Hier besteht die Möglichkeit, Anschaffungs-, Tages- oder Festpreise zu verwenden.[2] Diese Wahlmöglichkeit ist zugleich Kritikpunkt am wertmäßigen Kostenbegriff, da die Bewertung willkürlich stattfindet und dem Entscheidungsträger "Narrenfreiheit" zugesteht.[3]

4. Die Zurechnungsprinzipien

Die allgemeine Aufgabe der Kostenrechung, Informationen über den Kostenanfall bereitzustellen, spiegelt sich in der Forderung nach einer verursachungsgerechten Zurechnung bzw. Verteilung von Kosten auf einzelne Zurechnungsobjekte wider. Demnach sollen den Objekte die Kosten zugewiesen werden, die es verursacht hat. Dieses Postulat entspringt zum einen dem allgemeinen Gerechtigkeitsdenken, zum anderen dem gleichgerichteten Verlangen einer wirklichkeitsgerechten Darstellung der betrieblichen Verhältnisse.[4] Zur Erfüllung dieser Aufgaben werden Zurechnungs- oder Zuordnungsprinzipien benötigt, welchen die folgende Definition zu Grunde gelegt wird: „Unter Kostenverteilung ist die nach bestimmten Regeln vorgenommene Umrechnung gegebener Kostenbeträge auf bestimmte Bezugsgrößen (z.B. kürzere Zeiträume als die Erfassungszeiten, Kostenstellen und Leistungsstellen, Kostenträger und Leistungsträger) zu verstehen.“[5] Die Gewinnung von Kosteninformationen entsteht in den Prozessen Kostenerfassung und Kostenverteilung.

---

1 Vgl.: BRÜHL, R., Kosten- und Erfolgsrechnung 1996, S. 95-96; KOSIOL, E., Kostenrechnung 1972, S. 33-38; HEINEN, E., Kostenlehre 1978, S. 73-81.

2 Vgl.: HUMMEL, S./MÄNNEL, W., Kostenrechnung I 1990, S. 74-75.

3 Vgl.: KÜPPER, H.-U., Rechensysteme 1997, S. 20, sowie zu pagatorischer und kalkulatorischer Erfolgsrechnung ebenda, S. 20-24. HUMMEL, S./MÄNNEL, W., Kostenrechnung I 1990, S. 71-72, kritisieren des weiteren die willkürliche Bestimmung der Zusatzkosten als "Dilemma des wertmäßigen Kostenbegriffs".

4 Vgl.: HUMMEL, S./MÄNNEL, W., Kostenrechnung 1 1990, S. 53-54.

5 BÖRNER, D., Kostenverteilung 1993, Sp. 1280, im Original teilweise hervorgehoben. Vgl. auch FREIDANK, C.-C., Kostenrechnung 1994, S. 185.

In der Literatur werden die unterschiedlichen Prinzipien zum Teil sehr dezidiert untersucht. Im folgenden soll ein Überblick über die unterschiedlichen Ansätze und Prinzipien gegeben werden, ohne jedoch eine eingehende Diskussion der jeweiligen Ansichten durchzuführen.[1] Das Verursachungsprinzip erfährt in der Literatur sehr unterschiedliche Definitionen. Die sich ergebenden Definitionen sind das Ergebnis einer philosophisch-entscheidungstheoretischen Diskussion, die an dieser Stelle nicht weiter ausgeführt werden soll. Die vorherrschenden Interpretationsrichtungen der Literatur argumentieren zum einen das kausale Verursachungsprinzip und zum anderen das finale Verursachungsprinzip.[2]

(1) Kausalprinzip

Die enge Interpretation des Verursachungsprinzips, z.T. bezeichnet als das Kausalprinzip, stellt Ursache-Wirkung-Beziehungen dar. „Dem Kostenträger sind nur jene Kosten zurechenbar, die bei der Erstellung einer zusätzlichen Kostenträgereinheit zusätzlich anfallen bzw. bei der Einschränkung der Leistungserstellung um eine Einheit wegfallen."[3] Kausalbeziehungen bestehen unabhängig vom menschlichen Bewußtsein und berücksichtigen lediglich die Realität.[4] Eine reale Beziehung besteht zwischen zwei Erscheinungen, wobei die eine die Ursache, die andere die Wirkung ist:

Die Ursache geht der Wirkung zeitlich voraus, wobei die Wirkung ihr notwendig folgt. Aus dem Eintreten einer Ursache kann das Eintreten der Wirkung im voraus gefolgert werden.[5] Wird die Beziehung zwischen Ursache und Wirkung auf Kosten und

---

1 Vgl. zur Übersicht z.B. BÖRNER, D, Kostenverteilung 1993, Sp. 1280-1289; KLOOCK, J.,/SIEBEN, G./SCHILDBACH, T., Leistungsrechnung 1999, S. 51-55; KILGER, W., Plankostenrechnung 1993, S. 1-11; HUMMEL, S./MÄNNEL, W., Kostenrechnung I 1990, S. 51-59; sowie FANDEL, G. et. al., Kostenrechnung 1999, S. 33-39.

2 Das Verursachungsprinzip wird auch als kausales Verursachungsprinzip bezeichnet, das Veranlassungsprinzip als finales Verursachungsprinzip, da beide Zurechnungsprinzipien auf dem selben Gedanken basieren, vgl. HUMMEL, S./MÄNNEL, W., Kostenrechnung I 1990, S. 55; BURGER, A., Kostenrechnung 1992, S. 105; COENENBERG, A. G., Kostenrechnung 1993, S. 48; KILGER, W., Plankostenrechnung 1993, S. 3-4. Zur Kennzeichnung der Kausalität und deren Verständnis in der Literatur vgl. SCHNUTENHAUS, O. R.: Über die angebliche Entwertung der Kausalität im Kostenrechnungswesen sowie über Zurechnungsverfahren, in: DB, 20. Jg. (1967), S. 129-133.

3 HABERSTOCK, L., Einführung 1997, S. 49. Vgl. auch HUMMEL, S./MÄNNEL, W., Kostenrechnung I 1990, S. 53-54; KLOOCK, J./SIEBEN, G./SCHILDBACH, T., Leistungsrechnung 1990, S. 50.

4 Vgl.: RIEBEL, P., Einzelkostenrechnung 1994, S. 71. Zu Realität und Wirklichkeit vgl. EHRT, R., Zurechenbarkeit 1967, S. 5.

5 Vgl.: EHRT, R., Zurechenbarkeit 1967, S. 17.

Leistungen angewendet, ist die erstellte Leistungseinheit die Ursache der Kostenentstehung, der jeweilige Kostenbetrag ist die Wirkung:[1]

Diese Form der Zurechnung findet aufgrund proportionaler Beziehungen statt. Die Höhe der Kosten wird durch die Menge der erstellten Leistungen determiniert. Bei Anwendung des wertmäßigen Kostenbegriffs kann das Verursachungsprinzip nicht die Grundlage für die Erklärung der Beziehungen zwischen Kosten und Leistungen sein, da die kausale Betrachtungsweise unabhängig vom menschlichen Bewußtsein nur Mengenbewegungen erfaßt.[2] Die notwendige Bewertung des Verzehrs wird durch Entscheidungen, bzw. durch menschliches Bewußtsein gesteuert und ist bei kausaler Betrachtungsweise nicht berücksichtigt.[3] "Einer kausalen Zurechnung von Kosten auf Leistungen ist somit der Boden entzogen."[4]

Weitere Kritik richtet sich gegen die zeitliche Abfolge von Ursache und Wirkung, da Kosten als Wirkung zeitlich nicht erst nach der Leistungserstellung entstehen.[5] Ferner ist die Ursache nicht notwendige Voraussetzung für das Eintreten der Wirkung, da eine gleiche Leistung mit unterschiedlichen Kosten erstellt werden kann. Zuletzt wird kritisiert, daß die Wirkung nicht zwangsläufig folgen muß, nachdem die Ursache vorliegt.[6]

(2) Finalprinzip

Das Finalprinzip, auch bezeichnet als Veranlassungsprinzip, beruht auf Zweck-Mittel-Beziehungen. Finalbeziehungen berücksichtigen die Wirklichkeit, die weiter gefaßt

---

1 Vgl.: KILGER, W., Plankostenrechnung 1993, S. 3-4; HABERSTOCK, L., Einführung 1997, S. 49; SCHWEITZER, M./KÜPPER, H.-U., Systeme 1995, S. 137; BÖRNER, D., Kostenverteilung 1993, Sp. 1283.

2 Vgl.: HUMMEL, S./MÄNNEL, W., Kostenrechnung I 1990, S. 55.

3 Vgl.: KILGER, W., Plankostenrechnung 1993, S. 3-4.

4 EHRT, R., Zurechenbarkeit 1967, S. 24. Vgl. auch KOSIOL, E., Kostenrechnung 1972, S. 29; BRÜHL, R., Kosten- und Erfolgsrechnung 1996, S. 42.

5 Vgl.: BRÜHL, R., Kosten- und Erfolgsrechnung 1996, S. 42.

6 Vgl.: RIEBEL, P., Einzelkostenrechnung 1994, S. 70; DIEDERICH, H., Betriebswirtschaftslehre 1989, S. 514; HUMMEL, S./MÄNNEL, W., Kostenrechnung I 1990, S. 55.

ist als die Realität.[1] Nur über das Bewußtsein des Menschen können Zwecke gesetzt werden.[2] Im Rahmen einer finalen Beziehung bestimmt der Zweck die Mittel:

Vom Bewußtsein ausgehend wird zuerst der Zweck bestimmt, anschließend werden die Mittel selektiert. Die beiden Teilprozesse Zwecksetzung und Mittelauswahl sind dispositive Prozesse, die sich im menschlichen Bewußtsein abspielen.[3] Der dritte Teilprozeß, der Mitteleinsatz, bzw. die Realisation, stellt einen Realprozeß dar, der kausal abläuft.[4] Somit wird im Prozeß des Mitteleinsatzes das Mittel zur Ursache und der Zweck zur Wirkung, vgl. Darst. 33.[5]

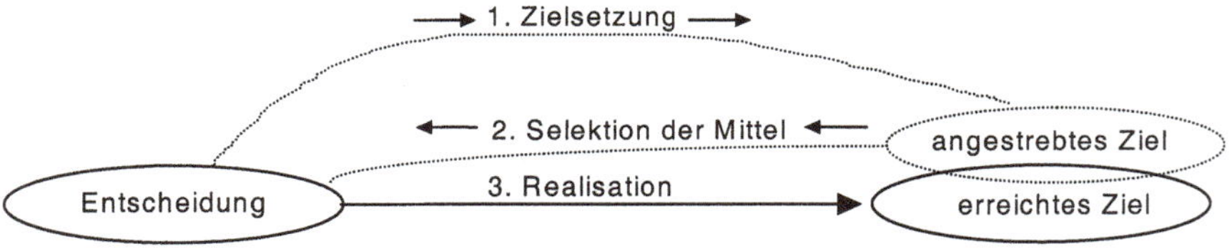

Darst. 33: Finalprozeß
Quelle: In Anlehnung an RIEBEL, P., Einzelkostenrechnung 1994, S. 419

Wird die Beziehung zwischen Mittel und Zweck auf Kosten und Leistungen angewendet, sind die Kosten das Mittel für den Zweck Leistungen:[6]

---

1 Zum finalen Bezug vgl. KOSIOL, E., Analyse 1958, S. 26-27, der vom Kosteneinwirkungsprinzip spricht.

2 Vgl.: BRÜHL, R., Kosten- und Erfolgsrechnung 1996, S. 42.

3 Vgl.: BRÜHL, R., Kosten- und Erfolgsrechnung 1996, S. 42.

4 Vgl.: RIEBEL, P., Einzelkostenrechnung 1994, S. 74, S. 419.

5 Vgl.: EHRT, R., Zurechenbarkeit 1967, S. 22; DIEDERICH, H., Betriebswirtschaftslehre 1989, S. 515.

6 Vgl.: HABERSTOCK, L., Einführung 1997, S. 49; RIEBEL, P., Einzelkostenrechnung 1994, S. 74; FREIDANK, C.-C., Kostenrechnung 1994, S. 186; KILGER, W., Plankostenrechnung 1993, S. 3-4; DIEDERICH, H., Betriebswirtschaftslehre 1989, S. 514; HUMMEL, S./MÄNNEL, W., Kostenrechnung I 1990, S. 55.

Im Gegensatz zum Kausalprinzip stellt das Finalprinzip auf Wertbewegungen ab und richtet sich an der Zwecksetzung aus. Durch Betrachtung der Wirklichkeit wird die menschliche Mitwirkung im Produktionsprozeß berücksichtigt. "Im Gegensatz zum Kausalprinzip eröffnete das Finalprinzip gute Möglichkeiten für die Kostenzurechnung. Finale Beziehungen sind zwischen Kosten und Leistungen ex definitione gegeben."[1]

Bei Anwendung des Finalprinzips können nicht alle Kosten einer Leistungseinheit zugerechnet werden. Gemeinschaftlich veranlaßte Kosten können auch nur gemeinschaftlich final zugerechnet werden. Veranlaßte Kosten zur Aufrechterhaltung der Betriebsbereitschaft oder für zukünftig zu erstellende Leistungen können ebenfalls nicht final der einzelnen Leistungseinheit zugerechnet werden (Zurechnungsproblematik von Fixkosten, bzw. von periodenfremden Kosten). Als Folgen ergeben sich, daß nicht alle Kosten auf die einzelne Leistungseinheit veranlassungsgerecht zugerechnet werden können und eine Forderung nach der Teilkostenrechnung, die sich nur auf tatsächlich bestehende Beziehungen zwischen Kosten und Leistungen stützt.

(3) Identitätsprinzip

Die Argumentation des Kausal- und Finalprinzips trifft jedoch nach der Ansicht mancher Autoren nicht den Kern der betrieblichen Entscheidungsprozesse. RIEBEL kommt zu dem Ergebnis, daß sowohl das Kausal- sowie das Finalprinzip nicht anwendbar ist, da die entsprechenden Beziehungen zwischen Kosten und Leistung in Wirklichkeit nicht existieren. Vielmehr kommt es hinsichtlich der Zurechenbarkeit darauf an, das die Kosten und Erlöse durch die identische Entscheidung ausgelöst werden.[2] Dennoch fordert KILGER den Begriff Verursachungsprinzip beizubehalten, da er sich im Sinne des Identitätsprinzips interpretieren läßt.[3]

(4) Durchschnitts- und Tragfähigkeitsprinzip

Wie in den letzten Abschnitten erörtert, ist es nicht möglich, alle Kosten verursachungsgerecht zu zuordnen. Insbesondere Gemeinkosten lassen sich nicht durch die beschriebenen Prinzipien erfassen, da der ursächliche Zusammenhang sich

---

1 EHRT, R., Zurechenbarkeit 1967, S. 50. Ablehnend dem Finalprinzip gegenüber äußert sich RIEBEL, P., Einzelkostenrechnung 1994, S. 75.

2 Vgl.: RIEBEL, P., Einzelkostenrechnung 1994, S. 32, S. 75-78, S. 100, S. 519.; SCHWEITZER, M./KÜPPER, H.-U., Systeme 1995, S.88-89. Ebenso äußern sich BÖRNER, D., Kostenverteilung 1993, Sp. 1284; HABERSTOCK, L., Einführung 1997, S. 49-50; DIEDERICH, H., Betriebswirtschaftslehre 1989, S. 515.

3 Vgl.: KILGER, W., Plankostenrechnung 1993, S. 3-4

nicht oder nur bedingt überzeugend nachweisen läßt. Im Gegensatz zu den Kostenzurechnungsprinzipien werden diese Prinzipien Kostenanlastungsprinzipien genannt.[1] Hier werden als weitere Zurechnungsprinzipien das Durchschnittsprinzip und das Tragfähigkeitsprinzip angewendet. Beide Prinzipien beruhen jedoch auf willkürlichen oder vermuteten proportionalen Beziehungen zwischen Kosten und Leistungen und besitzen einen, wenn überhaupt, nur geringen Erkenntniswert.

Das Durchschnittsprinzip ermittelt statistische Durchschnittswerte für eine Kostengruppe oder Kostenart auf Basis einer ausgewählten Schlüsselgröße. Schließlich wird der Durchschnittskostensatz mit der von dem Zurechnungsobjekt benötigten Schlüsselgrößenmenge multipliziert um die anzulastenden Kosten zu ermitteln.[2] Im Rahmen des Durchschnittsprinzips werden i.d.R. Mengen oder Wertgrößen als Schlüsselgrößen gewählt.[3] Die Schlüsselgrößen werden nicht genauer bestimmt, so daß dieses Prinzip eine willkürliche Kostenverteilung unterstützt. Die Rechtfertigung jeglicher Kostenverteilung wird durch den hohen Interpretationsspielraum gefördert.[4]

Das Tragfähigkeitsprinzip (Kostendeckungsprinzip) findet ebenso wie das Durchschnittsprinzip bei der Verteilung von Kosten Anwendung, die sich nicht nach dem Verursachungsprinzip zurechnen lassen.[5] Bei der Anwendung dieses Verfahrens wählt man Schlüsselgrößen die von den Absatzpreisen der Produkte beeinflußt werden.[6] Dies geschieht im Sinne der Überlegung, welche der Produkte die Anlastung der Kosten am besten „vertragen". Von den erzielbaren Marktpreisen ausgehend werden die echten Gemeinkosten proportional zur Höhe der Deckungsbeiträge oder anderer Bruttogewinne verteilt. Durch diese Form der Kostenanlastung werden die Erfolge einzelner Produkte verzerrt, da erfolgreiche Produkte mit hohem Bruttogewinn mit einer hohen Gemeinkostenanlastung bestraft werden.[7]

---

1 Vgl.: HUMMEL, S./MÄNNEL, W., Kostenrechnung I 1990, S. 58

2 Vgl.: SCHWEITZER, M./KÜPPER, H.-U., Systeme 1995, S. 141-142; HUMMEL, S./MÄNNEL, W., Kostenrechnung I 1990, S. 58.

3 Vgl.: KLOOCK, J./SIEBEN, G./SCHILDBACH, T., Leistungsrechnung 1990, S. 53.

4 Vgl.: KILGER, W., Plankostenrechnung 1993, S. 5-6; RIEBEL, P., Einzelkostenrechnung 1994, S. 69; BÖRNER, D., Kostenverteilung 1993, Sp. 1284; HUMMEL, S./MÄNNEL, W., Kostenrechnung II 1983, S. 37.

5 Vgl.: KILGER, W., Plankostenrechnung 1993, S. 6.

6 Vgl.: KLOOCK, J./SIEBEN, G./SCHILDBACH, T., Leistungsrechnung 1990, S. 53.

7 Vgl.: HABERSTOCK, L., Einführung 1997, S. 52; FREIDANK, C.-C., Kostenrechnung 1994, S. 187; BURGER, A., Kostenmanagement 1994, S. 131; SCHWEITZER, M./KÜPPER, H.-U., Systeme 1995, S. 142; HUMMEL, S./MÄNNEL, W., Kostenrechnung I 1990, S. 58-59.

Das Durchschnitts- und das Tragfähigkeitsprinzip erlauben keine Zurechnung von Kosten auf Leistungen im Sinne finaler Beziehungen und sind daher abzulehnen.

(5) Beanspruchungsprinzip

Im Zusammenhang mit dem Finalprinzip oder dem Kosteneinwirkungsprinzip nach KOSIOL behandelt das Beanspruchungsprinzip die Wirkungskette Kosten-Ressourcen-Leistungen im Bereich der Prozeßkostenrechnung. Dem Beanspruchungsprinzip liegt der Gedanke zu Grunde, daß durch einen Anstieg der Beschäftigung eine zusätzliche Ressourcenbeanspruchung erfolgt, die jedoch nicht zwingend einen Anstieg der Kosten zu Folge hat.[1] Im Rahmen des Beanspruchungsprinzips werden für die Kostenverrechnung produktionstheoretische Zusammenhänge verwendet um den marginalanalytischen Zusammenhang zwischen Outputerstellung und Ressourcenverwendung aufzudecken.

Das Beanspruchungsprinzip wird im Rahmen der Prozeßkostenrechnung für die Verrechnung von fixen und leistungsmengeninduzierten (lmi) Kosten benötigt. Diese Kosten sind aus kurzfristiger Sicht bereits fix andererseits wiederum leistungsmengenabhängig. Das Beanspruchungsprinzip kann somit zwischen das Einwirkungsprinzip, sinnvoll für fixe und leistungsmengenneutrale (lmn) Kosten, und dem Finalprinzip für variable leistungsmengeninduzierte Kosten eingeordnet werden.[2] Daraus ergibt sich schließlich, daß das Beanspruchungsprinzip bei geeigneten Rahmenbedingungen durchaus geeignet ist, den kurzfristigen Charakter der Kostenrechnung zu überwinden.[3]

Im Rahmen der traditionellen Kostenrechnung kann das Beanspruchungsprinzip als eine Weiterentwicklung des Durchschnitts- bzw. des Tragfähigkeitsprinzips angesehen werden, da das Kausal- und Finalprinzip nicht in der Lage sind, das Zurechnungsprinzip zu lösen. Um der gerechtfertigten Kritik der Willkür bei der Auswahl der Schlüsselgrößen für das Durchschnitts- bzw. des Tragfähigkeitsprinzips entgegenzuwirken, wird versucht, im Rahmen des Beanspruchungsprinzips wirklichkeitsnähere Schlüsselgrößen zu identifizieren. Das Bemühen um eine dem Umfang der Einwirkung des Güterverzehrs auf das Zurechnungsobjekt weitgehend entsprechende

---

1 Vgl.: FANDEL, G. et. al, Kostenrechnung 1999, S. 35-36, SCHILLER, U./LENGSFELD, S. Prozeßkostenrechnung 1998, S. 527.

2 Vgl.: SCHILLER, U./LENGSFELD, S. Prozeßkostenrechnung 1998, S. 527-529. Die Autoren sprechen von „Verursachungsprinzip“, zielen in ihrer Erörterung jedoch auf das „Finalprinzip“ ab.

3 Zur Eignung der Plankostenrechnung auf Basis des Beanspruchungsprinzip vgl. SCHILLER, U./LENGSFELD, S. Prozeßkostenrechnung 1998, S. 525-547.

Zurechnung wird auch als Bemühen um eine beanspruchungsgerechte Kostenverteilung bezeichnet werden.[1] Auf diesem Weg kann das Kosteneinwirkungsprinzip mit der Auswahl geeigneter Schlüsselgrößen gemäß der Beanspruchung des Güterverzehrs und der Kosten durch die Zurechnungsobjekte angewendet werden.[2]

---

1 Vgl. KLOOCK, J./SIEBEN, G./SCHILDBACH, T., Leistungsrechnung 1990, S. 54-55.

2 Vgl.: KLOOCK, J./SIEBEN, G./SCHILDBACH, T., Leistungsrechnung 1999, S. 54-55.

II. Die Behandlung der immateriellen Potentiale in den Systemen der Kosten- und Erfolgsrechnung

1. Die traditionelle Kostenrechnung auf Vollkostenbasis

a. Der globale Zuschlagssatz

Die besonderen Probleme der immateriellen Potentiale bestimmen auch die kontroverse Diskussion in der Literatur über die Verrechnungsmöglichkeiten. Verschiedene Auffassungen bestehen zu der zeitlichen Verrechnung (ex post- oder ex ante-Verrechnung)[1], zu den Verbundbeziehungen (Einzel- oder Gemeinkosten)[2], zur Frage der Verrechnung fehlgeschlagener Projekte[3], zur Verrechnung des Risikos und zur Berücksichtigung des Zinses.[4]

Die Verrechnungsmöglichkeiten in der traditionellen Vollkostenrechnung werden hier nach der Notwendigkeit einer Kostenstellenrechnung unterschieden. Diese Notwendigkeit bestimmt maßgeblich die Genauigkeit der Verrechnung entsprechend der Ziele der Kostenrechnung. Darst. 34 stellt Kalkulationsverfahren dar, deren Gliederung unabhängig von einer Kostenstellenrechnung ist.[5] Die Verrechnung mittels eines globalen Zuschlagssatzes kann in der (1) einstufigen Divisionskalkulation, (2) kumulativen Betriebszuschlagskalkulation und (3) elektiven Betriebszuschlagskalkulation erfolgen, die allesamt keine Kostenstellenrechnung benötigen.[6]

(1) Einstufige Divisionskalkulation

In der einstufigen Divisionskalkulation werden die Gesamtkosten der Abrechnungsperiode ohne Differenzierung in Einzel- und Gemeinkosten durch die produzierte

---

1 Vgl.: KEIL, A., Controlling 1991, S. 180-182; ROSENKRANZ, K., Entwicklungskosten 1953, S. 416-417; GROH, M., Verrechnung 1960, S. 73; EVERLING, W., Entwicklungskosten 1962, S. 259-260; BACHEM, M., Information 1970, S. 215-216.

2 Vgl.: MELLEROWICZ, K., Forschung 1958, S. 192; RADOMSKI, J./BETZING, G., Einmalausgaben 1977, S. 192-195.

3 Vgl.: PETER, E., Entwicklungskosten 1974, S. 264; EVERLING, W., Entwicklungskosten 1962, S. 259-260; LEDERLE, H., Verrechnung 1985, S. 198; BACHEM, M., Information 1970, S. 219-222.

4 Vgl.: RADOMSKI, J./BETZING, G., Einmalausgaben 1977, S. 192-193.

5 Neben den Divisions- und Zuschlagskalkulationen können noch Kuppelkalkulationen unterschieden werden, die jedoch für die Verrechnung der Vorleistungskosten keine weiteren Erkenntnisse liefern. Für die Äquivalenzziffernkalkulation als Sonderform der Divisionskalkulation gilt analoges.

6 Vgl.: SCHWEITZER, M./KÜPPER, H.-U., Systeme 1995, S. 193, S. 224-225; LOHMANN, K./ENKE, M./KÖRNERT, J., Kostenrechnung 1995, S. 69; KOSIOL, E., Kostenrechnung 1972, S. 192, S. 205; OLFERT, K., Kostenrechnung 1987, S. 181.

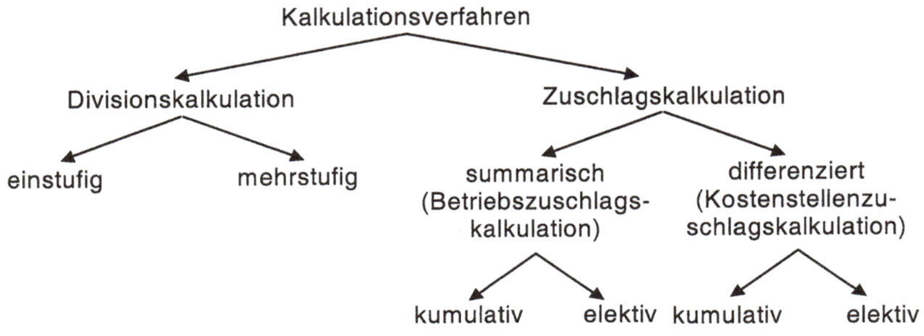

Darst. 34: Kalkulationsverfahren
Quelle: In Anlehnung an HABERSTOCK, L., Grundzüge 1982, S. 103.

Leistungsmenge der Periode dividiert.[1] Als Ergebnis erhält man die Stückselbstkosten. Die Voraussetzungen der einstufigen Divisionskalkulation sind hinreichend gleiche und sich relativ häufig wiederholende Leistungseinheiten sowie keine Lagerbestandsveränderungen an fertigen und unfertigen Erzeugnissen.[2] Beispielhaft werden das lagerlose Elektrizitätswerk oder bestimmte Grundstoffindustrien genannt.[3]

(2) Kumulative Betriebszuschlagskalkulation

Eine erweiterte Form der Bildung eines globalen Zuschlagssatzes stellen die summarischen Zuschlagskalkulationen als Betriebszuschlagskalkulationen dar. Die Zuschlagskalkulationen werden angewendet, wenn die Voraussetzungen der Divisionskalkulation nicht gegeben sind. "Zuschlagskalkulationen kommen zur Anwendung, wenn (...) Betriebe mit Serien- oder Einzelfertigung (...) in mehrstufigen Produktionsabläufen bei heterogener Kostenkausalität und bei laufender Veränderung der Halb- und Fertigfabrikateläger ihre Leistungen erstellen."[4]

Kennzeichen der Betriebszuschlagskalkulationen ist die Trennung in Einzel- und Gemeinkosten. Im Gegensatz zur Divisionskalkulation werden lediglich die Gemein-

---

1 Vgl.: KOSIOL, E., Kostenrechnung 1972, S. 191-192; KLOOCK, J./SIEBEN, G./SCHILDBACH, T., Leistungsrechnung 1990, S. 128-129; FREIDANK, C.-C., Kostenrechnung 1994, S. 148-151; SCHWEITZER, M./KÜPPER, H.-U., Systeme 1995, S. 216; KILGER, W., Einführung 1987, S. 306; COENENBERG, A. G., Kostenrechnung 1993, S. 93; PINNEKAMP, H.-J., Kostenrechnung 1993, S. 135; KOCH, J., Kostenrechnung 1990, S. 103-104; LANG, H., Kostenrechnung 1994, S. 80.

2 Vgl.: LOHMANN, K./ENKE, M./KÖRNERT, J., Kostenrechnung 1995, S. 62; OLFERT, K., Kostenrechnung 1987, S. 174.

3 Vgl.: HABERSTOCK, L., Grundzüge 1982, S. 104.

4 HABERSTOCK, L., Einführung 1997, S. 157, im Original teilweise hervorgehoben. Vgl. auch KOSIOL, E., Kostenrechnung 1972, S. 203.

kosten den Kostenträgern über Kalkulationssätze zugeschlagen.[1] Die kumulative Betriebszuschlagskalkulation ermittelt einen Zuschlagssatz für die Summe der Gemeinkosten.[2] Die Summe der Gemeinkosten wird durch die Bezugsgröße dividiert, die in der Regel aus der Summe der Einzelkosten besteht. Die Kostenträgerstückkosten ergeben sich als Addition aus Material- und Lohneinzelkosten sowie den Gemeinkosten.

(3) Elektive Betriebszuschlagskalkulation

Die elektive Betriebszuschlagskalkulation stellt eine verfeinerte Form gegenüber der kumulativen Betriebszuschlagskalkulation dar, indem die Gemeinkosten nach Bereichen aufgeteilt werden. Eine Einteilung in Material-, Fertigungs-, Verwaltungs- und Vertriebsgemeinkosten ist hier üblich. Die Gemeinkosten werden summarisch als Gesamtzuschlag ihres Bereiches auf die Kostenträger verrechnet.[3] Die Vorleistungsbereiche werden in dieser Einteilung im Rahmen des Verwaltungs- und Vertriebsgemeinkostenzuschlagssatzes verrechnet. Als Bezugsgröße für die Verwaltungsgemeinkosten werden die Herstellkosten der Produktionsleistung gewählt, als Bezugsgröße für die Vertriebsgemeinkosten die Herstellkosten der Absatzleistung. Bei der Einteilung der Bereiche kann ein eigener Vorleistungsbereich gebildet werden. Die Vorteile sind jedoch gering, da der Vorleistungsbereich analog zum Verwaltungsbereich über die Herstellkosten der Produktionsleistung verrechnet wird und somit eine veranlassungsgerechte Zurechnung unterbleibt.[4]

In zwei Fällen wird für die Verrechnung von Vorleistungen die Anwendung eines globalen Zuschlagssatzes empfohlen. Dies ist zum einen der Fall, wenn zwischen den Vorleistungskosten und den Kostenträgern keine veranlassungsgerechte Beziehung hergestellt werden kann.[5] Dieser Fall kann bei der Öffentlichkeitsarbeit, der Imagewerbung für das Gesamtunternehmen, der Rationalisierung, Teilen der Ausbildung oder der Grundlagenforschung vorliegen. Diese Maßnahmen treffen i.d.R. das Gesamtunternehmen und fördern das gesamte zukünftige Produktionsprogramm. Eine

---

1 Vgl.: LOHMANN, K./ENKE, M./KÖRNERT, J., Kostenrechnung 1995, S. 69; KOCH, J., Kostenrechnung 1990, S. 112-113; LANG, H., Kostenrechnung 1994, S. 85.

2 Vgl.: KLOOCK, J./SIEBEN, G./SCHILDBACH, T., Leistungsrechnung 1990, S. 140; FREIDANK, C.-C., Kostenrechnung 1994, S. 157-158; OLFERT, K., Kostenrechnung 1987, S. 181.

3 Vgl.: KLOOCK, J./SIEBEN, G./SCHILDBACH, T., Leistungsrechnung 1990, S. 141; FREIDANK, C.-C., Kostenrechnung 1994, S. 159.

4 Vgl.: MÄNNEL, W., Mängel 1994, S. 278; PLAUT, H. G., Deckungsbeitragsrechnung 1992, S. 217.

5 Vgl.: KEIL, A., Controlling 1991, S. 180; SIEGWART, H./KLOSS, U., Verrechnung 1984, S. 26-27; SIEBER, E. H., Forschungs- und Entwicklungskosten 1939, S. 20.

Zurechnung auf einzelne Produkte oder Produktgruppen kann unter Zugrundelegung des Veranlassungsprinzips nicht vorgenommen werden.

Im zweiten Fall kann die Verrechnung über einen summarischen Zuschlagssatz vorgenommen werden, wenn kein zukünftiger Kostenträger entsteht. In diesem Fall spricht man von Fehlschlägen, bzw. von Fehlforschung. Diese Vorleistungskosten, aus denen keine zukünftigen Kostenträger resultieren, sollen mit Hilfe eines globalen Zuschlagssatzes auf die Herstellkosten in der Periode ihres Entstehens dem derzeitigen Produktionsprogramm zugerechnet werden. Dieser Zuschlagssatz für fehlgeschlagene Projekte wird auch "globaler Wagniszuschlag" oder "Risikozuschlag" genannt.[1]

b. Die innerbetriebliche Leistungsverrechnung

Die Ungenauigkeiten der Verrechnung über globale Zuschlagssätze soll verringert werden, indem die Vorleistungsbereiche differenziert werden. Die Gliederung der Vorleistungsbereiche in Kostenstellen wird durch die Größe des Unternehmens, die Organisationsstruktur und die Gliederung des Projektablaufes bestimmt.[2] Die Verrechnung in der innerbetrieblichen Leistungsverrechnung kann in der (1) mehrstufigen Divisionskalkulation, (2) kumulativen Kostenstellenzuschlagskalkulation und (3) elektiven Kostenstellenzuschlagskalkulation erfolgen, wobei die Kostenstellenrechnung unerläßliche Voraussetzung ist.[3]

(1) Mehrstufige Divisionskalkulation

Die mehrstufige Divisionskalkulation wird bei Lagerbestandsveränderungen an Halb- und Fertigfabrikaten angewendet und erfordert eine differenzierte Kostenstellenrechnung im Fertigungsbereich.[4] Die Kosten jeder Fertigungsstufe werden durch die

---

1 Vgl.: BACHEM, M., Information 1970, S. 219-220; RADOMSKI, J./BETZING, G., Einmalausgaben 1977, S. 194-195; MELLEROWICZ, K., Forschung 1958, S. 193, S. 209; EVERLING, W., Entwicklungskosten 1962, S. 260. Andere Autoren schlagen vor, diese Kosten in das neutrale Ergebnis zu übernehmen; vgl. ROSENKRANZ, K., Entwicklungskosten 1953, S. 417; PETER, E., Entwicklungskosten 1974, S. 264; BRUGGMANN, M., Probleme 1957, S. 153.

2 Vgl.: SIEGWART, H./KLOSS, U., Verrechnung 1984, S. 18.

3 Vgl.: KOSIOL, E., Kostenrechnung 1972, S. 196, S. 205; LOHMANN, K./ENKE, M./KÖRNERT, J., Kostenrechnung 1995, S. 72.

4 Vgl.: HABERSTOCK, L., Grundzüge 1982, S. 105; FREIDANK, C.-C., Kostenrechnung 1994, S. 154-155; KOCH, J., Kostenrechnung 1990, S. 105; LANG, H., Kostenrechnung 1994, S. 80.

bearbeiteten Mengen dividiert.[1] Gegenüber der einstufigen Divisionskalkulation ergibt sich eine Veränderung der verrechneten Vorleistungskosten. Die Vorleistungsbereiche werden in dieser Systematik dem Verwaltungs- und Vertriebsbereich zugeordnet. Die Verrechnung der entstandenen Kosten findet auf die abgesetzte Leistungsmenge der Periode statt, wobei die Bildung von Kostenstellen die Kalkulationsgenauigkeit des Fertigungsbereichs erhöht. Für die Vorleistungsbereiche, die nicht weiter in Kostenstellen differenziert werden, ergibt sich keine Verbesserung hinsichtlich einer veranlassungsgerechten Verrechnung.

(2) Kumulative Kostenstellenzuschlagskalkulation

In der Kostenstellenzuschlagskalkulation (differenzierende Zuschlagskalkulation) werden die einzelnen Vorleistungsbereiche voneinander getrennt. FuE, Marketing, Personal, Produktions- und Qualitätsmanagement sowie Rationalisierung stellen abgegrenzte und selbständige Verantwortungsbereiche dar, für die getrennte Zuschlagssätze gebildet werden.[2] Gegenüber der summarischen Zuschlagskalkulation besteht der Unterschied, daß die Gemeinkosten, nach Kostenstellen differenziert, auf unterschiedliche Bezugsgrößen verrechnet werden.[3] Hierbei werden Bezugsgrößen gewählt, die in einer veranlassungsgerechten Beziehung zu den Gemeinkosten stehen.[4]

Die kumulative Kostenstellenzuschlagskalkulation verrechnet die Gemeinkosten je Kostenstelle über eine Bezugsgröße als Gesamtzuschlag auf die Kostenträger. In den personalintensiven Vorleistungsbereichen können z.B. die geleisteten Stunden als Maßgröße der Kostenverursachung gewählt werden.[5] Die Genauigkeit der Verrechnung variiert mit der Differenziertheit der Kostenstellen.

(3) Elektive Kostenstellenzuschlagskalkulation

Die elektive Kostenstellenzuschlags-, bzw. Bezugsgrößenkalkulation verwendet pro Kostenstelle mehrere Bezugsgrößen und erreicht somit die höchste Kalkulationsge-

---

1 Vgl.: KOSIOL, E., Kostenrechnung 1972, S. 199; SCHWEITZER, M./KÜPPER, H.-U., Systeme 1991, S. 218; COENENBERG, A. G., Kostenrechnung 1993, S. 94; PINNEKAMP, H.-J., Kostenrechnung 1993, S. 136.

2 Vgl.: COENENBERG, A. G., Kostenrechnung 1993, S. 78.

3 Vgl.: OLFERT, K., Kostenrechnung 1987, S. 182.

4 Vgl.: HABERSTOCK, L., Grundzüge 1982, S. 108; SCHWEITZER, M./KÜPPER, H.-U., Systeme 1991, S. 161; KILGER, W., Einführung 1987, S. 163-169.

5 Vgl.: MARTIN, T. A., Forschungscontrolling 1992, S. 254.

nauigkeit.[1] Hierdurch wird der Tatsache Rechnung getragen, daß sich nicht alle Kosten einer Kostenstelle zu einer Bezugsgröße proportional verhalten.[2]

Für die Weiterverrechnung der Kosten auf die Kostenträger wird pro Bezugsgröße ein Zuschlags-, bzw. Verrechnungssatz, gebildet. Im Personalbereich können z.B. die abgehaltenen Schulungsveranstaltungen und die Anzahl der zu korrigierenden Abschlußklausuren als Bezugsgrößen gewählt werden. In der Marktforschung stellen die Anzahl der befragten Personen, die Anzahl der gestellten Fragen oder die Anzahl der ausgewerteten Quellen geeignete Bezugsgrößen dar.

Nachteil dieser Bezugsgrößen ist ihre Eignung ausschließlich für die Kostenkontrolle. Für die Kalkulation können diese Bezugsgrößen nicht verwendet werden, da sie keine direkte Beziehung zu den Produktmengen aufweisen. Aus diesem Grunde wird die Hilfsbezugsgröße "Herstellkosten des Umsatzes" verwendet. Eine Möglichkeit zur Verbesserung der Aussagefähigkeit der Kalkulationsergebnisse besteht in der Differenzierung der Gemeinkostenzuschläge nach Produktgruppen, die die Höhe der Gemeinkosten unterschiedlich beeinflussen.[3]

Einzelne Kostenstellen können zu Kostenbereichen zusammengefaßt werden. Besonders die Vorleistungsbereiche FuE sowie Marketing können aufgrund ihrer Größe als Kostenbereich definiert werden.[4] Hierzu ist zu definieren, welche Kostenstellen als Hilfskostenstellen und welche als Hauptkostenstellen abzurechnen sind. Eine Unterscheidung wird nach den erbrachten Leistungen der Kostenstellen vorgenommen. Während die Leistungen der Hauptkostenstellen auf die betrieblichen Leistungseinheiten verrechnet werden, die für die Absatzmärkte bestimmt sind, sind die Leistungen der Hilfskostenstellen für den Verbrauch in anderen Kostenstellen bestimmt.[5]

Im Bereich FuE resultiert die Einteilung aus dem Projektablauf. Jeder Projektabschnitt wird dabei als Hauptkostenstelle eingeteilt (z.B. Marktuntersuchung, Entwicklung, Konstruktion, ..., Markteinführung). Die Einteilung in Projektabschnitte erfolgt

---

1 Vgl.: KILGER, W., Einführung 1987, S. 333-337.

2 Vgl.: KOSIOL, E., Kostenrechnung 1972, S. 211.

3 Vgl.: KILGER, W., Einführung 1987, S. 335.

4 Vgl.: COENENBERG, A. G., Kostenrechnung 1993, S. 78; KOCH, J., Kostenrechnung 1990, S. 59-60.

5 Vgl.: KILGER, W., Einführung 1987, S. 15, S. 154; WEBER, J., Kostenrechnung 1993, S. 60; SIEGWART, H./KLOSS, U., Verrechnung 1984, S. 19-20; COENENBERG, A. G., Kostenrechnung 1993, S. 78; KLÜMPER, P., Kostenrechnung 1979, S. 59-60.

organisationsspezifisch.[1] Als Hilfskostenstellen resultieren beispielsweise die Leitung FuE, die Normung oder die Materialprüfung.[2] Im Bereich Marketing kann eine abteilungsweise Unterscheidung in die Hauptkostenstellen Werbung, Verkaufsförderung, Öffentlichkeitsarbeit und Marktforschung vorgenommen werden.

Vorleistungsbereiche, die in keinem direkten Zusammenhang mit den Kostenträgern stehen, können über Hilfskostenstellen abgerechnet werden. Als Beispiel können die Marktforschung, die Öffentlichkeitsarbeit oder die Rationalisierung genannt werden.[3] Die veranlassungsgerechte Verrechnung der sekundären Gemeinkosten erfordert eine Zurechnung auf diejenigen Hauptkostenstellen als innerbetriebliche Leistungsverrechnung, die diese Leistungen empfangen haben.[4] Als Verfahren der innerbetrieblichen Leistungsverrechnung kommen das Anbauverfahren, das Stufenleiterverfahren und das Gleichungsverfahren in Betracht, wobei allein das Gleichungsverfahren mit Hilfe linearer Gleichungen die exakten Verrechnungssätze ermitteln kann.[5]

c. Die Normalisierung der Vor- und Nachleistungskosten

Das Ziel der Normalkostenrechnung ist die Glättung von schwankenden Kosten sowie eine Vereinfachung der Kostenrechnung.[6] Unabhängig von der Leistungserstellung und -verwertung schwanken bestimmte Kostenarten im Zeitablauf, so z.B. Urlaubslöhne, Versicherungsprämien, Steuern, etc. Zum Ausgleich dieser Schwankungen wird der Durchschnitt der Kosten eines bestimmten Zeitraums als Normalkosten verrechnet.[7]

Im Vorleistungsbereich kann eine Normalisierung bestimmter Kosten ebenfalls durchgeführt werden. Im Fall des Wagniszuschlags und der Einstellung geplanter

---

1 Vgl.: MARTIN, T. A., Forschungscontrolling 1992, S. 254-255.

2 Vgl.: SIEGWART, H./KLOSS, U., Verrechnung 1984, S. 20-21; MARTIN, T. A., Forschungscontrolling 1992, S. 255.

3 Vgl.: GROH, M., Verrechnung 1960, S. 55; KEIL, A., Controlling 1991, S. 181.

4 Vgl.: HORVÁTH & PARTNER, Controllingkonzept 1995, S. 29; WEBER, J., Controlling 1995, S. 179.

5 Vgl.: HABERSTOCK, L., Grundzüge 1982, S. 94-97; KILGER, W., Einführung 1987, S. 179-188; COENENBERG, A. G., Kostenrechnung 1993, S. 82-84.

6 Vgl.: KILGER, W., Plankostenrechnung 1993, S. 21-22.

7 Vgl.: KILGER, W., Einführung 1987, S. 56-57; FREIDANK, C.-C., Kostenrechnung 1994, S. 189-190; KOCH, J., Kostenrechnung 1990, S. 191; LANG, H., Kostenrechnung 1994, S. 33-34; OLFERT, K., Kostenrechnung 1987, S. 221-223; KLÜMPER, P., Kostenrechnung 1979, S. 121.

Kostenträger können die Vorleistungskosten in das Betriebsergebnis übernommen und im Zeitpunkt ihres Entstehens verrechnet werden. Die so verrechneten Kosten weisen in ihrer Höhe zeitliche Unterschiede auf, die vom derzeitigen Produktionsprogramm nicht beeinflußt werden. Aus diesem Grunde kann eine Normalisierung der Vorleistungskosten fehlgeschlagener Projekte vorgenommen werden.

Die Kosten fehlgeschlagener Projekte werden über einen längeren Zeitraum gesammelt und als Durchschnittswert den einzelnen Perioden anteilig zugerechnet. Zufallsbedingte Schwankungen in ihrer Höhe werden somit ausgeglichen. Der zu bildende Zuschlagssatz wird aus normalisierten Kosten fehlgeschlagener Projekte gebildet.

Die Normalisierung der Vorleistungskosten ist nicht auf fehlgeschlagene Projekte beschränkt und kann beliebig weit ausgedehnt werden. Im Extremfall kann der gesamte Vorleistungsbereich über einen normalisierten Zuschlagssatz verrechnet werden.[1] Diesem Vorschlag liegt die Überlegung zugrunde, daß die gesamten Vorleistungen Einzelwagnisse darstellen.[2] Die Höhe des Risikos ist von Bereich zu Bereich unterschiedlich. Dennoch gibt es keinen Vorleistungsbereich, der gänzlich frei von Risiko ist, wie die Konsequenzen im Fall der Einstellung geplanter Kostenträger zeigen.

2. Die Kostenrechnungen auf Teilkostenbasis

a. Das einstufige Direct Costing

Im Gegensatz zu Vollkostenrechnungen verrechnen Teilkostenrechnungen nur bestimmte Teile der Gesamtkosten auf die Kostenträger.[3] "Direct" bedeutet, daß nur diejenigen Kosten auf Produkte weiterverrechnet werden, die direkt mit der Beschäftigung variieren (variable oder proportionale Kosten).[4] Bei dieser Konzeption wird die

---

1 Vgl.: KEIL, A., Controlling 1991, S. 181.

2 Vgl.: WEIS, E., Projekt-Controlling 1997, S. 87-88.

3 Vgl.: AGTHE, K., Fixkostendeckung 1959, S. 404-405; SCHWEITZER, M./KÜPPER, H.-U., Systeme 1991, S. 310; KLÜMPER, P., Kostenrechnung 1979, S. 40; HORVÁTH & PARTNER, Controllingkonzept 1995, S. 79; SCHWEITZER, M., Systematik 1992, S. 188. Eine Übersicht über die verschiedenen Systeme der Teilkostenrechnung findet sich bei KILGER, W., Probleme 1980, S. 41-43.

4 Vgl.: PETERS, S./BRÜHL, R./STELLING, J. N., Betriebswirtschaftslehre 1997, S. 209; HUMMEL, S./MÄNNEL, W., Kostenrechnung II 1983, S. 39; SCHWEITZER, M./KÜPPER, H.-U., Systeme 1991, S. 317; COENENBERG, A. G., Kostenrechnung 1993, S. 115; BURGER, A., Kostenmana-
(Fortsetzung ...)

Beschäftigung als einzige kurzfristige Kosteneinflußgröße betrachtet.[1] Hierbei wird ein linearer Gesamtkostenverlauf unterstellt, so daß die durchschnittlichen variablen Kosten den Grenzkosten entsprechen und konstant sind.[2]

Neben der Einteilung sämtlicher Kostenarten in Einzel- und Gemeinkosten wird in der Kostenstellenrechnung zusätzlich eine Einteilung in beschäftigungsfixe und beschäftigungsvariable, bzw. proportionale Kosten vorgenommen.[3] Bei den beschäftigungsfixen Kosten wird eine reine Zeitabhängigkeit angenommen, weshalb sie auch Periodenkosten genannt werden, die kurzfristig entscheidungsirrelevant sind.[4] Diese Kosten werden durch kurzfristige Entscheidungen nicht beeinflußt und können gemäß dem Veranlassungsprinzip nicht auf Kostenträger verteilt werden.[5] Aus diesem Grunde werden die Fixkosten gesondert in das Betriebsergebnis übernommen.[6] In der Konzeption des einstufigen Direct Costing werden die Fixkosten als ein Block einstufig im Betriebsergebnis dargestellt.[7] Die Systeme der Teilkostenrechnung resultieren aus der Kritik an den Vollkostenrechnungen, fixe Kosten zu proportionalisieren sowie fixe und variable Kostenbestandteile nicht zu identifizieren und werden daher als entscheidungsrelevante Kostenrechnungssysteme bezeichnet.[8]

---

gement 1994, S. 132; MÄNNEL, W./WARNICK, B., Rechnungswesen 1990, S. 398. Zu variablen und proportionalen Kosten vgl. HUMMEL, S., Kosten 1975, S. 65.

1 Vgl.: KOSIOL, E., Kostenrechnung 1972, S. 166; PINNEKAMP, H.-J., Kostenrechnung 1993, S. 172; KLOOCK, J./SIEBEN, G./SCHILDBACH, T., Leistungsrechnung 1990, S. 196; KÜPPER, H.-U., Teilkostenrechnung 1983, S. 71; WITT, F.-J., Deckungsbeitragsmanagement 1991, S. 41.

2 Vgl.: HABERSTOCK, L., Grundzüge 1982, S. 60-61; DIEDERICH, H., Betriebswirtschaftslehre 1989, S. 526.

3 Vgl.: OLFERT, K., Kostenrechnung 1987, S. 266; DÄUMLER, K.-D./GRABE, J., Kostenrechnung 2 1994, S. 11; HUMMEL, S., Kosten 1975, S. 68; KUNZ, B. R., Differenziertheit 1983, S. 450; PLAUT, H. G., Deckungsbeitragsrechnung 1992, S. 209-212; WITT, F.-J., Deckungsbeitragsmanagement 1991, S. 39.

4 Vgl.: KLOOCK, J./SIEBEN, G./SCHILDBACH, T., Leistungsrechnung 1990, S. 196; COENENBERG, A. G., Kostenrechnung 1993, S. 114-115; AGTHE, K., Fixkostendeckung 1959, S. 405, S. 415-416; FRÖHLING, O./WEIS, E., Thesen 1992, S. 137; KÜPPER, H.-U., Teilkostenrechnung 1983, S. 71; PLAUT, H. G., Deckungsbeitragsrechnung 1992, S. 203; RIEBEL, P., Deckungsbeitragsrechnung 1993, Sp. 366. Einschränkend hingegen HUMMEL, S., Kosten 1975, S. 70.

5 Vgl.: KOSIOL, E., Kostenrechnung 1972, S. 165; MICHEL, H., Grenzkosten 1964, S. 82; REICHMANN, T./SCHWELLNUß, A. G./FRÖHLING, O., Plankostenrechnung 1990, S. 61.

6 Vgl.: KILGER, W., Einführung 1987, S. 68; AGTHE, K., Fixkostendeckung 1959, S. 404-405; RIEBEL, P., Deckungsbeitragsrechnung 1993, Sp. 365; SIEGWART, H., Fertigungstechnologien 1992, S. 793.

7 Vgl.: PETERS, S./BRÜHL, R./STELLING, J. N., Betriebswirtschaftslehre 1997, S. 209; SCHWEITZER, M./KÜPPER, H.-U., Systeme 1991, S. 327; WEBER, J., Controlling 1995, S. 182.

8 Vgl.: KILGER, W., Plankostenrechnung 1993, S. 57; HUMMEL, S./MÄNNEL, W., Kostenrechnung II 1983, S. 39; BURGER, A., Kostenmanagement 1994, S. 132; WITT, F.-J., Deckungsbeitragsmanagement 1991, S. 69.

Für die Verrechnung von Vorleistungskosten liefert das einstufige Direct Costing jedoch nur geringe Erkenntnisse. Auch im Direct Costing werden zunächst Einzel- und Gemeinkosten voneinander unterschieden. In dieser Einteilung sind Vorleistungskosten Gemeinkosten, da sie einem einzelnen Kostenträger im Sinne des Veranlassungsprinzips nicht direkt zugerechnet werden können. Hieraus erfolgt eine Übernahme der Vorleistungskosten in die Kostenstellenrechnung, wo kostenstellenweise fixe und variable Kostenarten unterschieden werden.[1]

Vorleistungskosten stellen Fixkosten dar, da sie bei einer Variation der Beschäftigung als Kosteneinflußgröße konstant sind.[2] Vorleistungskosten sind kurzfristig entscheidungsirrelevant, bzw. stellen sunk costs dar, die überhaupt nicht mehr beeinflußbar sind. Als Fixkosten erfolgt der Ausweis en bloc im Betriebsergebnis. Hierdurch werden Vorleistungskosten den Deckungsbeiträgen aller Erzeugnisse gegenübergestellt. Eine veranlassungsgerechte Gegenüberstellung kann nur bei Vorleistungen erfolgen, die für das Gesamtunternehmen geplant und erstellt werden.[3] Produkt-, produktgruppen- oder bereichsbezogen geplante Vorleistungen können in diesem System nicht veranlassungsgerecht ausgewiesen werden.

b. Die mehrstufige Fixkostendeckungsrechnung

Die mehrstufige Fixkostendeckungsrechnung, bzw. mehrstufiges Direct Costing, stellt eine Erweiterung und Ergänzung des einstufigen Direct Costing dar.[4] In diesem System werden die Fixkosten nicht als ein Block den Bruttoerfolgen der verkauften Leistungen gegenübergestellt, sondern in mehrere Fixkostenschichten aufgespalten.[5] Grundlage dieser Zerlegung ist eine Analyse ihrer Zurechenbarkeit auf Kostenträger, die bestimmte Erzeugnisarten und -gruppen unterscheidet.[6] Die einzelnen Fixkostenschichten werden hierbei als Einzelkosten in Bezug auf das jeweilige Be-

---

1 Vgl.: SCHWEITZER, M./KÜPPER, H.-U., Systeme 1991, S. 318.

2 Vgl. auch MÄNNEL, W., Integration 1999, S. 16.

3 Vgl.: HORVÁTH & PARTNER, Controllingkonzept 1995, S. 79.

4 Vgl.: AGTHE, K., Fixkostendeckung 1959, S. 404-408; HUMMEL, S./MÄNNEL, W., Kostenrechnung II 1983, S. 44; KILGER, W., Plankostenrechnung 1993, S. 86-87.

5 Vgl.: AGTHE, K., Fixkostendeckung 1959, S. 406-409; COENENBERG, A. G., Kostenrechnung 1993, S. 225; WEBER, J., Controlling 1995, S. 184; MÄNNEL, W., Entwicklungslinien 1995, S. 58; WITT, F.-J., Deckungsbeitragsmanagement 1991, S. 48.

6 Vgl.: AGTHE, K., Fixkostendeckung 1959, S. 406-407; DÄUMLER, K.-D./GRABE, J., Kostenrechnung 2 1994, S. 158; KÜPPER, H.-U., Teilkostenrechnung 1983, S. 72.

zugsobjekt erfaßt, ohne jedoch auf die einzelne Produkteinheit verrechnet zu werden, d.h. unter strikter Einhaltung des Veranlassungsprinzips.[1]

AGTHE schlägt die Aufteilung der Fixkosten in Erzeugnisfixkosten, Erzeugnisgruppenfixkosten, Kostenstellenfixkosten, Bereichsfixkosten und Unternehmungsfixkosten vor.[2] Hierbei werden nur Fixkosten erfaßt, die diesen Bezugsobjekten direkt zurechenbar sind und der in einer Periode hergestellten Gesamtstückzahl gegenübergestellt. Der nicht zurechenbare Fixkostenrest, der keiner der gebildeten Fixkostenschichten direkt zurechenbar ist, wird von den noch nicht verteilten Deckungsbeiträgen sämtlicher Erzeugnisse als Unternehmungsfixkosten getragen.[3]

In der mehrstufigen Fixkostendeckungsrechnung können die Kosten immaterieller Potentiale einzelnen Bezugsobjekten direkt gegenübergestellt werden, ohne das Veranlassungsprinzip zu verletzen, da eine Schlüsselung und Zurechnung auf einzelne Leistungseinheiten unterbleibt. Die gebildete Hierarchie von Erzeugnissen und Erzeugnisgruppen stellt zwar das einzige Bezugsobjekt der Fixkosten dar, jedoch wird hierdurch weitestgehend dem Zweck der immateriellen Potentiale entsprochen, die größtenteils produkt- oder produktgruppenweise geplant werden. Wie im weiteren Verlauf dieser Arbeit gezeigt wird, erfolgt die Planung der immateriellen Potentiale projektweise, wobei das Ziel ihres Aufbaus in der Förderung der Leistungserstellung und -verwertung zukünftiger Leistungseinheiten besteht.

Wenn die gebildeten Bezugsobjekte auch nur einen Teil möglicher mehrstufiger Bezugsobjekte widerspiegeln, so stellt diese Hierarchie den wichtigsten Teil dar, da im Zentrum der Betrachtung die zukünftige Leistungseinheit steht. Bei der projektweisen Erfassung der Kosten immaterieller Potentiale ist, sofern möglich, bereits die zukünftige Leistungsart, -gruppe oder der Bereich anzugeben, für die diese Potentiale erstellt werden. Ist dies zu einem frühen Zeitpunkt noch nicht möglich, erfolgt diese Angabe zu einem späteren Zeitpunkt, spätestens zu Beginn der Marktphase, wenn z.B. Entscheidungen über die Preisgestaltung getroffen werden müssen. Ist auch zu diesem Zeitpunkt keine Leistungseinheit oder eine Summe von Leistungseinheiten als Empfänger bestimmbar, erfolgt ein Ausweis als Unternehmungsfixkosten, denen

---

1 Vgl.: KOSIOL, E., Kostenrechnung 1972, S. 162; WEBER, J., Kostenrechnung 1993, S. 228; COENENBERG, A. G., Kostenrechnung 1993, S. 225; KLÜMPER, P., Kostenrechnung 1979, S. 164, S. 176; KÜPPER, H.-U., Anforderungen 1992, S. 138; MICHEL, H., Grenzkosten 1964, S. 82.

2 Vgl.: HUMMEL, S./MÄNNEL, W., Kostenrechnung II 1983, S. 45-46; OLFERT, K., Kostenrechnung 1987, S. 278; CHRISTMANN, J./WITTHOFF, H.-W., Kostenrechnung 1994, S. 282-283.

3 Vgl.: AGTHE, K., Fixkostendeckung 1959, S. 407.

die Summe der Deckungsbeiträge sämtlicher Leistungen gegenübergestellt wird. Dieses Vorgehen ist ebenfalls nötig, wenn immaterielle Potentiale durch das Gesamtunternehmen genutzt werden.

c. Die Relative Einzelkostenrechnung

Das auf RIEBEL zurückgehende System der relativen Einzelkosten- und Deckungsbeitragsrechnung gilt als besonders entscheidungsorientiert.[1] Hierzu verwendet RIEBEL ein mehrstufiges System von Bezugsobjekten, wozu neben Leistungseinheiten und -arten auch Aufträge, Kunden, Kundengruppen, Regionen und auch Abrechnungsperioden als sach- und zeitbezogene Bezugsgrößenhierarchien zählen.[2]

Als Deckungsbeitrag ist der Überschuß jener Erlöse über jene Kosten zu betrachten, der auf die dieselbe identische Entscheidung zurückzuführen ist (Identitätsprinzip).[3] Es wird darauf verzichtet, Gemeinkosten aufzuschlüsseln und zu überwälzen, sondern alle Kosten in Form von Leistungs- und Bereitschaftskosten werden als Einzelkosten erfaßt, bezogen auf das jeweils betrachtete Bezugsobjekt.[4] In einer mehrstufigen Hierarchie von Bezugsobjekten lassen sich somit Gemeinkosten eines unter-

---

1 Vgl.: COENENBERG, A. G., Kostenrechnung 1993, S. 240; WITT, F.-J., Deckungsbeitragsmanagement 1991, S. 27; BRÜHL, R., Kosten- und Erfolgsrechnung 1996, S. 137-138. Im Rahmen dieses Kapitels kann des theoretisch sehr umfassende System RIEBELS nicht ausführlich abgehandelt werden, weshalb nur die wichtigsten Annahmen kurz angesprochen werden, sofern sie für die Behandlung der Kosten immaterieller Potentiale relevant sind. Eine umfassende Darstellung dieses Systems findet sich z.B. bei RIEBEL, P., Deckungsbeitragsrechnung 1994; RIEBEL, P., Einzelkostenrechnung 1994; RIEBEL, P., Einzelkosten 1959; RIEBEL, P., Thesen 1983, S. 21-47; HUMMEL, S./MÄNNEL, W., Kostenrechnung II 1983, S. 49-132; BRÜHL, R., Kosten- und Erfolgsrechnung 1996, S. 137-155.

2 Vgl.: RIEBEL, P., Deckungsbeitragsrechnung 1993, Sp. 367-369; RIEBEL, P., Einzelkosten 1959, S. 215-216; RIEBEL, P., Einzelkostenrechnung 1994, S. 36-39, S. 149-155, S. 167; KILGER, W., Plankostenrechnung 1993, S. 77-78, S. 92. Der Begriff Bezugsobjekt kann alternativ als Bezugsgröße oder Kalkulationsobjekt verwendet werden; vgl. RIEBEL, P., Einzelkostenrechnung 1994, S. 759. Der Begriff Kalkulationsobjekt ist jedoch enger gefaßt und bezieht sich auf zu kalkulierende betriebliche Leistungen (Kostenträger). RIEBEL hingegen betrachtet betriebliche Leistungen als nur einen Teil einer Bezugsgrößenhierarchie, vgl. RIEBEL, P., Einzelkosten 1959, S. 215-216; RIEBEL, P., Einzelkostenrechnung 1994, S. 36-39, S. 149-156.

3 Zum Identitätsprinzip vgl. RIEBEL, P., Deckungsbeitragsrechnung 1993, Sp. 367-368; RIEBEL, P., Einzelkostenrechnung 1994, S. 32, S. 81; HUMMEL, S./MÄNNEL, W., Kostenrechnung II 1983, S. 49; COENENBERG, A. G., Kostenrechnung 1993, S. 241; KILGER, W., Plankostenrechnung 1993, S. 77-78; WEBER, J., Kostenrechnung 1993, S. 240.

4 Vgl.: RIEBEL, P., Deckungsbeitragsrechnung 1993, Sp. 366; RIEBEL, P., Einzelkosten 1959, S. 214, S. 218; RIEBEL, P., Einzelkostenrechnung 1994, S. 39; HUMMEL, S./MÄNNEL, W., Kostenrechnung II 1983, S. 61; BRÜHL, R., Kosten- und Erfolgsrechnung 1996, S. 139. Zu den Leistungs- und Bereitschaftskosten vgl. RIEBEL, P., Deckungsbeitragsrechnung 1993, Sp. 370; RIEBEL, P., Einzelkostenrechnung 1994, S. 81-97.

geordneten Bezugsobjektes stets als Einzelkosten eines übergeordneten Bezugsobjektes erfassen.[1] Im Extremfall kann dies das Gesamtunternehmen in der Totalperiode sein.

RIEBEL hat die Prinzipien der Einzelkostenrechnung wie folgt bestimmt:

"1) Alle Kosten werden als Einzelkosten erfaßt und ausgewiesen, und zwar so, daß sie in der Hierarchie betrieblicher Bezugsgrößen an der untersten Stelle ausgewiesen werden, an der man sie gerade noch als Einzelkosten erfassen kann.
2) Es wird völlig darauf verzichtet, Gemeinkosten aufzuschlüsseln und sie nach den Prinzipien der traditionellen Kostenrechnung auf die Endkostenstellen und die Kostenträger überwälzen.
3) Alle Kosten, die einer Periode nicht eindeutig zurechenbar sind, werden gesondert als „Soll-Deckungsbeiträge" oder „Deckungsraten" (Amortisations- und Rückstellungsraten) ausgewiesen.
4) Wünschenswert, aber nicht unabdingbar, ist die Berücksichtigung der wichtigsten Kostenabhängigkeiten bei den einzelnen Kostenstellen und Kostenträgern. Dabei ist insbesondere der Ausgabencharakter der Kosten (mit kurzperiodischen Ausgaben verbunden - mit langperiodischen Ausgaben verbunden - überhaupt nicht mit Ausgaben verbunden) zu beachten."[2]

Im System der relativen Einzelkosten- und Deckungsbeitragsrechnung werden die Kosten immaterieller Potentiale ausschließlich als Einzelkosten erfaßt. Sie stellen Bereitschaftskosten dar, "die aufgrund von Erwartungen über das künftige Leistungsvolumen disponiert werden und demzufolge nur mit dem Auf- oder Abbau der Betriebsbereitschaft oder der Kapazität (... längerfristig) eine Veränderung erfahren."[3]

In der sachbezogenen Bezugsgrößenhierarchie können sie z.B. dem Produktionsbereich als Ganzes (FuE, Qualitätsmanagement, Produktionsmanagement), dem Absatzbereich als Ganzes (Marketing) oder der Gesamtunternehmung als Ganzes (Ra-

---

1 Vgl.: HUMMEL, S./MÄNNEL, W., Kostenrechnung II 1983, S. 61; KILGER, W., Plankostenrechnung 1993, S. 78-79; SCHWEITZER, M./KÜPPER, H.-U., Systeme 1991, S. 388-389.

2 RIEBEL, P., Einzelkosten 1959, S. 218.

3 HUMMEL, S./MÄNNEL, W., Kostenrechnung II 1983, S. 51.

tionalisierung, Personalentwicklung) als Einzelkosten zugeordnet werden.[1] Eine Zuordnung auf untergeordnete Bezugsgrößen (Fertigungsbereiche, Leistungsgruppen, etc.) erfolgt, sofern die Kosten als Einzelkosten in Bezug auf diese Bezugsgrößen zuzuordnen sind.

Differenziert nach der zeitlichen Zurechenbarkeit werden Bereitschaftskosten nach ihrer Bindungsdauer, bzw. nach ihrer Abbaufähigkeit unterteilt. Hier ist zu beachten, daß die Kosten immaterieller Potentiale im Entscheidungszeitpunkt größtenteils bereits angefallen sind und sunk costs darstellen. Plant ein Unternehmen z.B. die Einstellung der FuE- oder Marketingaktivitäten, so sind bereits geschaffene Potentiale das Ergebnis der Aktivitäten der Vergangenheit.

Die Abbaufähigkeit der Bereitschaftskosten kann sich nur auf zukünftige Aktivitäten beziehen und ist kostenartenweise zu beantworten. Die dominierende Kostenart Gehälter wird in diesem System als Quartalseinzelkosten betrachtet, Mieten oder Lizenzen werden als Jahreseinzelkosten behandelt.[2] Forschungsaufwendungen und Maßnahmen der Personalentwicklung sind Gemeinkosten offener Perioden, da sie auf einmaligen oder unregelmäßigen Ausgaben beruhen.[3] Diese Differenzierung nach der zeitlichen Zurechenbarkeit liefert keine weiteren Informationen, da das primäre zeitliche Problem der immateriellen Potentiale nicht die Abbaufähigkeit der Bereitschaftskosten ist, sondern ihre Nutzungsdauer im Unternehmen.

3. Die Prozeßkostenrechnung

Die Prozeßkostenrechnung (Aktivitäts-, Vorgangskostenrechnung) wurde aus der gestiegenen Bedeutung der Gemeinkosten in den fertigungsnahen Bereichen heraus entwickelt.[4] Besonders in den "indirekten Leistungsbereichen" ist der Anteil der Gemeinkosten für "vorbereitende, planende, steuernde, überwachende und koordinierende Tätigkeiten in Forschung und Entwicklung, Beschaffung, Logistik, Arbeitsvorbereitung und Programmierung, Produktionsplanung und -steuerung, Instandhaltung,

---

1 Vgl.: COENENBERG, A. G., Kostenrechnung 1993, S. 243; SCHWEITZER, M./KÜPPER, H.-U., Systeme 1991, S. 392; FREIDANK, C.-C., Kostenrechnung 1994, S. 275.

2 Vgl.: RIEBEL, P., Einzelkosten 1959, S. 457; HUMMEL, S./MÄNNEL, W., Kostenrechnung II 1983, S. 67; COENENBERG, A. G., Kostenrechnung 1993, S. 242.

3 Vgl.: COENENBERG, A. G., Kostenrechnung 1993, S. 246, S. 249-250; SCHWEITZER, M./KÜPPER, H.-U., Systeme 1991, S. 396; FREIDANK, C.-C., Kostenrechnung 1994, S. 277.

4 Vgl.: BRÜHL, R., Kosten- und Erfolgsrechnung 1996, S. 133.

Qualitätssicherung, Auftragsabwicklung, Vertrieb, Rechnungswesen etc."[1] gestiegen und gewinnt gegenüber der Produktion immer mehr an Gewicht.[2]

An den in der traditionellen Kostenrechnung auf Vollkostenbasis verwendeten indirekten Bezugsgrößen wird die unzureichende Darstellung der tatsächlichen Kostenabhängigkeiten im "indirekten Bereich" kritisiert, die keine veranlassungsgerechte Verrechnungsgrundlage bilden.[3] An den Teilkosten- und Deckungsbeitragsrechnungen wird die Kurzfristigkeit des Entscheidungshorizontes bemängelt.[4] Seitens der Unternehmen werden Informationen über die langfristige Kostenveranlassung durch die Produkte gewünscht.

Der Zweck der Prozeßkostenrechnung ist der Ausweis von Stückkosten, die auch die von einem Produkt langfristig verursachten Kosten enthalten.[5] Somit werden in der Prozeßkostenrechnung immer Vollkosten ausgewiesen, in denen Fixkostenanteile enthalten sind.[6]

Zu den in der Literatur genannten vielfältigen Zielen der Prozeßkostenrechnung zählen in erster Linie

- die Erhöhung der Kostentransparenz in den indirekten Leistungsbereichen,
- die Sicherstellung eines effizienten Ressourcenverbrauchs,
- das Aufzeigen der Kapazitätsauslastung,

---

1 HORVÁTH, P./MAYER, R., Prozeßkostenrechnung 1989, S. 214. Vgl. auch MILLER, J. G./VOLLMANN, T. E., Fabrik 1986, S. 84-87; SERFLING, K., Controlling 1992, S. 190-191; COOPER, R./KAPLAN, R. S., Decisions 1988, S. 96-97; FRIEDL, B., Prozeßkostenrechnung 1994, S. 143-144.

2 Vgl. auch BURGER, A., Kostenmanagement 1994, S. 153; BRÜHL, R., Kosten- und Erfolgsrechnung 1996, S. 133; MÄNNEL, W., Bedeutung 1995, S. 19-20; HORVÁTH, P./MAYER, R., Prozeßkostenrechnung 1995, S. 59; MÜLLER, H., Grenzplankostenrechnung 1993, S. 32-33; FREIDANK, C.-C., Target Costing 1994, S. 229-230; FRANZ, K.-P., Prozeßkostenrechnung 1990, S. 112; GLASER, H., Prozeßkostenrechnung 1992, S. 275.

3 Vgl.: COOPER, R./KAPLAN, R. S., Decisions 1988, S. 96-97; COENENBERG, A. G./FISCHER, T. M., Prozeßkostenrechnung 1991, S. 21; SERFLING, K., Controlling 1992, S. 191; WEBER, J., Controlling 1995, S. 187; BURGER, A., Kostenmanagement 1994, S. 160-161; GLASER, H., Prozeßkostenrechnung 1993, Sp. 1644.

4 Vgl.: FRANZ, K.-P., Prozeßkostenrechnung 1990, S. 114; FREIDANK, C.-C., Kostenrechnung 1994, S. 340.

5 Vgl.: HORVÁTH & PARTNER, Controllingkonzept 1995, S. 82; BRÜHL, R., Kosten- und Erfolgsrechnung 1996, S. 135; BURGER, A., Kostenmanagement 1994, S. 159-163; GLASER, H., Prozeßkostenrechnung 1993, Sp. 1644; WITT, F.-J., Deckungsbeitragsmanagement 1991, S. 72.

6 Vgl.: COENENBERG, A. G./FISCHER, T. M., Prozeßkostenrechnung 1995, S. 23; BRÜHL, R., Kosten- und Erfolgsrechnung 1996, S. 112.

- die Verbesserung der Produktkalkulation sowie
- die Vermeidung strategischer Fehlentscheidungen.[1]

Die Prozeßkostenrechnung bedient sich ebenfalls der Kostenarten- und Kostenstellenrechnung, wobei Bezugsgrößen mit doppelter Funktion verwendet werden, welche die Leistung der Kostenstelle ausdrücken und eine veranlassungsgerechte Zuordnung der Kosten auf Produkte vornehmen.[2] Die Verwendung indirekter (wertmäßiger) Bezugsgrößen soll aufgegeben werden (z.B. Herstellkosten). In den indirekten Bereichen werden zunächst die erbrachten Tätigkeiten, bzw. Aktivitäten erfaßt und die sie bestimmenden Kosteneinflußfaktoren als cost driver bestimmt.[3] Als Beispiel für eine Aktivität kann in der Marktforschung die "Konsumentenbefragung" genannt werden, die Bezugsgröße ist die "Anzahl der befragten Konsumenten". Die Bezugsgrößen stellen in den fertigungsnahen Bereichen die zählbaren Arbeitsergebnisse dar.[4] Unter einer Kostenstelle werden mehrere Teilprozesse subsumiert. Teilprozesse werden von übergeordneten Prozessen, bzw. Hauptprozessen unterschieden.[5] Prozesse stellen dabei die Zusammenfassungen logisch zusammenhängender Aktivitäten unterschiedlicher Kostenstellen dar. Hauptprozesse können zu Prozeßbereichen zusammengefaßt werden, die die oberste Ebene einer Prozeßhierarchie darstellen.[6]

---

1 Vgl.: HORVÁTH, P./MAYER, R., Prozeßkostenrechnung 1989, S. 216; FRANZ, K.-P., Prozeßkostenrechnung 1990, S. 115-116; KÜTING, K./LORSON, P., Prozeßkostenrechnung 1991, S. 1422-1423; BURGER, A., Kostenmanagement 1994, S. 159; MÄNNEL, W., Bedeutung 1995, S. 15-18; GLASER, H., Prozeßkostenrechnung 1993, Sp. 1644. BRÜHL, R., Kosten- und Erfolgsrechnung 1996, S. 136, nennt als Voraussetzungen für die Funktionsfähigkeit der Prozeßkostenrechnung das Auffinden von Hauptprozessen, die Gewährleistung der Homogenität dieser Hauptprozesse sowie den relativ konstanten Anteil der Teilprozesse an den Hauptprozessen, woraus sich als Anwendungsbereich repetitive Prozesse ergeben.

2 Vgl.: SCHERRER, G., Kostenkontrolle 1994, S. 597-602, der auch die Probleme der doppelten Funktion der Bezugsgrößen darstellt. Die Bezugsgrößen sind so zu wählen, daß sie eine proportionale Beziehung zwischen Kosten, Bezugsgrößenmengen und Kostenträgermengen ausdrükken; vgl. FRANZ, K.-P., Prozeßkostenrechnung 1990, S. 116; BOHNE, F., Entwicklungsperspektiven 1994, S. 212.

3 Vgl.: HORVÁTH, P./MAYER, R., Prozeßkostenrechnung 1995, S. 65-67; WEBER, J., Controlling 1995, S. 188; BURGER, A., Kostenmanagement 1994, S. 163-166, S. 177-180; STRECKER, A., Prozesskostenrechnung 1991, S. 36-37; COENENBERG, A. G., Kostenrechnung 1993, S. 199, S. 201-202; FREIDANK, C.-C., Kostenrechnung 1994, S. 344.

4 Vgl.: FRANZ, K.-P., Prozeßkostenrechnung 1990, S. 116-117.

5 Vgl.: COENENBERG, A. G./FISCHER, T. M., Prozeßkostenrechnung 1991, S. 25-28; BURGER, A., Kostenmanagement 1994, S. 154-155; MÄNNEL, W., Bedeutung 1995, S. 20-21; BRÜHL, R., Kosten- und Erfolgsrechnung 1996, S. 135.

6 Vgl.: HORVÁTH, P./MAYER, R., Prozeßkostenrechnung 1995, S. 62-63; MAYER, R., Prozeßkostenrechnung 1990b, S. 307; KÜTING, K./LORSON, P., Prozeßkostenrechnung 1995, S. 89-90; FRANZ, K.-P., Prozeßkostenrechnung 1990, S. 117; STRECKER, A., Prozesskostenrechnung 1991, S. 33-34; FREIDANK, C.-C., Kostenrechnung 1994, S. 349-350; GLASER, H., Prozeßkostenrechnung 1993, Sp. 1644-1645; SCHERRER, G., Kostenkontrolle 1994, S. 594-595.

Nach Identifizierung aller Prozesse einer Kostenstelle können die Prozesse nach ihrem Verhalten in Abhängigkeit von dem zu erbringenden Leistungsvolumen in leistungsmengeninduzierte und leistungsmengenneutrale Prozesse unterteilt werden.[1] Diese Einteilung findet analog zu der Systematisierung in fixe und variable Kosten in der Teilkostenrechnung statt.[2] Die Bezugsgrößen werden nur für leistungsmengeninduzierte Prozesse bestimmt, da leistungsmengenneutrale Prozesse eine fixe Grundlast darstellen, die keine proportionalen Beziehungen zum Leistungsvolumen besitzen.

Für die Bezugsgrößen werden anschließend die Plan-Prozeßmengen ermittelt, worauf die analytische Planung der Prozeßkosten erfolgt.[3] Bei dominierenden Personalkostenanteilen reicht es aus, nur diese für jeden Prozeß analytisch zu planen.[4] Sonstige Stellengemeinkosten können bei dieser Planung proportional zu den Personalkosten auf die Aktivitäten verteilt werden. Zur Ermittlung des Prozeßkostensatzes werden die einem leistungsmengeninduzierten Prozeß zugeordneten Kosten durch die zugehörige Prozeßmenge dividiert. Die Kosten leistungsmengenneutraler Prozesse werden im Verhältnis zu den zuvor ermittelten Prozeßkosten leistungsmengeninduzierter Prozesse umgelegt.[5]

---

1 Vgl.: KÜTING, K./LORSON, P., Prozeßkostenrechnung 1995, S. 92; HORVÁTH & PARTNER, Controllingkonzept 1995, S. 84; COENENBERG, A. G., Kostenrechnung 1993, S. 206-207.

2 Vgl.: BRÜHL, R., Informationen 1995, S. 75; GLASER, H., Prozeßkostenrechnung 1992, S. 279; KILGER, W., Plankostenrechnung 1993, S. 327.

3 Vgl.: BURGER, A., Kostenmanagement 1994, S. 195-199.

4 Vgl.: HORVÁTH, P./MAYER, R., Prozeßkostenrechnung 1989, S. 217. BRÜHL, R., Kosten- und Erfolgsrechnung 1996, S. 112, weist darauf hin, daß in diesen Bereichen eine analytische Kostenplanung, wie von den Vertretern der Prozeßkostenrechnung gefordert, kaum möglich ist.

5 Vgl.: HORVÁTH, P./MAYER, R., Prozeßkostenrechnung 1989, S. 217; GLASER, H., Prozeßkostenrechnung 1992, S. 280.

III. Kritische Würdigung der dargestellten Verrechnungsmöglichkeiten

1. Kritik an der traditionellen Kostenrechnung auf Vollkostenbasis

Nachdem die Anforderungen an die Kosten- und Erfolgsrechnung erarbeitet wurden und die Behandlung der Kosten immaterieller Potentiale in den verschiedenen Systemen dargestellt wurde, erfolgt abschließend die kritische Würdigung dieser Möglichkeiten. Hierbei wird zunächst überprüft, ob und in welchem Umfang die Aufgaben der Kosten- und Erfolgsrechnung überhaupt erfüllt werden können und des weiteren, wie den besonderen Problemen der immateriellen Potentiale Rechnung getragen wird.

Die Kritik an den traditionellen Verfahren der Kostenrechnung auf Vollkostenbasis richtet sich in erster Linie gegen die fehlende Bereitstellung entscheidungsrelevanter Kosteninformationen.[1] Ausgangspunkt dieser einstimmigen Kritik ist die Verrechnung vergangenheitsorientierter fixer Ist- Kosten auf die Kostenträger.[2] Hierdurch entsteht eine Proportionalisierung von Fixkosten, deren Ergebnis Selbstkosten darstellen, die fixe und variable Bestandteile enthalten.[3]

Durch den Anteil verrechneter Fixkosten sind die Selbstkosten nicht entscheidungsrelevant, da kurzfristige Entscheidungen nur die variablen Kosten beeinflussen können, nicht jedoch die Fixkosten.[4] "Für die Entscheidungen der kurzfristigen Planung sind aber nur solche Kosten relevant, die durch kurzfristig variierbare Aktionsparameter beeinflußt werden. Nicht relevant sind dagegen solche Kosten, die aus langfri-

---

1 Vgl.: BRÜHL, R., Kosten- und Erfolgsrechnung 1996, S. 110-111; KILGER, W., Einführung 1987, S. 63-65, S. 394; KLOOCK, J./SIEBEN, G./SCHILDBACH, T., Leistungsrechnung 1990, S. 169-170; SERFLING, K., Controlling 1992, S. 133-134; FRANZ, K.-P., Entwicklung 1993, S. 266; HABERSTOCK, L., Voll- und Teilkosten 1993, Sp. 2117-2118; SCHILDBACH, T., Vollkostenrechnung 1993, S. 345.

2 Vgl.: KLOOCK, J./SIEBEN, G./SCHILDBACH, T., Leistungsrechnung 1990, S. 168-169; SCHWEITZER, M./KÜPPER, H.-U., Systeme 1991, S. 297; RIEBEL, P., Einzelkostenrechnung 1994, S. 24, S. 35; HORVÁTH, P., Controlling 1994, S. 536-537; KILGER, W., Plankostenrechnung 1993, S. 57.

3 Vgl.: WITT, F.-J., Deckungsbeitragsmanagement 1991, S. 24; Olfert, K., Kostenrechnung 1987, S. 261; HORVÁTH, P., Controlling 1994, S. 536-537; DIEDERICH, H., Betriebswirtschaftslehre 1989, S. 524; KOCH, J., Kostenrechnung 1990, S. 127; AGTHE, K., Fixkostendeckung 1959, S. 404; MÄNNEL, W., Mängel 1994, S. 271; MÄNNEL, W./WARNICK, B., Rechnungswesen 1990, S. 398; GAYER, S., Mängel 1988, S. 182.

4 Vgl.: KLÜMPER, P., Kostenrechnung 1979, S. 150; WEBER, J., Kostenrechnung 1993, S. 202; SCHWEITZER, M./KÜPPER, H.-U., Systeme 1991, S. 299; MARTIN, T. A., Forschungscontrolling 1992, S. 292; SERFLING, K., Controlling 1992, S. 137; HORVÁTH & PARTNER, Controllingkonzept 1995, S. 65-66; WEBER, J., Controlling 1995, S. 180; HABERSTOCK, L., Einführung 1997, S. 178; HABERSTOCK, L., Voll- und Teilkosten 1993, Sp. 2118; MÄNNEL, W., Mängel 1994, S. 274-275; GAYER, S., Mängel 1988, S. 182.

stigen Entscheidungen resultieren und deren Aktionsparameter sich beim Aufbau der kurzfristigen Planung nicht verändern. Solche Kosten sind insbesondere die fixen Kosten vorhandener Kapazitäten."[1]

> "Alle Entscheidungen, die auf der Grundlage der vollen Kosten (...) getroffen werden, sind daher mit größter Wahrscheinlichkeit falsch."[2]

Sämtliche Verfahren der Vollkostenrechnung sind nicht in der Lage, die Aufgaben der Kostenrechnung zu erfüllen und sind daher abzulehnen. Die Proportionalisierung der fixen Kosten stellt den Anfang der umfangreichen Kritik an der Vollkostenrechnung dar und führt zu falschen Entscheidungen, deren Gefahren vielfältig sind.[3] Kernpunkte dieser Fehlentscheidungen sind Fehler bei der Programmplanung und Programmanalyse, der Erfolgsplanung und -analyse, der Preispolitik oder bei der Verfahrenswahl. Neben der Bereitstellung entscheidungsrelevanter Kosteninformationen resultieren aus Vollkosteninformationen auch Fehler und Gefahren bei der Verfolgung der traditionellen Aufgaben der Kostenrechnung.

Im Rahmen der traditionellen Vollkostenrechnung werden die besonderen Probleme der immateriellen Potentiale in den verschiedenen Systemen unterschiedlich berücksichtigt. Die Bildung eines globalen Zuschlagssatzes kann die Aussagefähigkeit dieser Systeme nicht erhöhen, da die Zusammenhänge zwischen Vorleistungen und zeitlich später resultierenden Leistungen in der Periodenrechnung zerschnitten werden. Den Leistungen der Abrechnungsperiode werden die Kosten immaterieller Potentiale des selben Abrechnungsmonats gegenübergestellt. Die zeitliche Differenz zwischen dem Aufbau der Potentiale und deren spätere Nutzung werden im Betriebserfolg nicht wiedergegeben. Des weiteren werden die Vorleistungskosten in einem Zuschlagssatz verrechnet, ohne nach Kostenträgern zu differenzieren, die diese Vorleistungen veranlassen. Die besonderen Probleme der Vorleistungen werden nicht erkannt und bleiben im Betriebsergebnis unberücksichtigt.

---

1 KILGER, W., Plankostenrechnung 1993, S. 48; MÄNNEL, W./HELM, K. F., Kostenspaltung 1988, S. 226; BRÜHL, R., Kosten- und Erfolgsrechnung 1996, S. 111.

2 RIEBEL, P., Einzelkostenrechnung 1994, S. 35.

3 Vgl. hierzu HUMMEL, S./MÄNNEL, W., Kostenrechnung II 1983, S. 26-36; KILGER, W., Plankostenrechnung 1993, S. 51-57; COENENBERG, A. G., Kostenrechnung 1993, S. 124; KLÜMPER, P., Kostenrechnung 1979, S. 150; WEBER, J., Kostenrechnung 1993, S. 202-205; RIEBEL, P., Einzelkostenrechnung 1994, S. 26; KOCH, J., Kostenrechnung 1990, S. 128-131; FRANZ, K.-P., Entwicklung 1993, S. 268.

Allenfalls die elektive Betriebszuschlagskalkulation kann einige Nachteile dieser Verfahren beheben, indem ein eigener Vorleistungsbereich gebildet wird. Jedoch wird auch hier die zeitliche Lage der Vorleistungen nicht berücksichtigt und auch eine veranlassungsgerechte Zuordnung auf einzelne Leistungen unterbleibt. Lediglich für die Kostenkontrolle können Vorleistungen getrennt ausgewiesen werden, deren Höhe einer Kostenkontrolle unterzogen werden kann. Eine Zuordnung auf einzelne Leistungen muß ebenfalls unterbleiben.

Die Verfahren, die mit einer Kostenstellenrechnung arbeiten, können die Aussagefähigkeit nur unwesentlich erhöhen, da auch hier die zeitliche Lage der Vorleistungen unberücksichtigt bleibt und die Zuordnung zu einzelnen Leistungen über die wertmäßige Bezugsgröße Herstellkosten pauschal erfolgt.[1]

Im Rahmen dieser Verfahren steigt die Aussagefähigkeit mit der Differenziertheit der Kostenstellen und Bezugsgrößen. Hierdurch erfährt die elektive Kostenstellenzuschlagskalkulation die höchste Aussagekraft, da sie für einzelne Vorleistungsbereiche getrennte Kostenstellen bildet und verschiedene Bezugsgrößen pro Kostenstelle definiert. Durch dieses Verfahren können wertvolle Informationen für die Kostenkontrolle gewonnen werden. Im Betriebsergebnis werden jedoch auch hier die zeitlichen Zusammenhänge zerschnitten, da mit Istkosten gerechnet wird und die Vorleistungskosten als Zuschlagssätze über die Hilfsbezugsgröße *Herstellkosten des Umsatzes* auf die Leistungen verrechnet werden.

Die Normalisierung von Vor- und Nachleistungskosten liefert einen ersten Schritt bezüglich einer Erhöhung der Aussagefähigkeit der generierten Kosteninformationen.[2] Dieser Schritt ist jedoch nur ein zufälliger Nebeneffekt, da das Ziel der Normalisierung im Ausgleich von Schwankungen besteht, die nicht durch die Beschäftigung veranlaßt werden. Hierzu wird ein Durchschnitt aus den Kosten vergangener Perioden gebildet, die zeitlich dem aktuellen Leistungsprogramm vorausgehen und den Vorleistungskosten entsprechen können.

---

1 Kritisch zur Bezugsgröße "Herstellkosten" äußern sich auch WEBER, J., Controlling 1995, S. 180; HUMMEL, S./MÄNNEL, W., Kostenrechnung I 1990, S. 248; MILLER, J. G./VOLLMANN, T. E., Fabrik 1986, S. 85; SIEGWART, H., Fertigungstechnologien 1992, S. 797; WEILENMANN, P., Management 1992, S. 806.

2 Vgl.: KLOOCK, J./SIEBEN, G./SCHILDBACH, T., Leistungsrechnung 1990, S. 186-189; CHRISTMANN, J./WITTHOFF, H.-W., Kostenrechnung 1994, S. 229-233; MARTIN, T. A., Forschungscontrolling 1992, S. 294-296; SERFLING, K., Controlling 1992, S. 134-135; HABERSTOCK, L., Einführung 1997, S. 174-175.

Unter der besonderen Voraussetzung, daß die Vorleistungen in dem betrachteten Durchschnittszeitraum angefallen sind und daß die Länge der Vorlaufphase der Marktphase entspricht, können Vorleistungskosten den Leistungen zugeordnet werden. Dieser zufällige Effekt kann nicht verhindern, daß die Vorleistungskosten ebenfalls über Hilfsbezugsgrößen pauschal auf das gesamte Leistungsprogramm, unter Verletzung des Veranlassungsprinzips, verrechnet werden. Eine Anwendung der Normalisierung kann für Risiken oder Kosten fehlgeschlagener Projekte vorgenommen werden. Hierzu wird im Hauptteil dieser Arbeit noch ausführlich Stellung genommen.

Abschließend bleibt festzuhalten, daß die Verfahren der traditionellen Vollkostenrechnung nicht in der Lage sind, entscheidungsrelevante Kosteninformationen zu liefern und die Aufgaben der Kostenrechnung zu erfüllen und sind daher abzulehnen.[1] Die verschiedenen Systeme liefern aussagefähigere Kosteninformationen, desto differenzierter sie gestaltet sind. Zur Bereitstellung geeigneter Informationen ist eine Kostenstellenrechnung unerläßliche Voraussetzung. Werden für Vorleistungsbereiche einzelne Kostenstellen gebildet, können Kostenkontrollen am Ort ihrer Entstehung stattfinden.

Dennoch werden in allen Systemen die zeitlichen Zusammenhänge zwischen Vorleistungen und Marktleistungen zerschnitten und das Monatsdenken führt zur Belastung von Leistungen mit Vorleistungskosten, die in keinem veranlassungsgerechten Zusammenhang stehen. Des weiteren werden in Zuschlagskalkulationen Vorleistungskosten pauschal über die Herstellkosten verrechnet, die tatsächliche Veranlassung durch Leistungen bleibt unberücksichtigt.[2] Die Notwendigkeit von Istkosten besteht in der Nachkalkulation, in der sie den Sollkosten gegenübergestellt werden und unerläßliche Voraussetzung zur Durchführung des Soll-Ist-Vergleichs sind.[3]

---

1 Vgl.: KILGER, W., Plankostenrechnung 1993, S. 16, S. 25; WEBER, J., Kostenrechnung 1993, S. 206; CHRISTMANN, J./WITTHOFF, H.-W., Kostenrechnung 1994, S. 228-229; HORVÁTH, P., Controlling 1994, S. 536-537; SCHWARZ, H., Kostenträgerrechnung 1969, S. 56-58.

2 Vgl.: MILLER, J. G./VOLLMANN, T. E., Fabrik 1986, S. 85; PLAUT, H. G., Deckungsbeitragsrechnung 1992, S. 217-218.

3 Vgl.: BRÜHL, R., Kosten- und Erfolgsrechnung 1996, S. 109-110; KLÜMPER, P., Kostenrechnung 1979, S. 118; FREIDANK, C.-C., Kostenrechnung 1994, S. 188; KILGER, W., Plankostenrechnung 1993, S. 16; SCHWEITZER, M./KÜPPER, H.-U., Systeme 1991, S. 300-301; CHRISTMANN, J./WITTHOFF, H.-W., Kostenrechnung 1994, S. 221; KLOOCK, J./SIEBEN, G./SCHILDBACH, T., Leistungsrechnung 1990, S. 167; SERFLING, K., Controlling 1992, S. 133.

2. Kritik an den Kostenrechnungen auf Teilkostenbasis

Die Kostenrechnungen auf Teilkostenbasis sind aus der Kritik an den Vollkostenrechnungen heraus entstanden. Der entscheidende Vorteil dieser Systeme liegt in der Unterscheidung in fixe und variable Kosten begründet.[1] Ausschließlich die variablen Kosten werden auf die einzelne Leistung verrechnet, während die fixen Kosten direkt in das Betriebsergebnis übernommen werden.[2] Hierdurch liefern diese Systeme entscheidungsrelevante Kosteninformationen für die kurzfristige Planung und Kontrolle.[3] Kurzfristig gilt nur die Beschäftigung als variierbar, wodurch sich ausschließlich die variablen Kosten verändern, während die Fixkosten als kalenderzeitproportionale Periodenkosten beschäftigungsunabhängig sind und sich nur bei einer Veränderung der Kapazität verändern.[4]

In der Systematik der Systeme der Kostenrechnung kann neben der Unterscheidung nach dem Sachumfang zwischen Voll- und Teilkostenrechnungen unterschieden werden. Ein zweites Unterscheidungsmerkmal ist der Zeitbezug der verrechneten Kosten, wonach in Ist-, Normal- und Plankosten unterschieden werden kann.[5] Die bereits dargestellten Systeme der traditionellen Vollkostenrechnung sowie der Normalkostenrechnung stellen Istkostenrechnungen dar, die mit vergangenheitsorientierten Kosten arbeiten.

Im Rahmen der Teilkostenrechnung arbeiten das einstufige Direct Costing, die mehrstufige Fixkostendeckungsrechnung sowie die relative Einzelkostenrechnung ebenfalls mit tatsächlich angefallenen Istkosten.[6] Diese Tatsache relativiert die zuvor genannte Charakterisierung als entscheidungsorientierte Kostenrechnungssyteme,

---

1 Vgl.: SCHWEITZER, M./KÜPPER, H.-U., Systeme 1991, S. 410; HORVÁTH & PARTNER, Controllingkonzept 1995, S. 78; BRÜHL, R., Kosten- und Erfolgsrechnung 1996, S. 112-113.

2 Vgl.: AGTHE, K., Fixkostendeckung 1959, S. 404-407; KLÜMPER, P., Kostenrechnung 1979, S. 150-150; HUMMEL, S./MÄNNEL, W., Kostenrechnung II 1983, S. 40; HOLZWARTH, J., Kostenrechnung 1993, S. 148-149; CHRISTMANN, J./WITTHOFF, H.-W., Kostenrechnung 1994, S. 269; FREIDANK, C.-C., Kostenrechnung 1994, S. 267.

3 Vgl.: WEBER, J., Kostenrechnung 1993, S. 235; KLÜMPER, P., Kostenrechnung 1979, S. 173, S. 178-179; FRANZ, K.-P., Entwicklung 1993, S. 268; HABERSTOCK, L., Voll- und Teilkosten 1993, Sp. 2118; MÄNNEL, W., Entwicklungslinien 1995, S. 55; PLAUT, H. G., Deckungsbeitragsrechnung 1992, S. 203; KILGER, W., Probleme 1980, S. 39-40.

4 Einschränkend hierzu äußert sich HUMMEL, S., Kosten 1975, S. 71-74.

5 Vgl.: PETERS, S./BRÜHL, R./STELLING, J. N., Betriebswirtschaftslehre 1997, S. 193-194; PETERS, S., Kosten- und Leistungsrechnung 1985, S. 17; SCHWEITZER, M., Systematik 1992, S. 190-191.

6 Vgl.: PETERS, S./BRÜHL, R./STELLING, J. N., Betriebswirtschaftslehre 1997, S. 194-195.

da "die Istkostenrechnung als Informationsbasis für unternehmerische Entscheidungen ungeeignet [ist, d.V.]."[1] Als eine Anforderung an entscheidungsorientierte Kostenrechnungssysteme ist die Zukunftsorientierung genannt worden, da Entscheidungen nur zukünftiges Handeln beeinflussen können. Insofern müssen Systeme, die dieser Anforderung entsprechen sollen, mit Plankosten arbeiten.[2]

Dennoch werden sämtliche Systeme der Teilkostenrechnung, egal ob auf Plan- oder Istkostenbasis, als entscheidungsorientiert bezeichnet und stellen eine wichtige konzeptionelle Grundlage dieser Arbeit dar.[3] Das einstufige Direct Costing liefert entscheidungsrelevante Kosteninformationen und kann die Aufgaben der Kostenrechnung erfüllen. Besonders der Beitrag einzelner Leistungen zum Gesamterfolg sowie die Beziehung zwischen Umsatz, Kosten und Gewinn kann über das Rechnen mit Deckungsbeiträgen bestimmt werden.[4] Des weiteren können Entscheidungen über Preis- und Programmpolitik, Verfahrenswahl und Erfolgsplanung und -analyse getroffen werden.[5]

Die besonderen Probleme der immateriellen Potentiale können jedoch auch in diesem System nur unzureichend berücksichtigt werden. Das Problem des zeitlichen Auseinanderfallens der Vor- und Nachleistungsphase sowie der Marktphase führt auch hier zu Verzerrungen im Betriebsergebnis, da hier die Istkosten ausgewiesen werden, die nur zufällig mit den Vorleistungskosten übereinstimmen und ebenfalls nur zufällig den derzeitigen Leistungen veranlassungsgerecht zugeordnet werden können.[6]

Als Vorteil dieses Systems bezüglich immaterieller Potentiale gilt der Ausweis der Kosten im Fixkostenblock, der nicht auf die einzelne Leistung verrechnet wird und

---

1 KLÜMPER, P., Kostenrechnung 1979, S. 118, im Original teilweise kursiv. Vgl. auch FREIDANK, C.-C., Kostenrechnung 1994, S. 189; MARTIN, T. A., Forschungscontrolling 1992, S. 291.

2 Vgl. auch CHRISTMANN, J./WITTHOFF, H.-W., Kostenrechnung 1994, S. 228-229, S. 244-245; KLÜMPER, P., Kostenrechnung 1979, S. 118, S. 149; FREIDANK, C.-C., Kostenrechnung 1994, S. 286; HORVÁTH & PARTNER, Controllingkonzept 1995, S. 68.

3 Vgl.: SCHWEITZER, M./KÜPPER, H.-U., Systeme 1991, S. 415; KLÜMPER, P., Kostenrechnung 1979, S. 178-179.

4 Vgl.: HUMMEL, S./MÄNNEL, W., Kostenrechnung II 1983, S. 39-40; KILGER, W., Plankostenrechnung 1993, S. 65-66; MÄNNEL, W., Entwicklungslinien 1995, S. 58.

5 Vgl.: SCHWEITZER, M./KÜPPER, H.-U., Systeme 1991, S. 356-358; HUMMEL, S./MÄNNEL, W., Kostenrechnung II 1983, S. 39; CHRISTMANN, J./WITTHOFF, H.-W., Kostenrechnung 1994, S. 272-279; AGTHE, K., Fixkostendeckung 1959, S. 404-407; PLAUT, H. G., Deckungsbeitragsrechnung 1992, S. 203-209.

6 Vgl.: COENENBERG, A. G., Kostenrechnung 1993, S. 235.

als nicht-entscheidungsrelevant bei kurzfristigen Entscheidungen unberücksichtigt bleibt. Darüber hinaus werden Verbundbeziehungen immaterieller Potentiale zwischen verschiedenen Leistungen nicht aufgeschlüsselt, sondern bleiben als Block bestehen, welcher der Summe der Deckungsbeiträge aller Leistungen gegenübergestellt wird.

Dieser Vorteil stellt zugleich einen Nachteil dieses Systems dar, wenn nämlich Vorleistungen einzelnen Leistungen oder Leistungsgruppen veranlassungsgerecht zugeordnet werden können, diese Zuordnung durch Ausweis im globalen Fixkostenblock jedoch unterbleibt.[1] Im einstufigen Direct Costing würde also ebenfalls eine Verzerrung stattfinden, da Vorleistungskosten Leistungen gegenübergestellt werden, die diese nicht veranlaßt haben.[2]

Der zuvor angesprochene Nachteil des einstufigen Direct Costing wird durch die Konzeption der mehrstufigen Fixkostendeckungsrechnung behoben, indem der Fixkostenblock in mehrere Schichten aufgeteilt wird, die einzelnen Leistungen und Leistungsgruppen veranlassungsgerecht zugeordnet werden können.[3] Hierdurch wird dem Veranlassungsprinzip entsprochen und der Aussagegehalt der Erfolgsrechnung steigt erheblich.[4] Dennoch werden auch hier Istkosten der letzten Abrechnungsperiode verwendet, die höchstens zufällig den tatsächlichen Vorleistungskosten entsprechen können.[5] Es sind deutliche Vorteile dieses Systems zu erkennen, eine vollständige Lösung der besonderen Probleme kann jedoch auch hier nicht erfolgen.

---

1 Vgl.: WEBER, J., Controlling 1995, S. 183.

2 Zur weiteren Kritik am ein- und mehrstufigen Direct Costing vgl. COENENBERG, A. G., Kostenrechnung 1993, S. 235-236; RIEBEL, P., Einzelkostenrechnung 1994, S. 361-368; HUMMEL, S./MÄNNEL, W., Kostenrechnung II 1983, S. 42-44; OLFERT, K., Kostenrechnung 1987, S. 273-274, S. 285-287; KILGER, W., Plankostenrechnung 1993, S. 66-67; WEBER, J., Controlling 1995, S. 183; HORVÁTH & PARTNER, Controllingkonzept 1995, S. 79; HORVÁTH, P., Controlling 1994, S. 41-42; DIEDERICH, H., Betriebswirtschaftslehre 1989, S. 526-528; WEBER, J., Kostenrechnung 1993, S. 226-228; WITT, F.-J., Deckungsbeitragsmanagement 1991, S. 46-47.

3 Vgl.: PETERS, S./BRÜHL, R./STELLING, J. N., Betriebswirtschaftslehre 1997, S. 210-211; HUMMEL, S./MÄNNEL, W., Kostenrechnung II 1983, S. 44; KLÜMPER, P., Kostenrechnung 1979, S. 176. Vgl. hierzu auch COENENBERG, A. G., Kostenrechnung 1993, S. 235, der auf die Gefahr der Verbundeffekte in diesem System hinweist. Eben diese Verbundeffekte sollen durch die Bildung von Fixkostenschichten berücksichtigt werden, indem sie z.B. auf einer höheren Ebene ausgewiesen werden, ohne einen Verbundeffekt aufzuschlüsseln. Im Extremfall können Fixkosten dem Gesamtunternehmen als unverteilbarer Fixkostenrest gegenübergestellt werden.

4 Vgl.: KLÜMPER, P., Kostenrechnung 1979, S. 164; HUMMEL, S./MÄNNEL, W., Kostenrechnung II 1983, S. 47-48; CHRISTMANN, J./WITTHOFF, H.-W., Kostenrechnung 1994, S. 286-289; SCHWEITZER, M./KÜPPER, H.-U., Systeme 1991, S. 342; SERFLING, K., Controlling 1992, S. 142; WEBER, J., Controlling 1995, S. 185; KÜTING, K./LORSON, P., Prozeßkostenrechnung 1991, S. 1431; MÄNNEL, W., Entwicklungslinien 1995, S. 59.

5 Vgl.: COENENBERG, A. G., Kostenrechnung 1993, S. 235.

Die relative Einzelkostenrechnung stellt das theoretisch umfassendste System dar, da es auf jegliche Schlüsselung von Gemeinkosten verzichtet. Aufgrund seiner Annahmen benötigt dieses System umfangreiche Datenmengen und hat in der Praxis kaum Verbreitung gefunden.[1] Zur Erfüllung der Aufgaben der Kostenrechnung kann dieses System jedoch nur in geringem Maße beitragen. COENENBERG konstatiert daher: "Die relative Einzelkostenrechnung weist diese Kosten [Vorleistungskosten, d. Verf.] als »Gemeinkosten offener Perioden« ohne fest definierte Bezugsgröße aus, da es nicht möglich sei, die Nutzungsdauer vorab zu ermitteln. Durch dieses Vorgehen ist die Bereitschaft zur Übernahme von Verantwortung für evtl. Abweichungen bei den verursachenden Bereichen eher als gering einzuschätzen."[2]

Diese theoretisch exakte und eindeutige Zuordnung führt dazu, daß Vorleistungskosten aufgrund ihrer Nutzungsdauer nicht weiter einzelnen Leistungen oder Perioden gegenübergestellt werden dürfen und sich somit jeglicher Entscheidung entziehen, da sie keine genaueren Bezugsgrößen besitzen und erst am Ende ihrer Nutzungsdauer genau zugeordnet werden können.[3] Eine solche Behandlung der Vorleistungskosten stellt in Teilen einen Rückschritt zum einstufigen Direct Costing dar und ist abzulehnen, da die Aufgaben der Kostenrechnung hierdurch unerfüllt bleiben.[4]

3. Kritik an der Prozeßkostenrechnung

Der Hauptkritikpunkt an der Prozeßkostenrechnung resultiert aus der Generierung von Vollkosteninformationen.[5] Hierdurch ist die Prozeßkostenrechnung nicht in der Lage, kurzfristig entscheidungsrelevante Kosteninformationen zu liefern, da Fixko-

---

1 Vgl.: KILGER, W., Probleme 1980, S. 43; PETERS, S./BRÜHL, R./STELLING, J. N., Betriebswirtschaftslehre 1997, S. 211; WEBER, J., Kostenrechnung 1993, S. 259; FRÖHLING, O., Accounting 1991, S. 10; MÄNNEL, W., Entwicklungslinien 1995, S. 59-60. Zur Kritik an diesem System vgl. ausführlich KILGER, W., Plankostenrechnung 1993, S. 81-86.

2 COENENBERG, A. G., Kostenrechnung 1993, S. 249-250.

3 Vgl.: WEBER, J., Entscheidungsorientierung 1994, S. 100; HUMMEL, S./MÄNNEL, W., Kostenrechnung II 1983, S. 66.

4 Zur allgemeinen Kritik an der relativen Einzelkostenrechnung vgl. RIEBEL, P., Einzelkostenrechnung 1994, S. 368-375; COENENBERG, A. G., Kostenrechnung 1993, S. 249-250; OLFERT, K., Kostenrechnung 1987, S. 299-300; HORVÁTH, P., Controlling 1994, S. 539-543; DIEDERICH, H., Betriebswirtschaftslehre 1989, S. 535-536.

5 Vgl.: WEBER, J., Kostenrechnung 1993, S. 207; GLASER, H., Prozeßkostenrechnung 1992, S. 288; KLOOCK, J., Prozeßkostenrechnung 1992, S. 186; RIEBEL, P., Einzelkostenrechnung 1994, S. 705-707; KILGER, W., Plankostenrechnung 1993, S. 105-108.

sten auf die Kostenträger verrechnet werden.[1] Durch diese vorgenommene Proportionalisierung von Gemeinkosten werden Selbstkosten ermittelt, die kurzfristig nicht beeinflußbare Gemeinkostenanteile enthalten und daher kurzfristig entscheidungsirrelevant sind.[2] Aufgrund dieser Tatsache wäre die Prozeßkostenrechnung zur Erfüllung der Zwecke der Kostenrechnung abzulehnen.

Zu beachten ist hierbei, daß die Prozeßkostenrechnung diese Forderung aufgrund ihrer Konzeption nicht erfüllen will. Eines der genannten Ziele besteht in dem Ausweis von Stückkosten, die ein Kostenträger langfristig verursacht, wozu zweifelsfrei auch langfristig beeinflußbare Fixkosten zählen.[3] Die Aufgaben der Kostenrechnung bestehen trotzdem in der Lösung von kurzfristigen Entscheidungsproblemen, die durch die Prozeßkostenrechnung nicht unterstützt werden können.[4] Wird in den Unternehmen, neben den genannten Aufgaben der Kostenrechnung, die langfristige, bzw. strategische Kalkulation genannt, dann ist die Prozeßkostenrechnung durchaus als System anzuwenden, welches, in Bezug auf dieses Entscheidungsproblem, entscheidungsrelevante Kosteninformationen liefern kann.[5]

Von ihrer Zielsetzung her ist die Prozeßkostenrechnung auf Vorleistungsbereiche ausgerichtet. Daher bietet sie eine gute Möglichkeit, für Vorleistungsbereichen entscheidungsrelevante Kosteninformationen zu liefern und die Nachteile der bestehenden Systeme auszugleichen.[6] Doch die Vorteile einer isolierten Prozeßkosten-

---

1 Vgl.: KLOOCK, J., Prozeßkostenrechnung 1992, S. 237; KÜTING, K./LORSON, P., Prozeßkostenrechnung 1991, S. 1427; FREIDANK, C.-C., Kostenrechnung 1994, S. 356; MÄNNEL, W., Mängel 1994, S. 275, S. 278.

2 Vgl.: KÜTING, K./LORSON, P., Prozeßkostenrechnung 1995, S. 94, S. 96; GLASER, H., Entscheidungsrelevanz 1995, S. 123; KLOOCK, J., Prozeßkostenrechnung 1995, S. 147-150; FRIEDL, B., Prozeßkostenrechnung 1994, S. 156-157; REICHMANN, T./SCHWELLNUß, A. G./FRÖHLING, O., Plankostenrechnung 1990, S. 61. GLASER, H., Prozeßkostenrechnung 1992, S. 287, bemängelt die Entscheidungsrelevanz aufgrund der fehlenden Doppelfunktion der Bezugsgrößen.

3 Vgl.: BURGER, A., Kostenmanagement 1994, S. 215; HORVÁTH, P./MAYER, R., Prozeßkostenrechnung 1995, S. 69, mit Beispielen zu den verschiedenen mittelfristigen Zeithorizonten. Der Relevanz von Vollkosteninformationen bei neuen Produkten und Wettbewerb stimmt auch PLAUT, H. G., Deckungsbeitragsrechnung 1992, S. 214, zu.

4 Vgl.: GLASER, H., Prozeßkostenrechnung 1992, S. 288.

5 Vgl.: COENENBERG, A. G., Kostenrechnung 1993, S. 215; FRANZ, K.-P., Prozeßkostenrechnung 1990, S. 128, anders hingegen GLASER, H., Prozeßkostenrechnung 1992, S. 288.

6 Vgl.: FREIDANK, C.-C., Target Costing 1994, S. 235. Die Prozeßkostenrechnung will z.B. Kostenverteilungen, -umlagen und pauschale Kostenzuschläge abschaffen; vgl. MÄNNEL, W., Bedeutung 1995, S. 15-16. KÜTING, K./LORSON, P., Prozeßkostenrechnung 1995, S. 96; GLASER, H., Entscheidungsrelevanz 1995, S. 123; SCHERRER, G., Kostenkontrolle 1994, S. 601, belegen, daß dieses Ziel durch die Prozeßkostenrechnung nicht erreicht wird, da weiterhin Proportionalisierungen und Wertschlüssel Anwendung finden.

rechnung sind trotz ihrer lebhaften Diskussion nur begrenzt.[1]

Im Mittelpunkt dieses Systems steht die Kalkulation, bzw. Kostenträgerstückrechnung. Die Kalkulation ist in diesem System auf den fertigungsnahen Bereich ausgelegt, indem Aktivitäten und cost driver bestimmt werden, die die Kostenveranlassung in diesen Bereichen widerspiegeln. Dieses Vorgehen unterscheidet sich jedoch nur unwesentlich von dem Vorgehen der Grenzplankostenrechnung, welches Bezugsgrößen mit einfacher Funktion als Veranlassungsmaßstab bestimmt.[2]

Bezugsgrößen mit doppelter Funktion (Kostenkontrollfunktion und Kalkulationsfunktion) können ihre Aufgaben schon ex definitione nicht erfüllen, da volumenunabhängige Bezugsgrößen nicht zugleich die proportionalen Beziehungen zwischen Prozeßmenge und Produktionsmenge abbilden können.[3] Folglich kann die Kalkulation analog im System der Grenzplankostenrechnung erfolgen.[4] Dem Vorwurf gegenüber der Grenzplankostenrechnung, sie sei auf die Fertigung spezialisiert, kann aus theoretischer Sicht insofern nicht gefolgt werden, da über eine Bestimmung von Bezugsgrößen in den fertigungsnahen Gemeinkostenbereichen durchaus die Ziele der Prozeßkostenrechnung erreicht werden können.[5]

---

1 Vgl. insbesondere GLASER, H., Prozeßkostenrechnung 1992, S. 287-288; KÜPPER, H.-U., Prozeßkostenrechnung 1991, S. 388; WEBER, J., Controlling 1995, S. 189. Im Gegensatz hierzu vgl. insbesondere COENENBERG, A. G., Kostenrechnung 1993, S. 215-216; FREIDANK, C.-C., Kostenrechnung 1994, S. 352-357; HORVÁTH, P./MAYER, R., Prozeßkostenrechnung 1989, S. 214-216.

2 Vgl.: MÜLLER, H., Grenzplankostenrechnung 1993, S. 40-44; FRANZ, K.-P., Prozeßkostenrechnung 1990, S. 130; KLOOCK, J., Prozeßkostenrechnung 1992, S. 185; SCHILDBACH, T., Vollkostenrechnung 1993, S. 345.

3 Vgl.: GLASER, H., Prozeßkostenrechnung 1993, Sp. 1650-1651; KÜTING, K./LORSON, P., Prozeßkostenrechnung 1991, S. 1426.

4 Vgl.: SCHERRER, G., Kostenkontrolle 1994, S. 601-602. In der theoretischen Diskussion wird zunehmend eine Einbeziehung, bzw. Verbindung von Prozeß- und Deckungsbeitragsrechnung gefordert, um die Vorteile beider Systeme miteinander zu verbinden; vgl. HERZOG, E., Bezugsgrößenkalkulation 1995, S. 125-128; KLOOCK, J., Prozeßkostenrechnung 1995, S. 137-140; KÜPPER, H.-U., Prozeßkostenrechnung 1991, S. 389; WEBER, J., Controlling 1995, S. 187, MÄNNEL, W., Bedeutung 1995, S. 18-21; COENENBERG, A. G./FISCHER, T. M., Prozeßkostenrechnung 1995, S. 23. Zum Zusammenhang zwischen Prozeßkostenrechnung und Deckungsbeitragsrechnung vgl. HORVÁTH, P./MAYER, R., Prozeßkostenrechnung 1995, S. 83-84.

5 Vgl.: BEINHAUER, M./VIKAS, K., Gemeinkostencontrolling 1993, S. 83, S. 89; KILGER, W., Plankostenrechnung 1993, S. 327; FRÖHLING, O./WEIS, E., Thesen 1992, S. 135-136; WEBER, J., Kostenrechnung 1993, S. 216; PLAUT, H. G., Deckungsbeitragsrechnung 1992, S. 211-213.
WEBER, J., Kostenrechnung 1993, S. 207; KÜTING, K./LORSON, P., Prozeßkostenrechnung 1991, S. 1421; WEILENMANN, P., Management 1992, S. 799, bemerken zurecht, daß die Plankostenrechnung auf Fertigungsendkostenstellen, sogenannte "produktive" Bereiche, ausgelegt ist und die Vorleistungen erbringenden (Gemein-) Kostenstellen vernachlässigt. Hier soll jedoch nur darauf hingewiesen werden, daß die (Grenz-) Plankostenrechnung aufgrund ihrer theoretischen Konzeption durchaus dahin weiter zu entwickeln ist, die geforderten Informationen zu liefern, ob-
(Fortsetzung ...)

Gegenüber der traditionellen Vollkostenrechnung werden der Prozeßkostenrechnung Vorteile eingeräumt, da im indirekten Leistungsbereich die Schlüsselung und Proportionalisierung von Gemeinkosten und die Bildung von Zuschlagssätzen weitgehend aufgegeben wird.[1] Hierdurch ergeben sich wertvolle Informationen für die Kostenplanung und -kontrolle in diesen Bereichen sowie Anhaltspunkte für die Aufdeckung von Unwirtschaftlichkeiten, indem der Leerkostenanteil ausgewiesen wird.[2]

In der Diskussion über die Prozeßkostenrechnung stand zunächst der Vergleich zu den Voll- und Teilkostenrechnungen im Vordergrund, wobei die Prozeßkostenrechnung als Alternative und nicht als Ergänzung diskutiert wurde.[3] Erst im Verlaufe der Zeit, mit auftretender Kritik und aufgezeigten Grenzen dieses Systems, ist erkannt worden, das Prozeß- und Teilkostenrechnung durchaus ähnliche Ziele verfolgen.[4] Es ist allgemein anerkannt, daß die Grenzplankostenrechnung eine Weiterentwicklung bezüglich der indirekten Bereiche bedurfte, wobei ihre theoretische Konzeption unangezweifelt bleibt. Diese Weiterentwicklung sollte ihren Ausdruck in der Prozeßkostenrechnung finden. In der Literatur sind umfangreiche Bestrebungen zu verzeichnen, die eine Verknüpfung von beiden Systemen versuchen und darüber hinaus eine Prozeßkostenrechnung auf Grenzkostenbasis konzipieren, die den Vorteil beider Systeme vereinigt.[5]

---

wohl der Schwerpunkt der Betrachtung zweifelsohne in der Fertigung liegt; vgl. hierzu auch FRÖHLING, O., Prozeßkostenrechnung 1992, S. 736; BRÜHL, R., Informationen 1995, S. 74; RIEG, R., Entscheidungsrelevanz 1995, S. 234-235.
Zum Vergleich von Grenzplankostenrechnung und Prozeßkostenrechnung vgl. insbesondere KÜTING, K./LORSON, P., Prozeßkostenrechnung 1991, S. 1424-1425, sowie FRIEDL, B., Prozeßkostenrechnung 1994, S. 140-143.

1 Vgl.: FRANZ, K.-P., Prozeßkostenrechnung 1990, S. 114, S. 130; WEBER, J., Controlling 1995, S. 187; COENENBERG, A. G./FISCHER, T. M., Prozeßkostenrechnung 1995, S. 23; SERFLING, K., Controlling 1992, S. 191; FREIDANK, C.-C., Target Costing 1994, S. 234-235. GLASER, H., Prozeßkostenrechnung 1992, S. 287-288, weist nach, daß auch in der Prozeßkostenrechnung Schlüsselungen und Proportionalisierungen vorgenommen werden und widerlegt die Vorteile der Prozeßkostenrechnung.

2 Vgl.: FREIDANK, C.-C., Target Costing 1994, S. 235; SCHERRER, G., Kostenkontrolle 1994, S. 602; COENENBERG, A. G./FISCHER, T. M., Prozeßkostenrechnung 1995, S. 24-25; BRÜHL, R., Informationen 1995, S. 74, S. 77-79. Kritisch zu den Möglichkeiten der Kostenkontrolle äußern sich GLASER, H., Prozeßkostenrechnung 1992, S. 281-282; FRÖHLING, O., Prozeßkostenrechnung 1992, S. 731-734.

3 HORVÁTH, P. u.a., Prozeßkostenrechnung 1993, liefern einen Überblick über die Diskussionen um die Prozeßkostenrechnung im Vergleich zu anderen Systemen.

4 Vgl.: KLOOCK, J., Prozeßkostenrechnung 1992, S. 185.

5 Vgl.: KÜTING, K./LORSON, P., Prozeßkostenrechnung 1995, S. 99-100; FRIEDL, B., Prozeßkostenrechnung 1994, S. 161.

Aufgrund ihrer Konzeption wird die Prozeßkostenrechnung den kurzfristigen Anforderungen der Kostenrechnung nicht gerecht und kann ausschließlich für die langfristige Kalkulation Informationen liefern. Trotz der lebhaften Diskussion über den Stellenwert der Prozeßkostenrechnung ist dieses System in der Praxis lediglich als fallweise Sonderrechnung anzuwenden, um bestimmte Planungsprobleme zu lösen.[1]

Bei der Kostenplanung und -kontrolle von immateriellen Potentialen spielt die Prozeßkostenrechnung in der langfristigen Kalkulation eine wichtige Rolle. Hierbei sind die verschiedenen Entscheidungszeitpunkte zu vergleichen. Die Prozeßkostenrechnung wird eingesetzt, wenn zu Projektbeginn die Projektkosten der einzelnen Potentialbereiche kalkuliert werden. Zu Beginn der Vorleistungsphase werden noch keine kurzfristigen Entscheidungen über die Kostenträger getroffen, da die Marktphase erst in späteren Perioden beginnt. Zu diesem Zeitpunkt sind langfristige Informationen zu generieren, die den gesamten Lebenszyklus umspannen. Die Entscheidungen bezüglich der Vorlaufphase sind nicht Gegenstand dieser Arbeit.

Erst zu Beginn der Marktphase werden von der Unternehmensleitung Informationen für kurzfristige Entscheidungen im Rahmen gegebener Kapazitäten benötigt. Zu diesem Zeitpunkt stellen bereits angefallene Vorleistungskosten sunk costs dar, die nicht entscheidungsrelevant sind. Grundlage dieser Entscheidungen sind die variablen Kosten in der Teilkostenrechnung. Dennoch muß zu diesem Zeitpunkt berücksichtigt werden, daß die Vorleistungskosten den Kostenträgern in der Kalkulation veranlassungsgerecht zugeordnet werden. Insofern leistet die Prozeßkostenrechnung eine Unterstützungsfunktion während der Vorleistungsphase, während die Teilkostenrechnung während der Marktphase Kosteninformationen für kurzfristige Entscheidungen liefert.

---

1 Vgl.: HORVÁTH & PARTNER, Controllingkonzept 1995, S. 82; WEBER, J., Kostenrechnung 1993, S. 216; KÜTING, K./LORSON, P., Prozeßkostenrechnung 1991, S. 1433.

D. Planung und Kontrolle der Kosten und Erlöse immaterieller Potentiale

I. Der Lebenszyklus von Produkten

1. Die Aufgaben und Ziele der Lebenszyklusbetrachtung

Der Produktlebenszyklus kann im weiten Sinne als "Zeitraum von der Entstehung der Produktidee bis zum Ausscheiden des Produktes aus dem Markt"[1] definiert werden.[2] In dieser zeitlichen Darstellung wird der Verlauf der Maßgrößen Erlös oder Umsatz eines oder mehrerer Produkte in Abhängigkeit von der Zeit, bzw. vom Lebensalter der Produkte, als erklärende Variable, dargestellt.[3] Die ersten Abhandlungen der Lebenszykluskonzepte reichen in das Jahr 1950 zurück und sind im Laufe der Zeit immer weiter differenziert und erweitert worden.[4]

Besondere Anwendung finden die Lebenszykluskonzepte im Marketing und in der Unternehmensplanung, wobei das Ziel dieser Analyse in der Ableitung von geeigneten Strategien und Maßnahmen für die jeweilige Lebensphase eines Produktes besteht.[5] Das Marketing verwendet hierbei eine enge Fassung des Begriffs Produktlebenszyklus, welche dem Marktzyklus entspricht. In diesem Zeitraum wird das Produkt am Markt angeboten und/oder nachgefragt.[6] Die Aufgaben des Instruments Produktlebenszyklus verdeutlicht Darst. 35.[7]

Trotz der weiten Verbreitung dieses Konzeptes stellt es nur ein beschreibendes Instrument dar, welches einer Reihe von Kritik ausgesetzt ist. Neben der fehlenden normativen Aussagekraft wird die Beeinflußbarkeit des Lebenszyklus durch Marke-

---

1 KREIKEBAUM, H., Unternehmensplanung 1993, S. 73.

2 Vgl. auch PETERS, S./BRÜHL, R./STELLING, J. N., Betriebswirtschaftslehre 1997, S. 143; SIEGWART, H./SENTI, R., Life Cycle 1995, S. 3; PFOHL, H.-C./WÜBBENHORST, K. L., Lebenszykluskosten 1983, S. 144.

3 Vgl.: WEBER, J., Controlling 1995, S. 88; HÖFT, U., Lebenszykluskonzepte 1992, S. 27-28; ZEHBOLD, C., Kostenbeeinflussung 1996, S. 46. Als weitere abbildbare Maßgrößen nennen HÖFT, U., Lebenszykluskonzepte 1992, S. 31; HORVÁTH, P., Controlling 1994, S. 427, Stückzahlen, Umsatzzahlen, Anzahl der Adopterfirmen, Cash Flow, Deckungsbeitrag, Gewinn.

4 Vgl. hierzu HÖFT, U., Lebenszykluskonzepte 1992, S. 15-23; WÜBBENHORST, K. L., Lebenszykluskosten 1984, S. 6-15.

5 Vgl.: KOTLER, P./BLIEMEL, F., Marketing 1995, S. 557; KREIKEBAUM, H., Unternehmensplanung 1993, S. 73; SIEGWART, H./SENTI, R., Life Cycle 1995, S. 7; WEBER, J., Controlling 1995, S. 89; RICHERT, E., Marketingpotential 1992, S. 271.

6 Vgl.: DIEDERICH, H., Betriebswirtschaftslehre 1989, S. 370; KREIKEBAUM, H., Unternehmensplanung 1993, S. 74; NIESCHLAG, R./DICHTL, E./HÖRSCHGEN, H., Marketing 1976, S. 202.

7 Vgl.: KREIKEBAUM, H., Unternehmensplanung 1993, S. 75-76. Vgl. hierzu auch die umfassende Aufzählung bei HÖFT, U., Lebenszykluskonzepte 1992, S. 17-21.

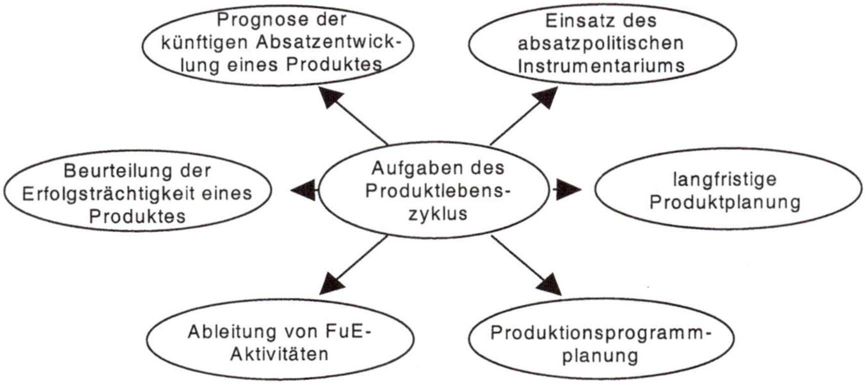

Darst. 35: Aufgaben des Produktlebenszyklus

tingaktivitäten sowie externe Einflüsse (Mode, Stil, Konkurrenz) genannt.[1] Eine allgemeingültige Verlaufsform des Lebenszyklus kann nicht genannt werden, da z.B. die Abgrenzung zwischen alten und neuen Produkten durch Maßnahmen der Produktdifferenzierung und -variation eine subjektive Entscheidung erfordert.[2] Die Bestimmung der jeweiligen Phase einzelner Produkte oder Marken im Lebenszyklus sowie der zukünftige Verlauf des Lebenszyklus können nur unter Unsicherheit erfolgen, bzw. vorhergesagt werden.[3]

2. Die Phaseneinteilung des Produktlebenszyklus

Der Produktlebenszyklus durchläuft bestimmte Phasen, die eigene Charakteristika besitzen und deren Verlauf einer Glocken- oder S-Kurve ähnelt. In der Literatur werden die einzelnen Phasen teilweise unterschiedlich definiert.[4] Nach vorherrschender

---

1 Vgl.: SIEGWART, H./SENTI, R., Life Cycle 1995, S. 10-11, S. 21; HAHN, D., PuK 1996, S. 285; WEBER, J., Controlling 1995, S. 88; RICHERT, E., Marketingpotential 1992, S. 275.

2 Vgl.: WEBER, J., Controlling 1995, S. 88; HÖFT, U., Lebenszykluskonzepte 1992, S. 23-26, S. 30, S. 40.

3 Vgl.: KREIKEBAUM, H., Unternehmensplanung 1993, S. 76-77; KOTLER, P./BLIEMEL, F., Marketing 1995, S. 587; WEBER, J., Controlling 1995, S. 88; RICHERT, E., Marketingpotential 1992, S. 275; BACK-HOCK, A., Produktcontrolling 1988, S. 25.

4 Vgl.: BLANCHARD, B. S., Life Cycle Cost 1978, S. 5-9; HÖFT, U., Lebenszykluskonzepte 1992, S. 17; HAHN, D., PuK 1996, S. 285; WÜBBENHORST, K. L., Lebenszykluskosten 1992, S. 247.

Meinung kann die Marktphase in fünf Phasen unterschieden werden:[1]

(1) In der Einführungsphase wird dem neuen Produkt ein Markt geschaffen. Das geringe Absatzvolumen wird durch Absatzaktivitäten belebt, wobei diesen hohen Kosten nur geringe Umsätze gegenüber stehen.

(2) In der Wachstumsphase steigen Absatzmenge und Umsätze als Folge der Absatzaktivitäten und Konsumentenerfahrungen stark an.

(3) In der Reifephase verlangsamt sich das Absatzwachstum, da auf der Nachfragerseite ein Sättigungseffekt zu verzeichnen ist.

(4) In der Sättigungsphase erreichen das Absatzvolumen und der Umsatz ihr Maximum und sinken wieder ab.

(5) In der Degenerationsphase sinkt die Nachfrage und hierdurch auch die Umsätze und die Deckungsbeiträge.

Die getroffene Phaseneinteilung liefert Darst. 36.

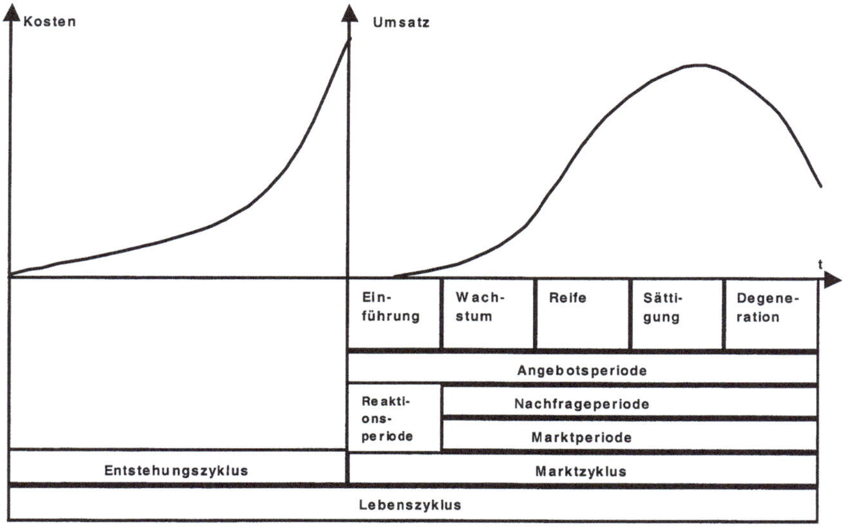

Darst. 36: Darstellung des Produktlebenszyklus
Quelle: KREIKEBAUM, H., Unternehmensplanung 1993, S. 75

---

1 Vgl.: PETERS, S./BRÜHL, R./STELLING, J. N., Betriebswirtschaftslehre 1997, S. 143; SIEGWART, H./SENTI, R., Life Cycle 1995, S. 5-6; WÖHE, G., Einführung 1993, S. 626-628.

3. Darstellung der immateriellen Potentiale im Produktlebenszyklus

Der Marktzyklus steht im Mittelpunkt des Marketingmanagement. Werden in der Unternehmensplanung Entscheidungen über neue Produkte, Produktlinien oder Märkte getroffen, ist zu berücksichtigen, daß zur Erstellung und Verwertung der Leistungen Vorleistungen geschaffen werden müssen. Bei der Einstellung bestehender Produkte muß berücksichtigt werden, daß Folgeprodukte in der Regel nicht kurzfristig in den Marktzyklus eintreten können.[1] Die Unternehmens- und Marketingplanung ist daher rechtzeitig auf die Entwicklung und Förderung neuer Produkte oder Märkte hinzuweisen.[2] Zur Darstellung der immateriellen Potentiale in Form von Vorleistungen ist die Darstellung des Produktlebenszyklus in zeitlicher Hinsicht zu erweitern. Hierzu wird dem Produktlebenszyklus der Entstehungszyklus vorgeschaltet.[3]

> "Als Entstehungszyklus wird derjenige Zeitraum bezeichnet, der die einzelnen Phasen des betrieblichen Forschungs- und Entwicklungsprozesses sowie die Produktions- und Absatzvorbereitungen umfaßt, die einen reibungslosen Markteintritt und eine rasche Verbreitung des Produktes gewährleisten sollen."[4]

Die in der Darstellung abgebildeten Kosten des Entstehungszyklus beziehen sich auf sämtliche materiellen und immateriellen Vorleistungen. Der Anteil der immateriellen Vorleistungen kann hierbei durchaus die Höhe der materiellen Vorleistungen für Sachinvestitionen erreichen.[5]

Entscheidungen über die Unternehmens- und Produktplanung beziehen sich auf mittel- und langfristige Zeiträume, in denen der Aufbau und die Nutzung der Vorleistungen zu integrieren sind. Ist z.B. die Ablösung eines Produktes durch ein Folgeprodukt geplant, wird zunächst der Beginn des Marktzyklus des Folgeproduktes bestimmt. Von diesem Zeitpunkt ausgehend wird retrograd die Dauer der Schaffung und Bereitstellung der benötigten Vorleistungen geplant und deren Beginn bestimmt. PFEIFFER/BISCHOFF haben dieses Modell um den Beobachtungszyklus erweitert, der

---

1 Vgl.: HÖFT, U., Lebenszykluskonzepte 1992, S. 53; WEBER, J., Controlling 1995, S. 89-90.

2 Vgl.: KREIKEBAUM, H., Unternehmensplanung 1993, S. 74.

3 Vgl.: KNOLMAYER, G., Potentialplanung 1989, Sp. 1675; RICHERT, E., Marketingpotential 1992, S. 277; WÜBBENHORST, K. L., Lebenszykluskosten 1992, S. 248.

4 KREIKEBAUM, H., Unternehmensplanung 1993, S. 74.

5 Vgl.: LAßMANN, G., Periodenerfolg 1988, S. 224.

dem Entstehungszyklus vorausgeht und stellen dieses als Integriertes Produktlebenszykluskonzept dar.[1]

In diesem Integrierten Produktlebenszykluskonzept besteht die Aufgabe des vorausgehenden Beobachtungszyklus in "der Auffindung bzw. Erwerbung relevanter strategischer Informationen aus der Unternehmensumwelt (...), die die Zukunft des Unternehmens beeinflussen können und für eine gezielte Initiierung eines Entscheidungsprozesses (Entstehungszyklus) für ein neuartiges bzw. neues Produkt unabdingbar notwendig sind."[2] Das Ziel des Erwerbs relevanter Informationen stellt ex definitione die Bereitstellung immaterieller Vorleistungen dar, die einem späteren Kostenträger veranlassungsgerecht gegenübergestellt werden müssen, sofern diese Beziehung zweifelsfrei herstellbar ist.

Vorleistungskosten entstehen jedoch nicht ausschließlich während der Entstehungsphase, sondern erstrecken sich in unterschiedlicher Höhe über den gesamten Produktlebenszyklus. Kennzeichen der Entstehungsphase ist die Planung des Aufbaus und der Nutzung der Vorleistungen für den gesamten Lebenszyklus. Hiervon zu unterscheiden ist der kostenmäßige Verzehr, der hauptsächlich während der Entstehungsphase anfällt. Das Produktlebenszyklusmodell erfährt eine Erweiterung, wenn neben den Vorleistungen auch die Nachleistungen in einen Nachsorgezyklus integriert werden.[3] Hierzu zählen Kosten für Gewährleistung, Entsorgung, Reparatur und Service für die Phase, in der das Produkt nicht mehr am Markt angeboten und/oder nachgefragt wird.[4] In diesen Kostenarten sind nur geringe Anteile immaterieller Kosten enthalten, die für die Planung und Kontrolle des Nachsorgezyklus sowie für die Generierung von Informationen für zukünftige Kostenträger entstehen.

Für die Entwicklung neuer Produkte sind Informationen des Nachsorgezyklus vergangener Produkte relevant, da die Kosten für Wartung, Reparatur und Service durch die Konstruktion im Entstehungszyklus des neuen Produktes determiniert werden, vgl. Darst. 37.[5]

---

1 Vgl.: PFEIFFER, W./BISCHOFF, P., Produktlebenszyklen 1981.

2 PFEIFFER, W./BISCHOFF, P., Produktlebenszyklen 1981, S. 137-138.

3 Vgl.: WEBER, J., Kostenrechnung 1991, S. 460; BRÜHL, R., Kosten- und Erfolgsrechnung 1996, S. 309; SCHUH, G., Kostenmanagement 1997, S. 36; SIEGWART, H./SENTI, R., Life Cycle 1995, S. 19; BLANCHARD, B. S., Life Cycle Cost 1978, S. 24-25.

4 Vgl.: RIEBEL, P., Abbildung 1989, S. 71-72; STANDOP, D., Produktrückruf 1992, S. 907.

5 BLANCHARD, B. S., Life Cycle Cost 1978, S. 15; WILDEMANN, H., Kostenprognosen 1982, S.
(Fortsetzung ...)

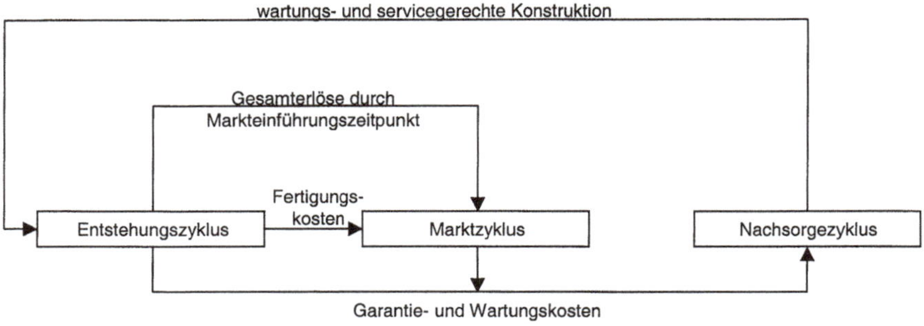

Darst. 37: Verbundbeziehungen zwischen Entstehungs-, Markt- und Nachsorgezyklus
Quelle: BACK-HOCK, A., Produktcontrolling 1988, S. 8

Der Produktlebenszyklus in seiner weiten Fassung hat in den letzten Jahren eine weite Verbreitung gefunden. Diese Entwicklung ist Folge der Veränderungen der Produktions- und Wettbewerbseinflüsse. Kürzere Marktzyklen und längere Entstehungszyklen bei steigenden Vorleistungskosten führen zu Amortisationszeiten, die sich der Dauer des Marktzyklus annähern.[1] Hierdurch erhöhen sich die Anforderungen an die Unternehmensplanung, welche die genannten Risiken berücksichtigt und die Sicherung der erwerbswirtschaftlichen Ziele gewährleistet.[2]

Bei der Zuordnung der einzelnen Potentialarten zu den verschiedenen Zyklen ergeben sich unterschiedliche Ergebnisse. Die Kosten der FuE entstehen größtenteils im Entstehungszyklus und fallen im Marktzyklus nur noch in geringer Höhe für Variationen und Differenzierungen an.[3] Die Kosten des Marketing beginnen erst kurz vor Beginn des Marktzyklus mit der Einführungswerbung und enden mit der Degenerationsphase. Die Kosten des Produktionsmanagement entstehen während des Entstehungszyklus und fallen während des Marktzyklus für kontrollierende und überwa-

---

108-113; BINDER, M., Steuerung 1998, S. 356, gehen davon aus, daß ca. 70%-80% der gesamten Kosten eines Lebenszyklus bereits durch die Konzeptionsphase determiniert werden. Vgl. auch GRAßHOFF, J./GRÄFE, C., Kostenmanagement 1998, S. 62; GÜNTHER, T./SCHUH, H., Näherungsverfahren 1998, S. 381; PFOHL, H.-C./WÜBBENHORST, K. L., Lebenszykluskosten 1983, S. 142; WÜBBENHORST, K. L., Lebenszykluskosten 1984, S. 21; SCHULTZ, V., Kostenschätzung 1996, S. 24.

1 Vgl.: HARDT, R., Kostenmanagement 1998, S. 1; RIEZLER, S., Lebenszyklusrechnung 1996, S. 6-8; SERFLING, K., Controlling 1992, S. 295; BETZING, G., Einmalkosten 1980, S. 681.

2 Vgl.: PFOHL, H.-C./WÜBBENHORST, K. L., Lebenszykluskosten 1983, S. 142.

3 Vgl.: SIEGWART, H./SENTI, R., Life Cycle 1995, S. 20.

chende Tätigkeiten an. Die Kosten des Qualitätsmanagements, der Personalentwicklung und der Rationalisierung lassen sich überwiegend nicht eindeutig einem bestimmten Zyklus zuordnen und fallen in Abhängigkeit von den unternehmerischen Dispositionen an.

II. Die Kosten- und Erlöskategorien der einzelnen Lebenszyklusphasen

1. Die Ergebnisimmaterialität

Bei der Bestimmung und Kennzeichnung der Kosten- und Erlöskategorien in den drei Phasen ist zunächst zu bestimmen, wie differenziert Vor- und Nachleistungskosten und -erlöse erfaßt werden. Es ist des weiteren zu bestimmen, ob sich die Immaterialität

(a) auf das Ergebnis (die Leistung) eines Prozesses oder
(b) auf die einzelnen verbrauchten Kostenarten eines Prozesses bezieht.

(a) Im ersten Fall kann das Ergebnis eines Prozesses, also z.B. einer FuE- oder Marketingtätigkeit, als immateriell in kostenrechnerischer Betrachtung gewählt werden. Hierbei werden die gesamten Prozesse dieser Bereiche, die zu Erlangung der Ergebnisse benötigt wurden, als immateriell betrachtet, da das Ergebnis, in Form des erlangten Wissens, immateriell ist. Hieraus folgt, daß sämtliche Kosten des Marketing oder der FuE als Kosten für immaterielle Potentiale geplant und verrechnet werden.

(b) Im zweiten Fall wird eine differenziertere Betrachtungsweise gewählt. Es wird hierbei die Immaterialität nicht auf die Ergebnisse der Prozesse, sondern auf die Kostenarten, welche in den Prozessen verzehrt werden, bezogen. Die einzelnen Prozesse, die zur Erstellung oder Erlangung des Wissens benötigt werden, werden kostenartenweise unterschieden. Jede Kostenart wird nun auf ihren materiellen oder immateriellen Charakter untersucht.

Als materielle Kostenarten kommen z.B. Abschreibungen für den Gebrauch der Sachanlagen (Forschungsanlagen und -apparate, Laboratorien, EDV-Anlagen, Raumkosten, etc.), Roh-, Hilfs- und Betriebsstoffe in Betracht. Als immaterielle Kostenarten kommen Gehälter der an diesen Prozessen beteiligten Mitarbeiter für den Einsatz ihrer geistigen Arbeitsleistung oder Patent- und Lizenzkosten in Betracht. Bei dieser Betrachtungsweise wird im Ergebnis ein geringerer Teil der Gesamtkosten als immateriell ausgewiesen.

In dieser Arbeit wird die Einteilung des Falles (a) gewählt, bei der sich die Immaterialität auf das Ergebnis der Prozesse bezieht. Zu dieser Entscheidung tragen zwei Gründe bei:

(1) Eine Unterscheidung von materiellen und immateriellen Kostenarten (Fall (b)) liefert keine kostenrechnerischen Lösungsansätze der komplexen Probleme immaterieller Potentiale. Für materielle Kostenarten gelten die gleichen Schwierigkeiten wie für die immateriellen Kostenarten. Aus der Identität der Probleme beider Kostenarten ergibt sich die Notwendigkeit, beide Kostenarten identisch in die Darstellung und die Lösungsansätze mit einzubeziehen. Die Probleme der immateriellen Potentiale resultieren, zusammengefaßt, aus den identischen Merkmalen ihrer Ergebnisse und nicht aus der Zusammensetzung ihrer Kostenarten.

(2) Das zweite Argument liefert der Vergleich zwischen Eigenerstellung und Fremdbezug, bzw. Eigennutzung und Fremdabgabe. Wenn ein Unternehmen sich entscheidet, ein immaterielles Potential nicht selbst zu erstellen, sondern extern zu beziehen, z.B. durch Lizenz- oder Patentnahme, so wird das liefernde Unternehmen in seiner Kalkulation sämtliche Kosten berücksichtigen, die es zur Kostendeckung dieses Auftrages aufgewendet hat.
Im Extremfall produziert ein Unternehmen Wissen, welches es ausschließlich an andere Unternehmen veräußert und nicht selbst nutzt. Hierbei ist in der Preiskalkulation der gesamte Güterverzehr zu berücksichtigen, der aus materiellen und immateriellen Kostenarten besteht. Im umgekehrten Fall wird das Unternehmen bei der Vergabe von Lizenzen oder Patenten an andere Unternehmen sämtliche materiellen und immateriellen Kostenarten in seiner Kalkulation berücksichtigen, die zur Erstellung der Leistung veranlaßt wurden.[1] Hieraus folgt die Entscheidung ebenfalls für den Fall (a), in dem sich die Immaterialität auf das Ergebnis bezieht.

2. Kosten- und Erlösarten im Lebenszyklus

Zur Darstellung der Kosten und Erlöse im gesamten Lebenszyklus wird eine Dreiteilung in Entstehungs-, Markt- und Nachsorgezyklus vorgenommen.[2] Diese Unterscheidung erweist sich als notwendig, da bei einer Unterteilung der Zyklen in einzelne Phasen zunächst das Problem besteht, die Lage eines Produktes im Lebenszyklus exakt bestimmen zu können.

---

1 Determinanten der Festlegung des Angebotspreises bei Auftragsfertigung nennt SCHULTZ, V., Kostenschätzung 1996, S. 23.

2 Vgl. auch RIEZLER, S., Lebenszyklusrechnung 1996, S. 8.

Dieses Problem erfährt eine Potenzierung, da die Zuordnung bestimmter Kosten und Erlöse zu einzelnen Produkten ebenfalls nur unter vereinfachenden Annahmen geschehen kann. Die getroffene Dreiteilung reduziert das Problem auf die Kennzeichnung des Marktzyklus und das Merkmal, ob das Produkt am Markt angeboten und/oder nachgefragt wird. Eine Darstellung der verschiedenen Kosten- und Erlöskategorien in den drei Zyklen liefert Darst. 38.[1]

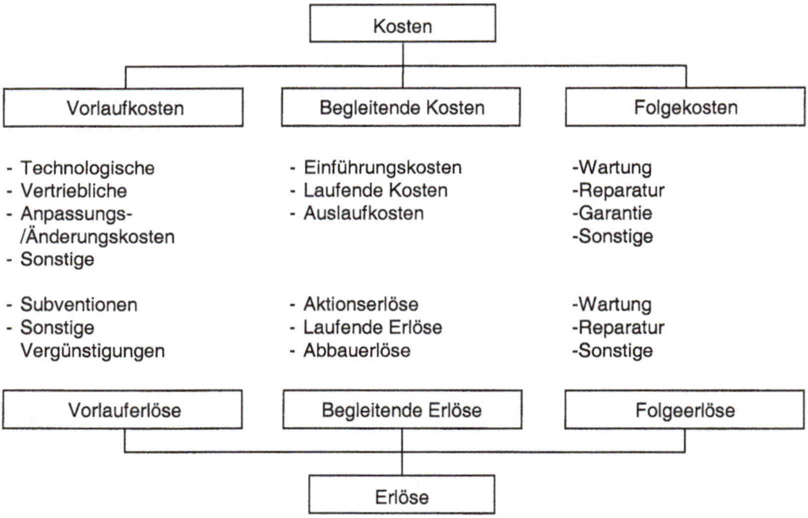

Darst. 38: Kosten- und Erlöse im Lebenszyklus
Quelle: BACK-HOCK, A., Ergebnisrechnung 1992, S. 707

Vorlauferlöse resultieren zum einen aus staatlichen Förderungen in Form von Subventionen und sonstigen Vergünstigungen bei der Erstellung der Kapazitäten. Da es sich hierbei nicht um bewertete, sachzielorientierte Gütererstellungen handelt, ist der Begriff Erlös oder Leistung falsch. Es handelt sich um ersparte oder vermiedene Kosten, welche das Unternehmen realisiert, wenn es sich z.B. für einen Standort entscheidet und hierdurch Steuer- oder Finanzierungsvorteile erzielt.

---

1 Vgl. auch BLANCHARD, B. S., Life Cycle Cost 1978, S. 9-11.

Des weiteren ist die abgebildete Darstellung zu ergänzen. Als Ergebnis der Aktivitäten des Entstehungszyklus resultieren Leistungen in Form von Wissen. Das Unternehmen hat die Wahl, dieses Wissen als innerbetriebliche Leistung in den Produktionsprozeß einzusetzen oder es am Absatzmarkt zu veräußern. Zu diesen marktfähigen Leistungen zählen Patente, Lizenzen, Marktforschungsergebnisse, Qualitäts- oder Produktionsstrategien und Know how.

Im Fall der Veräußerung liegt eine Absatzleistung vor, deren Erlös als Ergebnis der Aktivitäten des Entstehungszyklus als Vorlauferlös zu erfassen ist. Im Fall der Nutzung als innerbetriebliche Leistung für den späteren Produktions- und Absatzprozeß stellen diese Leistungen kalkulatorische Leistungen, bzw. Erlöse dar. Da den Leistungen keine Erträge gegenüberstehen, stellen sie Zusatzleistungen dar.[1]

In den begleitenden Kosten des Marktzyklus sind ebenfalls immaterielle Vorleistungskosten für Produktvariationen oder -differenzierungen enthalten. Hier sei wiederum auf das Beispiel von LAßMANN verwiesen, der in seiner Darstellung die Kosten des Face Lift bei Serienfertigung abbildet.[2] Diese Kosten fallen während des Marktzyklus an und wären in der oben dargestellten Abbildung begleitende Kosten. Diese Kosten stellen Vorleistungskosten für den Face Lift dar und sind Vorleistungskosten während des Marktzyklus.

Wird diese Charakterisierung auf sämtliche Kosten immaterieller Potentiale übertragen, ergibt sich als Folge eine Zweiteilung, nämlich in Vorleistungs- und Nachleistungskosten. Diese Vereinfachung kann für die Erlöse analog angewendet werden. Die während des Marktzyklus entstehenden Herstellkosten und Umsatzerlöse, die den überwiegenden Teil ausmachen, sind somit ausgeklammert, da sie nicht für immaterielle Potentiale entstehen, bzw. aus ihnen resultieren.

Die Folgekosten des Nachsorgezyklus sind durch eine steigende Bedeutung gekennzeichnet. Diese Bedeutung resultiert insbesondere aus steigenden Entsorgungsverpflichtungen, die vom Gesetzgeber aus umweltpolitischen Notwendigkeiten heraus gefordert werden.[3]

---

1 Vgl.: FREIDANK, C.-C., Kostenrechnung 1994, S. 22.

2 Vgl.: LAßMANN, G., Probleme 1985, S. 18.

3 Vgl. hierzu auch die Folgekosten von Produktrückrufen bei STANDOP, D., Produktrückruf 1992, S. 907-916.

Folgeerlöse entstehen aus Serviceleistungen, Reparatur und Wartung. Sie sind das Ergebnis materieller Leistungen und enthalten nur geringe immaterielle Anteile. Diese Anteile stellen das Wissen dar, welches aus diesen Folgeleistungen resultiert. Wird dieses Wissen dokumentiert, ausgewertet und in die Konstruktion und Planung neuer Produkte integriert, kann das Unternehmen in zukünftigen Perioden Kosten reduzieren und seine Stellung am Markt verbessern. Da dieses Wissen keine Gütererstellung darstellt, können hierfür keine Folgeerlöse in der Kostenrechnung angesetzt werden, deren Bestimmung außerdem nur mit Willkür vorgenommen werden könnte.

Darst. 39 stellt die Zusammensetzung der Anteile materieller und immaterieller Kostenanteile dar.

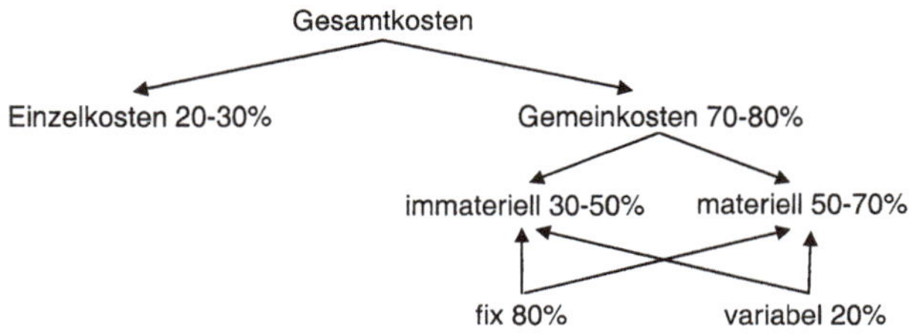

Darst. 39: Kostenartenanteile immaterieller Potentiale

Der Verlauf sämtlicher Erlöse und Kosten im Integrierten Produktlebenszyklus liefert Darstellung 40, die immaterielle Kosten und Erlöse nicht getrennt erfaßt.

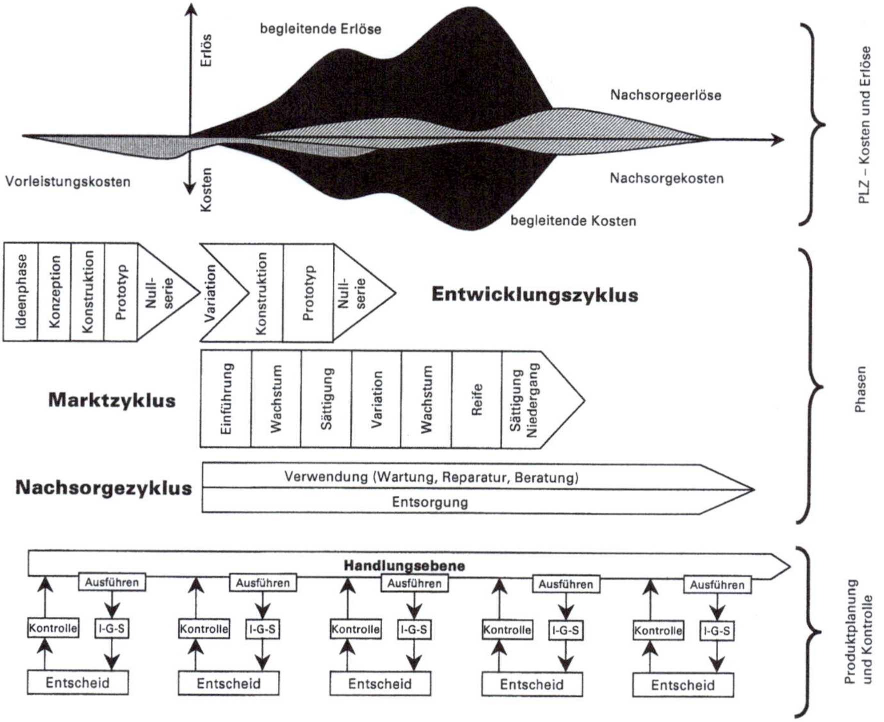

Darst. 40: Kosten und Erlöse im Integrierten Produktlebenszyklus
Quelle: In Anlehnung an SIEGWART, H./SENTI, R., Life Cycle 1995, S. 20

III. Kostenplanung und Kostenkontrolle immaterieller Potentiale

1. Kostenplanung

a. Grundlagen der Kostenplanung immaterieller Potentiale

> "Man versteht unter Plankosten solche Kosten, bei denen die Mengen und Preise der für eine geplante Ausbringung (Beschäftigung) benötigten Produktionsfaktoren ebenfalls geplante Größen sind."[1]

Darst. 41 verdeutlicht die Schritte zur Durchführung der Plankostenrechnung.[2]

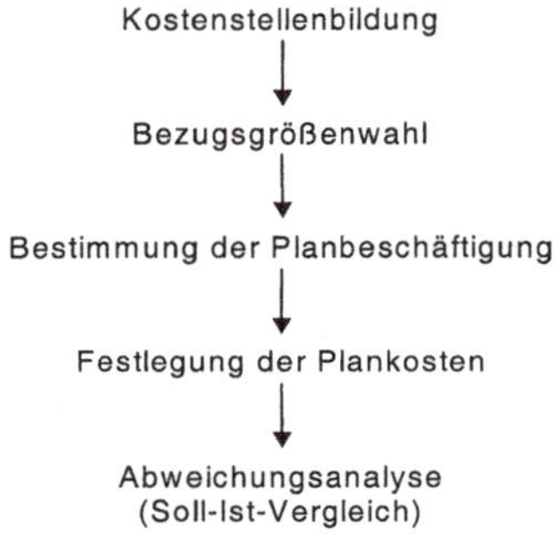

Darst. 41: Durchführung der Plankostenrechnung

Bei der Planung der Kosten immaterieller Potentiale ergibt sich das Problem der Bestimmung geeigneter Bezugsgrößen. Das Ziel dieses Schrittes besteht in der Ermittlung von Ursachen der Kostenentstehung und Kostenveränderung, den Kostenbestimmungsfaktoren. Die Kostentheorie bedient sich zur Erfüllung dieses Zieles des Instrumentariums der Bezugsgrößen.

"Unter einer Bezugsgröße versteht man einen Maßstab der Kostenverursachung, (...) zu dem die verursachten Kosten einer Kostenstelle ganz oder teilweise in einer proportionalen (oder wenigstens bekannten) Abhängigkeit stehen."[3]

---

1 HABERSTOCK, L., Grundzüge 1982, S. 115, im Original teilweise hervorgehoben. Vgl. auch SERFLING, K., Controlling 1992, S. 135; KILGER, W., Plankostenrechnung 1993, S. 27; FREIDANK, C.-C., Kostenrechnung 1994, S. 195; KLÜMPER, P., Kostenrechnung 1984, S. 135.

2 Vgl.: MÄNNEL, W., Kostenrechnung II 1983, S. 133, S. 146; KILGER, W., Plankostenrechnung 1993, S. 302; DÄUMLER, K.-D./GRABE, J., Plankostenrechnung 1995, S. 29.

3 HABERSTOCK, L., Plankostenrechnung 1997, S. 51, im Original teilweise hervorgehoben.

Die Bezugsgrößen sollen in erster Linie ein Maßstab der Kostenstellenleistung sein sowie in einer möglichst direkten Beziehung zu den Kostenträgern stehen (Doppelfunktion).[1] Im Bereich der immateriellen Potentiale ergeben sich die Probleme aus der Tatsache, daß die Personalkosten dominieren und sich hierfür keine direkten Bezugsgrößen mit doppelter Funktion aus den Kostenbestimmungsfaktoren ableiten lassen.[2] „Den Leistungen der Gemeinkostenbereiche mangelt es in der Regel an einer operationalen Definition und Standardisierbarkeit, da keine ausreichenden produktionstheoretischen Grundlagen zur Verfügung stehen."[3] Für die Planung der Einzelkosten Fertigungsmaterial und -löhne hingegen existiert eine ausreichende Anzahl von Bezugsgrößen, welche die Kostenabhängigkeiten veranlassungsgerecht abbilden.

KILGER unterscheidet in seinem System der Kostenbestimmungsfaktoren neben den Faktorpreisen die Hauptkomponenten Ausbringung und Kapazitäten, welche eine weitere Untergliederung erfahren.[4] In den Bereichen Beschaffung und Fertigung lassen sich hiermit die Kostenabhängigkeiten ausreichend abbilden. In Bereichen, in denen Personalkosten dominieren, stößt dieses System jedoch an seine Grenzen, da Personalkosten den Einflüssen der Leistungserstellung und Leistungsverwertung nicht unterliegen und unmittelbare Beziehungen somit nicht existieren.[5]

Dieses Problem stellt das generelle Problem aller Fixkosten dar, da ex definitione Bezugsgrößen mit doppelter Funktion eine proportionale Beziehung zu den Kosten

---

1 Vgl.: MÜLLER, A., Gemeinkosten-Management 1992, S. 12; VIKAS, K., Grenzplankostenrechnung 1991, S. 240; DÄUMLER, K.-D./GRABE, J., Plankostenrechnung 1995, S. 128-129.

2 Vgl.: BRÜHL, R., Kosten- und Erfolgsrechnung 1996, S. 134. Sind die erstellten Leistungen einer Kostenstelle (a) quantifizierbar und ist (b) die Erfassung von Istbezugsgrößen mit wirtschaftlich vertretbaren Kosten möglich, können in dieser Kostenstelle direkte Bezugsgrößen verwendet werden. Sind diese Voraussetzungen nicht erfüllt, ist man auf die Verwendung von indirekten Hilfs-, bzw. Verrechnungs-Bezugsgrößen angewiesen. Als indirekte Bezugsgrößen kommen (a) DM-Deckungsbezugsgrößen, (b) aus geplanten Kostenartenbeträgen (Material- oder Lohnkosten) abgeleitete, oder (c) aus dem Umsatz abgeleitete Bezugsgrößen in Betracht, deren Verwendung auf das Mindestmaß beschränkt bleiben sollte; vgl. KILGER, W., Plankostenrechnung 1993, S. 313-315; MÄNNEL, W., Kostenrechnung II 1983, S. 134.

3 SERFLING, K., Controlling 1992, S. 186. Vgl. auch KLÜMPER, P., Kostenrechnung 1984, S. 146.

4 Vgl.: KILGER, W., Plankostenrechnung 1993, S. 134 sowie HABERSTOCK, L., Plankostenrechnung 1997, S. 48. Vgl. hierzu auch das System der fünf Hauptkosteneinflußgrößen von GUTENBERG, der (a) die Faktorqualität, (b) die Faktorpreise, (c) die Beschäftigung, (d) die Betriebsgröße und (e) das Fertigungsprogramm unterscheidet; vgl. GUTENBERG, E., Produktion 1971, S. 344-347.

5 Vgl.: KILGER, W., Plankostenrechnung 1993, S. 315, S. 325-326; BRÜHL, R., Kosten- und Erfolgsrechnung 1996, S. 134; SERFLING, K., Controlling 1992, S. 136; GUTENBERG, E., Produktion 1971, S. 350.

darstellen und somit proportionale Kosten, als Pendant zu den Fixkosten, ausweisen. Als Kostenbestimmungsfaktor der Fixkosten werden die Dispositionen der Unternehmensleitung über den Auf- oder Abbau dieser Kapazität genannt.[1] Eine Abhängigkeit zur betrieblichen Leistung besteht somit nicht, bzw. kann nicht zweifelsfrei hergestellt werden.[2]

KILGER nennt als Kostenbestimmungsfaktoren der Vorleistungskosten Entscheidungen des Management über den Auf- oder Abbau von Nutzungspotentialen, aus denen der Einsatz von Potential- und Verbrauchsfaktoren resultiert.[3] Dieser Einsatz führt zu Vorleistungsmengen, welche, mit Faktorpreisen der entsprechenden Faktorqualitäten bewertet, die Vorleistungskosten determinieren.[4] Die Entscheidungen des Management können in zweifacher Weise zeitlich differenziert werden.

Während des Entstehungszyklus resultieren absatzfixe, bzw. erfolgsfixe Vorleistungskosten, welche auf die Realisierung einer geplanten Leistung bis zum Markteinführungszeitpunkt gerichtet sind. Beeinflussende Variablen dieser Entscheidungen können die Restdauer des Entstehungszyklus sowie die Auswahl einer kostengünstigen Leistungserstellung innerhalb des Entstehungszyklus in Vorleistungsbereichen sein. Hierzu zählen insbesondere Entscheidungen, die auf die Leistungserstellung in den Bereichen FuE, Produktions- und Qualitätsmanagement oder Personalentwicklung gerichtet sind und zum Zeitpunkt der Markteinführung größtenteils abgeschlossen sein müssen. Die Absatzmenge, bzw. der geplante Erfolg des zukünftigen Produktes kann in dieser Phase noch keinen Einfluß auf die Entscheidungen des Management besitzen.

Während der Marktphase hingegen werden verbleibende Vorleistungen des weiteren von dem Erfolg des Produktes bestimmt. Ausgehend von einer geplanten Absatzmenge oder einem Marktanteil, bzw. einer Wachstumsrate [W_p], werden Entscheidungen durch diese Variable maßgeblich beeinflußt. Im Ergebnis können z.B. die geplanten Werbekosten, bzw. Werbebudgets aus einem erfolgsfixen und einem er-

---

1 Vgl.: GUTENBERG, E., Produktion 1971, S. 350; PICOT, A./RISCHMÜLLER, G., Verwaltungskosten 1981, S. 334; FREIDANK, C.-C., Kostenrechnung 1994, S. 38.

2 Vgl.: DÄUMLER, K.-D./GRABE, J., Plankostenrechnung 1995, S. 200; KILGER, W., Plankostenrechnung 1993, S. 380-382; VIKAS, K., Kostenmanagement 1996, S. 219.

3 Vgl.: KILGER, W., Plankostenrechnung 1993, S. 134; SCHWEITZER, M./KÜPPER, H.-U., Systeme 1995, S. 247.

4 Vgl.: KILGER, W., Plankostenrechnung 1993, S. 134.

folgsvariablen Anteil bestehen.[1] Der erfolgsfixe Anteil resultiert aus Planungen oder Erwartungen über den Erfolg des neuen Produktes, wozu regelmäßige Maßnahmen der Absatzförderung zählen. Zusätzlich können die Werbekosten um einen erfolgsvariablen Anteil steigen, wenn der erwartete Erfolg, gemessen als tatsächliches Absatzwachstum, ausbleibt und eine geringere Wachstumsrate [W_i] realisiert wird. In diesen Fällen kann das geplante Werbebudget erhöht werden, um zusätzliche Absatzinstrumente zur Erfolgsförderung des Produktes einzusetzen. Ausgehend vom Erfolg des Produktes kann dieses Beispiel auf die Leistungen anderer Vorleistungsbereiche retrograd Auswirkungen haben, indem das Qualitäts- oder Produktionsmanagement angepaßt werden muß oder Unzufriedenheiten der Konsumenten eine Variation des Produktes im Rahmen der Entwicklung erfordern.

Im Ergebnis läßt sich keine allgemeingültige Kostenfunktion für Vorleistungsbereiche entwickeln, jedoch determinieren verschiedene Variablen, insbesondere der Absatzerfolg des Produktes, die Entscheidungen des Management.[2] „Müssen für neue Produkte Prognosekalkulationen erstellt werden, ergeben sich besondere Probleme, die darin liegen, daß für diese neuen Produkte in der Regel noch keine gut bestätigten Kostenhypothesen vorliegen."[3]

Die Höhe der Werbekosten kann somit aus einem erfolgsfixen und einem erfolgsvariablen Anteil zusammengesetzt sein. In einer Kostenfunktion sind die erfolgsvariablen Kosten nur innerhalb des Intervalls [W_0W_p] unterhalb des geplanten Wachstums [W_p] mit negativer Steigung variabel, da eine sinkende Absatzmenge zusätzliche Maßnahmen und erhöhte Werbekosten erfordert.[4] Aus diesen Kostenbestimmungsfaktoren resultiert ein Gesamtkostenverlauf mit fixen und regressiven Bestandteilen. Wird hieraus der Grenzkostenverlauf gebildet, führt der regressive Gesamtkostenanteil zu einem negativen Grenzkostenverlauf, da die fixen Gesamtko-

---

1 Vgl.: KILGER, W., Probleme 1980, S. 51.

2 Zur Kostenfunktion vgl. HABERSTOCK, L., Einführung 1997, S. 29-31.

3 SCHWEITZER, M./KÜPPER, H.-U., Systeme 1995, S. 276, im Original teilweise hervorgehoben. Vgl. auch STÖCKERT, B./MEYER, S./RÖSLER, M., Kostenvorhersagen 1999, S. 23-24; SCHULTZ, V., Kostenschätzung 1996, S. 22; RIEZLER, S., Lebenszyklusrechnung 1996, S. 10.

4 In diesem Beispiel wird ausschließlich von positiven Wachstumsraten zu Beginn der Marktphase ausgegangen. Im Verlauf des Lebenszyklus eines Produktes sind sinkende, bzw. negative Wachstumsraten das Merkmal der Sättigungs- und Degenerationsphase, in denen Maßnahmen zur Beeinflussung dieser Entwicklung entschieden werden können. Aus Gründen der Vereinfachung wird an dieser Stelle hierauf verzichtet.

sten keine Grenzkosten darstellen.[1] Darst. 42 verdeutlicht den Verlauf der Werbekosten unter den genannten Bedingungen.

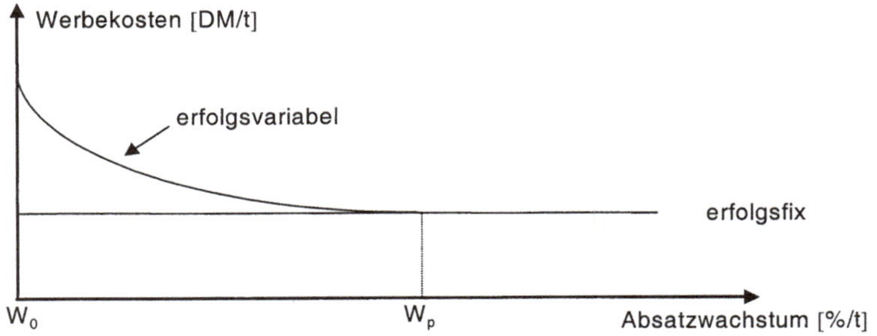

Darst. 42: Planung der Werbekosten

Legende:			
	W_p	=	Plan-Wachstum [% pro Periode] gegenüber Vorperiode
	W_0	=	Absatzwachstum = Null
	t	=	Betrachtungsperiode

Unter der Bedingung [$W_i \geq W_p$] resultieren Werbekosten in Höhe der erfolgsfixen Werbekosten, da keine Notwendigkeit zur Einflußnahme auf die Absatzmenge gesehen wird. Unter der Bedingung [$W_i < W_p$] fallen mit sinkendem Erfolg zusätzlich erfolgsvariable Werbekosten an, deren Höhe in keinem proportionalen Verhältnis zur Absatzmenge steht, sondern in diesem Beispiel im Intervall W_0W_p überproportional regressiv verlaufen.

Bei dem zuvor dargestellten Beispiel besteht zwischen den erfolgsvariablen Werbekosten und dem Absatzwachstum ein funktionaler Zusammenhang, der bei einer Vielzahl von Entscheidungen nicht gegeben ist. Eine Vielzahl von Entscheidungen kann durch die Tatsache geprägt, sein, daß die Werbekosten unter der Bedingung [$W_i < W_p$] in Intervallen erhöht werden, wenn die Intervallgrenze unterschritten wird. Hieraus resultiert eine negativer intervallfixer Verlauf der erfolgsabhängigen Kosten im Bereich W_0W_p, vgl. Darstellung 43.

Zur Planung der Kosten in den personalintensiven immateriellen Bereichen ist zunächst eine Unterscheidung der dort erbrachten Leistungen vorzunehmen. Hierbei werden:

---

1 Vgl.: HABERSTOCK, L., Einführung 1997, S. 32-33.

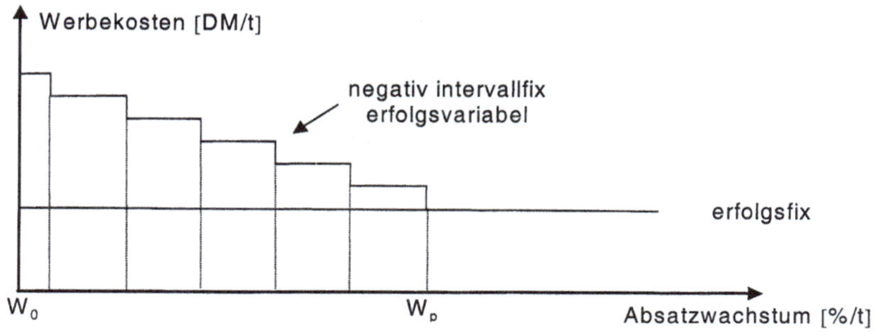

Darst. 43: Planung der Werbekosten mit negativ intervallfixen erfolgsabhängigen Kosten

Legende: W_p = Plan-Wachstum [% pro Periode] gegenüber Vorperiode
W_0 = Absatzwachstum = Null
t = Betrachtungsperiode

- Routinetätigkeiten mit Wiederholungscharakter sowie
- dispositive oder kreative Leistungen unterschieden.[1]

Für Routinetätigkeiten können direkte Bezugsgrößen mit einfacher Funktion ermittelt werden.[2] Diese Bezugsgrößen dienen der Leistungsmessung in der Kostenstelle und der Durchführung des Soll-Ist-Vergleichs. Zur Kalkulation sind diese Bezugsgrößen aufgrund des fehlenden Zusammenhangs zu den betrieblichen Leistungen jedoch nicht geeignet.[3] Tabelle 1 nennt beispielhaft ausgewählte Bezugsgrößen.

Für dispositive oder kreative Leistungen können keine direkten Bezugsgrößen bestimmt werden.[4] Hierfür bedient man sich indirekter Bezugsgrößen für die proportionalen Kosten, welche nur in äußerst geringem Umfang anfallen. "Lediglich bei rein kreativen Tätigkeiten ist keine „Messung", sondern nur eine „Budgetierung" möglich.

---

1 Vgl.: HABERSTOCK, L., Plankostenrechnung 1997, S. 79 und S. 81; STRIENING, H.-D., Prozeß-Management 1988, S. 61; ZANGL, H., Durchlaufzeiten 1985, S. 25.

2 Vgl.: PICOT, A./RISCHMÜLLER, G., Verwaltungskosten 1981, S. 333; REICHMANN, T./SCHÖN, D., Gemeinkostenplanung 1996, S. 287.
Die Bezugsgrößen stellen nur für die *proportionalen* Kosten Maßgrößen der Kostenverursachung dar. Hierzu zählen z.B. Teile der Personalkosten sowie der Verbrauch an Formularen und Büromaterial; vgl. Kilger, W., Plankostenrechnung 1993, S. 325-326. Für die dominierenden Fixkosten stellt sich diese Problematik somit nicht und kann, insgesamt betrachtet, nur als untergeordnetes Problem in den immateriellen Bereichen angesehen werden.

3 Vgl.: KILGER, W., Plankostenrechnung 1993, S. 326-328.

4 Vgl.: STRIENING, H.-D., Prozeß-Management 1988, S. 73; KILGER, W., Plankostenrechnung 1993, S. 325-326.

Art der Kostenstelle	Art der Bezugsgröße
Laboratorien	Anzahl Proben Anzahl Analysen
Einkauf	Anzahl Bestellungen Anzahl geprüfte Rechnungen
Finanzbuchhaltung	Anzahl Buchungen
Versand	Anzahl Versandaufträge

Tab. 1: Direkte Bezugsgrößen primärer Kostenstellen
Quelle: In Anlehnung an KILGER, W., Plankostenrechnung 1993, S. 327; MÜLLER, H., Grenzplankostenrechnung 1994, S. 151-152.

Der Anteil solcher Arbeiten am Gesamtvolumen der Angestelltenleistungen ist aber relativ gering."[1]

> "Unter Budgetierung versteht man allgemein die Aufstellung eines monetären (insbesondere Kosten-) Plans, der pro Verantwortungsbereich im Unternehmen für die Planperiode (z.B. ein Jahr) (Kosten-) Werte ausweist, an die der jeweilige Verantwortungsträger innerhalb enger Grenzen gebunden ist."[2]

Im weiteren Verlauf dieser Arbeit werden zunächst die immateriellen Bereiche analysiert, um Bezugsgrößen für repetitive Tätigkeiten zu ermitteln. Für nicht-repetitive Tätigkeiten werden die Plankosten budgetiert. Nach Bestimmung der Plan-Beschäftigung in diesen Kostenstellen können abschließend die Plankosten ermittelt werden. Die Planperiode beträgt in der Kostenrechnung in der Regel ein Jahr.[3] Bei der Kostenplanung in Vor- und Nachleistungsbereichen wird neben der zeitlichen Abgrenzung zusätzlich eine sachliche Abgrenzung vorgenommen, indem eine projektweise Kostenplanung vorgenommen wird.[4]

---

1 KILGER, W., Plankostenrechnung 1993, S. 383. Vgl. auch PICOT, A./RISCHMÜLLER, G., Verwaltungskosten 1981, S. 334; MÜLLER, A., Gemeinkosten-Management 1992, S. 19; VIKAS, K., Kostenmanagement 1996, S. 233; MÄNNEL, W., Kostenrechnung II 1983, S. 134; Hahn, D., PuK 1996, S. 412, der für Kostenstellen, deren Kostenanfall vom mengen- und wertmäßigen Leistungsvolumen der Unternehmung relativ unabhängig ist, starre Kostenbudgets plant.

2 WEBER, J., Controlling 1995, S. 132 im Original teilweise hervorgehoben. Vgl. auch DÄUMLER, K.-D./GRABE, J., Plankostenrechnung 1995, S. 201-208.

3 Vgl.: HABERSTOCK, L., Plankostenrechnung 1997, S. 40.

4 Vgl.: REICHMANN, T./SCHÖN, D., Gemeinkostenplanung 1996, S. 287; PIROTH, E., Potentialkosten 1984, S. 254; UNTERGUGGENBERGER, S., Problematik 1972, S. 267-270; MÄNNEL, W., Kostenrechnung 1993, S. 167.
„Projekte sind Vorhaben mit definiertem Anfang und Abschluß, die durch die Merkmale zeitliche Befristung, Komplexität und relative Neuartigkeit gekennzeichnet sind. Wegen ihres einmaligen Charakters sind Projektaufgaben mit erheblichem Risiko behaftet", FRESE, ERICH: Projektorgani-
(Fortsetzung ...)

Da der gesamte Lebenszyklus als Projekt geplant wird, wird i.d.R. eine mehrjährige Planperiode zugrundegelegt. Durch diese zeitliche und sachliche Abgrenzung wird die Voraussetzung geschaffen, bereits in der Planungsphase eine frühzeitige Zuordnung der Vor- und Nachleistungskosten zu einzelnen Projekten als Kostenträger vornehmen zu können. Darüber hinaus kann die frühzeitige Ermittlung des Mitteleinsatzes für die einzelnen Projekte Informationen zur Steuerung und Beeinflussung des Kapazitätsaufbaus und der Kapazitätsnutzung und somit für ein frühzeitiges Kostenmanagement liefern.[1]

Bei der Bestimmung des Planungszeitpunktes für die Kostenplanung sind zuvor der Beginn des Entstehungszyklus sowie der Beginn der Marktphase diskutiert worden.[2] Der Beginn der Marktphase als Planungszeitpunkt besitzt den Vorteil, daß zu diesem Zeitpunkt ein großer Teil der gesamten Vorleistungskosten bereits angefallen ist und zukünftig, während der Marktphase anfallende Vorleistungskosten, mit erhöhter Sicherheit geplant werden können. Des weiteren können für den Entstehungszyklus die vorliegenden Istkosten zur Abweichungsanalyse herangezogen werden.[3] Diese Informationen besitzen besondere Aussagekraft für den weiteren Kostenanfall in diesen Bereichen.

Trotz dieser Vorteile muß die Planung der Vor- und Nachleistungskosten bereits zu Beginn des Entstehungszyklus stattfinden. Da Plankosten zukünftig erwartete Kosten darstellen und die Vorleistungen bereits während des Entstehungszyklus anfallen, ist vor Beginn dieser Phase die Kostenplanung durchzuführen.[4] Dieser Entscheidung mag entgegengehalten werden, daß eine Vielzahl von Entscheidungen erst zu Beginn der Marktphase anfallen (z.B. Preisentscheidungen) und somit erst zu diesem Zeitpunkt eine Plankalkulation zu erstellen ist. Insbesondere der Preis einer

---

sation, Handwörterbuch der Organisation, 2. Aufl., Stuttgart 1980, Sp. 1960-1974, hier Sp. 1960-1961. Zur Bedeutung der Projektorganisation für einen Unternehmenswandel vgl. SEIDENSCHWARZ, W., Controlling 1998, S. 246.

1 Vgl. auch GRAßHOFF, J./GRÄFE, C., Kostenmanagement 1998, S. 62. Zum Zusammenhang zwischen Kostenfestlegung und Kostenanfall vgl. ZEHBOLD, C., Kostenbeeinflussung 1996, S. 47-49.

2 Vgl. hierzu Kapitel B.VI.4.a. dieser Arbeit.

3 Hierbei steht weniger die traditionelle, kostenstellenweise Abweichungsanalyse im Vordergrund, als vielmehr die projektweise Abweichungsermittlung. Insbesondere die Menge, bzw. Häufigkeit der geleisteten Aktivitäten in den Vor- und Nachleistungsbereichen für die einzelnen Projekte stellt das Kontrollinstrument dar und liefert Informationen für die weitere Kostenplanung für die Marktphase sowie für andere Projekte.

4 Vgl.: GRAßHOFF, J./GRÄFE, C., Kostenmanagement 1998, S. 62.

Absatzleistung ist eine bedeutende Planungsgröße und vor Beginn der Entstehungsphase festzulegen, da die aus dem Preis abgeleiteten Größen Gewinn und insbesondere Kosten die Vorgaben für die weiteren Detailpläne stellen.[1] Diese Bedeutung zeigt sich im Target Costing, bei dem der spätere Angebotspreis den Ausgangspunkt zur Bestimmung der Produktkosten, bzw. der Kosten einzelner Komponenten, darstellt.[2]

b. Die Funktionsanalyse in immateriellen Bereichen

b.a. Die Istanalyse

Bevor die Kosten immaterieller Leistungen kostenträgerweise geplant werden, sind zunächst die Kosten der immateriellen Leistungen zu ermitteln. Hierzu sind die Leistungen der immateriellen Bereiche zunächst zu identifizieren, zu beschreiben und anschließend zu bewerten.[3] Den Ausgangspunkt der Kostenplanung stellt die Ermittlung des Istzustandes dar. Das Instrument zur Durchführung der Istanalyse ist die Funktionsanalyse, bzw. Tätigkeitsanalyse, Prozeßanalyse, Aktivitätsanalyse, Vorgangsanalyse, etc.[4]

Im Verwaltungsbereich stellen die Leistungen das Ergebnis einer Vielzahl einzelner Tätigkeiten (Prozesse) dar, welche verschiedene Kostenstellen durchlaufen können. "Ein Prozeß ist eine auf die Erbringung eines Leistungsoutputs gerichtete Kette von Aktivitäten (...)."[5]

---

1 Vgl. auch SCHULTZ, V., Kostenschätzung 1996, S. 23.

2 Zum Target Costing vgl. SEIDENSCHWARZ, WERNER: Target Costing - Ein japanischer Ansatz für das Kostenmanagement, in: Controlling, 3. Jg. (1991), S. 198-203; SEIDENSCHWARZ, WERNER: Target Costing - Schnittstellenbewältigung mit Zielkosten, in: Synergien durch Schnittstellen-Controlling, hrsg. von PETER HORVÁTH, Stuttgart 1991, S. 191-209; SEIDENSCHWARZ, WERNER: Target Costing - Marktorientiertes Zielkostenmanagement, München 1993, mit weiteren Nachweisen; STIPPEL, NICOLA/REICHMANN, THOMAS: Target Costing und Wertanalyse - Konkurrierende oder sich ergänzende Instrumente für die marktorientierte Gestaltung neuer Produkte?, in: Controlling, 10. Jg. (1998), S. 98-105.

3 Vgl.: MEYER, H. W., Funktionsanalyse 1980, S. 74-76.

4 Vgl.: KILGER, W., Plankostenrechnung 1993, S. 380-382; GLASER, H., Prozeßkostenrechnung 1992, S. 277; BURGER, A., Kostenmanagement 1995, S. 163-166; ZANGL, H., Durchlaufzeiten 1985, S. 224-231.
Istanalyse bezeichnet "(...) die quantitative und qualitative Erfassung des Istzustandes eines abgegrenzten Systems unter Berücksichtigung des Untersuchungszwecks", KRALLMANN, H., Systemanalyse 1996, S. 42.

5 HORVÁTH, P./MAYER, R., Prozeßkostenrechnung 1995, S. 61, im Original kursiv. Vgl. auch KLEIN, A./VIKAS, K., Überblick 1999, S. 84. Anders hingegen äußert sich MAYER, R., Prozeßko-

(Fortsetzung ...)

Die kostenstellenweise Kostenplanung der Fertigungsbereiche zerschneidet diese Abfolge von Tätigkeiten in Einzeltätigkeiten und verhindert eine funktionsübergreifende Kostenplanung. Daher wird im Verwaltungsbereich, insbesondere im indirekten Bereich, eine tätigkeitsorientierte Vorgehensweise gewählt, welche die kostenstellenübergreifenden Zusammenhänge abbilden kann und eine Zuordnung der Kosten zu einzelnen Leistungen ermöglicht. Die Funktionsanalyse findet kostenstellenweise im immateriellen Bereich statt. Erst im Anschluß an die kostenstellenweise Analyse werden die Zusammenhänge zwischen den einzelnen Tätigkeiten hergestellt und Tätigkeitsfolgen, bzw. Prozeßketten gebildet.

Zur Durchführung der Funktionsanalyse stehen verschiedene Methoden zur Auswahl. Grundsätzlich können die Primär- und die Sekundärerhebung unterschieden werden.[1] Während bei der Primärerhebung Informationen erstmalig für den Untersuchungszweck erhoben werden, wird bei der Sekundärerhebung auf vorhandenes Informationsmaterial zurückgegriffen. Darst. 44 zeigt die verschiedenen Methoden der Istaufnahme.

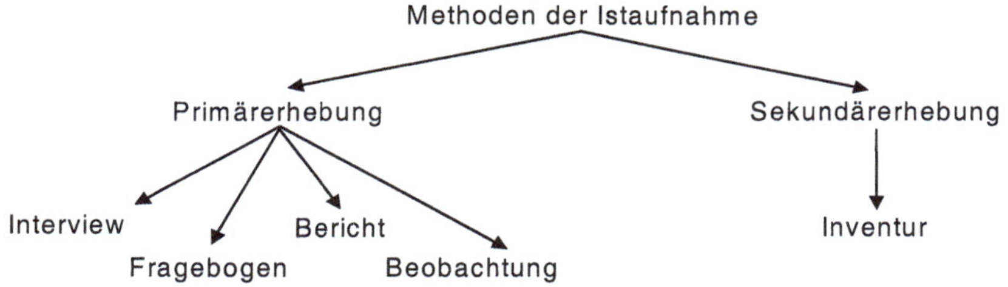

Darst. 44: Methoden der Istaufnahme
Quelle: KRALLMANN, H., Systemanalyse 1996, S. 43

Vor der Durchführung der Funktionsanalyse hat eine Information der betreffenden Mitarbeiter zu erfolgen. Die dargestellten Methoden zeigen, daß die Informationsgewinnung zusammen mit den Mitarbeitern erfolgt. Wenn es nicht gelingt, die Mitarbei-

---

stenrechnung 1991, S. 75, indem er Prozesse der entstehenden Leistung gleichsetzt. Dieser Auffassung kann nicht gefolgt werden, da Prozesse, als Produktionsfaktoren verzehrende Tätigkeiten, den Mitteleinsatz (Input) darstellen, die auf die Erstellung einer Leistung (Output, z.B. eine Bestellung, eine Materialprobe, ein Fortbildungsseminar) gerichtet sind. Zur Bedeutung der Prozesse für das Management des Unternehmenswandels vgl. SEIDENSCHWARZ, W., Controlling 1998, S. 249-250. Der Leistungsoutput wird auch als Produkt bezeichnet, vgl. SCHWARZE, J., Prozeßorientierung 1998, S. 81.

1 Vgl.: KRALLMANN, H., Systemanalyse 1996, S. 42.

ter von den Zielen der Analyse zu überzeugen, kann es zu Abwehrreaktionen führen, welche die Bereitschaft der Mitarbeiter verringert, Informationen bereitzustellen.[1] Hierdurch können die ermittelten Informationen verfälscht oder unvollständig sein, wodurch die spätere Kostenplanung ebenfalls nur verfälscht und unvollständig durchgeführt werden kann.

Von den genannten Methoden werden verschiedene miteinander kombiniert.[2] Bei der Frage, welche der genannten Methoden eingesetzt werden, sind die Kosten der Istaufnahme und die Erhebungsgenauigkeit miteinander zu vergleichen. Den Beginn der Funktionsanalyse stellt die Dokumentenanalyse als Inventurmethode dar. Hierbei werden bereits vorhandene Materialien und Quellen ausgewertet.[3] Insbesondere Organigramme, Arbeitsplatzbeschreibungen und -ablaufdiagramme vermitteln eine Übersicht über den Untersuchungsbereich. Die Nachteile dieser Methode liegen in vergangenheitsorientierten Informationen, welche von der Qualität der Dokumente abhängig sind und den Datenfluß sowie die Prozesse nur unzureichend abbilden können.[4]

Zur Behebung dieser Mängel werden Methoden der Primärerhebung eingesetzt. Besondere Bedeutung im Verwaltungsbereich besitzt das Multimoment-Verfahren als Stichprobenverfahren der Beobachtung.[5] Hierbei "(...) werden Tatbestände und Prozesse durch sinnliche Wahrnehmung unmittelbar im Zeitpunkt ihres Geschehens aufgenommen und anschließend interpretiert."[6]

Das Multimoment-Verfahren kann als Multimoment-Häufigkeitszählverfahren und als Multimoment-Zeitmeßverfahren durchgeführt werden.[7] Die Bestimmung eines dieser Verfahren ist ausschlaggebend für den weiteren Verlauf der Kostenplanung. Es ist zu entscheiden, ob Zeiten (z.B. Minuten pro Tätigkeit), oder ob Häufigkeiten erfaßt werden (z.B. Anzahl Tätigkeiten pro Zeiteinheit). Für die weitere Planung sind die Bearbeitungszeiten pro Tätigkeit maßgeblich, da die heterogenen Leistungen der

---

1 Vgl.: KRALLMANN, H., Systemanalyse 1996, S. 38.

2 Vgl.: BÜHNER, R., Organisationslehre 1994, S. 35-40.

3 Vgl.: KILGER, W., Plankostenrechnung 1993, S. 380-382.

4 Vgl.: KRALLMANN, H., Systemanalyse 1996, S. 44-45.

5 Vgl.: REICHMANN, T./SCHÖN, D., Gemeinkostenplanung 1996, S. 289; KRALLMANN, H., Systemanalyse 1996, S. 56.

6 KRALLMANN, H., Systemanalyse 1996, S. 56.

7 Vgl.: KRALLMANN, H., Systemanalyse 1996, S. 56-60.

immateriellen Bereiche eine einheitliche Messung der Häufigkeiten verhindern.[1] Hieraus folgt der Einsatz des Multimoment-Zeitmeßverfahrens.

Der Nachteil der Messung der Häufigkeiten liegt in der Proportionalisierung und Verrechnung von Leerzeiten begründet. Leerzeiten sind Zeiten, in denen die Mitarbeiter nicht mit der Erstellung von Leistungen beschäftigt sind und werden auch als Verteil- und Ruhezeiten bezeichnet.[2] Der immaterielle Bereich hat seine Kapazität an der maximalen Beschäftigung des Unternehmens auszurichten.[3] Wird die Maximalbeschäftigung, d.h. die Kapazitätsgrenze einer Stelle des immateriellen Bereichs erreicht, sind die Leerzeiten, d.h. die ungenutzten Kapazitäten, gleich Null. Wenn die Beschäftigung sinkt, steigen die Leerzeiten entsprechend an.

Beträgt die Ist-Beschäftigung einer Stelle beispielsweise 80%, so wird die erbrachte Leistung, gemessen in Häufigkeiten, als Normalleistung definiert und als Grundlage für die Mengenplanung verwendet. In dieser Normalleistung sind jedoch 20% Leerzeiten enthalten, welche nunmehr proportionalisiert und in den Nutzzeiten verrechnet werden.[4] Im Ergebnis werden durch diese Vorgehensweise zu hohe Kosten in der

---

1 Vgl.: STRIENING, H.-D., Prozeß-Management 1988, S. 80-81; BÜHNER, R., Organisationslehre 1994, S. 27; GAITANIDES, M., Prozeßorganisation 1983, S. 91; REICHMANN, T./SCHÖN, D., Gemeinkostenplanung 1996, S. 289; Vikas, K., Kostenmanagement 1996, S. 218-219.

2 Der Begriff Leerzeit wird in Anlehnung an die Fixkostenanalyse gewählt; vgl. HABERSTOCK, L., Plankostenrechnung 1997, S. 351-352.

3 Vgl.: BURGER, A., Kostenmanagement 1995, S. 231; anders hingegen VIKAS, K., Dienstleistungskalkulation 1996, S. 39, der vorschlägt, die Ressourcenbereitstellung an der Verkehrsmenge des jeweiligen Monats auszurichten, wobei das Problem der Unteilbarkeit der Potentialfaktoren unberücksichtigt bleibt und der Ansatz als theoretischer Idealfall bezeichnet werden kann.

4 Vgl.: KILGER, W., Plankostenrechnung 1993, S. 653-654, der sich auf Nutz- und Leerkosten bezieht, welche aus Nutz- und Leerzeiten resultieren. Zur Verdeutlichung dieses Sachverhalts soll folgendes Beispiel dargestellt werden:
In einem FuE-Labor werden täglich von einem Mitarbeiter 80 Proben einer bestimmten Substanz analysiert. Da mit acht Arbeitsstunden pro Tag kalkuliert wird, beträgt die Planbeschäftigung pro Stunde (80:8) = 10 Proben. Da die Normalbeschäftigung (Maximalkapazität), aufgrund fehlender objektiver Leistungsmaßstäbe, der Istbeschäftigung gleichgesetzt werden muß, betragen die Leerkosten = Null (Istbeschäftigung = Maximalbeschäftigung = Normalbeschäftigung).
Eine Verringerung der Beschäftigung in diesem FuE-Labor führt zur Analyse von z.B. nur noch 64 Proben täglich. Die Zählung der Häufigkeit ergibt eine Normalbeschäftigung (-kapazität) von (64:8) = 8 Proben pro Arbeitsstunde. Wenn nun aufgrund dieses Ergebnisses in der Kalkulation die Kosten des FuE-Labors für einen Kostenträger geplant werden, wird der geplante Mengenbedarf an Analysen insgesamt vorgegeben (z.B. 8000 Stück) und durch die zuvor ermittelte Normalkapazität dividiert (8000:8 Stück pro Stunde) = 1000 Stunden. Tatsächlich ist der Mitarbeiter im FuE-Labor in der Lage, 10 Proben in der Stunde zu analysieren. Das Ergebnis beträgt folglich (8000:10 Stück pro Stunde) = 800 Stunden zur Analyse der 8000 Proben. Die Differenz von 200 Stunden resultiert aus den verrechneten Leerkosten in den Vorgabewerten und führt zur Kalkulation von zu hohen Laborkosten für diesen Kostenträger.
Werden im Beispiel die Zeiten dieser Tätigkeit ermittelt, ergibt sich pro Tätigkeit ("Probe analysie-
(Fortsetzung ...)

Kostenplanung ermittelt, da die Leerzeiten in den Kalkulationssätzen enthalten sind, sowie Kapazitätsreserven nicht mehr aufgezeigt, da die Ist-Kapazität der Normalkapazität gleichgestellt wird.

Aus der Entscheidung für das Multimoment-Zeitmeßverfahren resultiert das Problem der Bestimmung der Normalleistung, bzw. die Frage, bei welchem Beschäftigungsgrad die gemessene Leistung erstellt wurde. Im Gegensatz zur Bestimmung technischer Kapazitäten, unterliegt diese Bewertung den Einflüssen des Leistungsvermögens, der Arbeitsgestaltung und der Leistungsbereitschaft der Mitarbeiter und ist daher sehr viel schwieriger meß- und vergleichbar.[1] Aus diesen Gründen wird in den immateriellen Bereichen der ermittelte Zeitbedarf für einzelne Aktivitäten als Durchschnitts- oder Mittelwert erhoben und die erstellte Leistung im weiteren Verlauf als Normalleistung betrachtet.

In dieser Normalleistung sind Erhol- und Verteilzeiten, welche zur Vorbereitung der Leistungserstellung notwendig sind, bereits enthalten.[2] Als Neben- und Verteilzeiten in immateriellen Bereichen kommen z.B. die Einrichtung der Prüfgeräte im Labor, die Formulierung einer Klausur im Ausbildungsbereich, das Kopieren einer Konsumentenanalyse, etc. in Betracht.[3] In der Fertigung werden diese Tätigkeiten als Rüstzeiten, im Gegensatz zu Ausführungszeiten, bezeichnet.[4]

LÜCKE bestimmt die Normalleistung als die von einem geeigneten Arbeitnehmer bei voller Übung und Einarbeitung sowie befriedigendem Einsatz erbrachte Leistung.[5] Der Quotient aus der tatsächlichen Leistung und der Normalleistung ergibt den Leistungsfaktor, welcher durchaus Werte größer 1 annehmen kann.

---

ren") eine Ausführungszeit, gemessen an der (Maximal-) Normalkapazität, von (480 Arbeitsminuten pro Tag:80 Proben pro Tag) = 6 Minuten pro Probe. In der Kalkulation für 8000 Proben ergibt sich somit ein Zeitbedarf von (8000 x 6 Minuten) = 48000 Minuten = 800 Stunden. Hierbei werden Leerkosten nicht proportionalisiert und nicht in den Kalkulationssätzen berücksichtigt.

1 Vgl.: LÜCKE, W., Arbeitsleistung 1992, S. 4-11; PETERS, S./BRÜHL, R./STELLING, J. N., Betriebswirtschaftslehre 1997, S. 121; KÜPPER, H.-U., Entwicklungslinien 1991, S. 59.

2 Vgl.: BÜHNER, R., Organisationslehre 1994, S. 30. Diese Leistung wird von VIKAS, K., Grenzplankostenrechnung 1991, S. 240, als Standardwert bezeichnet.

3 Vgl.: BÜHNER, R., Organisationslehre 1994, S. 28.

4 Vgl.: BÜHNER, R., Organisationslehre 1994, S. 27.

5 Vgl.: LÜCKE, W., Arbeitsleistung 1992, S. 22. In der Normalleistung sind Neben- und Verteilzeiten bereits enthalten.

b.b. Tätigkeitslisten immaterieller Bereiche

Als Ergebnis der Tätigkeitsanalyse liegen kostenstellenweise die einzelnen verrichteten Tätigkeiten sowie die hierzu benötigten Bearbeitungszeiten in Form von Tätigkeitslisten oder -übersichten vor.[1] Diese Tätigkeiten innerhalb einer Kostenstelle werden auch als (Teil-) Prozesse bezeichnet und stellen eine untergeordnete Ebene dar. "Unter einem Teilprozeß verstehen wir eine Kette homogener Aktivitäten einer Kostenstelle, die einem oder mehreren Hauptprozessen zugeordnet werden kann und für die Prozeßkosten ermittelt werden sollen."[2]

Nachdem die Teilprozesse einer Kostenstelle identifiziert sind, wird untersucht, ob sich die Teilprozesse zu der erstellten Leistung (Output) mengenvariabel oder mengenfix verhalten. HORVÁTH/MAYER unterscheiden demnach in leistungsmengeninduzierte (lmi) und leistungsmengenneutrale (lmn) Prozesse.[3] Da ausschließlich die lmi-Prozesse mit der Leistung variieren, können ex definitione nur hierfür Maßgrößen gebildet werden. Da die Leistungen in Mengeneinheiten gemessen werden, werden die Mengen der erstellten Leistungen als Maßgrößen verwendet, die den Einfluß der Leistungen auf die benötigten Prozesse abbilden und somit die Anzahl der Teilprozeßdurchführungen in den Kostenstellen darstellen.[4] Als Beispiel soll die Abteilung Personalentwicklung verkürzt dargestellt werden. Nach Abschluß der Tätigkeitsanalyse liegt die Tätigkeitsliste gemäß Tabelle 2 vor.

Die gemessenen Bearbeitungszeiten in der Kostenstelle Personalentwicklung werden für die Teilprozesse in Tabelle 3 wiedergegeben:

---

1 Vgl.: GLASER, H., Prozeßkostenrechnung 1992, S. 277.

2 HORVÁTH, P./MAYER, R., Prozeßkostenrechnung 1995, S. 63, im Original teilweise kursiv. Vgl. hierzu auch die Definition von FRANZ, K.-P., Prozeßkostenrechnung 1990, S. 116, der als bestimmendes Merkmal eines Teilprozesses den Verzehr von Produktionsfaktoren nennt.

3 Vgl.: HORVÁTH, P./MAYER, R., Prozeßkostenrechnung 1989, S. 216.

4 Vgl.: HORVÁTH, P./MAYER, R., Prozeßkostenrechnung 1995, S. 65.

Kostenstelle: Personalentwicklung		
Teilprozesse	**Maßgrößen**	
Personalbedarf ermitteln	Anzahl Personal	lmi
Anforderungsprofil erstellen	Anzahl Personal	lmi
Anzeigen aufgeben	Anzahl Anzeigen	lmi
Bewerbungen bearbeiten	Anzahl Bewerbungen	lmi
Vorstellungsgespräche koordinieren	Anzahl Vorstellungsgespräche	lmi
Vorstellungsgespräche führen	Anzahl Vorstellungsgespräche	lmi
Vorstellungsgespräche auswerten	Anzahl Vorstellungsgespräche	lmi
Arbeitsverträge erstellen	Anzahl Arbeitsverträge	lmi
Stammdaten pflegen	Anzahl Stammdaten	lmi
Seminare planen	Anzahl Seminare	lmi
Dozenten akquirieren	Anzahl Dozenten	lmi
Abteilung leiten		lmn

Tab. 2: Tätigkeitsliste der Kostenstelle Personalentwicklung

Kostenstelle: Personalentwicklung		
Teilprozesse	**Bearbeitungszeit, absolut in Stunden**	**Bearbeitungszeit, relativ in Prozent**
Personalbedarf ermitteln	100 h	6,14 %
Anforderungsprofil erstellen	130 h	7,98 %
Anzeigen aufgeben	50 h	3,07 %
Bewerbungen bearbeiten	240 h	14,72 %
Vorstellungsgespräche koordinieren	60 h	3,68 %
Vorstellungsgespräche führen	380 h	23,31 %
Vorstellungsgespräche auswerten	120 h	7,36 %
Arbeitsverträge erstellen	170 h	10,43 %
Stammdaten pflegen	55 h	3,37 %
Seminare planen	85 h	5,21 %
Dozenten akquirieren	80 h	4,91 %
Abteilung leiten	160 h	9,82 %
Gesamt	1630 h	100,00 %

Tab. 3: Bearbeitungszeiten in der Kostenstelle Personalentwicklung

Beispielhaft können für weitere Kostenstellen des immateriellen Bereichs folgende Tätigkeitslisten genannt werden:

Kostenstelle: Fertigungsplanung		
Teilprozesse	**Maßgrößen**	
Arbeitspläne erstellen	Anzahl neue Produkte	lmi
Arbeitspläne ändern	Anzahl Produktänderungen	lmi
Arbeitspläne laufend pflegen	Anzahl Produkte	lmi
Anpassung der Produktionsprogramme	Anzahl Produkte	lmi
Leitungsfunktionen wahrnehmen		lmn

Tab. 4: Tätigkeitsliste der Kostenstelle Fertigungsplanung
Quelle: MAYER, R., Prozeßkostenrechnung 1990b, S. 309

Kostenstelle: Qualitätssicherung		
Teilprozesse	**Maßgrößen**	
Prüfpläne erstellen	Anzahl neue Produkte	lmi
Prüfpläne ändern	Anzahl Produktänderungen	lmi
Prüfpläne laufend pflegen	Anzahl Produkte	lmi
Qualitätsüberwachung	Anzahl Fertigungsaufträge	lmi
Verwaltungstätigkeiten durchführen		lmn

Tab. 5: Tätigkeitsliste der Kostenstelle Qualitätssicherung
Quelle: MAYER, R. Prozeßkostenrechnung 1990b, S. 310

Kostenstelle: Entwicklung		
Teilprozesse	**Maßgrößen**	
Vorentwicklungen durchführen	Anzahl der Vorentwicklungen	lmi
Konstruieren (Neukonstruktion)	Anzahl der Neuentwicklungen	lmi
Konstruieren (Variantenkonstruktion)	Anzahl der Varianten	lmi
Konstruieren (Kundenorientierte Wünsche)	KW-Aufträge	lmi
Reklamationen untersuchen	Anzahl der Reklamationen	lmi
Unterstützung Fertigung		lmn
Schulung/Weiterbildung		lmn
Abteilung leiten		lmn

Tab. 6: Tätigkeitsliste der Kostenstelle Entwicklung
Quelle: SCHIMANK, C., Prozeßkostenmanagement 1991, S. 118

Kostenstelle: Versuchsabteilung		
Teilprozesse	**Maßgrößen**	
Versuche vorbereiten		
a) Versuche > 100h	Anzahl der Aufträge	lmi
b) Versuche bis 100h	Anzahl der Aufträge	lmi
c) Versuche bis 50h	Anzahl der Aufträge	lmi
Versuche durchführen		
a) Versuche > 100h	Anzahl der Aufträge	lmi
b) Versuche bis 100h	Anzahl der Aufträge	lmi
c) Versuche bis 50h	Anzahl der Aufträge	lmi
Versuche auswerten und berichten		
a) Versuche > 100h	Anzahl der Aufträge	lmi
b) Versuche bis 100h	Anzahl der Aufträge	lmi
c) Versuche bis 50h	Anzahl der Aufträge	lmi
Versuchsvorrichtungen planen		lmn
Versuchsrichtlinien erstellen		lmn
Vertrieb unterstützen, Anfragen bearbeiten		lmn

Tab. 7: Tätigkeitsliste der Kostenstelle Versuchsabteilung
Quelle: STRECKER, A., Prozesskostenrechnung 1991, S. 110

b.c. Die Bildung von Prozeßhierarchien

Zur Erfüllung der Aufgaben der Kalkulation werden die (Teil-) Prozesse im Rahmen der Hierarchisierung zu Hauptprozessen verdichtet.[1] "Unter einem Hauptprozeß verstehen wir eine Kette homogener Aktivitäten, die demselben Kosteneinflußfaktor unterliegt und für die Prozeßkosten ermittelt werden sollen."[2] Hierbei werden jene Teilprozesse zu Hauptprozessen aggregiert, welche sachlich zusammenhängen und identische Maßgrößen aufweisen. Als Bezugsgröße der Hauptprozesse werden cost driver ermittelt, die den Maßgrößen der einzelnen Teilprozesse entsprechen können.[3]

Bei der Bestimmung von Hauptprozessen sollte nicht ausschließlich die bottom-up Vorgehensweise gewählt werden, indem nach Vorliegen sämtlicher Teilprozesse übergeordnete Hauptprozesse gebildet werden. Vor Beginn der Analyse müssen im Unternehmen Vorstellungen über die Hauptprozesse entwickelt werden, welche, als

---

1 Vgl.: GLASER, H., Prozeßkostenrechnung 1992, S. 278.
2 HORVÁTH, P./MAYER, R., Prozeßkostenrechnung 1995, S. 62, im Original teilweise kursiv.
3 Vgl.: HORVÁTH, P./MAYER, R., Prozeßkostenrechnung 1995, S. 65-66.

top-down Ansatz, den Ausgangspunkt der Tätigkeitsanalyse darstellen und bei der Bildung der Teilprozesse bereits vorliegen.[1]

Bei der Zusammenfassung der identifizierten Prozesse wird die Qualität der Tätigkeitsanalyse deutlich. Um eine Abfolge von Prozessen darzustellen, sind die Schnittstellen zwischen den Prozessen zu erfassen. Hierbei ist die Beteiligung der Mitarbeiter von besonderer Bedeutung, da sie im Rahmen einer Beleganalyse dokumentieren, welche Belege sie von anderen Stellen empfangen und welche Belege sie an andere Stellen weiterleiten. Zur DV-gestützten Modellierung dieser Beleganalyse eignen sich z.B. Datenflußdiagramme, welche den Informationsfluß zwischen einzelnen Stellen mehrdimensional beschreiben.[2] Sind die Schnittstellen zu anderen Stellen nicht bekannt, kommt es zu einer erneuten Erhebung, welche zusätzliche Kosten und Verzögerungen im Analyseablauf verursacht.

Dieses verkürzte Beispiel belegt, wie umfangreich die Tätigkeitsanalyse im Unternehmen ist. Im nächsten Schritt sollen nun einzelne Teilprozesse zu Hauptprozessen verdichtet werden. Je nach Unternehmensgröße kann es sinnvoll sein, Hauptprozesse weiter zu Prozeßbereichen zu verdichten. In Fortführung des obigen Beispiels soll die Verdichtung zu Hauptprozessen nun etwas ausführlicher dargestellt werden, da diese Aufgabe mit einer Vielzahl von Schwierigkeiten verbunden ist. Bei der Verdichtung zu Hauptprozessen wird die Kostenstellenbetrachtung zu Gunsten der Prozeßbetrachtung aufgegeben. In der Personalentwicklung sind folgende Ebenen möglich:

Prozeßbereich	Personal bereitstellen
Hauptprozeß (1, ..., n)	Fortbildungsveranstaltungen durchführen
Teilprozeß (1, ..., i)	Externe Dozenten betreuen
	Seminare planen
	Klausuren erstellen
	Klausuren korrigieren
	Mündliche Prüfungen durchführen
	Zeugnis erstellen

Tab. 8: Prozeßhierarchie in der Personalentwicklung

1 Vgl.: ZIEGENBEIN, K., Controlling 1998, S. 50; MAYER, R., Prozeßkostenrechnung 1991, S. 85-86.

2 Als Analyse- und Darstellungsmethoden eignen sich z.B. die Systems Analysis and Design Technique (SADT), die Structured Systems Analysis (SSA), die GRAI-Methode und im Verwaltungsbereich insbesondere die Kommunikationsstrukturanalyse (KSA); vgl. KRALLMANN, H., Systemanalyse 1996, S. 60-73, S. 318-327, S. 241-254.

Dieses Beispiel zeigt, daß verschiedene Kostenstellen in diesem Hauptprozeß beteiligt sind. Die Teilprozesse *Erstellung der Klausur* sowie *Durchführung der mündlichen Prüfung* können von dem jeweiligen Dozenten durchgeführt werden, die übrigen Prozesse werden von der Abteilung Personalentwicklung durchgeführt. Für die Kostenplanung der einzelnen Prozesse sind zunächst die Maßgrößen zu bestimmen. Tabelle 9 zeigt diese Abhängigkeiten für den Hauptprozeß "Fortbildungsveranstaltungen durchführen".

Teilprozesse	**Maßgrößen**	
Externe Dozenten betreuen	Anzahl externer Dozenten	lmi
Seminare planen	Anzahl Seminare	lmi
Klausuren erstellen		
a) Klausuren > 2h	Anzahl Klausuren	lmi
b) Klausuren > 1h	Anzahl Klausuren	lmi
c) Klausuren bis 1h	Anzahl Klausuren	lmi
Klausuren korrigieren		
a) Klausuren > 2h	Anzahl Klausuren	lmi
b) Klausuren > 1h	Anzahl Klausuren	lmi
c) Klausuren bis 1h	Anzahl Klausuren	lmi
Mündliche Prüfungen durchführen		
a) Prüfungsdauer > 30 Min.	Anzahl mündlicher Prüfungen	lmi
b) Prüfungsdauer < 30 Min.	Anzahl mündlicher Prüfungen	lmi
Zeugnis erstellen	Anzahl Zeugnisse	lmi

Tab. 9: Maßgrößen eines verdichteten Hauptprozesses

Die Verwendung der angegebenen Maßgrößen kann nur dann den Verzehr von Produktionsfaktoren widerspiegeln, wenn die Seminare und Prüfungen homogen bezüglich der Zeitdauer sind. Unterscheiden sich Seminare, Klausuren und Prüfungen bezüglich ihrer Dauer voneinander, was der Regelfall sein dürfte, sind als Maßgrößen Zeitgrößen zu verwenden, da die Kosten der Klausurkorrektur mit dem Umfang (der Dauer) der Klausur positiv korrelieren.

c. Die prozeßorientierte Kostenplanung immaterieller Potentiale

c.a. Die Planung der Prozeßkostensätze

(1) Die Planung der Personalkosten

Nachdem die Anteile der einzelnen Teilprozesse an der Gesamtleistung ermittelt worden sind, werden nunmehr die Kosten der leistungsmengeninduzierten Teilprozesse geplant.[1] Eine einfache Methode der Ermittlung der Gesamtprozeßkostensätze besteht in der summarischen Verteilung der Summe der Kostenstellenkosten auf die Teilprozesse.[2] Bei diesem Vorgehen werden die ermittelten relativen Bearbeitungszeiten als Verteilungsgrundlage gewählt. Dieses Verfahren wird anhand der Kostenstelle Personalentwicklung dargestellt, vgl. Tabelle 10:

Kostenstelle: Personalentwicklung		
Teilprozesse	**Bearbeitungszeit, absolut in Stunden**	**Bearbeitungszeit, relativ in Prozent**
Personalbedarf ermitteln	100 h	6,14 %
...	...	...

Tab. 10: Bearbeitungszeiten in der Kostenstelle Personalentwicklung

Auf den Teilprozeß „Personalbedarf ermitteln" entfallen, gemäß dem Anteil an der Gesamtleistung, 6,14% der Gesamtkosten der Kostenstelle. Betragen die Gesamtkosten beispielsweise DM 50.000, so betragen die Kosten des Teilprozesses (DM 50.000 x 6,14% =) DM 3.070. Durch Division dieser Teilprozeßkosten durch die Plan-Prozeßmenge dieses Teilprozesses (Anzahl Personal), z.B. 60, resultiert der Gesamtprozeßkostensatz in Höhe von DM 51,17.

Diese Vorgehensweise stellt eine starke Vereinfachung dar und wird nur für den Fall empfohlen, daß im Unternehmen ohne großen Erfassungsaufwand schnell Prozeßkostensätze ermittelt werden sollen. Um zu einer aussagefähigen und den tatsächlichen Verzehren entsprechenden Kalkulation zu gelangen, ist eine analytische Ko-

---

1 Zur Behandlung von Vorleistungsprozessen vgl. HORVÁTH, P./MAYER, R., Prozeßkostenrechnung 1995, S. 63-64. Der Anteil der lmi-Prozesse beträgt ca. 80-90%, vgl. WÜEST, G., Prozeßplanung 1996, S. 419; Ausnahmen nennt FRÖHLING, O., Prozeßkostenrechnung 1992, S. 727, in Verwaltungs- und FuE-Kostenstellen.
REICHMANN, T./SCHÖN, D., Gemeinkostenplanung 1996, S. 288, verweisen auf den sowohl fixen als auch variablen Charakter von leistungsmengeninduzierten Prozeßkosten.

2 Vgl.: HORVÁTH, P./MAYER, R., Prozeßkostenrechnung 1989, S. 217; MÜLLER, A., Gemeinkosten-Management 1992, S. 103; SIEGWART, H./SENTI, R., Life Cycle 1995, S. 174-177.

stenplanung kostenartenweise vorzunehmen.[1] Hierbei wird, in Analogie zur ABC-Analyse, zunächst die dominierende Kostenart Gehälter geplant.[2] Da die weiteren Kostenarten, z.B. Abschreibungen, Büromaterial, Energie, etc., eine nur untergeordnete Bedeutung besitzen, können diese Kostenarten mit normalisierten Kosten den Gehältern anteilig angelastet werden.[3]

Die Zuordnung der Gehälter auf einzelne Teilprozesse erfolgt hierbei über die Maßgröße Mitarbeiterjahre. Hierbei wird vernachlässigt, daß unterschiedlich hohe Gehälter der einzelnen Mitarbeiter die Teilprozeßkosten maßgeblich beeinflussen. Daher ist es unbedingt notwendig, die Gehälter, nach Mitarbeitern getrennt, zu unterscheiden und nach verrichteten Tätigkeiten auf die entsprechenden Teilprozesse zu verteilen.[4] Werden einzelne Teilprozesse von verschiedenen Mitarbeiten erstellt, sind anteilig die Gehälter der verschiedenen Mitarbeiter zu verrechnen.[5]

Diese Verteilung sei an folgendem Beispiel verdeutlicht:

Der Teilprozeß „Personalbedarf ermitteln" wird von drei Mitarbeitern durchgeführt, welche folgende Angaben liefern (Arbeitszeit pro Monat = 140 h), vgl. Tab. 11. Das Ergebnis dieser Tabelle liest sich wie folgt: Mitarbeiter A ist pro Monat 30 Stunden mit dem Teilprozeß „Personalbedarf ermitteln" beschäftigt. Bei einer monatlichen Arbeitszeit von 140 Stunden entspricht dies 21,43% seiner monatlichen Leistung. Dementsprechend werden 21,43% der Personalkosten von Mitarbeiter A (= DM

---

1 Vgl.: GLASER, H., Prozeßkostenrechnung 1992, S. 280; KILGER, W., Plankostenrechnung 1993, S. 484; HORVÁTH, P./MAYER, R., Prozeßkostenrechnung 1989, S. 217.

2 Vgl.: REICHMANN, T./SCHÖN, D., Gemeinkostenplanung 1996, S. 289; MEYER, H. W., Funktionsanalyse 1980, S. 76. HORVÁTH, P./MAYER, R., Prozeßkostenrechnung 1995 , S. 68; HORVÁTH, P., u.a., Prozeßkostenrechnung 1993, S. 620, beziffern den Anteil der Personal- und Personalnebenkosten mit bis zu 80%.
Zur ABC-Analyse vgl. WEBER, J., Controlling 1995, S. 197-203. Zur Anwendung der ABC-Analyse im Rahmen der Prozeßkostenrechnung vgl. HORVÁTH, P./RENNER, A., Prozeßkostenrechnung 1990, S. 102; FRÖHLING, O., Kostenmanagement 1994, S. 165.

3 Vgl.: KILGER, W., Plankostenrechnung 1993, S. 349; MAYER, R., Prozeßkostenrechnung 1991, S. 90; BERKAU, C., Prozeßkostenmanagement 1995, S. 177; FRANZ, K.-P., Prozeßkostenrechnung 1990, S. 122; BURGER, A., Kostenmanagement 1995, S. 188, S. 195-196; WÜEST, G., Prozeßplanung 1996, S. 423.

4 Vgl.: FRÖHLING, O., Prozeßkostenrechnung 1992, S. 729-730; KILGER, W., Plankostenrechnung 1993, S. 494-513. Diese Differenzierung wird in der Prozeßkostenrechnung ansonsten vernachlässigt, vgl. MAYER, R., Prozeßkostenrechnung 1991, S. 90-91.

5 Zur Problematik der mehrfachen Fixkostenproportionalisierung dieses Vorgehens vgl. GLASER, H., Prozeßkostenrechnung 1992, S. 280, S. 287-288; BERKAU, C., Prozeßkostenmanagement 1995, S. 110, S. 113-114; BURGER, A., Kostenmanagement 1995, S. 189-190.

Teilprozeß: Personalbedarf ermitteln				
Mitarbeiter	**Gehalt incl. Nebenkosten**	**Bearbeit.zeit absolut**	**Bearbeit.zeit relativ**	**Gehalt pro Mitarbeiter**
A	3.800,-	30 h	21,43 %	814,29 DM
B	4.500,-	50 h	35,71 %	1.607,14 DM
C	3.200,-	20 h	14,29 %	457,14 DM
Summe		100 h		2.878,57 DM

Tab. 11: Teilprozeß „Personalbedarf ermitteln"

814,29) diesem Teilprozeß angelastet. Insgesamt entfallen DM 2.878,57 Personalkosten auf diesen Teilprozeß.[1]

(2) Die Planung der weiteren Gemeinkosten

Nachdem die Gehaltskosten pro Teilprozeß ermittelt sind, können die weiteren Gemeinkosten auf die leistungsmengeninduzierten Teilprozesse verteilt werden.[2] Aufgrund der Dominanz der Gehälter wird ebenfalls empfohlen, diese Restgemeinkosten anteilig entsprechend der Höhe der Gehälter summarisch zu verteilen. Dieses Verfahren birgt die Gefahr in sich, die tatsächliche Inanspruchnahme der Kapazitäten zu verzerren, wenn z.B. im FuE-Bereich hohe Abschreibungen oder Instandhaltungskosten durch einen hohen Maschinen- und Anlageneinsatz vorliegen und unterschiedlich stark von den einzelnen Teilprozessen beansprucht werden.[3]

Um zu aussagefähigen Kosteninformationen zu gelangen, sind die einzelnen Kostenarten, ebenso wie die Gehälter, auf die einzelnen Teilprozesse zu verteilen. Dieses Vorgehen führt zu einem hohem Arbeitsaufwand und wird daher nur in solchen Fällen Anwendung finden, wenn neben den Gehältern eine oder weitere Kostenarten eine besondere Bedeutung besitzen. Generell sei nochmals an die ABC-Analyse erinnert, wonach nur die Gehälter als A-Prozesse betrachtet werden und mitarbeiterweise verteilt werden.[4] Die Restgemeinkosten werden als C-Prozesse summarisch den Gehältern angelastet.

---

1 Vgl.: REICHMANN, T./SCHÖN, D., Gemeinkostenplanung 1996, S. 291-292; BURGER, A., Kostenmanagement 1995, S. 196; BERKAU, C., Prozeßkostenmanagement 1995, S. 157.

2 Vgl.: KUHN, A./MANTHEY, C., Prozeßkettenanalyse 1996, S. 135. Zur Planung der verschiedenen Gemeinkosten vgl. auch KILGER, W., Plankostenrechnung 1993, S. 430-437.

3 Vgl.: MAYER, R., Prozeßkostenrechnung 1991, S. 90; WÜEST, G., Prozeßplanung 1996, S. 423.

4 Vgl.: FRÖHLING, O., Kostenmanagement 1994, S. 165.

Hierzu ist zunächst erforderlich, daß die Gesamtkosten einer Kostenstelle in Gehälter und Restgemeinkosten differenziert werden. Die Summe der Restgemeinkosten einer Kostenstelle wird proportional zu den Gehältern auf die Teilprozesse verteilt. Im Beispiel sind für den Teilprozeß „Personalbedarf ermitteln“ DM 2.878,57 Personalkosten ermittelt worden. Bezogen auf die Personalkosten der Kostenstelle (z.B. DM 36.000) ergibt sich ein Anteil in Höhe von 8%. Dementsprechend werden 8% der Restgemeinkosten diesem Teilprozeß angelastet.[1]

Als Ergebnis erhält man den leistungsmengeninduzierten Teilprozeßkostensatz, welcher aus den Gehältern und den summarisch verteilten Restgemeinkosten besteht. Das Problem dieser Rechnung besteht, wie bereits angedeutet, in der summarischen Verteilung der Restgemeinkosten. Den Teilprozessen werden Gemeinkosten angelastet, die durch sie nicht verzehrt werden. So werden im Beispiel in den Restgemeinkosten enthaltene EDV-Kosten auf alle Teilprozesse dieser Kostenstelle verteilt, obwohl zur Durchführung bestimmter Aktivitäten kein EDV-Einsatz notwendig ist. Sofern die EDV-Kosten gering sind, wird diese Ungenauigkeit zugunsten einer schnelleren und einfacheren Erfassung und Kalkulation in Kauf genommen.

Bei Restgemeinkostenarten mit einem erhöhten Kostenanteil, sog. B-Prozesse, werden auch diese Kosten analytisch geplant und entsprechend der Inanspruchnahme durch die Teilprozesse, auf diese verteilt. Bei der Verteilung der EDV-Kosten (insbes. Abschreibungen, Reparatur, Wartung, Software, Energie) werden die Gesamtkosten auf die erbrachte Leistung verteilt. Die Leistung kann hierbei pauschal als Maßgröße „Rechnerstunden“ (Mengengröße) oder als Maßgröße „Anlagewert eines Client“ (Wertgröße) erfaßt werden.

Ist ein Mitarbeiter mit verschiedenen Teilprozessen beschäftigt, werden ihm bei Verwendung der Wertgröße „Anlagewert“ anteilig die Kosten des EDV-Einsatzes angelastet, die dem Wert der ihm zur Verfügung stehenden EDV entsprechen. Diese mitarbeiter- oder arbeitsplatzbezogenen EDV-Kosten werden danach auf diejenigen Teilprozesse verteilt, für welche der EDV-Einsatz notwendig ist.

Bei Verwendung der Mengengröße „Rechnerstunden“ wird in der Regel für das gesamte Unternehmen ein einheitlicher Verrechnungssatz gebildet, ungeachtet der tatsächlichen Ausstattung am Arbeitsplatz. Anschließend werden die Stunden-

---

1 Vgl. zu dieser Vorgehensweise KILGER, W., Plankostenrechnung 1993, S. 485-489.

Verrechnungssätze auf die Teilprozesse, proportional zur Inanspruchnahme durch die Mitarbeiter, verrechnet.[1]

Da bei beiden Maßgrößen vereinfachende Annahmen zugrunde liegen, kann keiner der beiden Maßgrößen der Vorzug gegeben werden. Besteht der Vorteil der Wertgröße in der Berücksichtigung der tatsächlichen EDV-Kosten am Arbeitsplatz, besteht der Vorteil der Mengengröße in der direkten Berücksichtigung des Verzehrs.

Abschließend sind die Kosten der leistungsmengenneutralen Teilprozesse auf die leistungsmengeninduzierten Teilprozesse zu verteilen, da nur diese über Maßgrößen in der Kalkulation geplant werden können.[2] Hierzu wird vorgeschlagen, die Summe der Kosten der lmn-Teilprozesse proportional zum Verhältnis der Teilprozeßkosten der lmi-Prozesse zu verteilen.[3] Im Ergebnis erhält man pro lmi-Teilprozeß einen Gesamtprozeßkostensatz, welcher sich aus dem lmi-Prozeßkostensatz und dem lmn-Umlagesatz errechnet. Dieser Gesamtprozeßkostensatz stellt die Kosten dar, welche die einmalige Ausführung des Teilprozesses veranlaßt.[4]

(3) Kostenmanagement

Nachdem die Prozeßkostensätze für die einmalige Durchführung einer Aktivität bestimmt sind, werden im nächsten Schritt die Kosten der immateriellen Potentiale projektweise geplant, indem die ermittelten Wertkomponenten mit den geplanten Mengen, bzw. Häufigkeiten der geplanten Prozeßdurchführungen multipliziert werden.

---

1 Auch bei dieser Verrechnungsform werden Vollkostensätze gebildet. Eine Unterscheidung in fixe und variable Kostenbestandteile entfällt aufgrund des langfristigen Planungshorizontes; vgl. COOPER, R./KAPLAN, R. S., Messung 1995, S. 47; HORVÁTH, P. u.a., Prozeßkostenrechnung 1993, S. 619. Die Unterstützung strategischer Entscheidungen durch prozeßorientierte Kosteninformationen betont SCHIMANK, C., Entscheidungsunterstützung 1990.
Zum Verhältnis von Prozeßkosten- und Vollkostenrechnung vgl. auch HORVÁTH, P./MAYER, R., Prozeßkostenrechnung 1995, S. 67-68; FRÖHLING, O., Prozeßkostenrechnung 1992, S. 725-727.

2 KILGER, W., Plankostenrechnung 1993, S. 385-387, löst die Gehaltskosten in proportionale und fixe Bestandteile auf, wobei ausschließlich Gehälter für überwiegend dispositive Aufgaben oder reine Bereitschaftsleistungen als fixe Kosten betrachtet werden und im Gegensatz zur Prozeßkostenrechnung getrennt ausgewiesen werden. Dieses Problem kann zunächst vernachlässigt werden, da die Bestimmung der Prozeßkosten zunächst ausschließlich der langfristigen Kalkulation dient. Vgl. hierzu BERKAU, C., Prozeßkostenmanagement 1995, S. 143.

3 Vgl.: REICHMANN, T., Controlling 1995, S. 434; MÜLLER, A., Gemeinkosten-Management 1992, S. 104-105.

4 Vgl.: HORVÁTH, P./MAYER, R., Prozeßkostenrechnung 1989, S. 217; BURGER, A., Kostenmanagement 1995, S. 188.

Zuvor ist zu überprüfen, ob die geplante Leistungserstellung auf alternative Weise zu geringeren Kosten möglich ist. Hierbei findet das ökonomische Prinzip als Minimalprinzip Anwendung, indem der definierte Mittelertrag (Output) eine Überprüfung auf die verschiedenen alternativen Mitteleinsätze (Input) erfährt.[1]

Die Forderung nach einem Kostenmanagement wird aus der allgemeinen Kritik an den Systemen der Kostenrechnung heraus abgeleitet, Kostenstrukturen und Kostenverläufe lediglich abzubilden und zu dokumentieren, ohne jedoch Anweisungen und Instrumente für eine Beeinflussung der Kosten, bzw. bestimmter Kostenarten und -verläufe bereitzustellen.[2] Unter Zugrundelegung des Ansatzes der entscheidungsorientierten Betriebswirtschaftslehre, wonach „wirtschaften" als das Entscheiden über die Verwendung knapper Güter definiert ist, kann Kostenmanagement als das Entscheiden über Maßnahmen zur Beeinflussung der Kosten definiert werden.[3]

Das Verhältnis zwischen Kostenmanagement und Kostenrechnung besteht in dem Bedarf des Kostenmanagement nach Informationen über Kostenstrukturen und Kostenverläufe einerseits und andererseits der Aufgabe der Kostenrechnung, als Subsystem des Informationsversorgungssystems, benötigte Kosteninformationen bereitzustellen.[4] Trotz dieser engen Wechselwirkung resultieren die unterschiedlichen Aufgaben in einer unterschiedlichen Einordnung in das betriebliche Organisationssystem. Die Aufgaben des Kostenmanagement sind Teil des Führungsprozesses im Unternehmen und werden demzufolge organisatorisch von der Kostenrechnung getrennt.[5] Bei dem Einsatz des Kostenmanagement können generell zwei Ansatzpunkte voneinander unterschieden werden, vgl. Darst. 45.

---

1 Vgl.: MEYER, H. W., Funktionsanalyse 1980, S. 75.

2 Vgl.: SIMMONDS, K., Accounting 1989, S. 265; COENENBERG, A. G., Kostenrechnung 1993, S. 42-43; FISCHER, T. M., Kostenmanagement 1993, S. 125-126; CORSTEN, H./STUHLMANN, S., Kostenmanagement 1997, S. 23-24.

3 Vgl. hierzu auch GRAßHOFF, J./GRÄFE, C., Kostenmanagement 1998, S. 62; HARDT, R., Kostenmanagement 1998, S. 7; PAMPEL, J. R., Ressourcenorientierung 1996, S. 324; FRÖHLING, O., Kostenmanagement 1994, S. 74; REIß, M./CORSTEN, H., Kostenmanagement 1992, S. 1478; CORSTEN, H./STUHLMANN, S., Kostenmanagement 1997, S. 23; FRIEDL, B., Anforderungen 1995, S. 104; DELLMANN, K./FRANZ, K.-P., Kostenrechnung 1994, S. 17.

4 Vgl.: BURGER, A., Kostenmanagement 1995, S. 4; BÄURLE, R./SCHULTE, C., Kostenmanagement 1992, S. 7.

5 Vgl.: HARDT, R., Kostenmanagement 1998, S. 7; MÄNNEL, W., Kostenmanagement 1993, S. 210.
Zum Führungsprozeß vgl. WILD, JÜRGEN: Führung als Prozeß der Informationsverarbeitung, S. 158, in: Führungswandel in Unternehmung und Verwaltung, hrsg. von KLAUS MACHARZINA/LUTZ V. ROSENSTIEL, Wiesbaden 1974, S. 153-168; HAHN, D., Puk 1996, S. 46.

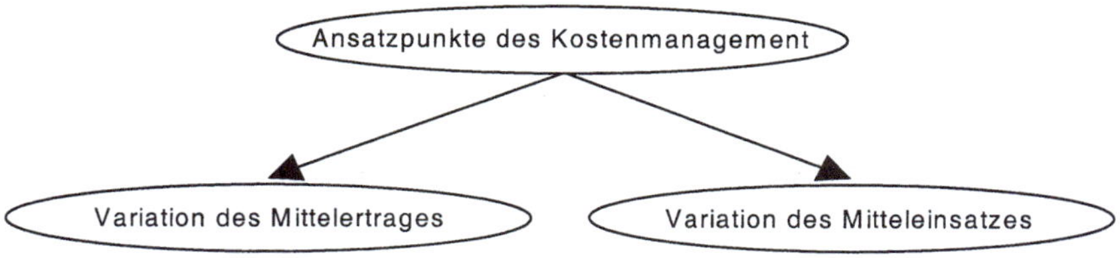

Darst. 45: Ansatzpunkte des Kostenmanagement

(a) Variation des Mittelertrages (Output)

Folgende Alternativen bestehen zur Variation des Mittelertrages, vgl. Darst. 46.

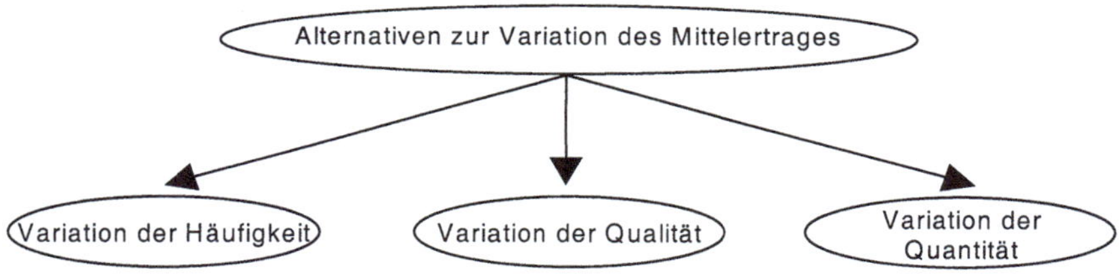

Darst. 46: Alternativen zur Variation des Mittelertrages

(1) Eine erste Möglichkeit zur Veränderung des Output besteht in der Veränderung der Häufigkeit einer Leistung.[1] Insbesondere im Verwaltungsbereich kann durch die Verringerung der Häufigkeit einer angebotenen Leistung, z.B. Statistiken, Berichte, Protokolle, etc., eine Verringerung des Personaleinsatzes sowie der Sachmittel erfolgen. Demzufolge können Einsparungen der Sach- und insbesondere der Personalkosten erzielt werden, welche allein durch diese Möglichkeit 10-20% der Verwaltungskosten betragen können.[2]

---

1 Vgl.: MEYER-PIENING, A., Zero Base Budgeting 1978, S. 14; JEHLE, E., Gemeinkostenmanagement 1992, S. 1511.

2 Vgl.: BURGER, A., Kostenmanagement 1995, S. 258-259 sowie zur Effektivität der getroffenen Maßnahmen S. 270-272; SERFLING, K., Controlling 1992, S. 185; HORVÁTH, P., Revolution 1990, S. 176.
Aufgrund der Beschäftigungsunabhängigkeit der Fixkosten von der erstellten Leistung, resultiert eine Kostensenkung nicht automatisch in Folge einer Senkung der Leistung einer Kostenstelle. Im Anschluß an eine Leistungsverringerung sind Maßnahmen der Kostensenkung zu planen, welche sich an der verringerten benötigten Kapazität der Kostenstelle zu orientieren haben.

(2) Eine zweite Möglichkeit besteht in der Variation der Qualität einer Leistung.[1] Im Verkauf sind hier erste Kurzangebote aufgrund von Kundenanfragen anstelle ausführlicher Angebote in Hochglanzqualität möglich; in der Qualitätskontrolle kann eine Überprüfung der wichtigsten Produktfunktionen anstelle einer kompletten Funktionsüberprüfung als ausreichend erachtet werden. Die erhöhte Qualität einer Leistung führt in den verschiedenen Bereichen zu erhöhten Kosten, insbesondere Personalkosten. Weitere Kostenarten bestehen in Sachmittelkosten für z.B. EDV, Miete, Büromaterial. Neben der Ermittlung relevanter Kosten ist der entgehende relevante Nutzen durch eine verringerte Qualität nur unter Unsicherheit abzuschätzen. In Fortführung der genannten Beispiele resultiert aus einer geringeren Produktqualität ein Anstieg der Fehler- und Folgekosten. Aus einer verminderten Qualität der Angebote kann ein verringerter Auftragseingang resultieren, wenn Kunden mit der Form der unterbreiteten Angeboten unzufrieden sind. Ein operabler positiver Korrelationskoeffizient kann in diesen Fällen nicht ermittelt werden.

(3) Eine dritte Möglichkeit besteht in der Variation der Quantität, indem beispielsweise in der Kostenstelle „Kostenrechnung" die Ermittlung des Betriebsergebnisses nicht die komplette Kostenarten-, Kostenstellen- und Kostenträgerrechnung ausweist, sondern ausschließlich auf die kurzfristige Erfolgsrechnung beschränkt wird, oder im Sinne einer ABC-Analyse nur die umsatzstärksten Kostenträger einzeln ausweist und umsatzschwache Kostenträger gruppenweise darstellt.[2]

(b) Variation des Mitteleinsatzes (Input)

Darst. 47 verdeutlicht die bestehenden Alternativen zur Variation des Mitteleinsatzes.[3]

---

1 Vgl.: BURGER, A., Kostenmanagement 1995, S. 258; JEHLE, E., Gemeinkostenmanagement 1992, S. 1511.

2 Vgl.: FRÖHLING, O., Kostenmanagement 1994, S. 165; JEHLE, E., Gemeinkostenmanagement 1992, S. 1511.

3 Vgl.: MEYER-PIENING, A., Zero Base Budgeting 1978, S. 18.

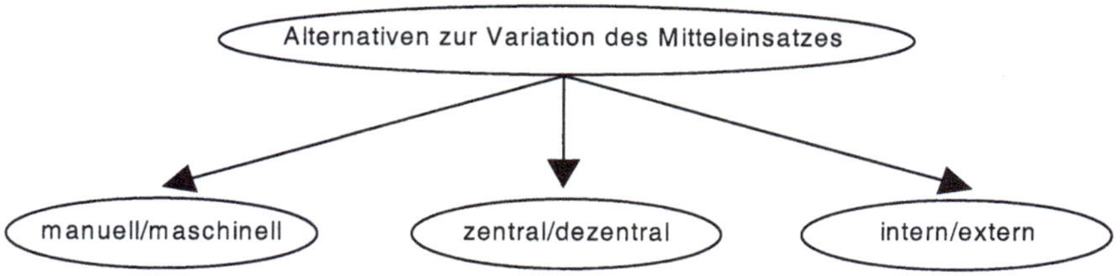

Darst. 47: Alternativen zur Variation des Mitteleinsatzes

(1) Eine erste Alternative besteht in der Wahl zwischen der manuellen oder der maschinellen Erstellung einer Leistung.[1] Im Laufe des Jahrhunderts hat in produzierenden Unternehmensbereichen durch Automatisierung und Rationalisierung ein Produktivitätsfortschritt von ca. 1.000% stattgefunden.[2] In den Gemeinkostenbereichen hingegen haben Rationalisierungsansätze einen geringeren Erfolg aufweisen können, da in diesen Bereichen der Einsatz der EDV die vollständige Substitution des Produktionsfaktors ausführende menschliche Arbeit nicht erreichen kann, sondern nur eine unterstützende Funktion erfüllt.[3] Demgemäß liegen die Produktivitätsfortschritte in diesen Bereichen bei ca. 150%.[4]

Während im Bereich der kaufmännischen Verwaltung der Einsatz von Standardsoftware zur Textverarbeitung, Tabellenkalkulation und Datenbankverwaltung nahezu alle Bereiche erfaßt hat, liegen im Bereich der technischen Verwaltung, bzw. der Konstruktion noch ungenutzte Potentiale, welche positive Auswirkungen auf Kosten, Zeiten, Qualitäten und Dokumentationen besitzen, wenn z.B. Standardsoftware eine Normteileverwaltung als Datenbank unterstützt.[5]

---

1 Vgl.: JEHLE, E., Gemeinkostenmanagement 1992, S. 1511; MEYER, H. W., Funktionsanalyse 1980, S. 75.

2 Vgl. hierzu auch Kapitel B.IV.4 dieser Arbeit.

3 Vgl.: ZANGL, H., Durchlaufzeiten 1985, S. 152-158, S. 195.

4 Vgl.: GROB, R./HAFFNER, H.: Produktivitätssteigerung in den Gemeinkostenbereichen - internes „Kunden-Lieferanten"-Verhältnis erhöht die Produktivität der indirekten Bereiche, in: FB/IE 39. Jg. (1990), S. 302-309, hier S. 303; ROEVER, M., Gemeinkosten 1981, S. 76; ZANGL, H., Durchlaufzeiten 1985, S. 115-119, S. 135-136.

5 Vgl.: BÜHNER, R., Organisationslehre 1994, S. 316-318.

(2) Eine zweite Alternative besteht in der Wahl zwischen zentraler oder dezentraler Leistungserstellung.[1] Das Prinzip der Zentralisierung hat im Verwaltungsbereich versucht, Economies of Scope (Skalen-, Verbund-, Synergieeffekte) nutzen zu können.[2] Hierbei werden gleichartige oder ähnliche Tätigkeiten als Einheit räumlich zusammengefaßt. Hierdurch wird versucht, eine erhöhte Auslastung der Mitarbeiter zu erreichen, indem Leerzeiten und Durchlaufzeiten reduziert werden. „Das Hauptziel der Prozeßstrukturierung der Büroarbeit liegt in der Minimierung der Durchlaufzeiten."[3] Beispielhaft kann das zentrale Schreibbüro genannt werden, bei dem eine organisatorische Zuordnung der Schreibkräfte zu einzelnen Abteilungen unterbleibt. Dem Vorteil des Abbaus von Leerzeiten steht ein erhöhter Kommunikationsbedarf sowie ein Anstieg der Bearbeitungs- und Korrekturzeiten aufgrund einer verringerten fachlichen Qualifikation der Schreibkräfte, bezogen auf die spezifischen Anforderungen einzelner Abteilungen, gegenüber.[4] Im Ergebnis ist der Trend im Verwaltungsbereich zugunsten der dezentralen Leistungserstellung zu konstatieren.

In der Fertigung hat ein ähnlicher Prozeß stattgefunden. Auch hier sollen Economies of Scope genutzt werden und insbesondere im Bereich der Hilfsbetriebe (Reparatur, Reinigung, Transporte) eine wirtschaftlichere Leistungserstellung ermöglichen. Auch in diesen Bereichen haben Produktivitätskontrollen sowie der erhebliche Kommunikations- sowie Zeitbedarf den Trend zur Dezentralisierung gerichtet.[5] Beispiele aus der Unternehmenspraxis sind (teil-) autonome Arbeitsgruppen in der Fertigung sowie „task forces" im Bereich des Management zur Entscheidungsfindung.[6]

---

1 Vgl.: JEHLE, E., Gemeinkostenmanagement 1992, S. 1511; BÜHNER, R., Organisationslehre 1994, S. 318-327.

2 Zu Economies of Scope vgl. ZIEGENBEIN, K., Controlling 1998, S. 130-134; COENENBERG, A. G., Kostenrechnung 1993, S. 194, S. 198; FISCHER, T. M., Kostenmanagement 1993, S. 134; BÄURLE, R./SCHULTE, C., Kostenmanagement 1992, S. 14-15.

3 ZANGL, H., Durchlaufzeiten 1985, S. 79.

4 Vgl.: ZANGL, H., Durchlaufzeiten 1985, S. 81, S. 206.

5 Vgl.: HAMMER, M./CHAMPY, J., Business 1994, S. 31; ROEVER, M., Gemeinkosten 1981, S. 73-74.

6 Zur Entwicklung der Gruppenarbeit vgl. auch o. V., Gruppenarbeit erst zur Hälfte verwirklicht, in: Frankfurter Allgemeine Zeitung vom 24. Februar 1998, Nr. 46, S. 15. Zur Ausrichtung der Organisationsstruktur der Siemens AG am Markt vgl. SEEBERG, T./SEIDENSCHWARZ, W., Kostenmanagement 1993, S. 157-162.
Zur Bildung von task forces vgl. PETERS, THOMAS J./WATERMAN, ROBERT H. JR.: Auf der Suche nach Spitzenleistungen - Was man von den bestgeführten US-Unternehmen lernen kann, 15.
(Fortsetzung ...)

(3) Eine dritte Alternative besteht in der Wahl zwischen interner oder externen Leistungserstellung.[1] Diese Frage steht im Mittelpunkt der derzeitigen Entscheidungen zur Unternehmenspolitik und wird von dem Begriff Outsourcing (using outside resources) dominiert.[2] Hierbei verlagern Unternehmen einzelne Aktivitäten auf externe Unternehmen mit dem primären Ziel der Verkürzung der Beeinflussungszeiträume zum Abbau der Fixkosten, der Nutzung unternehmensexternen Wissens und somit einer Optimierung der Wertschöpfungskette.[3] In Zeiten rückläufiger Beschäftigung kann das Unternehmen die Vertragsgestaltung zu seinen externen Lieferanten schneller und zu geringeren Kosten der Beschäftigung anpassen, als dies bei Fixkosten interner Potentiale möglich ist, die dem Unternehmen entstehen, wenn die Leistung intern erbracht wird.[4] Die primäre Zielsetzung bezieht sich folglich auf den Wandel der (internen) Fixkosten, da die Kosten der Lieferanten ebenfalls fix in Bezug auf die Beschäftigung sind und die Höhe dieser Kosten in vielen Fällen oberhalb der Kosten der internen Fixkosten liegt (z.B. Einstellung von Zeitarbeitskräften).[5]

Auch in diesem Bereich werden die Folgen des Planungs-, Kommunikations- und Koordinierungsbedarfs unterschätzt und können zu einer suboptimalen Wertschöpfungskette führen, wenn Koordinationskosten und -nutzen keiner Effizienzkontrolle unterzogen werden.[6] Eine willkürliche Substitution der Leistungs-

---

Aufl., Landsberg/Lech 1993, S. 158-163; MICHEL, R. M., Projektcontrolling 1996, S. 308; BÜHNER, R., Organisationslehre 1994, S. 205.

1 Vgl.: JEHLE, E., Gemeinkostenmanagement 1992, S. 1511; MEYER, H. W., Funktionsanalyse 1980, S. 75.

2 Vgl.: REICHMANN, T./NEUKIRCHEN, R., Potentialanalyse 1998, S. 340-341. Vgl. hierzu auch SERFLING, K., Controlling 1992, S. 185; DELLMANN, K./FRANZ,K.-P., Kostenrechnung 1994, S. 19.

3 Vgl.: BÄURLE, R./SCHULTE, C., Kostenmanagement 1992, S. 15-16. Zur Wertschöpfungskette vgl. KLEIN, A./VIKAS, K., Überblick 1999, S. 84; ZIEGENBEIN, K., Controlling 1998, S. 122-127.

4 Vgl.: RIEBEL, P., Einzelkostenrechnung 1994, S. 516.

5 Vgl. auch REICHMANN, T./NEUKIRCHEN, R., Potentialanalyse 1998, S. 341.

6 Vgl. insbesondere REICHMANN, T./NEUKIRCHEN, R., Potentialanalyse 1998, S. 341-342, sowie SCHEER, A.-W., Modellunterstützung 1996, S. 6; HAMMER, M./CHAMPY, J., Business 1994, S. 31; DELLMANN, K./FRANZ,K.-P., Kostenrechnung 1994, S. 20; JEHLE, E., Gemeinkostenmanagement 1992, S. 1506; ZANGL, H., Durchlaufzeiten 1985, S. 79.
MÄNNEL, W., Kostenmanagement 1994, S. 203, betont die Schaffung neuer, komplexer Schnittstellen an der Unternehmensgrenze, wodurch die interne Koordination durch die externe Koordination substituiert wird. Im Rahmen der Kooperation mit einem Lieferanten nennt MÄNNEL einmalig anfallende Kosten des Potentialaufbaus (Suche, Bewertung, ...) sowie laufend anfallende Kosten des Aufrechterhaltens der Lieferbeziehung, Kosten für Nebenleistungen (Anlieferung, Kundendienst, ...), Kosten für Dienstleister (Versicherungen, Prüflabor, ...), sowie Kosten selbst erbrachter Leistungen.

erstellung in zweierlei Richtungen (Auf- und Abbau) ist nicht uneingeschränkt möglich, da die im Unternehmen beschäftigten Mitarbeiter eine Vielzahl betriebsspezifischer Potentiale besitzen, bzw. erworben haben, über welche externe Unternehmen nicht verfügen. In umgekehrter Richtung kann eine extern erstellte Leistung nicht ohne einen Bestand an eigenen Potentialen wieder intern erstellt werden.

Ausgangspunkt des Kostenmanagement bildet die Analyse des Ist-Zustandes, welche zuvor dargestellt wurde und woraufhin nunmehr Verfahren und Instrumente angewendet werden können. Bei der Darstellung der Ansatzpunkte des Kostenmanagement können folgende Gestaltungsobjekte voneinander unterschieden werden, vgl. Darst. 48.[1]

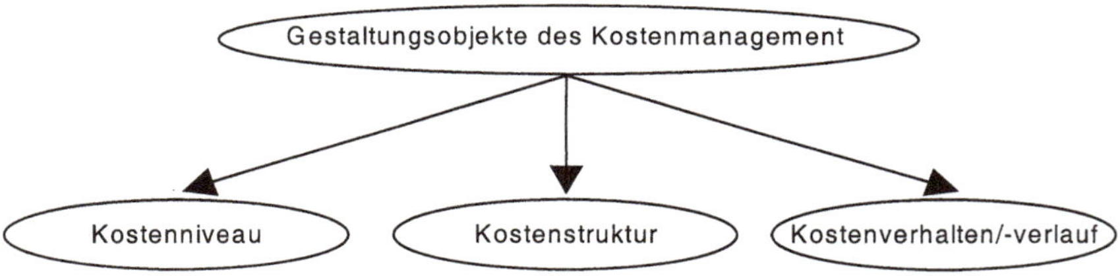

Darst. 48: Gestaltungsobjekte des Kostenmanagement

- Kostenniveau:

Das Ziel der Beeinflussung des Kostenniveaus besteht in der Verringerung der Höhe der Gesamtkosten.[2] Die Senkung des Kostenniveaus kann im System der Ziele des Kostenmanagement als das Oberziel betrachtet werden, da jegliche Maßnahme eine Kostensenkung, unter der Prämisse ansonsten gleicher Bedingungen, zum Ziel hat. Das Ziel der Senkung des Kostenniveaus wird von dem Minimalprinzip bestimmt, wobei der Mittelertrag als unverändert betrachtet wird. Ansatzpunkte der Beeinflussung des Kostenniveaus sind die Mengen- und die Wertkomponente.[3] Während bei

---

1 Vgl.: HARDT, R., Kostenmanagement 1998, S. 9; DELLMANN, K./FRANZ,K.-P., Kostenrechnung 1994, S. 17; CORSTEN, H./STUHLMANN, S., Kostenmanagement 1997, S. 24-25; REIß, M./CORSTEN, H., Kostenmanagement 1992, S. 1478-1479; FISCHER, T. M., Kostenmanagement 1993, S. 128; FRIEDL, B., Anforderungen 1995, S. 105; MÄNNEL, W., Kostenmanagement 1994, S. 201; MÄNNEL, W., Prozeßkostenmanagement 1996, S. 70.

2 Vgl.: KLEIN, A./VIKAS, K., Überblick 1999, S. 85; REIß, M./CORSTEN, H., Kostenmanagement 1992, S. 1480-1481.

3 Vgl.: HARDT, R., Kostenmanagement 1998, S.10.

der Wertkomponente die zum Einsatz kommenden Verbrauchsmengen reduziert werden sollen, werden bei der Wertkomponente die Einstands- und Koordinationskosten dieser Verbrauchsmengen reduziert.[1]

• Kostenstruktur:
Das Ziel der Beeinflussung der Kostenstruktur besteht in der Veränderung der Verhältnisse der Kostenarten zueinander. Insbesondere das Verhältnis fixer und variabler Kostenarten zueinander, aber auch das Verhältnis von Einzel- und Gemeinkosten zueinander soll beeinflußt werden.[2] Von zentraler Bedeutung ist die Umwandlung der fixen Kostenarten in variable Kostenarten.[3]

Durch Rationalisierungen und insbesondere Automatisierung in der Fertigung erfolgte ein Anstieg der Fixkosten insbesondere in den Kostenarten Abschreibungen, Zinsen, Versicherungen, Energie, Fremdleistungen.[4] Der Anteil der Fixkosten kann, je nach Branche, bis zu 70% der Selbstkosten betragen.[5] Hierdurch sinkt die Flexibilität der Unternehmen, auf veränderte Beschäftigungslagen zu reagieren und kurzfristige Veränderungen vornehmen zu können, da Fixkosten i.d.R. einer längerfristige Kapitalbindung im Anlagevermögen bedeuten und zudem ein Beschäftigungsrückgang aufgrund der Beschäftigungsunabhängigkeit dieser Kostenarten unmittelbar zu einer

---

1 Vgl.: REIß, M./CORSTEN, H., Kostenmanagement 1992, S. 1480-1481.

2 Vgl.: REICHMANN, T./NEUKIRCHEN, R., Potentialanalyse 1998, S. 340-341; HARDT, R., Kostenmanagement 1998, S. 10-13; BURGER, A., Kostenmanagement 1995, S. 6-7; REIß, M./CORSTEN, H., Kostenmanagement 1992, S. 1484.

3 Vgl.: FRANZ, K.-P., Kostenmanagement 1994, S. 14. REIß, M./CORSTEN, H., Kostenmanagement 1992, S. 1487 nennen als Gefahren des Fixkostenabbaus den Verlust von Sicherheitsreserven, sofern die Beschäftigung nicht voll ausgelastet ist, den Verlust von Größenvorteilen sowie den Verlust von Synergieeffekten (Economies of Scope). Das Ziel des Kostenmanagement besteht somit nicht in der Minimierung von Fix- und Gemeinkosten, sondern in deren Optimierung.

4 Vgl.: MILLER, J. G./VOLLMANN, T. E., Fabrik 1986, S. 84-86; COENENBERG, A. G., Kostenrechnung 1993, S. 196; CORSTEN, H./STUHLMANN, S., Kostenmanagement 1997, S. 19-20; MÄNNEL, W., Produktkostenkalkulationen 1997, S. 15; FISCHER, T. M., Kostenmanagement 1993, S. 138; LOHMANN, U., Gemeinkostenmanagement 1992, S. 132, S. 134-135; WÄSCHER, D., Management 1992, S. 164; KALUZA, B., Kostenmanagement 1994, S. 387-394; RICK-LENZE, R., Fixkostenmanagement 1992, S. 201; FRIEDL, B., Anforderungen 1995, S. 110; GLASER, H., Prozeßkostenrechnung 1992, S. 275; DELLMANN, K./FRANZ,K.-P., Kostenrechnung 1994, S. 16-17; JEHLE, E., Gemeinkostenmanagement 1992, S. 1506; BACKHAUS, K./FUNKE, S., Managementherausforderungen 1996, S. 75-76.

5 Nach HARDT, R., Kostenmanagement 1998, S. 2, hat der Anteil der Gemeinkosten an der Wertschöpfung ca. 80% erreicht und der Anteil der Fixkosten hieran bis über 90%. Vgl. auch die unterschiedlichen Angaben bei BACKHAUS, K./FUNKE, S., Managementherausforderungen 1996, S. 75; KÜTING, K./LORSON, P., Technologien 1994, S. 429; STRIENING, H.-D., Gemeinkostenmanagement 1996, S. 9; EVERSHEIM, W./KÜMPER, R., Vorkalkulation 1997, S. 94; WÄSCHER, D., Management 1992, S. 164; FISCHER, T. M., Kostenmanagement 1993, S. 137-138; BERKAU, C., Prozeßkostenmanagement 1995, S. 2; OLSHAGEN, C., Prozesskostenrechnung 1991, S. 12.

Erfolgsverschlechterung führt und die Anpassungsfähigkeit der Unternehmen einschränkt.[1]

Maßnahmen zur Senkung des Anteils der Fixkosten bestehen z.B. in verschiedenen Formen des Outsourcing (Insourcing, internes Outsourcing) oder der Umwandlung unbefristeter Arbeitsverträge in Honorar- oder Werkverträge.[2] Neben dem Ziel der Senkung der Fixkosten, als Flexibilitätsvorteil, ist insbesondere die Verkürzung von Kündigungsfristen und damit die Verkürzung der Beeinflussungszeiträume beabsichtigt.[3]

• Kostenverhalten/-verlauf:
Das Ziel der Beeinflussung des Kostenverhaltens, bzw. des Kostenverlaufs, besteht in der Veränderung linearer, progressiver und degressiver Kostenverläufe sowie insbesondere in der Beeinflussung remanenter und präkurrenter Kosten.[4] Die Vermeidung progressiver Kostenverläufe wird z.B. durch die Reduzierung der Komplexität sowie der Variantenvielfalt durch Standardisierung, Normung und Reduzierung des Variantenreichtums angestrebt.[5] Die Förderung degressiver Kostenverläufe kann

---

1 Vgl.: REICHMANN, T./NEUKIRCHEN, R., Potentialanalyse 1998, S. 340-341; BACKHAUS, K./FUNKE, S., Managementherausforderungen 1996, S. 75-76; SCHUH, G., Kostenmanagement 1997, S. 35; DELLMANN, K./FRANZ,K.-P., Kostenrechnung 1994, S. 19-20; FISCHER, T. M., Kostenmanagement 1993, S. 136.
CORSTEN, H./STUHLMANN, S., Kostenmanagement 1997, S. 22, konstatieren das Entstehens eines Trilemmas (magisches Dreieck), welches aus den Problemen der Verkürzung der Marktzyklen, der Expansion der Entstehungszyklen, der drohenden späteren Markteinführung und der Expansion der Vorbereitungskosten resultiert.

2 Zum Begriff und zu den verschiedenen Formen des Outsourcing vgl. auch HARDT, R., Kostenmanagement 1998, S. 164-172. Im Fertigungsbereich beschreibt Outsourcing die Reduktion der Fertigungstiefe; vgl. SCHWEITZER, M./KÜPPER, H.-U., Systeme 1995, S. 321.
Insourcing beschreibt die Herausnahme eines Unternehmensbereichs zum Zweck der Gründung eines neuen, unabhängigen Unternehmens. Hierdurch entsteht ein Mutter-Tochter-Verhältnis, wobei das ausgegründete Unternehmen wirtschaftlich abhängig bleibt; vgl. BALCK, HENNING: Facility Management, Teil 1 - Schwerpunkt im Management der Infrastruktur im Unternehmen, in: Office Management, 44. Jg. (1996), S. 20-24, hier S. 20.
Internes Outsourcing beschreibt das Zusammenfassen mehrerer, aus verschiedenen Unternehmensbereichen herausgelösten Tätigkeiten zu einer eigenen Stelle. Diese Stelle wird als Profit Center geführt und soll im ständigen Wettbewerb zum Markt stehen; vgl. SCHNEIDER, HERMANN: Outsourcing von Gebäude- und Verwaltungsdiensten - Unternehmenspolitik, Projektmanagement, Vertragsarbeit, Stuttgart 1996.

3 Vgl.: BACKHAUS, K./FUNKE, S., Managementherausforderungen 1996, S. 75-76.

4 Vgl.: REIß, M./CORSTEN, H., Kostenmanagement 1992, S. 1481.

5 Vgl.: KLEIN, A./VIKAS, K., Überblick 1999, S. 85; CORSTEN, H./STUHLMANN, S., Kostenmanagement 1997, S. 20; HARDT, R., Kostenmanagement 1998, S. 1; SCHUH, G., Kostenmanagement 1997, S. 34; HEINE, A., Produktkostenmanagement 1995, S. 79-84; GLASER, H., Prozeßkostenrechnung 1992, S. 285; MÄNNEL, W., Kostenmanagement 1994, S. 202; BÄURLE, R./SCHULTE, C., Kostenmanagement 1992, S. 14; DELLMANN, K./FRANZ,K.-P., Kostenrechnung 1994, S. 20;
(Fortsetzung ...)

durch Erfahrungskurveneffekte erfolgen. Hiernach sinken die Selbstkosten pro Stück, wenn die Ausbringungsmenge steigt und die Arbeitnehmer einzelne Tätigkeiten durch Lerneffekte optimieren können.[1]

Remanente und präkurrente Kosten reagieren mit einer zeitlichen Verzögerung auf Beschäftigungsänderungen. Remanente Kostenarten, z.B. Personalkosten oder Abschreibungen, sinken verzögert nach einem Beschäftigungsrückgang, da die Freisetzung von Personal, bzw. der Abbau von Anlagevermögen sich über Monate hinweg vollziehen kann.[2] Präkurrente Kostenarten steigen schon vor dem Anstieg der Beschäftigung, wie dies im gesamten Vorleistungsbereich der Fall ist.

c.b. Die projektbezogene Planung der Prozeßmengen

Nachdem die Prozeßkostensätze der einmaligen Durchführung einer Aktivität geplant sind, werden im zweiten Schritt der Kostenplanung die Häufigkeiten der Prozeßdurchführung, die Prozeßmengen, im Rahmen der Kapazitätsplanung projektweise ermittelt.[3] In diesem Schritt stellen die Ergebnisse des Kostenmanagement als Rationalisierungen die Grundlage der weiteren Vorgehensweise dar, indem die getroffenen Entscheidungen bei der Prozeßmengenplanung bereits Berücksichtigung finden. Um sich über das Ausmaß der Einsparungsmöglichkeiten eine Vorstellung machen zu können, sei an dieser Stelle an KILGER erinnert, der schon frühzeitig auf

---

SCHULTE, C., Komplexitätsmanagement 1992, S. 84-94; WÄSCHER, D., Management 1992, S. 179; FRIEDL, B., Anforderungen 1995, S. 106; MÄNNEL, W., Prozeßkostenmanagement 1996, S. 73; GLASER, H., Analyse 1996, S. 176. Vgl. auch das Beispiel bei MEYER, H. W., Funktionsanalyse 1980, S. 91-92, welches Einsparungen in der Konstruktion von ca. 45% erreichte. Zu den Grenzen des Erfahrungskurveneffektes vgl. HARDT, R., Kostenmanagement 1998, S. 26-32.
WILDEMANN hat für die Variantenvielfalt als Kostenbestimmungsfaktor ein „umgekehrtes Erfahrungskurvengesetz“ ermitteln können, wonach eine Verdoppelung der Variantenzahl einen Anstieg der Stückkosten um 20-35% veranlaßt; vgl. WILDEMANN, HORST: Das Just-in-time-Konzept - Produktion und Zulieferung auf Abruf, 3., neubearb. Aufl., St. Gallen 1992, S. 13-14 sowie SCHWEITZER, M./KÜPPER, H.-U., Systeme 1995, S. 349-350.
Zu betriebswirtschaftlichen Wirkungen der Teilevielfalt in verschiedenen Unternehmensbereichen vgl. FISCHER, T. M., Kostenmanagement 1993, S. 145.

1 Nach dem Erfahrungskurvenkonzept sinken die realen Stückkosten um 20-30%, wenn sich die Ausbringungsmenge verdoppelt; vgl. HARDT, R., Kostenmanagement 1998, S. 18; ZIEGENBEIN, K., Controlling 1998, S. 134-141; FRANZ, K.-P., Kostenmanagement 1994, S. 16; KÜPPER, H.-U., Analyse 1994, S. 65.

2 Vgl.: BACKHAUS, K./FUNKE, S., Managementherausforderungen 1996, S. 76; KILGER, W., Probleme 1980, S. 45-46.

3 VIKAS, K., Dienstleistungskalkulation 1996, S. 38, spricht hier von Verkehrsmengen. Zur Relevanz der Kapazitäts- und Engpaßplanung vgl. BRÜHL, R., Informationen 1995, S. 74-75.

die Vermeidung von Doppelarbeiten und die Erkennung überflüssiger Arbeiten allein durch die Durchführung einer Funktionsanalyse, bzw. Organisationsprüfung, hingewiesen hat, ohne bereits konkrete Maßnahmen der Organisationsgestaltung angewendet zu haben.[1]

Zunächst ist die Fristigkeit der Planung der Prozeßmengen zu bestimmen, wobei die Möglichkeiten der Beeinflussung der Plan-Prozeßmengen, bzw. der Kapazitäten zur Erstellung der Plan-Prozeßmengen, zu bestimmen sind. Eine kurzfristige Variation der Prozeßmengen resultiert z.B. aus einer rückläufigen Auftrags- und Beschäftigungslage. Hierdurch werden Prozeßmengen in geringerem Umfang benötigt, da die leistungsmengeninduzierten Prozesse ex definitione durch den Umfang der Leistung determiniert sind.[2] Als Folge eines dauerhaft verringerten Prozeßmengenbedarfs resultiert die Anpassung der zu Verfügung stehenden Kapazität an die veränderte Beschäftigung, wodurch der Bedarf an Prozeßdurchführungen sinkt.[3]

Diese Verringerung führt jedoch kurzfristig nur zur Bildung von Überkapazitäten (Leerkosten), ohne das Kostenniveau zu beeinflussen, da der Abbau der Kapazitäten, bzw. die Umschichtung der Kapazitäten innerhalb des Unternehmens, erst nach dem Ablauf der Bindungsdauern der Kapazitäten stattfinden kann.[4] Die Bindungsdauern können bis zur Beeinflussung der Gehälter zwischen circa zwei Monaten bis zu einem Jahr betragen, falls der Arbeitnehmer z.B. das Arbeitsgericht anruft und Kündigungsschutzklage erhebt. Eine kurzfristige Verringerung scheitert neben der dominierenden Kostenart Gehälter ebenso an der Schwierigkeit weitere Fixkostenarten, z.B. Abschreibungen, Zinsen oder Mieten für Immobilien, Geschäftsausstattung,

---

1 Vgl.: KILGER, W., Plankostenrechnung 1993, S. 380-382, S. 576-581. Vgl. auch SCHWARZE, J., Prozeßorientierung 1998, S. 87; MEYER, H. W., Funktionsanalyse 1980, S. 75; KÜTING, K./LORSON, P., Benchmarking 1996, S. 127; MÄNNEL, W., Bedeutung 1995, S. 18; BACK-HOCK, A., Implementierung 1995, S. 39; ZANGL, H., Durchlaufzeiten 1985, S. 156. Um einen Maßstab für mögliche Einsparungen zu erhalten soll auf die Ergebnisse des Zero-Base-Budgeting verwiesen werden. Bei dieser umfassenden Methode des Kostenmanagement in den Gemeinkostenbereichen werden Kostensenkungen in der Größenordnung zwischen 15-20% der Gemeinkostensumme genannt, vgl. MEYER-PIENING, A., Zero Base Budgeting 1978, S. 35.

2 Vgl.: GLASER, H., Entscheidungsrelevanz 1995, S. 120.

3 Vgl.: COOPER, R./KAPLAN, R. S., Messung 1995, S. 44-46.

4 Vgl.: KLOOCK, J., Prozeßkostenrechnung 1995, S. 142; RIEBEL, P., Thesen 1983, S. 27-29, S. 56. Als Maßstab für das Ausmaß der vorhandenen Überkapazität dient beispielsweise der Auslastungsgrad; vgl. FRIEDL, B., Anforderungen 1995, S. 110. Aufgrund der fehlenden Proportionalität zwischen Prozeßkosten und Produktionsmengen entstehen bei der Variation der Ausbringungsmengen Überdeckungen und Unterdeckungen der Gemeinkosten, indem zuviel, bzw. zuwenig Prozeßkosten auf die Kostenträger verrechnet werden; vgl. GLASER, H., Entscheidungsrelevanz 1995, S. 120-121.

technische Einrichtungen oder Host-Rechnern kurzfristig abzubauen.[1] Die Bindungsdauern der Potentiale erlauben keine kurzfristige Variation der Kapazität, weshalb frühestens mittelfristig eine Anpassung erfolgen kann.[2] „In erster Linie sind es Investitions- oder Desinvestitionsentscheidungen, die das Leistungspotential bzw. die Leistungsbereitschaft tangieren und damit die Höhe der fixen Gemeinkosten bestimmen."[3]

Im umgekehrten Fall des Potentialaufbaus besteht das Problem für die Unternehmen, benötigte Kapazitäten kurzfristig nicht aufbauen zu können, da die entsprechenden Potentiale vice versa mittelfristige Anschaffungsdauern besitzen, deren Fristigkeit im Aufbau jedoch geringer als bei deren Abbau sind.[4] Im Ergebnis resultieren kurzfristig konstante Kapazitäten, eine Veränderung findet demnach nicht statt, bzw. kann nur in sehr eingeschränktem Maße kurzfristig erfolgen.[5]

Bei der projektweisen Planung der Vorleistungskosten können die inputorientierte und die outputorientierte Vorgehensweise unterschieden werden. Die inputorientierte Vorgehensweise ist in der Praxis weit verbreitet und entspricht als Maximalprinzip dem Engpaßdenken. Einem Bereich wird für eine bestimmte Periode ein Budget zur Verfügung gestellt, welches im Sinne maximaler Zielerreichung verwendet werden soll.[6] Hierbei wird der Finanzbereich des Unternehmens als Engpaß betrachtet und eine Kosten-Nutzen-Analyse der zu realisierenden Aktivitäten und Leistungen unterbleibt zumeist. Des weiteren unterbleibt eine Analyse der Zusammenhänge zwischen Zielen, Leistungen und Tätigkeiten innerhalb der betrachteten Bereiche.

---

1 Vgl.: KILGER, W., Probleme 1980, S. 44-45; RIEBEL, P., Einzelkostenrechnung 1994, S. 514. MÜLLER, H., Grenzplankostenrechnung 1993, S. 174, beziffert die Abbaufähigkeit der Fixkosten der Verwaltungs- und Vertriebskostenstellen auf 1,5 bis 2 Jahre.

2 Vgl.: BACK-HOCK, A., Implementierung 1995, S. 38; COOPER, R./KAPLAN, R. S., Messung 1995, S. 49; BERKAU, C., Geschäftsprozeß-Controlling, S. 185. Zur Abbaufähigkeit fixer Gemeinkostenarten vgl. auch REICHMANN, T./FRÖHLING, O., Prozeßkostenrechnung 1995, S. 157-158.

3 SCHWEITZER, M./KÜPPER, H.-U., Systeme 1995, S. 326. Vgl. auch MÄNNEL, W., Prozeßkostenmanagement 1996, S. 70; KILGER, W., Plankostenrechnung 1993, S. 357.

4 Vgl.: FRÖHLING, O., Kostenmanagement 1994, S. 21.

5 Vgl.: COOPER, R./KAPLAN, R. S., Messung 1995, S. 50.

6 Vgl. hierzu auch die anschauliche Darstellung bei ZANGL, H., Durchlaufzeiten 1985, S. 191-192; HAY, P. H./HIERONIMUS, A./HUSS, H.-P., Projektabrechnung 1993, Sp. 1638-1639, sowie zur Durchführung der traditionellen Budgetierung DÄUMLER, K.-D./GRABE, J., Plankostenrechnung 1995, S. 204-206.

Nach der outputorientierten Vorgehensweise werden zunächst die von einem Bereich zu erbringenden Leistungen aus den mittel- und langfristigen Plänen des Unternehmens abgeleitet und auf ihre Notwendigkeit sowie das erwartete Ausmaß der Zielerreichung untersucht.[1] Als Ergebnis resultiert ein Leistungskatalog, der dem Bereich vorgegeben wird. Im zweiten Schritt werden die Alternativen der Leistungserstellung bezüglich der gestellten Aufgaben erarbeitet und einer Kosten-Nutzen-Analyse unterzogen. Das wirtschaftlichste Verfahren, bzw. die wirtschaftlichsten Prozeßketten, werden nach dem Minimalprinzip bestimmt und stellen die Tätigkeiten der betrachteten Periode, bzw. des betrachteten Projektes dar. Erst im dritten Schritt wird das hierfür benötigte Budget retrograd abgeleitet.[2] Diese Vorgehensweise erlaubt eine weitreichende Analyse der Wirtschaftlichkeit, bei der Ziele, Leistungen und Tätigkeiten eines Bereichs transparent gemacht und bewertet werden, sowie über Alternativen der Leistungserstellung nachgedacht wird.[3]

Aus den mittel- bis langfristigen Bindungsdauern erfolgt entsprechend die Ableitung der benötigten Prozeßmengen aus der Unternehmensplanung. Eine Ableitung immaterieller Potentiale aus einzelnen Planungsebenen zeigt, daß benötigte Prozeßmengen sich über sämtliche Planungsebenen erstrecken. Die strategische Planung ist durch den Aufbau von Ertragspotentialen gekennzeichnet, wobei die generelle Unternehmensentwicklung für einen längeren Zeitraum abgebildet wird, sowie Chancen und Risiken gegeneinander abgewogen werden.[4] Die Ableitung der Prozeßmengen z.B. der Grundlagenforschung ist dieser Planungsebene zuzuordnen.

Der dominierende Anteil der immateriellen Potentiale leitet sich aus der taktischen Planung ab. Gegenstand dieser Ebene ist die Erarbeitung konkreter Ziele sowie die Festlegung der hierzu benötigten Ressourcen und Maßnahmen.[5] Als Rahmenplanung wird ein Zeithorizont von ca. ein bis fünf Jahren festgelegt. Hierzu zählen die Maßnahmen des Marketing, der angewandten Forschung, der Rationalisierung, der Personalentwicklung, des Qualitätsmanagement sowie des Produktionsmanage-

---

1 Vgl.: MEYER, H. W., Funktionsanalyse 1980, S. 75.

2 Vgl. auch REICHMANN, T./SCHÖN, D., Gemeinkostenplanung 1996, S. 292.

3 Vgl.: HARDT, R., Kostenmanagement 1998, S. 77; MÄNNEL, W., Prozeßkostenmanagement 1996, S. 75-77; ZANGL, H., Durchlaufzeiten 1985, S. 16-17; MEYER, H. W., Funktionsanalyse 1980, S. 75.

4 Vgl.: KREIKEBAUM, H., Unternehmensplanung 1993, S. 26-27, S. 127-128; HORVÁTH, P., Controlling 1994, S. 188; ZIEGENBEIN, K., Controlling 1998, S. 49-50.

5 Vgl.: HORVÁTH, P., Controlling 1994, S. 188.

ment. Die getroffene Zuordnung resultiert aus der Fristigkeit des Aufbaus dieser Potentiale und betrifft aufgrund der zeitlichen Differenz zum späteren Markteinführungszeitpunkt schon frühzeitig die Planung der benötigten Prozeßmengen.

In der operativen, kurzfristigen Planung werden Entscheidungen über die optimale Ausschöpfung der bestehenden Potentiale getroffen, wobei eine Anpassung innerhalb dieses Zeitrahmens aus den genannten Gründen nicht, bzw. nur sehr eingeschränkt erfolgen kann.[1]

Zur Erfüllung der Aufgaben einer an immateriellen Potentialen ausgerichteten Kosten- und Erfolgsrechnung sind die verschiedenen Güter- und Dienstleistungsverzehre im Zeitpunkt ihres Entstehens zu erfassen und möglichst veranlassungsgerecht zu kontieren. Um zukünftige, noch darzustellende Parallelrechnungen zu ermöglichen, sind die Kostenarten mehrdimensional zu erfassen und nach verschiedenen Bezugsobjekten zu differenzieren und hierarchisieren.[2]

Als vorrangiges Ziel besteht die Aufgabe, Kostenarten in der Kostenträgerstückrechnung entsprechend ihrer Veranlassung verschiedenen Kostenträgern zuzuordnen. Hierzu sollte bereits in der Periode der Entstehung der Kosten für immaterielle Potentiale ein Bezug zu späteren Kostenträgern hergestellt werden.[3] Bei einer Vielzahl von Kostenarten ist dieser Bezug zweifelsfrei gegeben, auch wenn eine kalkulatorische Verrechnung erst in zukünftigen Perioden erfolgen kann.[4] Nur in Ausnahmefällen kann ein Kostenträger als Bezugsgröße nicht genannt werden, z.B. in der Grundlagenforschung oder der Öffentlichkeitsarbeit. Die Probleme schwankender Absatzmengen, Mehrfachnutzungen, Fehlforschungen oder mangelnder Bezugsgrößen werden erst an späterer Stelle dargestellt.

Zur Gewährleistung zweckneutraler Rechnungen werden die Kostenarten, zusätzlich zu den üblichen betrieblichen Kontierungseinheiten, projektweise geplant und kontiert.[5] Als Projekt kann im Optimum bereits ein konkreter Kostenträger bestimmt

---

1 Vgl.: MÄNNEL, W., Prozeßkostenmanagement 1996, S. 75; KREIKEBAUM, H., Unternehmensplanung 1993, S. 127.

2 Vgl.: BOHNE, F., Entwicklungsperspektiven 1994, S. 213.

3 Vgl.: COENENBERG, A. G., Kostenrechnung 1993, S. 406.

4 Vgl.: GRAßHOFF, J./GRÄFE, C., Kostenmanagement 1998, S. 62.

5 Vgl.: PICOT, A./RISCHMÜLLER, G., Verwaltungskosten 1981, S. 341; MÄNNEL, W., Kostenträger 1996, S. 241; RATTAY, G., Projektplanung 1996, S. 384; MICHEL, R. M., Projektcontrolling 1996, (Fortsetzung ...)

werden. Diese Kontierungsmöglichkeit wird bei einer Vielzahl der Kostenarten möglich sein.[1] Als Projekt wird in diesem Zusammenhang ein allgemeines Bestimmungsobjekt gewählt, welches nicht auf Kostenträger reduziert ist, diesen jedoch so nahe wie möglich sein sollte. So können FuE-Projekte ohne Kostenträgerbezug bestimmt werden, das Gesamtunternehmen bei Maßnahmen der Öffentlichkeitsarbeit, oder Funktionsbereiche im Rahmen des Qualitätsmanagement, der Personalentwicklung oder der Rationalisierung. Hierdurch entsteht im Ergebnis eine mehrdimensionale und mehrstufige Kontierungshierarchie, deren Ziel einerseits die möglichst spezielle und andererseits die überschneidungs- und verbundfreie Kostenträgerzuordnung darstellt.[2]

Können Kostenträger oder Funktionen als Kontierungseinheit nicht bestimmt werden, bleibt das Gesamtunternehmen als oberste allgemeine Kontierungseinheit bestehen, wobei die Möglichkeit einer späteren spezielleren Zuordnung besteht, wenn sich die Kostenträger sowie die Nutzungen der immateriellen Potentiale konkretisieren. Darst. 49 verdeutlicht die Möglichkeiten mehrdimensionaler Kontierungseinheiten, wobei das einzelne Projekt unterschiedlichen Ebenen zugeordnet werden kann.

Das Ziel der Zuordnung besteht in der jeweils speziellsten und den Produkten sowie Dienstleistungen am nahesten kommenden Einteilung. Diese jeweils speziellste (unterste) Hierarchieebene wird, wie alle anderen Ebenen, als Projekt oder pool bezeichnet und erst im Verlauf der operativen Planungen weiter spezifiziert, wenn Beschaffungs- und Absatzpläne oder Zielkosten existieren.[3] Tabelle 12 verdeutlicht mögliche Kontierungen der einzelnen immateriellen Bereiche.

S. 168; BÜRGEL, H. D., Projektcontrolling 1989, S. 6; HAY, P. H./HIERONIMUS, A./HUSS, H.-P., Projektabrechnung 1993, Sp. 1635-1636; ROGALSKI, M., Prozeßkostenrechnung 1996, S. 93; SIEGWART, H./SENTI, R., Life Cycle 1995, S. 158-164.

1 Bei den Kostenträgern handelt es sich nicht ausschließlich um Leistungen, deren Marktphase erst in zukünftigen Perioden folgt, sondern in hohem Maße um Leistungen, die sich bereits in der Marktphase befinden. Vgl. hierzu die Darstellung auf Seite 13, LAßMANN, G., Serienfertigung 1984, S. 968.

2 Vgl.: RATTAY, G., Projektplanung 1996, S. 384-385; SIEGWART, H./SENTI, R., Life Cycle 1995, S. 177-179; ROGALSKI, M., Prozeßkostenrechnung 1996, S. 93; BOHNE, F., Entwicklungsperspektiven 1994, S. 213.

3 Zu der Konzeption einer Poolrechnung vgl. auch BACKHAUS, K., Planung 1984, S. 273-278; FRÖHLING, O./WEIS, E., Thesen 1992, S. 138. BUCH, J., Projektrechnung 1991, S. 88-90, spricht hier von einer Grundrechnung.

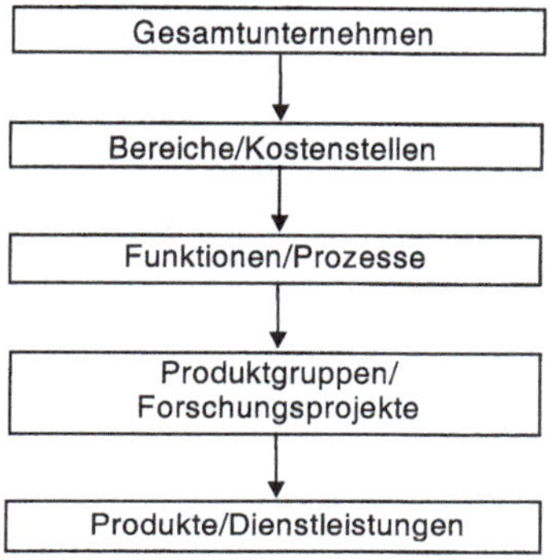

Darst. 49: Kontierungshierarchie

Immaterieller Bereich	**Kontierung**
Grundlagenforschung	Gesamtunternehmen
Angewandte Forschung	Produkt, Marktsegment, Bereiche
Entwicklung	Produkt, Produktgruppe
Werbung	Produkt, Marktsegment, Gesamtunternehmen
Verkaufsförderung	Produkt
Öffentlichkeitsarbeit	Gesamtunternehmen
Marktforschung	Produkt, Gesamtunternehmen
Produktionsmanagement	Produktgruppen, Prozesse, Kostenstellen
Qualitätsmanagement	Produkt, Bereich, Kostenstelle
Personalentwicklung	Produktgruppe, Kostenstelle, Bereich
Rationalisierung	Kostenstelle, Bereich, Gesamtunternehmen

Tab. 12: Kontierungsalternativen immaterieller Potentiale

Langfristig sind die Kapazitäten der Optimalkapazität anzupassen, wobei einerseits die Maßnahmen des Kostenmanagement Berücksichtigung finden und andererseits der zukünftige Bedarf aus den mittel- und langfristigen Plänen abzuleiten ist. Es wird als Plan-Prozeßmenge die mittelfristig erwartete durchschnittliche Prozeßmenge zugrunde gelegt.[1] Maßnahmen zur Anpassung der personalintensiven indirekten Be-

---

1 Vgl.: FRIEDL, B., Anforderungen 1995, S. 111-112; FLOTOW, P., Prozeßkostenmanagement 1996, S. 346, S. 353. VIKAS, K., Dienstleistungskalkulation 1996, S. 37, spricht hier von Standardzeiten; ebenso KÜTING, K./LORSON, P., Benchmarking 1996, S. 129; BERKAU, C., Geschäftsprozeß-Controlling, S. 188; FLOTOW, P., Prozeßkostenmanagement 1996, S. 353-357. Zur Planung des Personalbedarfs vgl. auch den Ansatz von GILCHRIST, M./PATTISON, D. D./KUDLA, R. J.: Controlling Indirect Costs with Headcount Forecast Algorithms, in: Management Accounting, Volume 67 (1985), 2, S. 46-51.

reiche können eine gezielte Personalpolitik, die Nutzung der natürlichen Fluktuation von Mitarbeitern, die Flexibilisierung der Arbeitszeiten, die breitere Qualifikation des Personals, Umsetzungsmaßnahmen, Kurzarbeit oder Entlassungen sein.[1] Nach den Ergebnissen der Ist-Analyse werden die leistungsmengeninduzierten Prozeßkosten analytisch geplant. Hierzu wird die bottom-up Vorgehensweise empfohlen, bei der die Mitarbeiter an der Erfassung der Ist-Zeiten und Ist-Mengen beteiligt werden.[2]

Bevor auf die Ergebnisse der Ist-Analyse weitere Maßnahmen des Kostenmanagement angewendet werden, werden die Prozesse neu strukturiert und optimiert. Zu diesem Vorgehen führt die Tatsache, daß die bestehende Prozeßstruktur historisch gewachsen ist und von Zufälligkeiten geprägt sein kann. Eine Senkung der Prozeßkosten und insbesondere der Durchlaufzeiten kann nur suboptimale Ergebnisse liefern, wenn die bestehende Struktur antizipiert wird und den Ausgangspunkt der weiteren Analysen und Planungen darstellt. Hierzu wird eine neue, optimierte Prozeßstruktur als Sollkonzept entwickelt, wobei von der Ist-Struktur vollständig abstrahiert werden sollte. Die Realisierung des Sollkonzeptes erfolgt aufbauend auf der derzeitigen Ist-Struktur und enthält Maßnahmen zur Anpassung. Aufgrund dieser Ergebnisse können Schnittstellen definiert, Informations- und Kommunikationsbrüche identifiziert und Soll-Kapazitäten einer Kostenstelle ermittelt werden.[3]

In einem ersten Schritt sind die Arbeitsergebnisse einer Wertschöpfungsanalyse zu unterziehen.[4] Hiernach können nicht wertschöpfende Prozesse eliminiert werden, bzw. Prozesse mit einer geringen Wertschöpfung reduziert oder umverteilt werden.[5] Im zweiten Schritt werden die nunmehr definierten Leistungen der Kostenstellen dahingehend überprüft, ob eine Veränderung des Mitteleinsatzes, der Prozesse, bzw. der Prozeßketten, eine optimalere Leistungserstellung im Sinne des Minimalprinzips ermöglicht. Die Kriterien, anhand derer die Beurteilung der Neustrukturierung der Prozesse, bzw. der Prozeßketten zu erfolgen hat, sind Qualität, Kosten und Zeit, vgl. Darst. 50.[6]

---

1 Vgl.: MÄNNEL, W., Prozeßkostenmanagement 1996, S. 84; KILGER, W., Probleme 1980, S. 45-46; KILGER, W., Plankostenrechnung 1993, S. 357.

2 Vgl.: ZIEGENBEIN, K., Controlling 1998, S. 50; VIKAS, K., Dienstleistungskalkulation 1996, S. 37; FLOTOW, P., Prozeßkostenmanagement 1996, S. 348-349.

3 Vgl.: FLOTOW, P., Prozeßkostenmanagement 1996, S. 353-354.

4 Vgl.: ZIEGENBEIN, K., Controlling 1998, S. 122-127.

5 Vgl.: MÄNNEL, W., Prozeßkostenmanagement 1996, S. 71.

6 Vgl.: SCHOLL, K./DITTMAR, J., Prototyping 1996, S. 191.

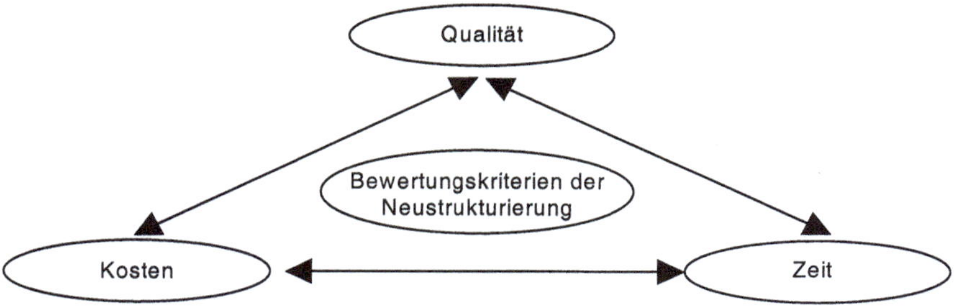

Darst. 50: Bewertungskriterien der Neustrukturierung

Die Bewertungskriterien, bzw. die Ziele der verfolgten Umstrukturierungen können sich komplementär, konkurrierend und neutral zueinander verhalten:[1]

- komplementär: die Verminderung der Durchlaufzeit führt zu einer Kostensenkung in dieser Kostenstelle,
- konkurrierend: die Verminderung der Durchlaufzeit führt zu einer Qualitätsverminderung,
- neutral: die Qualitätssteigerung hat keine Auswirkungen auf die Arbeitszufriedenheit.[2]

Zur Planung der Prozeßmengen werden die benötigen Arbeitsergebnisse der indirekten Kostenstellen aus den Produktions- und Absatzplänen abgeleitet. Die Zeitdauer eines Projektes besitzt maßgeblichen Einfluß auf die Höhe der Kosten. Wie zuvor anhand des Beispiels der Planung der Werbekosten dargestellt, resultieren eine Vielzahl kalenderzeitproportionaler, regelmäßig wiederkehrender Kosten in Form von Fixkosten aus immateriellen Potentialen. Mit Ausnahme der FuE gilt dieses Verhalten uneingeschränkt für große Teile der immateriellen Bereiche. Für diese Teile kann die Projektdauer als Kostenbestimmungsfaktor verwendet werden.

Für den von der Projektdauer unabhängigen Kostenanteil gelten andere Kostenbestimmungsfaktoren, wie z.B. der Absatzerfolg eines neuen Produktes für die Höhe

---

1 Zu konkurrierenden, komplementären und indifferenten, bzw. neutralen Zielbeziehungen vgl. PETERS, S./BRÜHL, R./STELLING, J. N., Betriebswirtschaftslehre 1997, S. 20.

2 Vgl.: KRALLMANN, H., Systemanalyse 1996, S. 239; SCHÜTZDELLER, K., Projektcontrolling 1991, S. 22; ZANGL, H., Durchlaufzeiten 1985, S. 139 sowie zur Analyse der Durchlaufzeiten im Verwaltungsbereich S. 77-130.

der Werbekosten oder Qualitätsmängel für die Höhe der Kosten der Entwicklung sowie des Qualitäts- und Produktionsmanagement, vgl. Tabelle 13.[1]

Immaterieller Bereich	Kostenbestimmungsfaktor
Forschung und Entwicklung	Produktanpassungen, -mängel
Qualitätsmanagement	Ausschuß, Nacharbeit
Personalentwicklung	Durchführungsfehler
Rationalisierung	Produktivitätsfortschritte
Produktionsmanagement	Los-, Seriengrößen
Werbung	Absatzerfolg

Tab. 13: Kostenbestimmungsfaktoren immaterieller Bereiche

Auch für diese Bereiche besteht das Problem, aus den identifizierten Kostenbestimmungsfaktoren eine gültige Kostenfunktion abzuleiten, zu denen die Kosten immaterieller Potentiale in einer funktionalen Beziehung stehen. Für das Management eines Unternehmens besteht zunächst die Aufgabe, gültige Kostenbestimmungsfaktoren der immateriellen Bereiche zu identifizieren. Hierauf aufbauend können die Häufigkeiten der Prozeßdurchführungen aus den Produktions- und Absatzplänen sowie der geplanten Projektdauer analytisch geplant werden, wobei die Verzehre und Abweichungen vergangener sowie laufender Projekte in diesen Planungsprozeß integriert werden.

Die zur Erstellung der benötigten Arbeitsergebnisse benötigten Prozesse und Prozeßketten werden nun analytisch aufgrund der restrukturierten Prozesse addiert und ergeben die Verkehrsmengen der Kostenstellen in den betrachteten Planungszeiträumen. Als Resultat weisen die Verkehrsmengen monatliche Schwankungen auf, da der Bedarf an leistungsmengeninduzierten Prozessen von der Beschäftigung indirekt beeinflußt wird, vgl. Darst. 51.

Ausgangspunkt der Planung der Prozeßmengen sind die restrukturierten Ist-Prozeßmengen der Kostenstellen, welche um zukünftige Produktivitätsfortschritte (Rationalisierungen) gekürzt werden.[2] Des weiteren werden zukünftige, aus der Produktions- und Absatzplanung abgeleitete, hinzukommende, bzw. fortfallende Prozeßmengen

---

1 Vgl. auch SCHWEITZER, M./KÜPPER, H.-U., Systeme 1995, S. 247.

2 Vgl.: MÄNNEL, W., Prozeßkostenmanagement 1996, S. 75. Diese Rationalisierungen stellen Zielvorgaben für die Zukunft dar und sind nicht im Zusammenhang mit den erreichten Produktivitätsfortschritten der restrukturierten Ist-Prozeßmengen der Vergangenheit zu sehen. Diese Vorgehensweise wird als Kontinuierlicher Verbesserungsprozeß (KVP) bezeichnet.

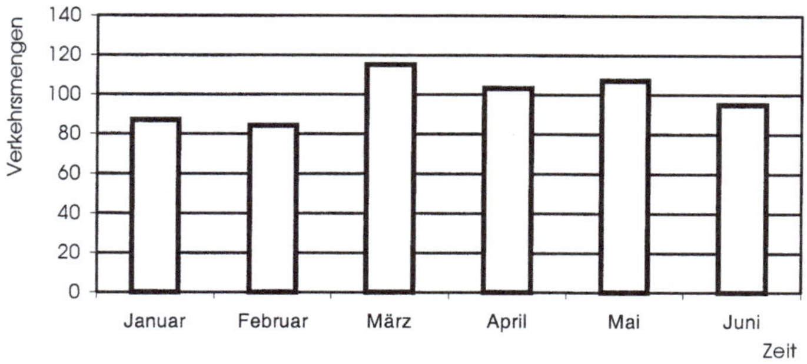

Darst. 51: Bedarf einer Kostenstelle an Verkehrsmengen

berücksichtigt. „Eine Möglichkeit der operationalen Festsetzung von Plan-Prozeßmengen könnte vielleicht darin bestehen, diese Mengen als mittel- bzw. langfristig anzustrebende Leistungsniveaus der entsprechenden Prozesse unter Rückgriff auf die im Rahmen des Zero-Base-Budgeting eingesetzten Verfahren zu bestimmen."[1]

Da in den Ist-Prozeßmengen eventuell bereits bestehende Überkapazitäten enthalten sind, ist ein Risikoanteil für ungeplante Tätigkeiten nicht zu berücksichtigen. Darst. 52 verdeutlicht zusammenfassend die Ermittlung der Plan-Prozeßmenge:[2]

	Ist-Prozeßmengen
-	Produktivitätsfortschritt
+	erhöhter Prozeßmengenbedarf
-	verringerter Prozeßmengenbedarf
=	Plan-Prozeßmenge

Darst. 52: Ermittlung der Plan-Prozeßmengen

1 GLASER, H., Analyse 1996, S. 169.

2 Vgl. HORVÁTH, P./MAYER, R., Prozeßkostenrechnung 1995, S. 76-77. SCHEER, A.-W., Modellunterstützung 1996, S. 22, empfiehlt die Verwendung von Toleranzgrenzen, deren Überschreiten darauf hinweist, daß die Ist-Prozeßmenge auch trotz Kostenreduktion umsetzbar ist. Maßnahmen zum Abbau von Überschußkapazitäten und zur Produktivitätssteigerung finden sich bei COOPER, R./KAPLAN, R. S., Messung 1995, S. 52-53.

2. Kostenkontrolle immaterieller Potentiale

a. Kontrolle der Prozeßkostensätze

Zur Erfüllung der Zwecke der Kostenrechnung, insbesondere der Kostenkontrolle, muß eine Bewertung der tatsächlich realisierten Istkosten erfolgen. Hierzu stehen die Vergleichsformen aus Darst. 53 zur Verfügung.[1]

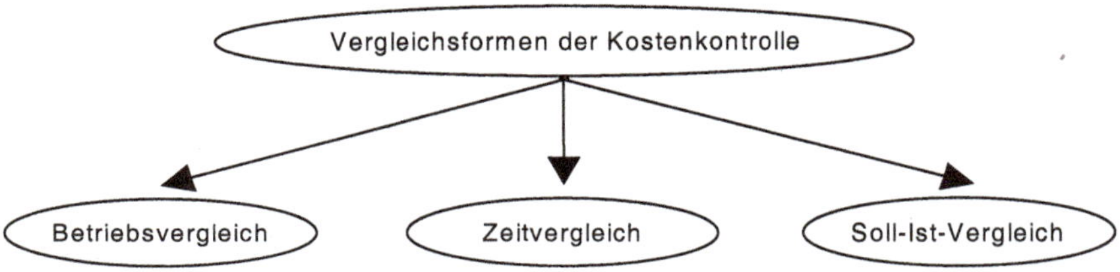

Darst. 53: Vergleichsformen der Kostenkontrolle

Da bei Betriebs- und Zeitvergleichen als Bewertungsmaßstäbe subjektive Kosteninformationen der Vergangenheit zugrunde gelegt werden, in denen Unwirtschaftlichkeiten enthalten sein können, kann keine objektive Beurteilung der Wirtschaftlichkeit der Leistungserstellung und Leistungsverwertung erfolgen.[2]

Eine objektive Kostenkontrolle erfordert Kostenvorgaben, welche in zukünftigen Perioden erreicht werden sollen, unter Ausschaltung von Unwirtschaftlichkeiten vergangener Perioden (Zeitvergleich), bzw. von Vergleichsunternehmen (Betriebsvergleich). Zur Erfüllung dieser Forderung kann ausschließlich der Soll-Ist-Vergleich aussagefähige Informationen liefern. Hierzu werden Plankosten ermittelt, bevor der Prozeß der Leistungserstellung und -verwertung beginnt. Nach Abschluß dieses Prozesses werden die realisierten Istkosten mit den Plankosten verglichen und die aufgetretenen Abweichungen auf ihre Ursachen analysiert.

Zur Kontrolle der Prozeßkostensätze wird die Analyse der Kapazitätsauslastung durchgeführt. Hierbei werden die tatsächlich in der Abrechnungsperiode entstande-

---

1 Vgl.: KLÜMPER, P., Kostenrechnung 1984, S. 136.

2 Vgl.: KLÜMPER, P., Kostenrechnung 1984, S. 137; SERFLING, K., Controlling 1992, S. 133; MÄNNEL, W., Kostenrechnung II 1983, S. 133; COENENBERG, A. G., Kostenrechnung 1993, S. 342; DÄUMLER, K.-D./GRABE, J., Plankostenrechnung 1995, S. 23.

nen Ist-Prozeßkosten den auf die Istmenge umgerechneten Plan-Prozeßkosten, den Soll-Prozeßkosten gegenübergestellt, wobei nicht in beschäftigungsfixe und beschäftigungsvariable Prozeßkosten, sondern in leistungsmengenneutrale und leistungsmengeninduzierte Prozeßkosten unterschieden wird.[1] Hierzu wird empfohlen, das Kostensenkungsziel der Periode bei der Vorgabe der Sollprozeßkosten bereits zu berücksichtigen.[2] Während die Ermittlung der Ist-Prozeßkostensätze aus der Betriebsabrechnung keine Probleme verursacht, bedeutet die Ermittlung objektiver Soll-Prozeßkostensätze ein unlösbares Problem, welches nur durch Vereinfachungen gelöst werden kann, indem Ersatzziele alternativ Verwendung finden.[3]

„Aufgrund der Problematik der wirtschaftlichen Bestimmung verläßlicher analytischer Leistungsstandards (standards-of-performance) für dispositive Tätigkeiten mit gewissen Entscheidungsspielräumen sind der analytischen prozeßmengenorientierten Kostenplanung sozusagen natürliche Grenzen gesetzt."[4] Dennoch sind die Unternehmen zur Bewertung ihrer Produktivität und zur Bestimmung von Produktivitätsfortschritten auf Sollmengen für die indirekten, immateriellen Bereiche angewiesen. Die Kostenkontrolle stellt als Vergleichsformen den Zeit-, Betriebs-/Branchen- und Soll-Ist-Vergleich zur Verfügung. Die aussagefähigste Vergleichsform ist der Soll-Ist-Vergleich, da hierbei die Sollkosten analytisch geplant werden können.[5] Nach dem zuvor Gesagten kann diese Vergleichsform keine relevanten Informationen liefern, da die analytische Bestimmung der Sollmengen für dispositive Tätigkeiten nur absolute, suboptimale Ergebnisse bereitstellt.[6]

---

1 Vgl.: FRÖHLING, O., Kostenmanagement 1994, S. 160-164.

2 Vgl.: COENENBERG, A. G./FISCHER, T., Prozeßkostenrechnung 1991, S. 29.

3 Vgl.: SCHEER, A.-W., Modellunterstützung 1996, S. 16. BRÜHL, R., Informationen 1995, S. 74, weist darauf hin, daß hiermit eine Fixkostenanalyse vorgenommen wird, da in den indirekten Bereichen die Gemeinkosten in der Regel Fixkosten sind, wodurch die Untersuchung auf die Auslastung der Kapazitäten gerichtet ist.

4 KÜTING, K./LORSON, P., Prozeßkostenrechnung 1995, S. 94, im Original teilweise hervorgehoben. Vgl. auch KAGERMANN, H., Realisierung 1991, S. 180; MEYER, H. W., Funktionsanalyse 1980, S. 74; FRÖHLING, O., Kostenmanagement 1994, S. 159-160; KILGER, W., Plankostenrechnung 1993, S. 326-329; MÜLLER, H., Grenzplankostenrechnung 1993, S. 214; DÄUMLER, K.-D./GRABE, J., Plankostenrechnung 1995, S. 200.

5 Vgl.: KLOOCK, J./DIERKES, S., Kostenkontrolle 1996, S. 102; KILGER, W., Grenzplankostenrechnung 1983, S. 62. Zur analytischen Kostenplanung vgl. KILGER, W., Plankostenrechnung 1993, S. 348-359. Zur analytischen Kostenplanung im administrativen Leistungsbereich vgl. MÜLLER, H., Grenzplankostenrechnung 1993, S. 170-173.

6 Vgl.: SCHEER, A.-W., Modellunterstützung 1996, S. 6. Vgl. auch HORVÁTH, P./MAYER, R., Prozeßkostenrechnung 1995, S. 73; MAYER, R., Prozeßkostenrechnung 1991, S. 94; FRIEDL, B., Anforderungen 1995, S. 112; BERKAU, C., Geschäftsprozeß-Controlling, S. 184.

Ein Zeitvergleich liefert dem Unternehmen wichtige Hinweise über erzielte Produktivitätsfortschritte im Zeitablauf und wird als Maßstab für die Realisierung getroffener unternehmerischer Entscheidungen betrachtet.[1] Dieser Maßstab kann als zeitlicher Soll-Ist-Vergleich herangezogen werden, indem der geplante Produktivitätsfortschritt mit dem tatsächlich im betrachteten Zeitraum realisierten Produktivitätsfortschritt (PV) verglichen und als Beziehungszahl bestimmt wird:

$$\text{Realisierung des geplanten PV} = PV_{Ist} : PV_{Plan}.$$

Diese Kennzahl liefert ausschließlich eine Aussage über das Ausmaß der Zielerreichung des Planziels. Wird die Kennzahl mit den absoluten Plan- und Ist-Produktivitäten gebildet, besagt sie die Veränderung der tatsächlich erreichten Produktivität. Die Aussage des Zeitvergleichs liefert zwar notwendige Informationen zur Erfolgsbeurteilung getroffener Maßnahmen und Instrumente, kann den fehlenden objektiven Leistungsstandard jedoch nicht liefern oder ersetzen. Als Hilfsgröße kann in diesem Fall ausschließlich der Betriebsvergleich relevante Informationen liefern. Diese Vergleichsform ist als Hilfsgröße zu betrachten, da sie ebenfalls keinen objektiven Maßstab abbildet.

Bei der Ermittlung von standards-of-performance im Rahmen des Betriebs- oder Branchenvergleichs, werden die Prozesse und Aktivitäten anderer Unternehmen als Vergleichsmaßstab verwendet. Der traditionelle Betriebsvergleich erlaubt einen Vergleich mit Unternehmen einer Branche und gleicher Größe, Umsatz, etc.[2] Hierzu dient die Organisation in Kammern und Verbänden, da der Informationsaustausch zwischen den einzelnen Mitgliedern gefördert und Hilfestellungen geleistet werden können.

In den letzten Jahren ist eine ähnliche Idee vornehmlich aus Japan und den U.S.A. nach Europa transferiert worden und wird unter dem Begriff Benchmarking propagiert, wobei im Mittelpunkt der Funktionsvergleich verschiedener, in bestimmten Funktionen besonders erfolgreicher Unternehmen steht.[3]

---

1 Vgl. auch GRAßHOFF, J./GRÄFE, C./NITSCHKE, F., Entwicklungskostenkalkulationen 1999, S. 122. Zur Fortschrittsmessung vgl. COENENBERG, A. G./RAFFEL, A., Kosten- und Leistungsanalyse 1988, S. 202.

2 Vgl.: HAHN, D., PuK 1996, S. 233; BERKAU, C., Geschäftsprozeß-Controlling, S. 188.

3 Zum Benchmarkingprozess vgl. auch die Darstellungen von BUTTLER, G. u.a., Benchmarking 1999, S. 35-42; HARDT, R., Kostenmanagement 1998, S. 91-106; SERFLING, K./SCHULTZE, R.,

(Fortsetzung ...)

„Ziel des Benchmarking ist es, Leistungslücken sowie deren Ursachen im Vergleich mit den „Klassenbesten" aufzudecken und geeignete Maßnahmen für deren Schließung zu ergreifen."[1]

Das Problem dieser Analyse besteht in der Weitergabe unternehmensrelevanter Informationen an Dritte, insbesondere Wettbewerber.[2] Aus diesem Grunde wird vorgeschlagen, Benchmarking mit branchenfremden Unternehmen durchzuführen, die keine direkten Wettbewerber darstellen, da eine Vielzahl von Prozessen analog ausgeführt werden (Ware einlagern, Kalkulationen erstellen, Zahlungseingänge überwachen, ...).[3] Diese Form der Ermittlung von Leistungsstandards stellt im Rahmen der möglichen Vergleichsformen die einzige Möglichkeit dar, das Problem der mangelnden objektiven Leistungsstandards einzuschränken und im Rahmen der Kostenkontrolle Plan-Prozeßmengen bereitzustellen.[4] Die Kontrolle der Prozeßkostensätze sowie die Ermittlung einzelner Abweichungsursachen sind für die Zwecke dieser Arbeit nicht weiter zu diskutieren.[5]

b. Projektkostenkontrolle

Die Kostenkontrolle findet als Projektkontrolle statt, da die Kostenhöhe und Maßnahmen der Gegensteuerung durch projektbezogene Entscheidungen bestimmt werden.[6] In einem ersten Schritt werden projektweise die erwarteten Istkosten ermit-

---

Benchmarking 1997, S. 193-197; KARLÖF, BENGT/ÖSTBLOM, SVANTE: Das Benchmarking-Konzept - Wegweiser zur Spitzenleistung in Qualität und Produktivität, München 1994; LAMLA, JOACHIM: Prozeßbenchmarking - dargestellt an Unternehmen der Antriebstechnik, München 1995; HORVÁTH, P., Controlling 1994, S. 585-592; WEBER, J., Controlling 1995, S. 408-410.

1 HAHN, D., PuK 1996, S. 233. Vgl. auch SERFLING, K./SCHULTZE, R., Benchmarking 1997, S. 193; HORVÁTH, PÉTER/HERTER, RONALD N.: Benchmarking - Vergleich mit den Besten der Besten, in: Controlling, 4. Jg. (1992), S. 4-11; CAMP, ROBERT C.: Benchmarking, München/Wien 1994, S. 28-30; SCHWEITZER, M./KÜPPER, H.-U., Systeme 1995, S. 48; MÄNNEL, W., Prozeßkostenmanagement 1996, S. 87; KÜTING, K./LORSON, P., Benchmarking 1996, S. 122-123.

2 Vgl.: BUTTLER, G. u.a., Benchmarking 1999, S. 35.

3 Vgl.: WEBER, J., Controlling 1995, S. 409; WÜEST, G., Prozeßplanung 1996, S. 425-426.

4 Vgl. hierzu auch BACK-HOCK, A., Implementierung 1995, S. 38.

5 Zur Ermittlung und Analyse der Abweichungen von Prozeßkostensätzen vgl. FRÖHLING, O., Kostenmanagement 1994, S. 160-164; KLOOCK, J./DIERKES, S., Kostenkontrolle 1996, S. 96-115.

6 Vgl.: GRAßHOFF, J./GRÄFE, C./NITSCHKE, F., Entwicklungskostenkalkulationen 1999, S. 121; MÜLLER, H., Grenzplankostenrechnung 1993, S. 243-244; MÄNNEL, W., Kostenrechnung 1993, S. 167.

telt, bzw. prognostiziert (Wirdkosten).[1] „Aus der Kennzeichnung der Prognosekosten als Wirdkosten ergibt sich, daß innerbetriebliche Güterverbräuche mit Hilfe dieser Kosten nicht mit ihrer optimalen, sondern mit der erwarteten Verwendungsweise berücksichtigt werden.“[2] Je nach dem Zeitpunkt der Durchführung der Kontrolle können die Planfortschrittskontrolle (Soll-Wird-Vergleich), Prämissenkontrolle (Wird-Ist-Vergleich) sowie die Prognosekontrolle (Wird-Wird-Vergleich) unterschieden werden:

- Planfortschrittskontrolle (Soll-Wird-Vergleich)
  Die Planfortschrittskontrolle wird während des laufenden Projektes durchgeführt, wobei die Sollkosten mit den prognostizierten Wirdkosten des Projektes verglichen werden. Durch diesen Vergleich sollen rechtzeitig Störgrößen identifiziert werden, damit für die Restdauer des Projektes eine Einflußnahme in Form der Anpassung der Sollkosten oder in Form der Vermeidung von Abweichungen erfolgen kann.[3]

- Prämissenkontrolle (Wird-Ist-Vergleich)
  Die Prämissenkontrolle überprüft die Geltung der unterstellten Prämissen der operativen Pläne, nachdem bereits die ersten Projektabschnitte realisiert worden sind. So können die Annahmen über den Markteinführungszeitpunkt, die Dauer der Marktphase, die Höhe der Ausschußquote oder die Anzahl der Anpassungsmaßnahmen im Personalbereich sich als zu ungenau erweisen und werden jetzt für die verbleibende Projektdauer revidiert. „Das rechtzeitige Wissen über mögliche Änderungen der Prämissen in den restlichen Planabschnitten erhöht die Planungssicherheit und erleichtert die Planfortschreibung.“[4]

---

1 Zu Prognosemodellen und Projektionsmodellen vgl. SCHOLL, KAI/GLEICH, RONALD/SPITZLEY, KLAUS, Konstruktionsbegleitende Prozeßkostenkalkulation mit PRO³KOS, in: Controlling, 11. Jg. (1999), S. 35-40; ZIEGENBEIN, K., Controlling 1998, S. 52-55.

2 SCHWEITZER, M./KÜPPER, H.-U., Systeme 1995, S. 245. Vgl. auch GUTENBERG, E., Produktion 1983, S. 233-234; HORVÁTH, P., Controlling 1994, S. 412-422; MENSCH, G., Kostenplanung 1997, S. 60. Zur Prognosekostenrechnung vgl. KOSIOL, ERICH: Typologische Gegenüberstellung von standardisierender (technisch orientierter) und prognostizierender (ökonomisch ausgerichteter) Plankostenrechnung, in: Plankostenrechnung als Instrument moderner Unternehmungsführung - Erhebungen und Studien zur grundsätzlichen Problematik, hrsg. von ERICH KOSIOL, 2. Aufl., Berlin 1956, S. 49-76; ebenda: Neuere Ziele und Methoden der Kostenplanung, ZfB 1954, S. 657-665.

3 Vgl.: SCHWEITZER, M./KÜPPER, H.-U., Systeme 1995, S. 281; ZIEGENBEIN, K., Controlling 1998, S. 460-462.

4 SCHWEITZER, M./KÜPPER, H.-U., Systeme 1995, S. 282. Vgl. auch GRUBER, H., Feed-Forward-Kopplung, S. 157; WEBER, J., Controlling 1995, S. 164-166.

- Prognosekontrolle (Wird-Wird-Vergleich)
  Die Prognosekontrolle stellt eine Konsistenzüberprüfung der Kostenprognosen dar. Aus aufgetretenen Abweichungen resultieren Maßnahmen des Management zur Beeinflussung dieser Abweichung in zukünftigen Perioden des Projektes.[1] Durch die Prognosekontrolle werden die verschiedenen entwickelten Maßnahmen auf ihre Widerspruchsfreiheit hin überprüft.[2]

Grundlage der Durchführung der projektweisen Kostenplanung und Kostenkontrolle ist die Definition des betrachteten Projektes sowie die Bildung von Projektabschnitten, bzw. Milestones, für die die Kostenkontrolle durchgeführt wird.[3] Nach den bisherigen Ausführungen über die Kontierungshierarchie werden die Projekte kostenträgerweise definiert und weiter nach Bereichen differenziert, wobei für einzelne Bereiche Unterprojekte, bzw. nicht weiter zu untergliedernde Arbeitspakete gebildet werden können, wenn der Umfang sowie die Anzahl der Kostenbestimmungsfaktoren dies erfordern.[4]

Die für die Kostenplanung und Kostenkontrolle relevante Projektdauer, bzw. Projektlaufzeit, ist zunächst mit dem geplanten Produktlebenszyklus identisch.[5] Neben der zeitlichen Abgrenzung der Projekte wird die Unterscheidung einzelner Projektabschnitte nach sachlichen Kriterien vorgenommen.[6]

Die Dauer einzelner Projektabschnitte oder -phasen resultiert aus der Anzahl der variierenden Kostenbestimmungsfaktoren in diesen Abschnitten. Ist z.B. der Bereich Marketing drei Zeitperioden lang mit der Durchführung einer Konkurrentenanalyse beauftragt, bedarf dieser Abschnitt keiner weiteren Differenzierung, da ausschließlich die Abweichung der geplanten von den realisierten Prozeßmengen zu Abweichungen führen kann. In den letzten Perioden vor der Marktphase werden neben der Konkurrentenanalyse eine Vielzahl weiterer Maßnahmen in dem Bereich Marketing

---

1 Vgl. auch GRUBER, H., Feed-Forward-Kopplung, S. 157.

2 Vgl.: SCHWEITZER, M./KÜPPER, H.-U., Systeme 1995, S. 282.

3 Vgl.: BROCKHOFF, K., Forschung 1994, S. 247; BESSAI, B., Abweichungen 1985, S. 528; TANSKI, J., Kostenplanung 1984, S. 224. Zu der Bildung von Milestones vgl. BÜHNER, R., Organisationslehre 1994, S. 213; COENENBERG, A. G., Kostenrechnung 1993, S. 409; SIEGWART, H./SENTI, R., Life Cycle 1995, S. 158-162; BÜRGEL, H. D., Projektcontrolling 1989, S. 6.

4 Vgl.: MÄNNEL, W., Kostenträger 1996, S. 240-241.

5 Vgl.: MICHEL, R. M., Projektcontrolling 1996, S. 321.

6 Vgl.: SIEGWART, H./SENTI, R., Life Cycle 1995, S. 160-161.

durchgeführt, wodurch die Ausprägung der Kostenbestimmungsfaktoren und somit die Kostenhöhe steigen. Folglich können die aufgetretenen Abweichungen auf unterschiedliche Einflußgrößen zurückzuführen sein. In diesen Perioden wird die Kostenkontrolle in kürzeren Zeitabständen durchgeführt, um eine rechtzeitige Gegensteuerung durch die Unternehmensleitung zu ermöglichen.[1] Darst. 54 verdeutlicht die Einteilung des Produktlebenszyklus in Projektabschnitte für den Bereich Marketing.

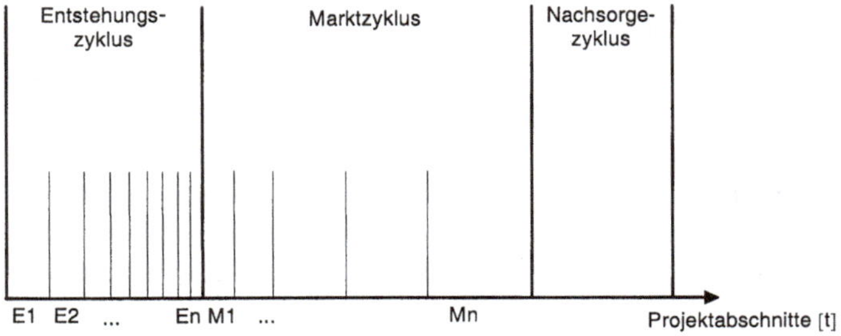

Darst. 54: Projektabschnitte

Für die einzelnen Projektabschnitte werden die geplanten Prozeßmengen (PM_p) mit den tatsächlich realisierten Prozeßmengen (PM_i) verglichen.[2] In Fortführung des genannten Beispiels der Konkurrentenanalyse zeigt Tabelle 14 die Anzahl der Prozeßmengen der einzelnen Projektabschnitte.

Projektabschnitt	geplante Prozeßmenge	realisierte Prozeßmenge
E1	35	40
E2	35	40
E3	50	45
E4	70	60
E5	80	80
E6	80	95
Summe	350	360

Tab. 14: Geplante und realisierte Prozeßmengen einzelner Projektabschnitte

1 Vgl.: SIEGWART, H./SENTI, R., Life Cycle 1995, S. 181.

2 COENENBERG, A. G., Kostenrechnung 1993, S. 405-406, ermittelt analog die Gesamtabweichung durch Gegenüberstellung der bis zum Berichtszeitpunkt angefallenen Istkosten mit den geplanten Budgetkosten.

Die Konkurrentenanalyse findet im Beispiel ausschließlich während des Entstehungszyklus statt und ist zu Beginn des Marktzyklus abgeschlossen. Zu unterscheiden ist die Analyse der gesamten Prozeßdurchführungen von der Analyse der Abweichungen in einzelnen Projektabschnitten. Beginnend in Abschnitt E1 liegt die Abweichung bei (40 - 35 =) 5 Einheiten. Diese Abweichung kann auf

(1) Prognosefehler oder
(2) Einflußgrößenabweichungen zurückzuführen sein.[1]

(1) Prognosefehler
Ein Prognosefehler liegt vor, wenn z.B. in Phase E1 Tätigkeiten einer späteren Phase durchgeführt, bzw. vorgezogen werden.[2] Somit ist die erstellte Leistung (L_{IST}) dieser Phase höher als die ursprünglich geplante Leistung (L_{PLAN}).[3] Die Ursache hierfür ist keine Unwirtschaftlichkeit, sondern eine Folge der Kapazitätsplanung im Marketing. Die geplanten Prozeßdurchführungen (E1,... , E6) zeigen einen konstanten Anstieg in den einzelnen Phasen bis zum Markteinführungszeitpunkt hin. Wird in bestimmten Phasen in einzelnen Bereichen ein Engpaß erwartet, können Leistungen vorgezogen werden, ohne daß somit eine Unwirtschaftlichkeit die Prozeßmengen- und somit Kostenüberschreitung veranlaßt.

Ein weiterer Prognosefehler liegt vor, wenn die Prozeßmengen falsch geplant worden sind und zur Erreichung der geplanten Leistung eine erhöhte Prozeßmenge benötigt wird. Diese Abweichung wird als Soll-Wird-Vergleich im Rahmen der Planfortschrittskontrolle dargestellt und führt zur Anpassung der geplanten Prozeßmengen in den folgenden Projektphasen. Somit wird diese Planung zur rollierenden Planung, in der realisierte Abweichungen antizipiert und in den Planmengen folgender Perioden berücksichtigt werden.[4] Der Nachteil dieses Verfahrens besteht in der Identifizierung von Unwirtschaftlichkeiten, da die reine Mengenbetrachtung hierüber keine Aussage zuläßt.[5] Zur Ermittlung einer Unwirtschaftlichkeit müssen die erstellten Leistungen in

---

1 Vgl.: SCHWEITZER, M./KÜPPER, H.-U., Systeme 1995, S. 283-284; SIEGWART, H./SENTI, R., Life Cycle 1995, S. 182.

2 Vgl.: MICHEL, R. M., Projektcontrolling 1996, S. 181-182.

3 COENENBERG, A. G., Kostenrechnung 1993, S. 408, spricht hier von Planungsfehlern.

4 Vgl.: MICHEL, R. M., Projektcontrolling 1996, S. 181; SIEGWART, H./SENTI, R., Life Cycle 1995, S. 156.

5 Vgl.: REICHMANN, T./SCHÖN, D., Gemeinkostenplanung 1996, S. 289.

die Analyse miteinbezogen werden.[1] Es erfolgt der Vergleich Solleistung mit Istleistung.[2]

Sind, wie in Phase E5, Planmenge und Istmenge identisch, ist zu analysieren, ob auch die geplante Leistung erbracht wurde, da die Häufigkeit der Durchführung eines Prozesses noch keinen Rückschluß auf dessen Beitrag zum Leistungsfortschritt zuläßt.[3] Hierbei bewirkt das Problem der Ermittlung der Leistungsmessung und Leistungsbewertung in immateriellen Bereichen, daß die Solleistung nur unter Unsicherheit ermittelt werden kann, da eine Vielzahl von Prozessen kreative Leistungen enthalten, die sich nur aufgrund von Erfahrungswerten planen und kontrollieren lassen.[4] Dem verantwortlichen Leiter des Projektes, bzw. der Kostenstelle, wird es in der Praxis nicht schwerfallen, eine Unwirtschaftlichkeit mit Prognosefehlern zu begründen.[5] Darst. 55 verdeutlicht die Einbeziehung der kumulierten Leistung der jeweiligen Phase, bezogen auf die Gesamtleistung.

Projektabschnitt	geplante Prozeßmenge	geplanter Leistungsfortschritt	realisierte Prozeßmenge	realisierter Leistungsfortschritt
E1	35	10 %	40	11,43 %
E2	35	20 %	40	22,85%
E3	50	35 %	45	36,46 %
E4	70	50 %	60	48,68 %
E5	80	70 %	80	68,70 %
E6	80	85 %	95	87,43 %
Summe	350	100 %	360	100 %

Darst. 55: Leistungsfortschritte in den Projektabschnitten

1 Vgl.: COENENBERG, A. G., Kostenrechnung 1993, S. 406; SIEGWART, H./SENTI, R., Life Cycle 1995, S. 156.

2 Die Solleistung ist die auf die Ist-Prozeßmenge umgerechnete Planleistung. Vgl. hierzu auch das Konzept der Fortschrittszahlen bei BÜHNER, R., Organisationslehre 1994, S. 241-247.

3 Vgl.: SIEGWART, H./SENTI, R., Life Cycle 1995, S. 182-184. Zu den Problemen der Messung des Leistungsfortschritts vgl. COENENBERG, A. G., Kostenrechnung 1993, S. 409-410. Das Verhältnis von Leistungsfortschritt zu den erwarteten Kosten kann auch über den „Arbeitswert" definiert werden, vgl. KRYSTEK, ULRICH/ZUR, EBERHARD: Projektcontrolling - Frühaufklärung von projektbezogenen Chancen und Bedrohungen, in: Controlling, 3. Jg. (1991), S. 306.

4 Vgl.: BÜHNER, R., Organisationslehre 1994, S. 12, S. 213-214; SIEGWART, H./SENTI, R., Life Cycle 1995, S. 151, S. 168; COENENBERG, A. G., Kostenrechnung 1993, S. 405; HAY, P. H./HIERONIMUS, A./HUSS, H.-P., Projektabrechnung 1993, Sp. 1639-1640; BÜRGEL, H. D., Projektcontrolling 1989, S. 8; STRIENING, H.-D., Prozeß-Management 1988, S. 73. Vgl. hierzu auch den Ansatz von Leistungsstandards des vorherigen Abschnitts.

5 Vgl.: MICHEL, R. M., Projektcontrolling 1996, S. 183.

Handelt es sich in E1 um homogene Prozesse, kann die Soll-Leistung (L_{SOLL}) durch umrechnen der geplanten Leistung auf die Ist-Prozeßmenge ermittelt werden:

Soll-Leistungsfortschritt E1 = $L_{PLAN} : PM_{PLAN} \times PM_{IST}$
= 10 % : 35 x 40 = 11,43 %

Die Abweichung in E1 wird ermittelt durch Gegenüberstellung des Soll- und des Plan-Leistungsfortschritts und stellt als reine Mengenabweichung die Beschäftigungsabweichung (ΔB) dar:

$\Delta B = L_{SOLL} - L_{PLAN}$ = 11,43 % - 10 % = 1,43 Prozentpunkte.

Bezogen auf den geplanten Leistungsfortschritt L_{PLAN} = 10% ergibt sich eine Produktivitätserhöhung in E1 von

(1,43 % : 10 % x 100 =) 14,3%.

Aufgrund der Planungsunsicherheit der Leistungen in immateriellen Bereichen ist diese Abweichung, im Gegensatz zu Abweichungen der Fertigungskostenstellen, unter Vorbehalt positiv zu bewerten.[1] Erst die Entwicklung des Leistungsfortschritts über mehrere Planabschnitte hinweg kann diesen Trend bestätigen. Da die Prozesse innerhalb der Projektabschnitte heterogen sind, besteht zwischen der einzelnen Prozeßmenge und dem Leistungsfortschritt kein proportionaler Zusammenhang. Zur Abweichungsermittlung sind die einzelnen Teilleistungen in die sie erstellenden Prozesse zu unterscheiden, woraufhin pro Teilleistung die Abweichungsanalyse durchgeführt werden kann, vgl. Darst. 56.[2]

(2) Einflußgrößenabweichungen

Die dargestellten Kostenbestimmungsfaktoren, bzw. Kosteneinflußfaktoren der Kosten immaterieller Potentiale können vielfältig sein und werden meistens aus Gründen der Vereinfachung auf die Wichtigsten reduziert.[3]

---

1 Vgl.: STRECKER, A., Prozesskostenrechnung 1991, S. 113.

2 In diesem Zusammenhang wird von Teilleistungen gesprochen, da die Gesamtleistung sich unter Umständen über das gesamte Projekt erstreckt und in dieser Projektphase nur ein Teil dessen erstellt wurde.

3 Vgl.: SCHWEITZER, M./KÜPPER, H.-U., Systeme 1995, S. 283-284; MENSCH, G., Kostenplanung 1997, S. 60.

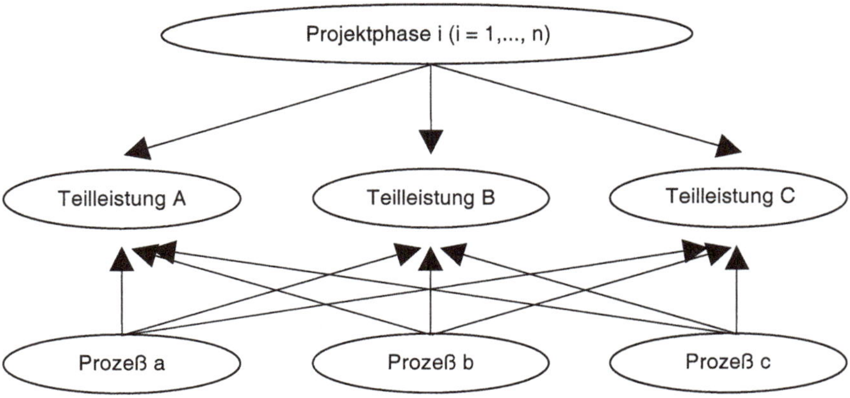

Darst. 56: Projektphase-Teilleistung-Prozeß

Ebenso verhält es sich mit den Kostenbestimmungsfaktoren, die zuvor dargestellt wurden. Der Vorteil der Kontrolle in den immateriellen Bereichen ist die Tatsache, daß repetitive Prozesse mit Wiederholcharakter sich permanent auf ihre Einflußursachen untersuchen lassen und sich getroffene Kostenhypothesen regelmäßig im Zeitablauf überprüfen lassen.[1] Aufgrund der fehlenden Kostenfunktion dieser Tätigkeiten sind die Unternehmen in hohem Maße auf die Analyse und Auswertung vergangener Projekte zur Bestimmung der Ursachen angewiesen.[2] „Gemeinsames Element der (...) Kostenprognose-Methoden ist die Erfahrung."[3]

Erst wenn die Einflußgrößen einzelner Bereiche und Prozesse identifiziert sind, kann die Kontrolle des Zielbeitrages dieser Größen erfolgen. Im Gegensatz zur periodenbezogenen Kostenkontrolle der Grenzplankostenrechnung kommt dieser Analyse im Rahmen der Projektkontrolle die Bedeutung zu, die Auswirkungen auf das laufende Projekt noch steuern und beeinflussen zu können.[4]

---

1 Vgl.: SIEGWART, H./SENTI, R., Life Cycle 1995, S. 173.

2 SCHWEITZER, M./KÜPPER, H.-U., Systeme 1995, S. 276, empfehlen die Verwendung von Ähnlichkeitsgesetzen, Musterfertigungen sowie Ergebnisse externer Institutionen. Vgl. auch STÖKKERT, B./MEYER, S./RÖSLER, M., Kostenvorhersagen 1999, S. 25.

3 SIEGWART, H./SENTI, R., Life Cycle 1995, S. 153. Vgl. auch STÖCKERT, B./MEYER, S./RÖSLER, M., Kostenvorhersagen 1999, S. 23-24; STRIENING, H.-D., Prozeß-Management 1988, S. 73; STRECKER, A., Prozesskostenrechnung 1991, S. 112.

4 Vgl. auch BESSAI, B., Abweichungen 1985, S. 528; WEBER, J., Controlling 1995, S. 169; TANSKI, J., Kostenplanung 1984, S. 217; HAY, P. H./HIERONIMUS, A./HUSS, H.-P., Projektabrechnung 1993, Sp. 1639-1640. STRECKER, A., Prozesskostenrechnung 1991, S. 113, schlägt die Vorgabe (Fortsetzung ...)

Die Planfortschritts-, Prämissen- und Prognosekontrolle richten sich allesamt auf die Steuerung des Projektes während des Planungszeitraumes und der Berücksichtigung dieser Veränderungen in den Wirdkosten.[1] Hierdurch unterstützen sie aktiv das Kostenmanagement während des Projektes. Durch die rechtzeitige Ermittlung eines veränderten Bedarfs an Prozeßdurchführungen können einzelne Abteilungen frühzeitig Maßnahmen zur Veränderung der Kapazität in ihren Bereichen einleiten.[2] Wird in Projektabschnitt E3 die Veränderung einer Einflußgröße identifiziert (z.B. Entscheidung des Management über die Intensivierung oder Ausweitung der Konkurrentenanalyse), werden die ursprünglich geplanten Leistungen (Lp alt) an diese Veränderung angepaßt und neu berechnet (Lp neu), vgl. Darst. 57.[3]

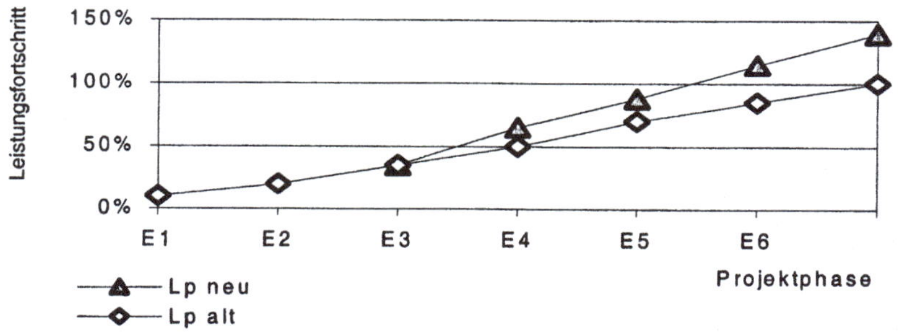

Darst. 57: Korrektur des Leistungsfortschritts

Da über die Projektdauer hinweg nunmehr im Rahmen des Wird-Ist-Vergleichs eine erhöhte Leistung (Lp neu) dieses Bereichs prognostiziert wird, steigt hierdurch ebenfalls die Anzahl der Prozeßdurchführungen. Der Leistungsfortschritt nimmt nach der Phase E6 daher einen Wert >100% an, bezogen auf die ursprüngliche Prognose.

---

von Toleranzgrenzen vor, wodurch sich die Kontrolle auf Istwerte außerhalb der Toleranzen beschränkt.

1 Vgl. auch COENENBERG, A. G., Kostenrechnung 1993, S. 405.

2 Durch Auswertung der gewonnenen Informationen sollen zum einen Entscheidungen hinsichtlich des betrachteten Projektes getroffen werden (Feedback, projektinterne Rückkoppelung), zum anderen Entscheidungen bezüglich anderer Projekte getroffen werden (Feedforward, projektexterne Rückkoppelung), vgl. BESSAI, B., Abweichungen 1985, S. 521. Zur Unterscheidung der Feedback- und der Feedforward-Plankontrolle vgl. WEBER, J., Controlling 1995, S. 164-166.

3 Vgl. auch MICHEL, R. M., Projektcontrolling 1996, S. 187-189; TANSKI, J., Kostenplanung 1984, S. 117-120. Die durch eine Veränderung der geforderten Leistung veranlaßten Kosten stellen Change-order-Kosten dar, vgl. COENENBERG, A. G., Kostenrechnung 1993, S. 406; STRECKER, A., Prozesskostenrechnung 1991, S. 112.

Das Ziel der Prämissenkontrolle besteht vornehmlich in der Berücksichtigung veränderter Einflußgrößen auf die prognostizierten Wirdkosten, als in der Beeinflussung veränderter Einflußgrößen.[1]

---

1 Vgl.: SIEGWART, H./SENTI, R., Life Cycle 1995, S. 180-181; MICHEL, R. M., Projektcontrolling 1996, S. 181.

E. Gestaltung einer an immateriellen Potentialen orientierten Kosten- und Erfolgsrechnung

I. Die Kosten immaterieller Potentiale in der Kostenträgerstückrechnung

1. Die Kosten- und Erfolgsrechnung des Gesamtlebenszyklus

a. Die Bestimmung des Kostenvolumens

a.a. Das Kostenvolumen der immateriellen Vorleistungen

In diesem Abschnitt werden Verfahren entwickelt, welche die Kosten immaterieller Potentiale in der Kostenträgerstückrechnung (Kalkulation) veranlassungsgerecht abbilden.[1] In der Einführung dieser Arbeit sind im Rahmen der Darstellung der unterschiedlichen Kostenrechnungssysteme die Vor- und Nachteile der einzelnen Systeme aufgezeigt worden. Die Kritik orientierte sich insbesondere an dem Rechnungszweck, entscheidungsrelevante Kosteninformationen bereitzustellen. Aufgrund der traditionellen kurzfristigen Sicht sind den Systemen der Teilkostenrechnung entscheidende Vorteile zuzusprechen. Bei den Entscheidungen im Zusammenhang mit immateriellen Potentialen muß die Eignung der verschiedenen Systeme an den Zwecken der Rechnung ausgerichtet werden. Hier zeigt sich, daß in mittel- bis langfristigen Betrachtungs- und Abbildungszeiträumen eine Vielzahl kurzfristig unveränderbarer Fixkosten beeinflußbar sind.[2]

Während im Zuge des Kostenmanagement auf die Beeinflußbarkeit von Kostenarten und -strukturen verwiesen wurde, liegt das Augenmerk nun vielmehr auf der Anpassung der Kapazitäten in den einzelnen immateriellen Bereichen an die aus den Plänen abgeleiteten notwendigen Leistungen. Nachdem die Leistungen einzelner Bereiche outputorientiert aus den Zielen der Bereiche und Projektphasen abgeleitet wurden, soll nun, nach der Durchführung von Produktivitätssteigerungen, die Optimalkapazität erreicht werden, welche die Grundlage der weiteren Planungen darstellt.[3] In den vorangegangenen Abschnitten wurde eine Vielzahl von Beispielen dargestellt, welche während des Entstehungsprozesses eines neuen Produktes stattfinden. Als Entscheidungszeitpunkt für die weiteren Planungen ist der Markteinführungszeitpunkt zu wählen, da sich in der Kalkulation die Frage stellt, welchen Preis die einzel-

---

1 Zu den Mängeln der Abbildung projektorientierter Strukturen in der (traditionellen) kalkulatorischen Erfolgsrechnung vgl. BRÖKER, E., Erfolgsrechnung 1993, S. 70-79.

2 Vgl.: BACKHAUS, K./FUNKE, S., Managementherausforderungen 1996, S. 75-76.

3 Vgl.: BROCKHOFF, K., Forschung 1994, S. 242-243.

ne Einheit am Markt erzielen muß, bzw. wieviel Deckungsbeitrag und Gewinn nach Abzug sämtlicher proportionaler und fixer Kosten verbleibt.[1]

Mit der Bestimmung des Markteinführungszeitpunktes als Zeitpunkt für die Durchführung der Preisbestimmung sind die Phasen Planung und Kontrolle jedoch noch nicht abgeschlossen, da Vorleistungen auch in den Phasen des Marktzyklus anfallen und Nachleistungen erst nach Ende der Marktphase, bzw. zum Zeitpunkt des Ausscheidens des einzelnen Produktes aus dem Markt resultieren.[2] Im Rahmen der Kalkulation werden, unter Zugrundelegung des Veranlassungsprinzips, die Kosten einer Kostenträgereinheit bestimmt, die die einzelne Einheit veranlaßt, wozu die Kosten immaterieller Potentiale zählen.[3] Zunächst wird von der Sichtweise der kurzfristigen Periodenrechnung abstrahiert und auf den Lebenszyklus als Betrachtungs- und Abbildungsebene zurückgegriffen.[4] Es werden die gesamten Kosten immaterieller Potentiale eines Produktes ermittelt und erst anschließend wird ein System der kurzfristigen Erfolgsrechnung entwickelt, welches die Kosten kurzfristig und unterjährig veranlassungsgerecht abbildet.[5]

Während des Marktzyklus stellt sich die Frage, ob der Begriff *Vorleistungen* noch zutrifft, da die Leistung nun am Markt angeboten wird und die Kosten- und Erlösentstehung in dieselbe Periode fallen. Die Bezeichnung „Vorleistung“ gilt weiterhin, da die immaterielle Leistung einer bestimmten Periode einem Kostenträger einer späteren Periode zukommt, auch wenn dieser Kostenträger bereits in der Periode der immateriellen Leistungserstellung existiert.

Der erste Schritt besteht in der Ermittlung der Gesamtkosten immaterieller Potentiale im Lebenszyklus, wobei in diesem Abschnitt zunächst auf die Vorleistungskosten eingegangen wird.[6] Auf die Ergebnisse der Kostenplanung und Kostenkontrolle im

---

1 Vgl.: LEDERLE, H., Verrechnung 1985, S. 197.

2 Vgl.: HEINE, A., Produktkostenmanagement 1995, S. 174; Darstellung 53 auf Seite 134 dieser Arbeit.

3 BROCKHOFF, K., Forschung 1994, S. 248, beschreibt wie folgt: „Es ist denkbar, daß diese Kosten (der Koordination, d. Verf.) bei der Analyse von Projektkostenabrechnungen nicht erkannt werden, weil sie durch erhöhten Planungsaufwand, der häufig in den Gemeinkosten verrechnet wird, kompensiert werden.“

4 Vgl.: BÜRGEL, H. D., Projektcontrolling 1989, S. 4-5; ZEHBOLD, C., Kostenbeeinflussung 1996, S. 49.

5 Vgl.: GRAßHOFF, J./GRÄFE, C., Kostenmanagement 1998, S. 62.

6 Vgl.: ZEHBOLD, C., Kostenbeeinflussung 1996, S. 48-49.

Entstehungszyklus aufbauend, werden nun die Kosten für die verbleibenden Phasen des Lebenszyklus geplant, vgl. Darst. 58.

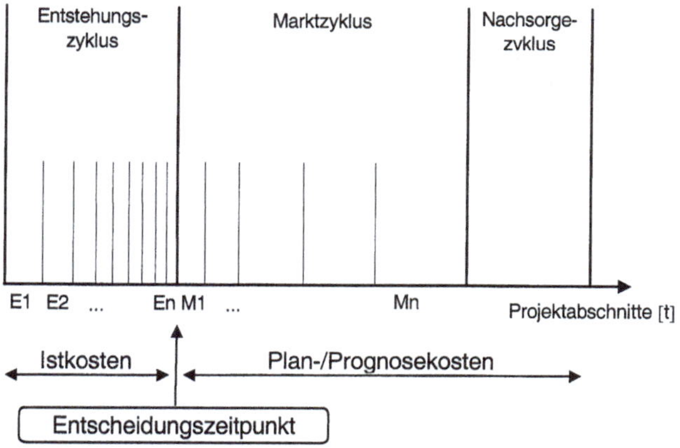

Darst. 58: Entscheidungszeitpunkt der Kalkulation

Zu Beginn des Marktzyklus (Phase M1) liegen die Kosten immaterieller Vorleistungen des Entstehungszyklus als Istkosten vor. Die Kosten des Markt- und des Nachsorgezyklus sind nun zu planen, bzw. zu prognostizieren.[1] Wie angeführt, besitzen die Erfahrungen des Management bei der Kostenprognose eine hohe Bedeutung.[2] Dennoch sind die Prognosekosten analytisch aus den Kostenbestimmungsfaktoren abzuleiten und nicht ausschließlich aufgrund von Erfahrungs- oder Durchschnittswerten vergangener Projekte fortzuschreiben.[3] Der Ermittlung von Abweichungen kommt hier erneut eine hohe Bedeutung für die Genauigkeit der Planung zu, indem die Abweichungsursachen zu ermitteln sind. Ausschließlich die Identifizierung dieser Ursachen kann bei zukünftigen Projekten die Planungsgenauigkeit erhöhen und das Risiko fehlerhafter Prognosen verringern.[4] Des weiteren wird auf die Ausführungen der Kostenplanung zurückgegriffen, wobei die Kostenbestimmungsfaktoren auf ihre

---

1 Diese Verfahren werden auch als Näherungsverfahren bezeichnet, vgl. GÜNTHER, T./SCHUH, H., Näherungsverfahren 1998, S. 381-388.

2 Vgl.: STÖCKERT, B./MEYER, S./RÖSLER, M., Kostenvorhersagen 1999, S. 23-24.

3 Zu den Methoden der analytischen Kostenplanung bezüglich immaterieller Potentiale zählen Funktionsanalysen, Schätzungen, Erfahrungswerte sowie interne und externe Vergleiche, vgl. KILGER, W., Plankostenrechnung 1993, S. 348. Vgl. auch SIEGWART, H./SENTI, R., Life Cycle 1995, S. 150-152.

4 Vgl.: ZIEGENBEIN, K., Controlling 1998, S. 53; ZEHBOLD, C., Kostenbeeinflussung 1996, S. 47.

Gültigkeit hin zu überprüfen sind. Bezogen auf den gewählten Entscheidungszeitpunkt können interne und externe Kostenbestimmungsfaktoren unterschieden werden.

(1) Interne Kostenbestimmungsfaktoren

Interne Kostenbestimmungsfaktoren resultieren aus den Entscheidungen des Management und können unter Abstrahierung von der Unternehmensumwelt beschrieben werden. Während des Entstehungszyklus kann aus den definierten Zielen einzelner Bereiche und Phasen die zu erstellende Leistung der Bereiche abgeleitet werden.[1] Die Leistungserstellung kann jedoch teilweise phasenverschoben vollzogen werden, wenn die zeitlichen Erfordernisse des Projektes dies erfordern, oder um mögliche Engpässe zu vermeiden und eine konstante Auslastung immaterieller Bereiche zu erreichen.[2]

Während im Entstehungszyklus die Leistungen zumeist aus den Planungen und Entscheidungen des Management abgeleitet werden, tritt nun als entscheidender Kostenbestimmungsfaktor direkt das Produkt hinzu. Da eine Vielzahl von Tätigkeiten kalenderzeitproportionalen Wiederholcharakter haben, besitzt die Dauer des Marktzyklus entscheidenden Einfluß auf die Höhe der Projektkosten immaterieller Vorleistungen. Im Beispiel des Marketing sind regelmäßig wiederkehrende Maßnahmen der Absatzförderung genannt worden, deren Planung, Steuerung und Kontrolle die Kosten für immaterielle Potentiale während des Marktzyklus beeinflussen. Weitere Kostenbestimmungsfaktoren stellen mögliche Produktvariationen, bzw. Produktdifferenzierungen während des Marktzyklus dar.

(2) Externe Kostenbestimmungsfaktoren

Externe Kostenbestimmungsfaktoren resultieren aus Erfordernissen der Unternehmensumwelt. Hierzu zählen insbesondere Leistungen und Potentialvorsprünge der Konkurrenten, welche das Management kompensieren möchte, um den geplanten Erfolg des neuen Produktes zu gewährleisten.[3] Insbesondere im Qualitäts- und Produktionsmanagement sowie in der Absatzförderung können Potentialvorsprünge anderer Wettbewerber die Erfolgsaussichten des eigenen

---

1 Vgl.: MÄNNEL, W., Kostenrechnung 1991, S. 17.

2 Vgl.: HEINE, A., Produktkostenmanagement 1995, S. 86.

3 Vgl.: SIEBER, E. H., Forschung 1939, S. 29.

Produktes beeinträchtigen. Weitere externe Faktoren sind in veränderten Konsumentenwünschen und bezüglich immaterieller Nachleistungen in den Vorschriften des Gesetzgebers zur Entsorgung oder zur Reduzierung von Umweltbelastungen zu sehen.

Tabelle 15 verdeutlicht interne und externe Kostenbestimmungsfaktoren:

Interne Kostenbestimmungsfaktoren	**Externe Kostenbestimmungsfaktoren**
Dauer des Marktzyklus	Leistungen der Wettbewerber
Produktvariationen	Konsumentenwünsche
Produktdifferenzierungen	Forderungen des Gesetzgebers
Veränderte Unternehmensziele	Allgemeine Wettbewerbsveränderungen

Tab. 15: Interne und externe Kostenbestimmungsfaktoren der immateriellen Vorleistungskosten

Die genannten Kostenbestimmungsfaktoren sind in der Unternehmensplanung nicht getrennt zu betrachten, da sämtliche Entscheidungen des Management ebenso von externen Einflüssen beeinflußt sind, bzw. sein sollten und deren Realisierung über die Produkte auf die Unternehmensumwelt wirken. Der Planungsprozeß findet integriert und rollierend statt.[1] Der Entscheidungszeitpunkt „Markteinführung" resultiert aus der Notwendigkeit der Kalkulation und impliziert keine veränderten Rahmenbedingungen für den Planungsprozeß. Insofern werden die oben genannten internen und externe Faktoren immer gemeinsam und integriert schon in den frühen Phasen des Lebenszyklus berücksichtigt und nicht, wie hier schematisiert, isoliert voneinander.[2]

Im Entstehungszyklus konnten Abweichungen in den laufenden Planungsprozeß integriert werden, indem eine Anpassung der Wirdkosten erfolgte (Wird-Wird-Vergleich).[3] Nach Durchführung der Kalkulation im Entscheidungszeitpunkt besteht diese Möglichkeit nur in eingeschränktem Maße, da die Erlöse aus vertraglichen Verpflichtungen nicht periodisch an die Kalkulationsergebnisse angepaßt werden können. Es gilt daher auch im Entscheidungszeitpunkt „Markteinführung" die prognostizierten Kosten zu ermitteln, trotz der Gefahr, daß Planabweichungen und Län-

---

1 Vgl.: SCHUH, G., Kostenmanagement 1997, S. 36; SIEGWART, H./SENTI, R., Life Cycle 1995, S. 180-181; BROCKHOFF, K., Forschung 1994, S. 284

2 Vgl.: SCHUH, G., Kostenmanagement 1997, S. 36; MÄNNEL, W., Kostenrechnung 1991, S. 18; FRANZEN, W., Projektcontrolling 1987, S. 36.

3 Vgl.: BROCKHOFF, K., Forschung 1994, S. 334-335.

ge des Marktzyklus positiv miteinander korrelieren. In diesem Zeitpunkt gilt umsomehr das Ziel der Kontrolle, Abweichungen zu ermitteln, ihre Einflußfaktoren zu identifizieren und vor allem zu extrapolieren und zu antizipieren.[1]

Zur Bildung von Kostenhypothesen, bzw. Kostenfunktionen und zur Darstellung des Einflusses der Bestimmungsfaktoren soll das zuvor dargestellte Beispiel aus dem Marketing fortgesetzt werden. Während die Konsumentenanalyse zu Beginn des Marktzyklus (M1 bis M7) abgeschlossen ist, entstehen weiterhin Kosten für immaterielle Potentiale durch die Planung, Steuerung und Kontrolle der Marketingaktivitäten während des Marktzyklus. Die vorgenommene Einteilung des Lebenszyklus in unterschiedlich lange Projektphasen zum Zweck der Kostenkontrolle im Entstehungszyklus kann zum Zweck der Prognose aufgegeben werden, da die Planung regelmäßig wiederkehrender Leistungen vereinfacht auf die Kalenderzeit bezogen werden kann. Beibehalten bleibt die projektorientierte Sichtweise für einzelne Bereiche oder Arbeitspakete, wobei durch DV-Unterstützung jederzeit kumulierte Werte aller für einen Kostenträger projektweise angefallenen Kosten ausgewiesen werden können.[2]

Zur Darstellung möglicher Planungsfehler sollen drei Alternativen diskutiert werden:

Alternative A:
Die Planung der anfallenden Prozeßmengen während des Marktzyklus und der hieraus abzuleitenden Kosten (Prozeßmenge x Prozeßkostensatz) wird ausschließlich anhand von Durchschnitts-, bzw. Erfahrungswerten vergangener Projekte vorgenommen. Als Durchschnittswert vergangener Projekte im Marketing ist ermittelt worden, daß 20% der Prozeßmengen PM des Lebenszyklus auf den Marktzyklus entfallen, vgl. Tabelle 16:

Prozeßvolumen des Entstehungszyklus	Prozeßvolumen des Marktzyklus	Summe
80 %	20 %	100 %

Tab. 16: Prozeßvolumina des Marketing

1 Zur Bildung einer Erfahrungsdatenbank vgl. SIEGWART, H./SENTI, R., Life Cycle 1995, S. 153-155.

2 Vgl.: HELM, K. F., Ergebniscontrolling 1993, S. 46; BÜRGEL, H. D., Projektcontrolling 1989, S. 6; HEINE, A., Produktkostenmanagement 1995, S. 174. Zu den Problemen der Projektlaufzeit und Periodenabgrenzung vgl. BÜRGEL, H. D., Projektcontrolling 1989, S. 5.

Die geplanten Prozeßmengen resultieren nach folgender Gleichung:

PM_{PLAN} (M1, ..., M7) = Σ PM_{IST} (E1, ..., E6) : 80 % x 20 %

PM_{PLAN} (M1, ..., M7) = 360 : 80 % x 20 %

PM_{PLAN} (M1, ..., M7) = 90

Da keine weiteren Annahmen über den Kostenverlauf zugrunde liegen, ergibt sich für die geplanten Projektphasen M1 bis M7 ein durchschnittlicher Prozeßmengenverzehr pro Marktphase in Höhe von:

PM_{PLAN} : ΣM_i (i = 1, ..., 7) = 90 : 7 = 12,86, vgl. Darst. 59.

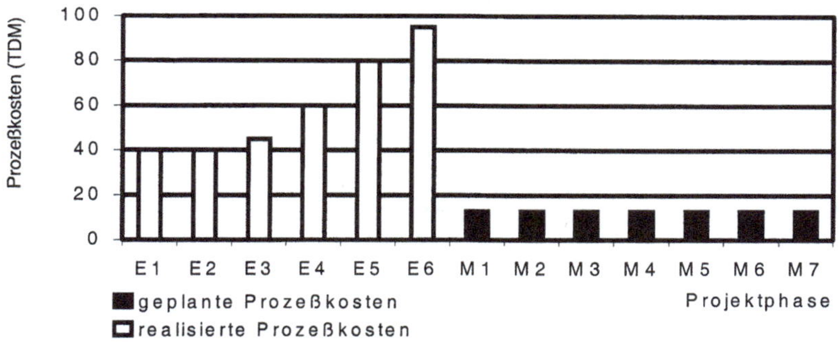

Darst. 59: Geplante Prozeßmengen aufgrund von Durchschnittswerten

Dieser Alternative liegt der Kostenbestimmungsfaktor „vergangene Projekte" zugrunde. Projektspezifische Kostenbestimmungsfaktoren werden in dieser Prognose nicht berücksichtigt. Diese vereinfachte Extrapolation ist in der Praxis sehr verbreitet, da sie eine schnelle Ermittlung zukünftig zu erwartender Kosten und Mengen erlaubt und wird in unterschiedlichen Detaillierungsgraden angewendet.[1] Verfeinerungen dieser Methode finden insbesondere nach Ähnlichkeitsmerkmalen statt, indem Durchschnittswerte für Projektklassen gebildet werden.[2] Die Projektklassen können nach Projektgröße (ähnliche Kostenvolumina), nach Projektlaufzeit oder Projektstrukturmerkmalen differenziert werden. Die nötigen Erfahrungen und Erfahrungswerte

---

1 Vgl. hierzu die Kennziffernverfahren bei KILGER, W., Plankostenrechnung 1993, S. 733-740; HEINE, A., Produktkostenmanagement 1995, S. 115-119.

2 Vgl. auch STÖCKERT, B./MEYER, S./RÖSLER, M., Kostenvorhersagen 1999, S. 25.

der Planungsträger beziehen sich jedoch nicht ausschließlich auf die Errechnung von Durchschnittswerten vergangener Projekte, sondern auf die Berücksichtigung und Ausprägung der Kostenbestimmungsfaktoren in zukünftigen Perioden, die im Zeitpunkt der Planung noch keinen Einfluß auf die Kostenhöhe besitzen.

Alternative B:
Eine Erhöhung der Kalkulationsgenauigkeit resultiert aus der Berücksichtigung der geplanten „Produktdifferenzierung" als weiteren Kostenbestimmungsfaktor. Die Abweichungen vergangener Projekte haben ergeben, daß bei einem neuen Produkt die Anzahl der Prozeßmengen während des Marktzyklus zu 30% von den bereits dargestellten Durchschnittswerten sowie zu 70% von der geplanten Höhe und dem geplanten Umfang der Produktvariationen abhängig sind. Aus der geplanten Produktvariation resultiert in diesem Fall ein Prozeßmengenverzehr (PM_{VAR} x 70%) in den Phasen vor der Variation. Tabelle 17 zeigt die durchschnittlich benötigten Prozeßmengen einer Produktvariation, wobei das variierte Produkt in M5 in den Markt eintritt:

	Phase des Marktzyklus		
	M2	M3	M4
PM_{VAR}	15	35	50

Tab. 17: Durchschnittlicher Prozeßmengenbedarf durch Produktvariationen

Die geplanten Prozeßmengen PM_{Plan} (M1, ..., M7) resultieren wie folgt:

PM_{PLAN} (M1, ..., M7) = (Σ PM_{IST} (E1, ..., E6) : 80 % x 20 %) x 30 % + PM_{VAR} x 70 %

PM_{PLAN} (M1, ..., M7) = (360 : 80 % x 20 %) x30 % + (15 + 35 + 50) x 70 %

PM_{PLAN} (M1, ..., M7) = 97

Tabelle 18 und Darst. 60 stellen die Ermittlung sowie den Anfall der geplanten Prozeßmengenverzehre dar.

Durch die Berücksichtigung des zweiten Kostenbestimmungsfaktors Produktvariation resultieren veränderte und genauere Prozeßmengenverzehre gegenüber Alternative A.[1] Sowohl die Höhe als auch die Lage der Mengen im Marktzyklus zeigen ein deutlich verändertes Bild gegenüber Alternative A.

---

1 Vergleichbare Angaben zu Entwicklungsaufwendungen liefert HEINE, A., Produktkostenmanagement 1995, S. 85.

Phase	Durchschnittswerte Σ PM_{IST} (E1, ..., E6) : 0,8 x 0,2 x 0,3	Mehrverbrauch PM_{VAR} x 0,7	Summe PM_{PLAN}
M1	3,86	0	3,86
M2	3,86	10,5	14,36
M3	3,86	24,5	28,36
M4	3,86	35	38,86
M5	3,86	0	3,86
M6	3,86	0	3,86
M7	3,86	0	3,86
Summe	27,00	70,0	97,00

Tab. 18: Ermittlung der geplanten Prozeßmengen mit Produktvariation

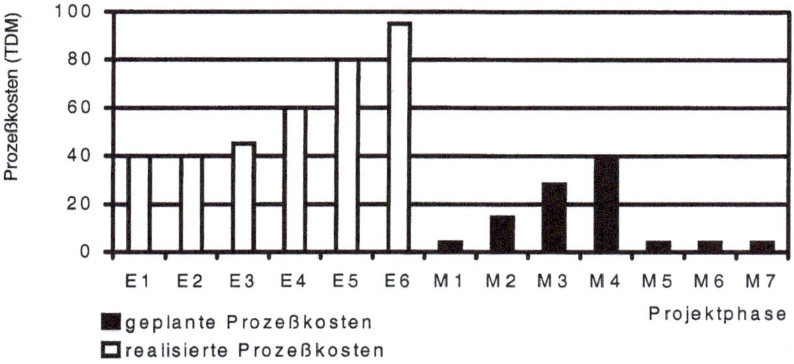

Darst. 60: Geplante Prozeßkosten aufgrund von Durchschnittswerten und Produktvariation

Alternative C:

In dieser letzten Alternative soll als dritter Kostenbestimmungsfaktor zusätzlich die „Wettbewerbsintensität" berücksichtigt werden. Da das Unternehmen eine erhöhte Wettbewerbsintensität auf dem betrachteten Teilmarkt in den letzten Perioden festgestellt hat und auch für zukünftige Perioden erwartet, sollen durch Maßnahmen der Absatzförderung die geplanten Marktanteile des neuen Produktes gesichert und gegenüber Konkurrenten ausgebaut werden. Hierzu werden in den ersten Phasen des Marktzyklus weitere Instrumente eingesetzt, deren Planung, Steuerung und Kontrolle folgende Prozeßmengen in den Marktphasen zusätzlich beanspruchen, vgl. Tabelle 19:

	Phase des Marktzyklus						
	M1	M2	M3	M4	M5	M6	M7
Verzehr	17	17	15	13	10	0	0

Tab. 19: Zusätzlicher Prozeßmengenbedarf durch erhöhte Wettbewerbsintensität

Tabelle 20 und Darst. 61 stellen die Ermittlung sowie den Anfall der geplanten Prozeßmengenverzehre dar.

Phase	Durchschnitts-werte	Mehrverbrauch Prod.variation	Mehrverbrauch Wettbewerb	Summe PM_{PLAN}
M1	3,86	0	17	20,86
M2	3,86	10,5	17	31,36
M3	3,86	24,5	15	43,36
M4	3,86	35	13	51,86
M5	3,86	0	10	13,86
M6	3,86	0	0	3,86
M7	3,86	0	0	3,86
Summe	27,00	70,0	72	169,00

Tab. 20: Ermittlung der geplanten Prozeßmengen mit Produktvariation

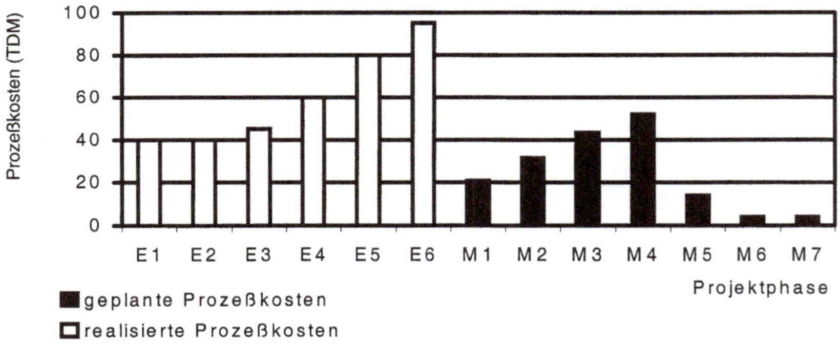

Darst. 61: Geplante Prozeßmengen aufgrund von Durchschnittswerten, Produktvariation und erhöhter Wettbewerbsintensität

Aufgrund der höchsten Planungsgenauigkeit sind, wie in Alternative C gezeigt, möglichst viele Kostenbestimmungsfaktoren in der Kalkulation der Kosten immaterieller Potentiale zu berücksichtigen. In der Planungspraxis wird man sich auf die Berücksichtigung der wichtigsten Kostenbestimmungsfaktoren beziehen, da hierdurch, im Sinne der ABC-Analyse, die Kostenhöhe nahezu fehlerfrei prognostiziert werden kann.

Nur durch eine möglichst frühzeitige Kapazitätsplanung kann eine gleichmäßige, an der Optimalkapazität orientierte, Kapazitätsauslastung erreicht werden. Ist dieses Ziel nicht erreichbar, können rechtzeitig Anpassungsmaßnahmen eingeleitet werden.[1]

Die Integration verschiedener Teilbereiche, insbesondere der Prozeßmengenplanung und der Kapazitätsplanung in den Planungsprozeß wird durch die mehrdimensionale Kontierungshierarchie gewährleistet.[2] Hierdurch können Auswertungen nach unterschiedlich kontierten Bezugsobjekten vorgenommen werden. Einerseits können pro Kostenträger die Prozeßmengen und Prozeßkosten ermittelt werden. Andererseits können pro Bereiche die geplanten Prozeßmengen einzelner Perioden oder Phasen über sämtliche Kostenträger ermittelt werden, wodurch der Ausgangspunkt der anschließenden Kapazitätsplanung begründet ist.[3]

a.b. Das Kostenvolumen der immateriellen Nachleistungen

Die Planung der Kosten immaterieller Nachleistungen ergibt sich in Analogie zum Planungsprozeß der immateriellen Vorleistungen. Die analytische Planung bestimmt die geplanten Ausprägungen der Kostenbestimmungsfaktoren, welche, bezogen auf Nachleistungen, eine andere Gewichtung besitzen. In der bisherigen Darstellung folgte der Nachsorgezyklus nach Abschluß des Marktzyklus, ohne daß Überschneidungen vorlagen. Diese Sichtweise muß nach dem jeweiligen Bezugsobjekt differenziert werden. Wird als Bezugsobjekt der Kostenträger gewählt, können Nachleistungen bereits im (Gesamt-) Marktzyklus auftreten. Hierbei entstehen Kosten für Produkte, deren Verwendung beendet ist, obwohl dieses Produkt noch am Markt erhältlich ist und sich somit noch in der Marktphase befindet. Die Kosten dieser ersten Kategorie der produktspezifischen immateriellen Nachleistungen resultieren in erster Linie aus der Planung, Steuerung und Kontrolle der Entsorgung, der Garantie und der Gewährleistung.[4] Die Kostenentstehung endet mit der Beendigung der letzten

---

1 Vgl.: MÄNNEL, W., Prozeßkostenmanagement 1996, S. 84; BÜRGEL, H. D., Projektcontrolling 1989, S. 7; KILGER, W., Probleme 1980, S. 45-46; KILGER, W., Plankostenrechnung 1993, S. 357.

2 Vgl.: BOHNE, F., Entwicklungsperspektiven 1994, S. 213.

3 Vgl.: BÜRGEL, H. D., Projektcontrolling 1989, S. 6-7.

4 Hierzu zählen insbesondere Transaktionskosten, vgl. ALBACH, HORST: Kosten, Transaktionen und externe Effekte im betrieblichen Rechnungswesen, in: ZfB, 58. Jg. (1988), S. 1143-1170; (Fortsetzung ...)

vertraglichen Verpflichtung bezüglich eines Kostenträgers, welche mehrere Jahre in Anspruch nehmen kann, wie beispielsweise Gewährleistungsverpflichtungen in der Bauindustrie.[1]

Die Kosten der zweiten Kategorie immaterieller Nachleistungen entstehen für projektspezifische immaterielle Nachleistungen. Die Kosten dieser Kategorie entstehen ausschließlich während des Nachsorgezyklus für Planung, Steuerung und Kontrolle des Kapazitätsabbaus und der Kapazitätsanpassung an neue Strukturen. Hierzu zählen die Kosten der Veränderung der Betriebsmittel sowie der Entsorgung, vgl. Darst. 62.

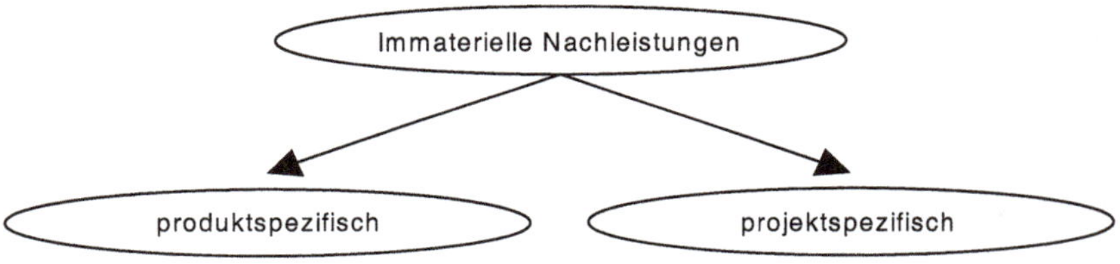

Darst. 62: Kategorien immaterieller Nachleistungen

Der mögliche Verlauf der Kostensumme immaterieller produktspezifischer und projektspezifischer Nachleistungen in den gebildeten Kategorien wird in Darst. 63 schematisiert, ist jedoch nicht als allgemeinverbindlich zu betrachten, da die Höhe sowie die zeitliche Lage des Kostenanfalls im Lebenszyklus betriebsindividuell ist.

Neben der gewählten Unterscheidung können weiterhin interne und externe Kostenbestimmungsfaktoren unterschieden werden. Als externe Kostenbestimmungsfaktoren sind insbesondere die Forderungen des Gesetzgebers zu nennen, welche vorbestimmte Leistungen der Unternehmen erfordern. Somit liegt eine Sonderfall entscheidungsrelevanter Kosten vor, welche zuvor unter anderem durch ihre Zukunftsbezogenheit charakterisiert wurden, da nur zukünftig anfallende Kosten entscheidungsrelevant sind.[2] Dieses Merkmal trifft für Kosten immaterieller Nachleistungen

---

BROCKHOFF, K., Forschung 1994, S. 124-125; SCHÜTZDELLER, K., Projektcontrolling 1991, S. 20. Vgl. auch HORVÁTH, P., Controlling 1986, S. 281.

1 Vgl.: KILGER, W., Plankostenrechnung 1993, S. 734.

2 Vgl.: KILGER, W., Einführung 1987, S. 17; FREIDANK, C.-C., Kostenrechnung 1994, S. 253; SCHWEITZER, M./KÜPPER, H.-U., Systeme 1995, S. 294; WEIGAND, C., Entscheidungsorientierung 1988, S. 135; HUMMEL, S., Relevante Kosten 1993, Sp. 1714; PETERS, S., Controlling 1987, (Fortsetzung ...)

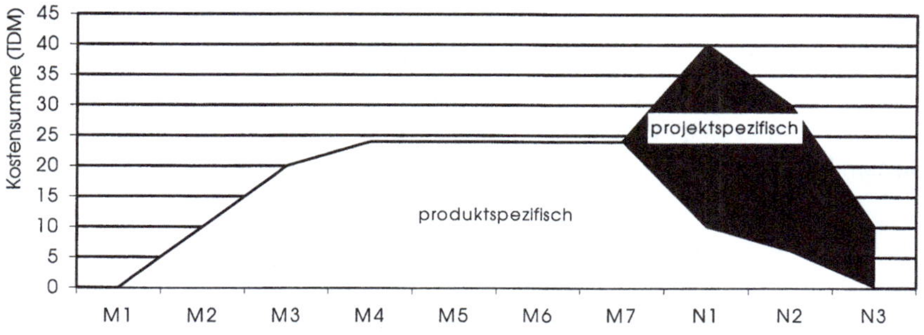

Darst. 63: Kostensumme produkt- und projektspezifischer immaterieller Nachleistungen

nicht zu, da zum Zeitpunkt der Markteinführung die Zukunftsbezogenheit zwar erfüllt ist, die Kosten jedoch nicht vermieden werden können, wenn die Forderungen des Gesetzgebers bezüglich der Entsorgung eingehalten werden. Beeinflußbar ist lediglich die Höhe dieser Kosten, die das Unternehmen durch die Entwicklung umweltfreundlicher Verpackungen, Rücknahmegarantien, Entsorgungsstrategien oder Mehrfachverwendungen rechtzeitig in bestimmten Grenzen beeinflussen kann.[1] In diesem Fall stellen Plan- oder Prognosekosten sunk costs dar.

Neben der gewählten Unterscheidung können weiterhin interne und externe Kostenbestimmungsfaktoren unterschieden werden. Als externe Kostenbestimmungsfaktoren sind insbesondere die Forderungen des Gesetzgebers zu nennen, welche vorbestimmte Leistungen der Unternehmen erfordern. Somit liegt eine Sonderfall entscheidungsrelevanter Kosten vor, welche zuvor unter anderem durch ihre Zukunftsbezogenheit charakterisiert wurden, da nur zukünftig anfallende Kosten entscheidungsrelevant sind.[2] Dieses Merkmal trifft für Kosten immaterieller Nachleistungen nicht zu, da zum Zeitpunkt der Markteinführung die Zukunftsbezogenheit zwar erfüllt ist, die Kosten jedoch nicht vermieden werden können, wenn die Forderungen des

---

S. 52. Kritisch hierzu in Bezug auf Vorlaufkosten äußert sich FRÖHLING, O., Kostenmanagement 1994, S. 33-34.

1 Vgl. auch SCHÜTZDELLER, K., Projektcontrolling 1991, S. 23.

2 Vgl.: KILGER, W., Einführung 1987, S. 17; FREIDANK, C.-C., Kostenrechnung 1994, S. 253; SCHWEITZER, M./KÜPPER, H.-U., Systeme 1995, S. 294; WEIGAND, C., Entscheidungsorientierung 1988, S. 135; HUMMEL, S., Relevante Kosten 1993, Sp. 1714; PETERS, S., Controlling 1987, S. 52. Kritisch hierzu in Bezug auf Vorlaufkosten äußert sich FRÖHLING, O., Kostenmanagement 1994, S. 33-34.

Gesetzgebers bezüglich der Entsorgung eingehalten werden. Beeinflußbar ist lediglich die Höhe dieser Kosten, die das Unternehmen durch die Entwicklung umweltfreundlicher Verpackungen, Rücknahmegarantien, Entsorgungsstrategien oder Mehrfachverwendungen rechtzeitig in bestimmten Grenzen beeinflussen kann.[1] In diesem Fall stellen Plan- oder Prognosekosten sunk costs dar.

Bei den weiteren Kostenbestimmungsfaktoren kann die Grenze zwischen intern und extern nur ungenau bestimmt werden, da in den Entscheidungen des Management letztlich externe Faktoren berücksichtigt werden und den Anstoß zu Entscheidungen über Veränderungen liefern. Neben den gesetzlichen, verpflichtenden Kostenbestimmungsfaktoren können die internen, freiwilligen Faktoren genannt werden, durch die das Unternehmen Potentialvorsprünge gegenüber den Konkurrenten erreichen will. Hierzu zählen die genannten Maßnahmen des Umweltschutzes, der Wahl der Verpackung, der Entsorgung und der Mehrfachverwendung, die freiwillig durchgeführt werden, vgl. Darst. 64.

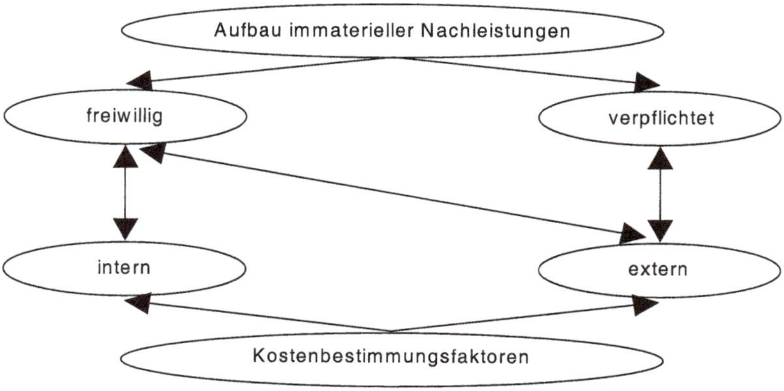

Darst. 64: Kostenbestimmungsfaktoren und Leistungsaufbau immaterieller Nachleistungen

Die Ziele des freiwilligen Aufbaus immaterieller Nachleistungen bestehen einerseits in der Verringerung von Potentialvorsprüngen der Konkurrenten, wenn diese aus Konsumentensicht besonders umweltfreundliche Produkte erzeugen oder in Betriebsmittel investieren, Verpackungsmaterial reduzieren oder eine freiwillige Garan-

---

1 Vgl. auch SCHÜTZDELLER, K., Projektcontrolling 1991, S. 23.

tie gewähren. In umgekehrter Richtung können durch diese Maßnahmen Wettbewerbsvorteile aufgebaut werden, deren (Grenz-) Kosten durch die (Grenz-) Erlöse dieser Maßnahmen kompensiert werden können.[1]

Diese Ziele können für den verpflichteten Aufbau nur sekundär Bedeutung besitzen. Wenn durch die Vorschriften des Gesetzgebers die Gesamtheit der Unternehmen zu bestimmten Maßnahmen verpflichtet sind, können keine Potentialvorsprünge erzielt werden. Eine Verpflichtung eines Verbandes oder einer Branche zu bestimmten Maßnahmen kann national ebenfalls keine Potentialvorsprünge erzielen, wenn die Gesamtheit der Unternehmen von dieser Entscheidung betroffen ist. Ausschließlich gegenüber internationalen Konkurrenten können hierdurch Wettbewerbsvorteile erzielt werden.

Das Kostenvolumen der immateriellen Nachleistungen unterscheidet sich von dem Planungsprozeß der immateriellen Vorleistungen insbesondere durch die zeitliche Entfernung vom Markteinführungszeitpunkt. Die analytische Kostenplanung ist aufgrund des Entscheidungshorizontes in stärkerem Maße auf die Erfahrungswerte der Vergangenheit angewiesen, welche insbesondere durch die Abweichungsermittlung und Abweichungsanalyse ihre Aussagekraft erhöht.[2] Die Kosten immaterieller Nachleistungen vergangener Projekte werden als Istkosten erfaßt und bezüglich ihrer Einflußfaktoren untersucht. In Analogie zu der Planung der Vorleistungskosten können Durchschnittswerte der Vergangenheit bestimmt werden. Hierdurch wird im Unternehmen das Bewußtsein auf diese Kostenart gelenkt und führt zu einer rechtzeitigen Berücksichtigung im Rahmen der Kalkulation.

Als Prognosewert vergangener Projekte resultiert z.B. ein Kostenvolumen oder ein Prozeßmengenbedarf in Höhe von 15%, bezogen auf das Kostenvolumen, bzw. die Prozeßmengen des Entstehungs- und Marktzyklus. Der Prognoseprozeß verläuft analog der bereits dargestellten Vorgehensweise. Zur Reduzierung von Abweichungen können die Abweichungen vergangener Projekte als Kostenveränderungsfaktoren fortgeschrieben und den Durchschnittswerten hinzu addiert werden.[3] Hat die

---

1 Vgl.: ZEHBOLD, C., Kostenbeeinflussung 1996, S. 48; GAS, B., Wirtschaftlichkeitsrechnung 1971, S. 20, S. 63-65.

2 Vgl.: BROCKHOFF, K., Forschung 1994, S. 332; RIEZLER, S., Lebenszyklusrechnung 1996, S. 10.

3 Vgl.: KILGER, W., Plankostenrechnung 1993, S. 734. FENNEBERG, G., Kosten- und Terminabweichungen im Entwicklungsbereich - Eine empirische Analyse, Berlin 1979, S. 128, beziffert die (Fortsetzung ...)

Abweichungsanalyse ergeben, daß die Istkosten immaterieller Nachleistungen durchschnittlich 30% höher angefallen sind, kann der Durchschnittswert (15%) korrigiert werden, so daß die Prognose mit [15% + (15% x 30%) =] 19,5%kalkuliert.

Bei der Ermittlung von Durchschnittswerten sind zukünftig erwartete Beeinflussungen der Kosten immaterieller Nachleistungen noch nicht berücksichtigt worden. In einem dritten Schritt werden die Kostenbestimmungsfaktoren in den Planungsprozeß miteinbezogen. Hierbei ist zu beachten, daß die prognostizierten Ausprägungen dieser Faktoren nur dann auf das prognostizierte Volumen (19,5%) aufgeschlagen werden, wenn es sich um zusätzliche Leistungen handelt, da ansonsten aufgrund der Überlagerung von Kostenbestimmungsfaktoren ein zu hoher Wert ausgewiesen wird, da in dem 30 prozentigen Aufschlag bereits die ungeplanten Kostenbestimmungsfaktoren enthalten sind. Die Prognose des Kosten-, bzw. Prozeßvolumens, bezogen auf das Bezugsobjekt Volumen des Entstehungs- und des Marktzyklus vollzieht sich nach folgender Rechnung:

	Prognose-/Planwert vergangener Projekte (%)
+	Abweichung vergangener Projekte (%)
+	Kosten/Prozeßbedarf zusätzlicher Leistungen (%)
=	Kostenvolumen/Prozeßvolumen immaterieller Nachleistungen (%)

Der Identifizierung zukünftiger Einflüsse auf die immateriellen Nachleistungen kommt im Verlauf des Planungsprozesses eine besondere Bedeutung zu, da verpflichtende Leistungen das prognostizierte Volumen deutlich verändern können. Die Berücksichtigung erfolgt durch Überprüfung und Prognose der Ausprägung bisher geltender Kostenbestimmungsfaktoren sowie durch die Prognose zukünftiger, veränderter Faktoren.[1] Die Prognose der verpflichtenden Leistungen orientiert sich an den Vorhaben des Gesetzgebers und kann z.B. anhand der Vorlage neuer

Kostenabweichung bei Entwicklungsprojekten mit +1,77; ähnlich BÜRGEL, H. D., Projektcontrolling 1989, S. 5, der einen Abweichungsfaktor von +2,0 nennt.

1 Vgl.: BÜRGEL, H. D., Projektcontrolling 1989, S. 8; MÄNNEL, W., Kostenrechnung 1991, S. 17. Dieser Prozeß kann allgemein als Frühaufklärung bezeichnet werden, vgl. Krystek, Ulrich/Müller, Michael, Frühaufklärungssysteme - Spezielle Informationssysteme zur Erfüllung der Risikokontrollpflicht nach KonTraG, in: Controlling, 11. Jg. (1999), S. 177-183; KRYSTEK, ULRICH: Controlling und Frühaufklärung, in: Controlling, 2. Jg. (1990), S. 68-75, mit weiteren Nachweisen; ZIEGENBEIN, K., Controlling 1998, S. 335-357; KRYSTEK, ULRICH/ZUR, EBERHARD: Projektcontrolling - Frühaufklärung von projektbezogenen Chancen und Bedrohungen, in: Controlling, 3. Jg. (1991), S. 308-310; HORVÁTH, P., Controlling 1994, S. 396-412; BAISCH, FRIEDEMANN/KLOPP, MARCUS/REISING, WOLFGANG: Strategische Früherkennung im industriellen Mittelstand - Vom erkannten Trend rechtzeitig zur richtigen Entscheidung, in: Controlling, 10. Jg. (1998), S. 236-243. (Fortsetzung ...)

des Gesetzgebers und kann z.B. anhand der Vorlage neuer Gesetzesentwürfe ausgerichtet werden. Die Prognose der freiwilligen immateriellen Nachleistungen orientiert sich an den entwickelten Planungszielen. Die Realisierung der strategischen Ziele sowie die Analyse der Wettbewerber und Konsumenten liefern wichtige Informationen für die zukünftige Gestaltung und Beeinflussung der immateriellen Potentiale.

b. Die lebenszyklusbezogene Bestimmung von Deckungsvorgaben

b.a. Die Bestimmung von Deckungsvorgaben für die Kosten immaterieller Potentiale des Entstehungszyklus

Im Planungsprozeß sind zuvor die Kostenvolumina des gesamten Lebenszyklus bestimmt worden.[1] Im Entscheidungszeitpunkt der Markteinführung liegen die Kosten immaterieller Potentiale des Entstehungszyklus als Istkosten vor.[2] Die Kosten immaterieller Potentiale des Marktzyklus sowie des Nachsorgezyklus stellen Prognosekosten dar, die teilweise vorbestimmt und entscheidungsirrelevant sind, zum größten Teil jedoch entscheidungsrelevant, da diese Fixkosten mittel- bis langfristige Bindungsdauern besitzen und während des Lebenszyklus noch beeinflußt werden können. In diesem Abschnitt werden zunächst die Istkosten immaterieller Potentiale des Entstehungszyklus als sunk costs zu Zwecken der Kalkulation berücksichtigt.[3]

Es ist im Rahmen der Kalkulation das Ziel dieses Abschnitts, eine kalkulationsformneutrale Darstellung zu wählen. Die Berücksichtigung dieser Kostenarten soll sowohl in progressiven, als auch in retrograden Kalkulationsformen angewendet werden können. Im weiteren Verlauf dieser Arbeit sollen zunächst die theoretischen Anforderungen dargestellt werden, bevor anschließend die besonderen Merkmale der immateriellen Potentiale auf veränderte Rahmenbedingungen und Einflußgrößen sowie auf deren notwendige Berücksichtigungen hin überprüft werden.

Zur Bedeutung der Frühphasen des Wettbewerbs für den Unternehmenswandel vgl. SEIDENSCHWARZ, W., Controlling 1998, S. 247.

1 Vgl.: WEBER, J., Kostenrechnung 1991, S. 460; ZWERGEL, A./FRITZ, G., Taktische Kosten 1973, S. 204.

2 Vgl.: LEDERLE, H., Verrechnung 1985, S. 197.

3 Vgl.: FRÖHLING, O./WEIS, E., Thesen 1992, S. 137.

Die Istkosten des Entstehungszyklus sind beispielhaft für den Bereich Marketing beschrieben worden. Es werden im Entscheidungszeitpunkt die Kosten immaterieller Potentiale sämtlicher Bereiche als Projekte oder Arbeitspakete subsumiert, wodurch die Höhe und der zeitliche Anfall der Kosten einzelner Bereiche für das Bezugsobjekt „Kostenträger" ausgewiesen werden, vgl. Darstellung 65.[1]

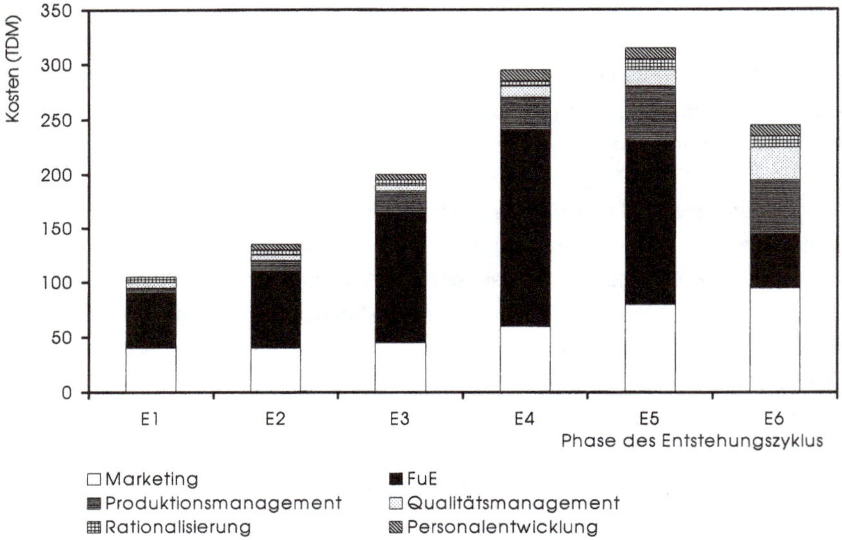

Darst. 65: Istkosten immaterieller Potentiale im Entstehungszyklus eines Kostenträgers

Die Istkosten werden durch die geplante Absatzmenge des betrachteten Kostenträgers dividiert und können als Deckungsvorgaben der einzelnen Kostenträgereinheit nach folgendem Quotienten gegenübergestellt werden: [2]

---

1 Vgl.: LEDERLE, H., Verrechnung 1985, S. 195-197; ZWERGEL, A./FRITZ, G., Taktische Kosten 1973, S. 204.

2 Vgl.: PIROTH, E., Potentialkosten 1984, S. 266; SIEBER, E. H., Forschung 1939, S. 30; RADOMSKI, J./BETZING, G., Einmalausgaben 1977, S. 192; ZWERGEL, A./FRITZ, G., Taktische Kosten 1973, S. 204-205. Zu Deckungsvorgaben vgl. auch MÄNNEL, W., Kostenkalkulation 1994, S. 110; ZEHBOLD, C., Kostenbeeinflussung 1996, S. 50; FISCHER, R./ROGALSKI, M., Deckungsbudgets 1994, S. 59-62; KLEINER, F., Kostenrechnung 1991, S. 105-113; ALTER, R., Projektcontrolling 1990, S. 155; BUCH, J., Projektrechnung 1991, S. 185-199, die alternativ von Deckungsblöcken, Soll-Deckungsgrößen und Deckungsbudgets sprechen.

$$DV_{IPE} = \Sigma K^{I}_{IPE} (E1, ..., E6) : M_{Plan}$$

mit

DV_{IPE} = Deckungsvorgabe immaterieller Potentiale des Entstehungszyklus,
K^{I}_{IPE} = Istkosten immaterieller Potentiale des Entstehungszyklus,
M_{Plan} = geplante Absatzmenge des Lebenszyklus.

Zu Zwecken der Kostenkontrolle sowie zur Analyse der aufgetretenen Abweichungen werden Deckungsvorgaben für einzelne Bereiche gesondert bestimmt.[1] Dieses Vorgehen wird durch die mehrdimensionale Kontierung unterstützt und erleichtert.[2] Besonders bei der Bildung von Durchschnittssätzen vergangener Projekte zu Zwecken der Kostenprognose wird das Vorgehen bereichsweise durchgeführt, wofür die Dekkungsvorgaben der betrachteten Bereiche summiert werden.[3] In dieser Darstellung resultiert die (Gesamt-) Deckungsvorgabe (DV_{IPE}) nach folgender Gleichung:

$$DV_{IPE} = \Sigma DV_{Bereich}$$

mit

$\Sigma DV_{Bereich}$ = Summe der projektbezogenen Deckungsvorgaben immaterieller Bereiche für den Entstehungszyklus.

b.b. Die Bestimmung von Deckungsvorgaben für die Kosten immaterieller Potentiale des Markt- und des Nachsorgezyklus

Im Gegensatz zu den Deckungsvorgaben des Entstehungszyklus werden die Dekkungsvorgaben des Marktzyklus und des Nachsorgezyklus in der Kalkulation differenziert dargestellt, da es sich hierbei insgesamt um Prognosekosten handelt, die im Verlauf des Lebenszyklus Abweichungen unterliegen können und somit korrigiert werden müssen.[4] Die Bildung der Deckungsvorgaben verläuft analog der zuvor dargestellten bottom-up Vorgehensweise, bei der jeder Bereich eine projektbezogene Deckungsvorgabe für immaterielle Vorleistungen und für immaterielle Nachleistungen getrennt ermittelt, wobei die Prognosekosten der Bezugsgröße „geplante Ab-

---

1 Vgl.: KÜTING, K./LORSON, P., Technologien 1994, S. 454.
2 Vgl.: BOHNE, F., Entwicklungsperspektiven 1994, S. 213.
3 Vgl.: SCHULTZ, V., Kostenschätzung 1996, S. 24-25.
4 Vgl.: MÄNNEL, W., Kostenkalkulation 1994, S. 110.

satzmenge“ gegenübergestellt werden.[1] Erst hiernach erfolgt die Kumulierung zur (Gesamt-) Deckungsvorgabe des Bereichs.[2] Für die später folgenden Auswertungen zum Zweck der Kontrolle werden hier ebenso die einzelnen Deckungsvorgaben zur Prognose benötigt. Darst. 66 zeigt schematisch den Verlauf der Kosten immaterieller Potentiale während des Marktzyklus und des Nachsorgezyklus.[3]

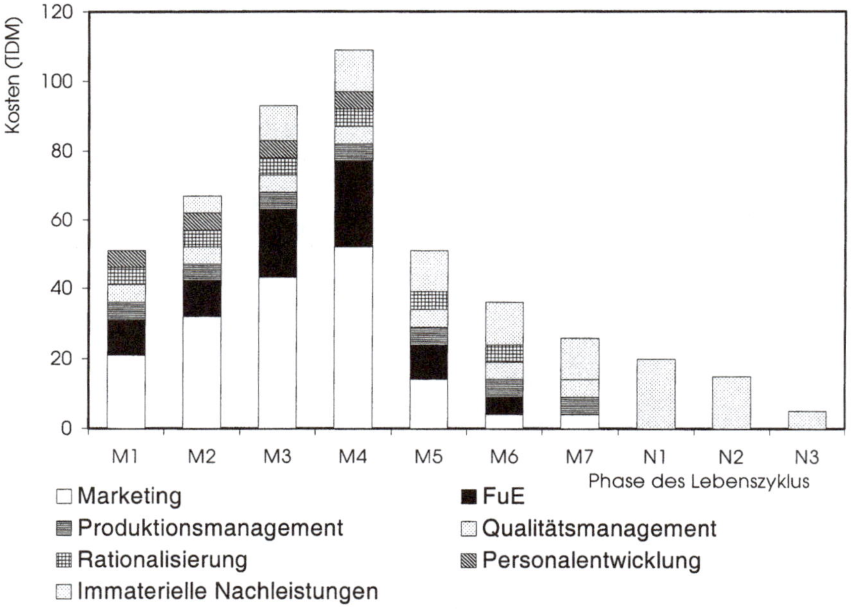

Darst. 66: Kostenverlauf immaterieller Potentiale während des Marktzyklus und des Nachsorgezyklus

Die projekt- und produktspezifischen Kosten immaterieller Nachleistungen werden als Summe, sowie ohne weitere Unterscheidung nach einzelnen Bereichen, dargestellt. Der Kostenverlauf ist durch den Kostenbestimmungsfaktor „Produktvariation“ gekennzeichnet, wodurch die Kosten durch Zusatzleistungen in den Phasen M2 bis M4 ansteigen, insbesondere durch die Vorbereitung der Produktvariation in den Be-

1 Vgl.: LEDERLE, H., Verrechnung 1985, S. 195-197. Die Einteilung der Projekte erfolgte kostenträgerweise, so daß Projektkosten und Projektkostendeckungsvorgaben zugleich Kostenträgerkosten und Kostenträgerdeckungsvorgaben darstellen. Vgl. auch KÜTING, K./LORSON, P., Technologien 1994, S. 454; MÄNNEL, W., Ausrichtung 1994, S. 384.

2 Vgl.: FISCHER, R./ROGALSKI, M., Deckungsbudgets 1994, S. 59-60.

3 Die Daten vergangener Beispiele sind in dieser Darstellung enthalten, vgl. die Darstellung 81.

reichen FuE und Marketing. Die Gründe für den relativ konstanten Verlauf der Kosten in den Bereichen Produktionsmanagement, Qualitätsmanagement, Rationalisierung und Personalentwicklung resultieren aus Leistungen ohne direkten Kostenträgerbezug und werden im nächsten Kapitel dargestellt.

Die Bestimmung der Deckungsvorgaben kann nach zwei alternativen Rechnungen bestimmt werden, vgl. Darst. 67.

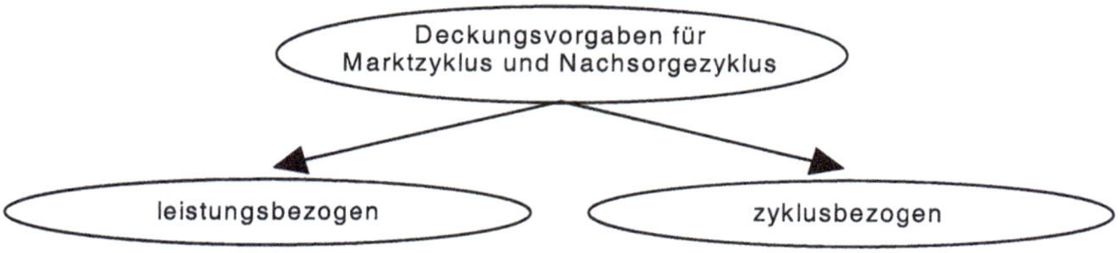

Darst. 67: Ermittlung von Deckungsvorgaben für Marktzyklus und Nachsorgezyklus

(1) leistungsbezogen

Nach der leistungsbezogenen Ermittlung werden die Prognosekosten bereichsweise nach immateriellen Vorleistungen und nach immateriellen Nachleistungen für das betrachtete Projekt nach folgendem Quotienten unterschieden:

$$DV^{L}_{IVL\ Bereich} = \Sigma\ K^{P}_{IVL\ Bereich}\ (M1, \ldots, M7) : M_{plan}$$

$$DV^{L}_{INL\ Bereich} = \Sigma\ K^{P}_{INL\ Bereich}\ (M1, \ldots, N3) : M_{plan}$$

mit

$DV^{L}_{IVL\ Bereich}$ = leistungsbezogene Deckungsvorgaben eines Bereichs für immaterielle Vorleistungskosten,

$DV^{L}_{INL\ Bereich}$ = leistungsbezogene Deckungsvorgaben eines Bereichs für immaterielle Nachleistungskosten,

$\Sigma\ K^{P}_{IVL\ Bereich}$ = Summe der Prognosekosten immaterieller Vorleistungen des Bereichs,

$\Sigma\ K^{P}_{INL\ Bereich}$ = Summe der Prognosekosten immaterieller Nachleistungen des Bereichs,

M_{Plan} = geplante Absatzmenge des Lebenszyklus.

Die leistungsbezogene (Gesamt-) Deckungsvorgabe eines Projektes für den Marktzyklus und den Entstehungszyklus bestimmt sich nach folgender Gleichung:

$DV^L_{IPMN} = \Sigma\, DV^L_{IVL\ Bereich} + \Sigma\, DV^L_{INL\ Bereich}$

mit

DV^L_{IPMN}	=	leistungsbezogene Deckungsvorgabe immaterieller Potentiale des Markt- und des Nachsorgezyklus,
$\Sigma\, DV^L_{IVL\ Bereich}$	=	Summe der leistungsbezogenen Deckungsvorgaben der Bereiche für immaterielle Vorleistungskosten,
$\Sigma\, DV^L_{INL\ Bereich}$	=	Summe der leistungsbezogenen Deckungsvorgaben der Bereiche für immaterielle Nachleistungskosten.

(2) zyklusbezogen

Nach der zyklusbezogenen Ermittlung werden die Prognosekosten bereichsweise nach Marktzyklus und nach Nachsorgezyklus für das betrachtete Projekt nach folgenden Gleichungen unterschieden:

$DV^Z_{MZ\ Bereich} = \Sigma\, K^P_{IPMZ\ Bereich}\ (M1, \ldots, M7) : M_{plan}$

$DV^Z_{NZ\ Bereich} = \Sigma\, K^P_{IPNZ\ Bereich}\ (N1, \ldots, N3) : M_{plan}$

mit

$DV^Z_{MZ\ Bereich}$	=	zyklusbezogene Deckungsvorgabe des Bereichs für Kosten immaterieller Potentiale des Marktzyklus,
$DV^Z_{NZ\ Bereich}$	=	zyklusbezogene Deckungsvorgabe des Bereichs für Kosten immaterieller Potentiale des Nachsorgezyklus,
$\Sigma\, K^P_{IPMZ\ Bereich}$	=	Summe der Prognosekosten immaterieller Potentiale des Marktzyklus eines Bereichs,
$\Sigma\, K^P_{IPNZ\ Bereich}$	=	Summe der Prognosekosten immaterieller Potentiale des Nachsorgezyklus eines Bereichs,
M_{Plan}	=	geplante Absatzmenge des Lebenszyklus.

Die zyklusbezogene (Gesamt-) Deckungsvorgabe eines Projektes für den Marktzyklus und den Nachsorgezyklus bestimmt sich nach folgender Gleichung:

$DV^Z_{IPMN} = \Sigma\, DV^Z_{MZ\ Bereich} + \Sigma\, DV^Z_{NZ\ Bereich}$

mit

DV^Z_{IPMN}	=	Zyklusbezogene Deckungsvorgabe immaterieller Potentiale des Marktzyklus und des Nachsorgezyklus,
$\Sigma\, DV^Z_{MZ\ Bereich}$	=	Zyklusbezogene Deckungsvorgabe des Bereichs für Kosten immaterieller Potentiale des Marktzyklus,
$\Sigma\, DV^Z_{NZ\ Bereich}$	=	Zyklusbezogene Deckungsvorgabe des Bereichs für Kosten immaterieller Potentiale des Nachsorgezyklus.

Bei konstanten Parametern sind beide Deckungsvorgaben identisch, es gilt $DV^L_{IPMN} = DV^Z_{IPMN}$. Unterliegen die Parameter Veränderungen, werden die Pläne revidiert und neue Prognosen erstellt. Unter dieser Voraussetzung ist die leistungsbezogene Ermittlung der Deckungsvorgaben zu bevorzugen, da in dieser Rechnung die Anpassung nach getrennten Leistungen erfolgen kann. Die zyklusbezogenen Deckungsvorgaben beinhalten anteilig sowohl Vorleistungskosten als auch Nachleistungskosten ($DV^{Z}_{IPMN} = \Sigma\, DV^{Z}_{MZ\ Bereich} + \Sigma\, DV^{Z}_{NZ\ Bereich}$). Durch diese Vermischung müssen im Falle der Veränderung prognostizierter Werte die Deckungsvorgaben zunächst bereichsweise auseinanderdividiert werden, bevor die Plananpassung berücksichtigt werden kann. Da Vorleistungen und Nachleistungen durch unterschiedliche Kostenbestimmungsfaktoren determiniert werden, unterliegen sie unterschiedlichen Veränderungen. Durch die Verwendung zyklusbezogener Deckungsvorgaben wird der Prozeß der Prognosekorrektur und Prognoseentwicklung unnötig erschwert.

Eine Allgemeingültigkeit der dargestellten Verlaufsform kann keinesfalls erhoben werden, ebensowenig liegen empirische Daten vor, die das Verhältnis der Kostenarten zueinander bestätigen können, weshalb in der Praxis mit Annäherungsverfahren gearbeitet wird.[1]

c. Die Verrechnung der Vor- und Nachleistungskosten ohne direkten Produktbezug

Die Berücksichtigung der Kosten immaterieller Potentiale fand bisher kostenträgerweise durch die Ermittlung von Deckungsvorgaben statt, da die Kosten durch den Potentialaufbau veranlaßt wurden. Die Deckungsvorgaben sind keine proportionalen Kosten, da es sich um Vollkosten handelt, die nahezu ausschließlich aus beschäftigungsfixen Kostenarten resultieren.[2] Das Ziel der Rechnung sowie der zuvor vorgenommenen Kontierung bestand darin, Kosten immaterieller Potentiale für die Summe eines Kostenträgers über den gesamten Lebenszyklus zu bestimmen.[3]

Eine Vielzahl von immateriellen Kostenarten wird sich einzelnen Kostenträgern nicht veranlassungsgerecht zurechnen lassen, da sie für mehrere Kostenträger gemeinsam anfallen, im Extremfall nur dem gesamten Unternehmen zurechenbar sind. Zu diesen Kostenarten können Maßnahmen der Öffentlichkeitsarbeit, der Rationalisie-

---

1 Vgl.: BROCKHOFF, K., Forschung 1994, S. 264.
2 Vgl.: ALTER, R., Projektcontrolling 1990, S. 155-156.
3 Vgl.: MÄNNEL, W., Kostenträger 1996, S. 240-241.

rung, des Produktions- und Qualitätsmanagement sowie der Personalentwicklung zählen. Eine Kategorisierung sowie eine Ermittlung der Kostenanteile hat individuell zu erfolgen und kann keinesfalls pauschal vorgenommen werden. Nachdem die Kosten immaterieller Potentiale projektweise über Deckungsvorgaben kostenträgerweise bestimmt wurden, stellt sich nun die Frage, wie die Kosten dieser Potentiale zu verrechnen sind.[1] Hierzu müssen folgende Fragen beantwortet werden:

1. Dürfen diese Kosten überhaupt den Kostenträgern in irgendeiner Weise angelastet werden?
2. Nach welcher Rechenvorschrift hat eine Anlastung zu erfolgen?

Ad 1.
Die Frage nach der Anlastung resultiert aus dem gewählten Zurechnungsprinzip, welches in der Kostenrechnung verwendet wird.[2] Nach dem Veranlassungsprinzip besteht eine Mittel-Zweck-Beziehung zwischen Kosten und Leistungen. Diese Beziehung gilt ebenso für Kosten immaterieller Potentiale, auch wenn eine Einzelzurechenbarkeit auf die Kostenträgereinheit nicht möglich ist.[3] Das Problem besteht in der Frage der Höhe der Anlastung und nicht in der Frage der Mittel-Zweck-Beziehung.

Bei den Kosten immaterieller Potentiale handelt es sich nach dem wertmäßigen Kostenbegriff um Kosten, welche durch das Ziel der Erreichung des Betriebszwecks gekennzeichnet sind. Dieser Sachverhalt wird am Beispiel des Einproduktunternehmens deutlicher, da in diesem Fall die Kosten immaterieller Potentiale allesamt das Ziel haben, das Ausmaß der Erreichung des Betriebszwecks zu steigern, indem z.B. der Prozeß der Leistungserstellung mit geringeren Kosten, geringeren Durchlaufzeiten, geringeren Lagerbeständen und mit weniger Ausschuß oder Nacharbeit vollzogen werden kann, oder indem z.B. der Prozeß der Leistungsverwertung gefördert wird, indem das Kaufverhalten der Konsumenten positiv beeinflußt wird. Aufwand der Finanzbuchhaltung, der nicht betriebsbezogen ist, wird daher nicht in die Kostenrechnung übernommen und steht in diesem Zusammenhang in der Kostenrechnung nicht mehr zur Disposition. Es sind folglich sämtliche hier dargestellten Kosten immaterieller Vorlei-

---

1 Vgl.: LEDERLE, H., Verrechnung 1985, S. 195-197.

2 Vgl. hierzu Kapitel C.I.4.

3 Vgl. hierzu Kapitel B.VI.4.

stungen und immaterieller Nachleistungen mit Produktbezug in der Kalkulation zu berücksichtigen, da sie den Prozeß der Leistungserstellung sowie der Leistungsverwertung positiv beeinflussen, indem sie die Betriebsleistungen und die Marktleistungen des Unternehmens fördern.

Wenn der Erfolg immaterieller Potentiale in der Kostenrechnung abgebildet werden soll, sind die Grenzkosten und die Grenzerlöse dieser Entscheidung zu bestimmen. Handelt es sich bei der erstellten immateriellen Leistung um eine Marktleistung, kann der Grenzerlös durch den Umsatzprozeß zweifelsfrei ermittelt werden. Handelt es sich hingegen um eine Betriebsleistung, wie bisher unterstellt wurde, resultieren Grenzerlöse aus den Marktleistungen, deren zusätzlicher Erlös durch diese Entscheidung veranlaßt wird. Es ist im Fall der immateriellen Betriebsleistung eine Erfolgsmessung nur über den Umweg der Einbeziehung der Marktleistungen möglich, da die immateriellen Potentiale in diesem Fall keine Erlösträger sind. Das Ziel der immateriellen Potentiale besteht in der Erzielung eines erhöhten Ausmaßes der leistungswirtschaftlichen und der finanzwirtschaftlichen Zielerreichung. Die Zurechnung der Kosten immaterieller Potentiale hat daher auf die Marktleistungen als Erlösträger zu erfolgen.

Ad 2.
Aus der Beantwortung der zweiten Frage resultiert eine Rechenvorschrift, die besagt, wie die Kostenträger zu belasten sind. In der Vollkostenrechnung wird eine Schlüsselung dieser Gemeinkostenarten vorgenommen, indem Mengen- und Wertschlüssel als Bezugsgrößen unterschieden werden.[1] In der Teilkostenrechnung werden den Kostenträgern hingegen nur die proportionalen Kostenarten angelastet, während die Fixkosten, wie im Abschnitt zuvor vorgenommen, den Kostenträgern nur gegenübergestellt werden, ohne auf die einzelne Einheit proportionalisiert zu werden, wodurch die Ermittlung der Selbstkosten eines Kostenträgers nicht stattfinden kann. Um diesen Nachteil zu umgehen, können kalkulatorische Deckungsvorgaben (Deckungslasten, Solldeckungsbeiträge) ermittelt werden.[2]

Merkmal sowohl der Voll- als auch der Teilkostenrechnung ist die Berücksichtigung der Kosten immaterieller Potentiale unter Verletzung des Veranlassungsprinzips. In

---

1 Vgl.: HERZOG, E./ASSMANN, M., Grenzplankostenrechnung 1993, S. 11.
2 Vgl.: DÄUMLER, K.-D./GRABE, J., Deckungsbeitragsrechnung 1994, S. 30.

den Systemen der Vollkostenrechnung sind diese Kostenarten ex ante in den Gemeinkostenzuschlägen der Kostenstellen enthalten, in den Systemen der Teilkostenrechnung ex ante in verschiedenen Fixkostenschichten.[1] Insofern findet hier die Anlastung durch Gegenüberstellung der Kosten und der Leistungen statt. In Analogie zu den Investitionen in materielle Potentiale werden die Kosten immaterieller Potentiale zur Einhaltung des Veranlassungsprinzips abgeschrieben.[2]

Die Summe der Kosten ist zuvor aus Istkosten und Prognosekosten bestimmt worden. Das Problem besteht in der Bestimmung der Nutzungsdauer dieser Potentiale, da die Potentiale keinem technischen Verzehr unterliegen, sondern einem wirtschaftlichen Verzehr.[3] Im nächsten Schritt ist zur Ableitung von Deckungsvorgaben für Kosten immaterieller Potentiale mit Produktbezug die wirtschaftliche Nutzungsdauer zu bestimmen.

Die wirtschaftliche Nutzungsdauer kann als Zeitraum definiert werden, in dem die Potentiale einen positiven Zielbeitrag leisten, bevor sie z.B. durch nachfolgende Potentiale ersetzt werden. Dem Problem der Ermittlung der wirtschaftlichen Nutzungsdauer steht entgegen, daß Investitionen in immaterielle Potentiale regelmäßig, bzw. in bestimmten Zeitabständen vorgenommen werden, wobei die Höhe deutliche Unterschiede aufweisen kann. Hierdurch können Plandaten regelmäßig kontrolliert und Aussagen über zukünftige Entwicklungen mit erhöhter Sicherheit getroffen werden. Nur in Ausnahmen werden einmalige Investitionen in immaterielle Potentiale ohne direkten Produktbezug vorgenommen, wie z.B. die Durchführung einer Gemeinkosten-Wertanalyse oder eines Reengineering-Projektes.[4]

Durch die Bestimmung der Nutzungsdauer der immateriellen Potentiale wird die Analyse der Kosten- und Erfolgssituation gefördert, da den Kostenträgern die durch sie veranlaßten Kosten gegenübergestellt werden und der kalkulatorische Produkterfolg

---

1 Vgl.: TANSKI, J., Kostenplanung 1984, S. 229.

2 Vgl.: FRÖHLING, O./WEIS, E., Thesen 1992, S. 138; TANSKI, J., Kostenplanung 1984, S. 229-230; STRECKER, A., Prozesskostenrechnung 1991, S. 28; SIEGWART, H./RAAS, F., Rechnungswesen 1991, S. 55.

3 Vgl. Kapitel B.VI.3. dieser Arbeit.

4 Zum Business Process Reengineering vgl. HAMMER, M./CHAMPY, J., Business 1994; GAITANIDES, MICHAEL: Business Reengineering/Prozeßmanagement - von der Managementtechnik zur Theorie der Unternehmung?, in: DBW, 58. Jg. (1998), S. 369-381; LEHMKÜHLER, BETTINA: Controlling und Business Process Reengineering - Eine Untersuchung der Wechselwirkungen zweier Führungskonzepte, in: Controlling, 10. Jg. (1998), S. 150-156.

ersichtlich ist. Durch diese Informationen können Kostenträger mit hohen immateriellen Vorleistungskosten identifiziert und in zukünftigen Projekten beeinflußt werden. Ähnlich den Zielen der Prozeßkostenrechnung können die tatsächlichen Verzehre aufgedeckt werden und Produkterfolge veranlassungsgerecht analysiert werden.

Bei der Ableitung der Deckungsvorgaben aus Kosten und Nutzungsdauer können die Kostenträger gleichmäßig oder mit unterschiedlichen Anteilen belastet werden. Bei der Belastung mit unterschiedlichen Anteilen werden zumeist Wertschlüssel, wie z.B. Herstellkosten oder Einzelkosten, verwendet. Hierdurch findet eine willkürliche Belastung der Kostenträger nach dem Prinzip statt, daß ein Kostenträger mit höheren Herstellkosten auch anteilig mit höheren Kosten belastet werden kann. Diese Form entspricht dem Tragfähigkeitsprinzip und stellt keine veranlassungsgerechte Zuordnung dar.[1] Die Zuordnung der Kosten immaterieller Potentiale erfolgt nach der Bezugsgröße „Absatzmenge“, wodurch den unterschiedlichen Kostenträgern Dekkungsvorgaben in identischer Höhe gegenübergestellt werden, da die immateriellen Leistungen gleichmäßig genutzt werden und einen konstanten Zielbeitrag leisten.[2]

Die Kosten einer immateriellen Investition, z.B. einer Entwicklung oder einer Rationalisierung, sind mit DM 60.000 als Summe aus Istkosten und Prognosekosten ermittelt worden.[3] Das Potential wird von den Kostenträgern der Bereiche A und B zu gleichen Teilen genutzt. Die Kostenträger, welche die Bereiche in zukünftigen Perioden absetzen wollen, sind A1 bis B2. Die Absatzmengen der Kostenträger A1 bis B2 werden für die Nutzungsdauer des immateriellen Potentials geplant, welche drei Jahre betragen soll und nicht für die Dauer des Produktlebenszyklus. Der Grund hierfür liegt darin begründet, daß in drei Jahren die wirtschaftliche Nutzungsdauer beendet ist und ein nachfolgendes immaterielles Potential genutzt werden soll, dessen Kosten den Kostenträgern danach angelastet werden. Hierdurch können die Kostenträger A1 bis B2 im Laufe ihres Lebenszyklus verschiedene Potentiale eines Bereichs nutzen, wodurch sich im Verlauf des Lebenszyklus unterschiedliche Deckungsvorgaben ergeben, vgl. Tabelle 21.

---

1 Vgl. Kapitel C.I.4.

2 Vgl.: SIEGWART, H./SENTI, R., Life Cycle 1995, S. 186.

3 Bezogen auf die Investition können Prognosekosten aus der Weiterentwicklung, der Anpassung oder der Veränderung der Resultate folgen.

Bereiche	Bereich A			Bereich B	
Kostenträger	A1	A2	A3	B1	B2
Geplante Absatzmenge	5.000 St.	2.800 St.	1.250 St.	7.350 St.	3.600 St.
Σ Absatzmenge	20.000 St.				
Gesamtkosten Inv.	60.000 DM				

Tab. 21: Zahlenbeispiel des Ausgangsfalles

Zur Bestimmung der Deckungsvorgaben der Kostenträger werden die Gesamtkosten der Investition durch die Summe der geplanten Absatzmengen dividiert:

$$DV_{Kostenträger} = \Sigma K_{INV} : \Sigma M^{Plan}_{INV}$$
$$DV_{Kostenträger} = 60.000 \text{ DM} : 20.000 \text{ Stück}$$
$$DV_{Kostenträger} = 3{,}00 \text{ DM}$$

mit

$DV_{Kostenträger}$ = Deckungsvorgabe pro Kostenträgereinheit,
ΣK_{INV} = Summe der Investitionskosten,
ΣM^{Plan}_{INV} = Summe der geplanten Absatzmenge während der Nutzungsdauer der Investition.

Den Kostenträgern wird die Deckungsvorgabe $DV_{Kostenträger}$ als konstanter Kostensatz gegenübergestellt und gilt für die geplante wirtschaftliche Nutzungsdauer des Potentials. Auswirkungen von veränderten prognostizierten Kosten immaterieller Potentiale auf die Höhe der Deckungsvorgaben werden an späterer Stelle diskutiert. Dekkungsvorgaben können für sämtliche funktionalen Bezugsgrößen bestimmt werden, z.B. pro Kostenträgergruppe, pro Kostenstelle, pro Bereich, pro Niederlassung, pro Werk, etc.[1] Die Voraussetzung der Bildung der Bezugsgrößen ist die zweifelsfreie Nutzung des Potentials durch die gewählte Bezugsgröße, vgl. folgenden Quotienten:.[2]

$$DV_{Kostenträger} = (\Sigma K^{I}_{INV} + \Sigma K^{P}_{INV}) : M^{Plan}_{INV}$$

mit

$DV_{Kostenträger}$ = Deckungsvorgabe pro Kostenträgereinheit,
ΣK^{I}_{INV} = Summe der Istkosten der Investition,
ΣK^{P}_{INV} = Summe der Prognosekosten der Investition,
ΣM^{Plan}_{INV} = Summe der geplanten Absatzmenge während der Nutzungsdauer der Investition

1 Vgl.: HERZOG, E./ASSMANN, M., Grenzplankostenrechnung 1993, S. 11.

2 Vgl.: SIEGWART, H./SENTI, R., Life Cycle 1995, S. 186.

Ist keine Bezugsgröße identifizierbar, werden die Kosten als Kosten des gesamten Unternehmens ohne Produktbezug in der kurzfristigen Erfolgsrechnung ausgewiesen. Abschließend sei nochmals darauf verwiesen, daß es sich bei den Deckungsvorgaben zum größten Teil um entscheidungsirrelevante sunk costs sowie teilweise um entscheidungsrelevante und -irrelevante Prognosekosten handelt.[1] Eine Einbeziehung in die proportionalen Kosten eines Kostenträgers darf nicht vorgenommen werden. Ausschließlich zur Erfolgsplanung, zur Erfolgskontrolle, zu Zwecken der Preispolitik und der kalkulatorischen Erfolgsrechnung werden die Deckungsvorgaben verwendet. Die gebildeten Deckungsvorgaben können nur für Kosten immaterieller Potentiale mit Produktbezug gebildet werden. Kosten für immaterielle Potentiale ohne Produktbezug werden den einzelnen Kostenträgern nicht direkt gegenübergestellt, sondern in der kurzfristigen Erfolgsrechnung als Kosten des gesamten Unternehmens ausgewiesen.

Durch die Bestimmung von Deckungsvorgaben werden die Nachteile der Abbildung in den traditionellen Systemen der Kostenrechnung folgendermaßen vermieden:

1. Die Nutzungsdauer immaterieller Potentiale wird berücksichtigt, indem die Kosten zunächst auf die gesamte Nutzungsdauer der Potentiale bezogen werden und erst in einem zweiten Schritt über die Planung der Absatzmengen der die Potentiale nutzende Kostenträger die Ermittlung von Deckungsvorgaben erfolgt.[2] Durch die ex post-Verrechnung werden Verzerrungen im Zeitablauf vermieden, da die Kostenträger einer Periode veranlassungsgerecht mit Deckungsvorgaben belastet werden und nicht mit den Kosten immaterieller Potentiale der laufenden Periode, die durch die Kostenträger nicht veranlaßt werden.[3]

2. Die Verbundbeziehungen werden veranlassungsgerecht berücksichtigt, indem den Kostenträgern nur die durch sie veranlaßten Kosten gegenübergestellt wer-

---

1 Vgl.: FUNKE, S. Vollkostenrechnung 1994, S. 326; RIEBEL, P., Abbildung 1989, S. 70; ALTER, R., Projektcontrolling 1990, S. 157.

2 Vgl.: SIEGWART, H./SENTI, R., Life Cycle 1995, S. 186.

3 Vgl.: KEIL, A., Controlling 1991, S. 181; TANSKI, J., Kostenplanung 1984, S. 229; LEDERLE, H., Verrechnung 1985, S. 203; REICHMANN, T./FRÖHLING, O., Kosten- und Erfolgscontrolling 1994, S. 294; KILGER, W., Kostenträgerrechnung 1986, S. 32; BETZING, G., Einmalkosten 1980, S. 684; sowie Kapitel B.VI.4.a.

den.[1] Ein globale Verrechnung auf sämtliche Kostenträger unterbleibt ebenso wie der globale Ausweis im Fixkostenblock des gesamten Unternehmens.[2]

3. Durch die Verwendung von Deckungsvorgaben können bei Anwendung der Teilkostenrechnung weiterhin die proportionalen und die fixen Kostenarten getrennt ausgewiesen werden, wodurch kurzfristige Entscheidungen während des Lebenszyklus mit entscheidungsrelevanten Kosteninformationen möglich sind.[3] Durch den getrennten Ausweis der Deckungsvorgaben ist eine Analyse auf ihre Entscheidungsrelevanz hin möglich, indem die Abbaufähigkeit und die Bindungsdauer der enthaltenen Fixkosten ausgewiesen werden können.[4] Durch diese Informationen können Kosten immaterieller Potentiale noch während des Marktzyklus auf Veränderungsmöglichkeiten hin überprüft werden und unterstützen hierdurch das Kostenmanagement.

2. Die lebenszyklusorientierte Erfolgsrechnung

a. Die Projektdeckungsrechnung

Im vorangegangenen Abschnitt ist das Problem der Erlöszurechnung angesprochen worden, welches auftritt, wenn immaterielle Potentiale als Betriebsleistung verzehrt werden. Sie gehen somit als Teilleistung in die spätere Marktleistung ein und stellen keine Erlösträger dar. Die Erfolgsrechnung des Lebenszyklus muß sich in diesem Fall an den Kostenträgern als Erlösträger orientieren und diesen Leistungen die Kosten immaterieller Potentiale sowie der begleitenden proportionalen Kosten und der begleitenden Fixkosten gegenüberstellen, vgl. Darst. 68.[5]

Zur Darstellung der Projektdeckungsrechnung sollen die Daten vorangegangener Beispiele übernommen werden und um fehlende Erlösdaten sowie Kosten materieller Vorleistungen und materieller Nachleistungen ergänzt werden, vgl. Darst. 69.

---

1 Vgl.: SIEGWART, H./SENTI, R., Life Cycle 1995, S. 186.

2 Vgl. hierzu Kapitel C.II.2.

3 Vgl.: MÄNNEL, W., Ausrichtung 1994, S. 382.

4 Vgl.: DÄUMLER, K.-D./GRABE, J., Deckungsbeitragsrechnung 1994, S. 168.

5 Vgl. auch MÄNNEL, W., Ausrichtung 1994, S. 382. Zur Bedeutung des Projekterfolges vgl. auch RIEZLER, S., Lebenszyklusrechnung 1996, S. 10.

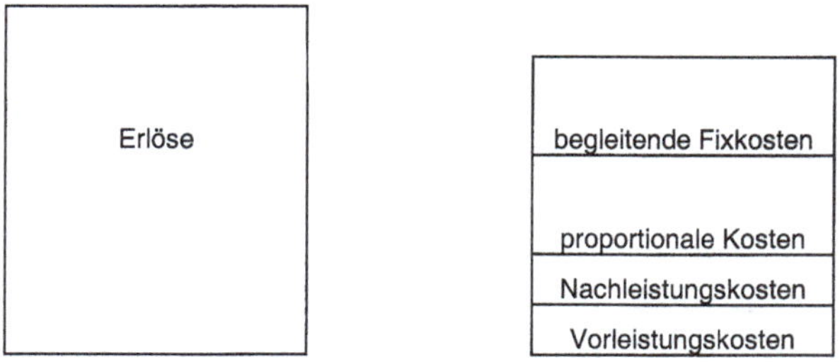

Darst. 68: Kostenarten der lebenszyklusbezogenen Erfolgsrechnung

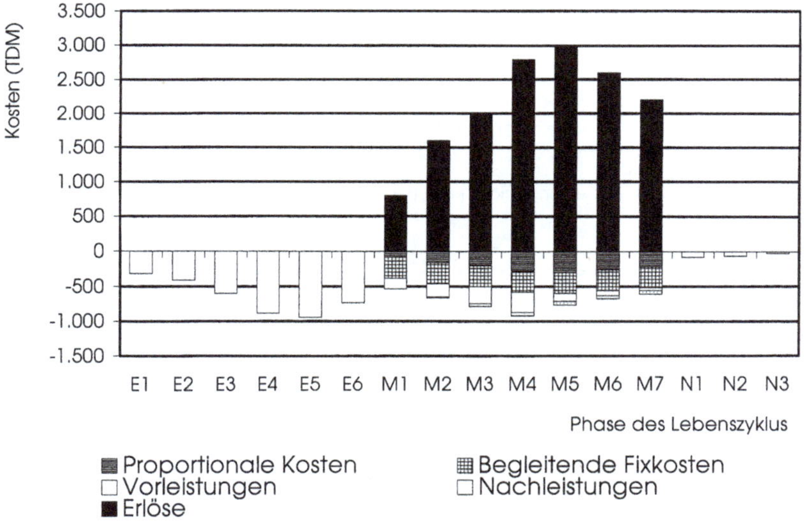

Darst. 69: Die statische Projektdeckungsrechnung

Zur Ermittlung der Höhe des Projekterfolges werden die Kosten und die Erlöse kumuliert gegenübergestellt, vgl. Darst. 70.[1]

Der Projekterfolg nach Ablauf des Lebenszyklus beläuft sich auf einen Gewinn in Höhe von TDM 2.991. Das Gewinnmaximum befindet sich in Phase M7 (TDM 3.151), da im Anschluß hieran ausschließlich Kosten für Nachleistungen entstehen. Aus Gründen der Vereinfachung werden ausschließlich Erlöse der Kostenträger

1 Vgl. auch GRAßHOFF, J./GRÄFE, C., Kostenmanagement 1998, S. 62.

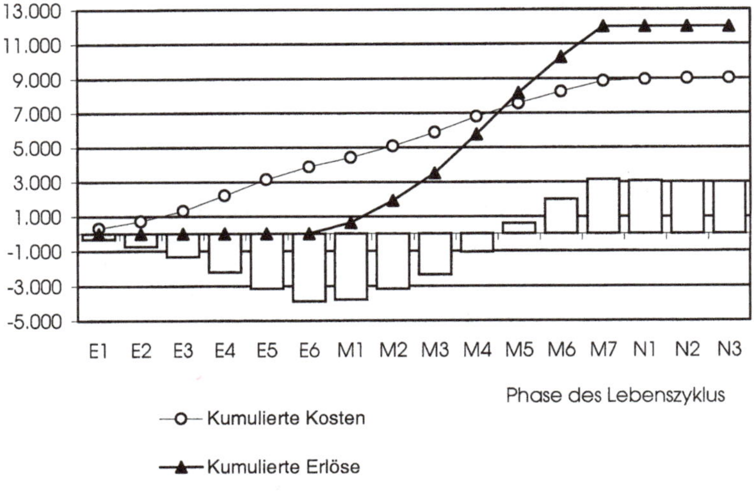

Darst. 70: Kumulierte Kosten und Erlöse im Lebenszyklus

ausgewiesen, Vorlauferlöse sowie Nachlauferlöse werden in dieser Rechnung nicht berücksichtigt.[1]

Es ist im Rahmen der Kostenprognose auf die Prognoserisiken sowie auf die wirtschaftlichen und technischen Risiken immaterieller Potentiale eingegangen worden.[2] Zur Verdeutlichung der Auswirkungen soll die vorliegende, realistische Prognose, variiert werden und mit pessimistischen Prognosedaten durchgeführt werden. Die Berücksichtigung pessimistischer Prognosen kann auch über Risikozuschläge erfolgen, wobei die Abweichungen vergangener Projekte bei der Prognose berücksichtigt worden sind.[3] Die realistische Prognose wird dahingehend verändert, daß die Kosten um 10% erhöht werden und die erzielbaren Erlöse um 10% gesenkt werden, alle anderen Parameter bleiben konstant. Prognoseabweichungen dieser Größenordnung liegen im unteren Bereich möglicher Abweichungen auf Projektebene, wie zuvor be-

---

1 Vgl.: TANSKI, J., Kostenplanung 1984, S. 228-229; BOHNE, F., Entwicklungsperspektiven 1994, S. 213. Zu Vorlauferlösen und Nachlauferlösen vgl. BACK-HOCK, A., Ergebnisrechnung 1992, S. 707.

2 Vgl. auch RIEZLER, S., Lebenszyklusrechnung 1996, S. 10.

3 Vgl. auch SCHULTZ, V., Kostenschätzung 1996, S. 25.

reits belegt wurde. Tabelle 22 sowie Darst. 71 zeigen die Veränderungen mit gerundeten Werten.

	Realistische Prognose	pessimistische Prognose
Gesamtkosten (TDM)	9.009	9.910
Gesamterlös (TDM)	12.000	10.800
Gesamterfolg (TDM)	+ 2.991	+ 890
Veränderung (TDM)		- 2.101
Veränderung (%)		- 70,24

Tab. 22: Ergebnisse der realistischen und der pessimistischen Prognose

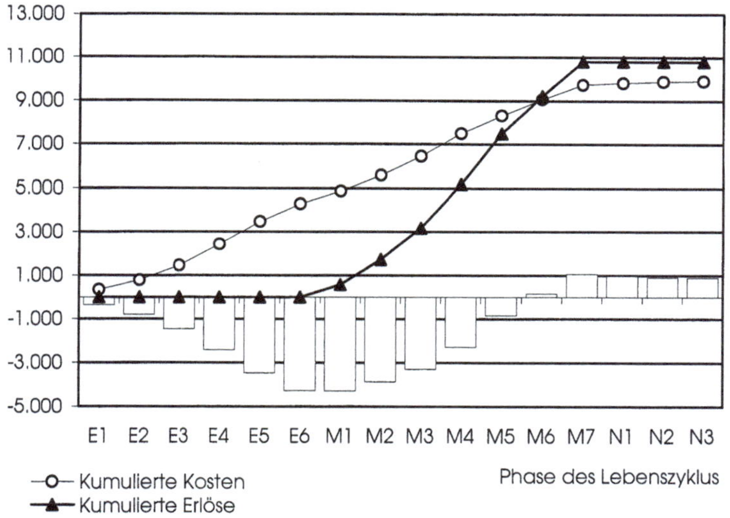

Darst. 71: Kumulierte Kosten und Erlöse im Lebenszyklus bei pessimistischer Prognose

Der Projekterfolg der pessimistischen Prognose beträgt einen Gewinn in Höhe von TDM 890. Die Gewinnveränderung beträgt -70,24 % und ist auf die kumulierte Wirkung der erhöhten Kostenwerte sowie auf die verringerten Erlöse über die Dauer des Lebenszyklus zurückzuführen. Weitere Prognoserisiken bestehen in der prognostizierten Absatzmenge, der Dauer des Lebenszyklus, der Dauer des Entstehungszyklus sowie der Dauer des Nachsorgezyklus. Des weiteren verschiebt sich die erstmalige Überdeckung in Phase M6. Diese Überdeckung (TDM +153,1) stellt jedoch keinen Gewinn dar, da in den Kosten immaterieller Nachleistungen noch projektspezifische, entscheidungsirrelevante Kosten enthalten sind, die mit der Entscheidung, den Kostenträger am Markt anzubieten, unbeeinflußbar determiniert sind.

Zur Erhöhung der Aussagefähigkeit der ermittelten absoluten Daten können Rentabilitäten berechnet werden, die den Gewinn zu einer sie bestimmenden Einflußgröße in Relation setzen.[1] In dem vorliegenden Beispiel kann die Umsatzrentabilität (Gewinn : Umsatz x 100) die Aussagefähigkeit zu verschiedenen Projekten erhöhen sowie Branchenvergleiche und die Messung des Zielbeitrags des betrachteten Projektes erhöhen, vgl. Tabelle 23.

	realistische Prognose	pessimistische Prognose
(Umsatz-)erlös (TDM)	12.000	10.800
Gewinn (TDM)	+ 2.991	+ 890
Umsatzrentabilität (%)	24,93	8,24

Tab. 23: Umsatzrentabilität der Projekte

Da der prognostizierte Umsatz durch die Veränderung weniger Parameter einer hohen Variation unterliegt, kann der prognostizierte Gewinn in diesen Fällen auch den Kosten gegenübergestellt werden, wodurch die Einflüsse von Prognoseabweichungen vermindert werden können, vgl. Tabelle 24.[2]

	realistische Prognose	pessimistische Prognose
Gesamtkosten (TDM)	9.009	9.910
Gewinn (TDM)	+ 2.991	+ 890
Kostenrentabilität (%)	33,2	8,98

Tab. 24: Kostenrentabilität der Projekte

Diese Rentabilität besagt, daß im Falle der realistischen Prognose pro Kostenbetrag anteilig 33,2% Gewinn entstehen und dient ebenfalls der Vergleichsrechnung.

---

1 Vgl.: COENENBERG, A. G., Kostenrechnung 1993, S. 491-492.

2 Vgl.: SIEGWART, H./SENTI, R., Life Cycle 1995, S. 210.

b. Die Amortisationsrechnung

Die Amortisationsrechnung (pay-off-Methode, pay-back-Methode) stellt, in Analogie zur Rentabilitätsrechnung, einen Vergleich von Kosten und Gewinn dar. Als Ergebnis wird derjenige Zeitraum ermittelt, in dem das investierte Kapital über die Erlöse in das Unternehmen zurückfließt.[1] Angewendet auf die lebenszyklusorientierte Erfolgsrechnung werden die Kosten des Lebenszyklus den Erlösen des Lebenszyklus gegenübergestellt.[2] Es werden zur Durchführung der Amortisationsrechnung zunächst die fehlenden Daten der vergangenen Rechnungen verdeutlicht.

Marktphase	M1	M2	M3	M4	M5	M6	M7
Absatzmenge (St.)	8.000	16.000	20.000	28.000	30.000	26.000	22.000

Erlös/Stück (E) = DM 80
proportionale Kosten/Stück (K^{prop}) = DM 10
begleitende Fixkosten/Periode (K^{fix}) = DM 300.000
projektspezifische Nachleistungskosten ($K^{NL}{}_{Projekt}$) = DM 128.000
produktspezifische Nachleistungskosten ($K^{NL}{}_{Produkt}$) = DM 284.000
Vorleistungskosten (K^{VL}) = DM 4.997.000

Bei der Berechnung des Amortisationszeitpunktes ist zu berücksichtigen, daß die projektspezifischen Nachleistungskosten entscheidungsirrelevant sind und im Zusammenhang mit der Veränderung der Kapazitäten entstehen. Hat das Unternehmen sich entschieden, die Leistungserstellung aufzunehmen und notwendige Kapazitäten zu schaffen, ist hiermit die Disposition über diese Kostenart getroffen, wodurch diese Kostenart zu den sunk costs des Entstehungszyklus addiert wird. Der Amortisationszeitpunkt bestimmt sich durch Gegenüberstellung der Kosten (K) und Erlöse (E) des Lebenszyklus

$$\Sigma\, E\, (E1, \ldots, N3) = \Sigma\, K\, (E1, \ldots, N3).$$

Die Kosten K resultieren aus proportionalen Kosten (K^{prop}), Vorleistungskosten (K^{VL}), begleitenden Fixkosten (K^{fix}), projektspezifischen Nachleistungskosten ($K^{NL}{}_{Projekt}$) und produktspezifischen Nachleistungskosten ($K^{NL}{}_{Produkt}$) nach folgender Gleichung:

---

1 Vgl.: MÄNNEL, W., Kostenkalkulation 1994, S. 109; PERRIDON, L./STEINER, M., Finanzwirtschaft 1991, S. 50; BUSSE VON COLBE, W./LAßMANN, G., Investitionstheorie 1990, S. 25-28.

2 Vgl.: GRAßHOFF, J./GRÄFE, C., Kostenmanagement 1998, S. 62; TANSKI, J., Kostenplanung 1984, S. 230.

$$\Sigma K (E1, ..., N3) = K^{prop} + K^{VL} + K^{fix} + K^{NL}_{Projekt} + K^{NL}_{Produkt}$$

Für die Amortisationsrechnung resultiert folgende Ausgangsgleichung:

$$\Sigma E (E1, ..., N3) = \Sigma K (E1, ..., N3)$$
$$\Sigma E (E1, ..., N3) = K^{prop} + K^{VL} + K^{fix} + K^{NL}_{Projekt} + K^{NL}_{Produkt}$$

Durch Subtrahieren der proportionalen Kosten von den Erlösen, resultiert der Deckungsbeitrag pro Einheit (DB I).

$$DB\ I \times M^{Plan} = K^{VL} + K^{fix} + K^{NL}_{Projekt} + K^{NL}_{Produkt}$$

Im nächsten Schritt können die produktspezifischen Nachleistungskosten vom DB I subtrahiert werden, da diese Kostenart nicht beschäftigungsfix ist, sondern von der Absatzmenge beeinflußt wird, da eine erhöhte Absatzmenge den Planungs-, Steuerungs- und Kontrollaufwand der Nachleistungskosten beeinflußt. Hierzu ist die Ermittlung einer Deckungsvorgabe notwendig, indem die produktspezifischen Nachleistungskosten (TDM 284) auf die geplante Absatzmenge (150.000 Stück) bezogen werden (=1,8933 DM/Stück). Da sich die Rechnung auf eine konstante Absatzmenge bezieht, sind die Ergebnisse beider Verfahren identisch.

$$DB\ II \times M^{Plan} = K^{VL} + K^{fix} + K^{NL}_{Projekt}$$

Der Amortisationszeitpunkt resultiert aus der kritischen Menge, welche sich aus der Auflösung der Gleichung ergibt:

$$DB\ II \times M^{Plan} = K^{VL} + K^{fix} + K^{NL}_{Projekt}$$
$$68{,}1066 \times M^{Plan} = 4.997.000 + 2.100.000 + 128.000$$
$$68{,}1066 \times M^{plan} = 7.225.000$$
$$M^{plan} = 106.083{,}6 \text{ Stück}$$

Das 106.084. Stück stellt die kritische Menge dar, die erstmalig in der in Gewinnzone liegt. Diese Menge entspricht 70,72% der geplanten Gesamtabsatzmenge. Diese kumulierte Menge wird in Phase M6 abgesetzt, in welcher das Produkt erstmals alle fixen und proportionalen Kostenarten abgedeckt hat, vgl. hierzu die Angaben der realistischen Prognose.[1] Der Amortisationszeitpunkt M6 ist hierbei für Entscheidungen des Management weniger interessant als die kritische Menge, da die Kostendeckung nicht primär durch den Zeitablauf veranlaßt wird, sondern durch die Erlöse der Kostenträger im Zeitablauf.[2]

Durch die Analyse der kritischen Menge kann das Management Entscheidungen bezüglich des Lebenszyklus abbilden, da sämtliche Maßnahmen, die auf die Leistungserstellung und Leistungsverwertung des Produktes zielen, mit der negativen Kostenkomponente sowie der positiven Erlöskomponente in der Rechnung abgebildet werden können. Insbesondere Gewinnvergleichsrechnungen verschiedener Entscheidungsalternativen führen zum Ausweis des Grenzgewinns der jeweiligen Entscheidung und können für den Lebenszyklus die gewinnoptimale Alternative ermitteln sowie bei knappen Potentialen die gewinnoptimale Verwendung auswählen. Tabelle 25 stellt das verwendete Kalkulationsschema dar.

Kalkulationsschema

Erlös/Stück	80,00 DM
- proportionale Kosten/Stück	10,00 DM
= DB I/Stück	70,00 DM
- Deckungsvorgabe $K^{NL}_{Produkt}$/Stück	1,89 DM
= DB II/Stück	68,11 DM
DB II/Stück x M^{Plan} = DB II/Projekt	10.216.000,00 DM
- $K^{NL}_{Projekt}$/Projekt	128.000,00 DM
- K^{fix}/Projekt	2.100.000,00 DM
- K^{VL}/Projekt	4.997.000,00 DM
= Projekterfolg	2.991.000,00 DM

Tab. 25: Projekterfolgsrechnung

Zur Amortisationsrechnung des gesamten Lebenszyklus vgl. Darst. 72.

1 Hier zeigt sich der Unterschied zur Projektdeckungsrechnung, in der bereits in M5 ein Überschuß erzielt wurde. Dieser Überschuß stellt keinen Gewinn dar, da die noch ausstehenden Kosten der Nachleistungen in die Erfolgsermittlung miteinzubeziehen sind.

2 Vgl.: PLINKE, W., Ansatzpunkte 1986, S. 604.

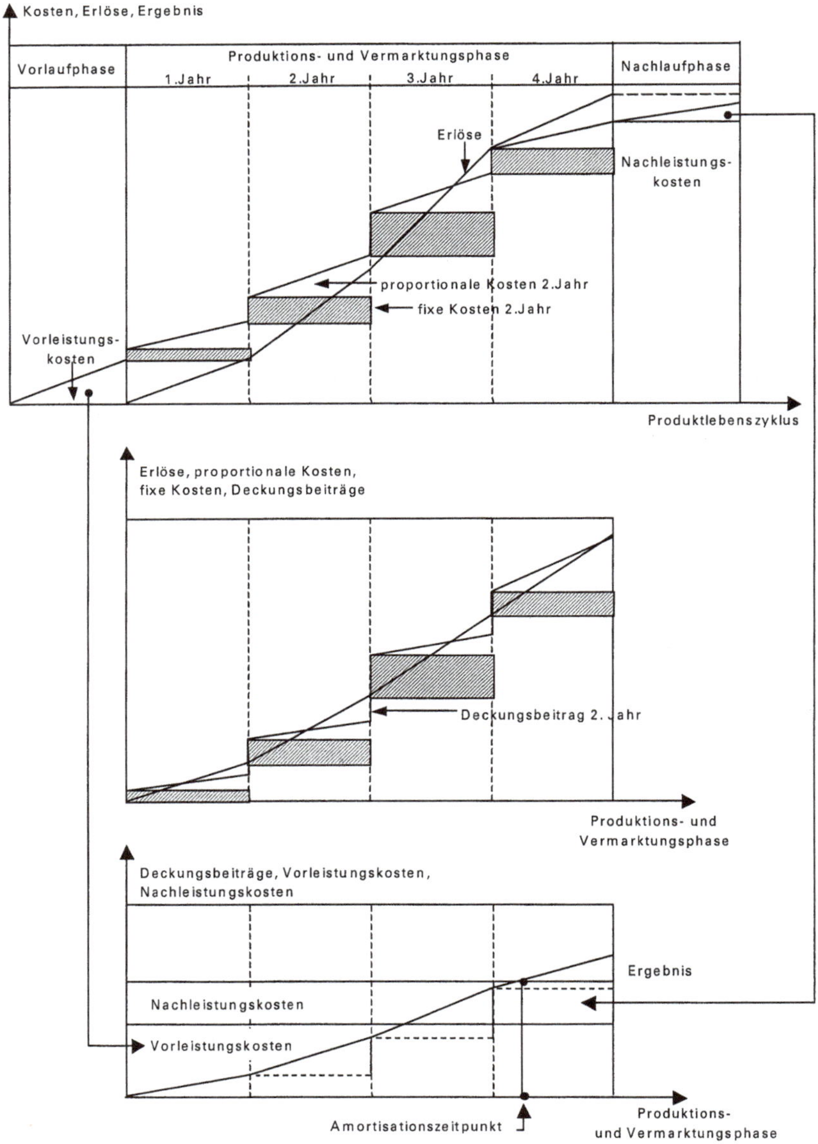

Darst. 72: Amortisationsrechnung des gesamten Lebenszyklus
Quelle: ZEHBOLD, C., Kostenbeeinflussung 1996, S. 50

II. Besondere Probleme der Abbildung immaterieller Potentiale in der Kosten- und Erfolgsrechnung

1. Darstellung von Prognoseabweichungen in der Erfolgsrechnung

a. Realisierte Abweichungen vergangener Perioden

Bedingt durch die Länge des Planungszeitraumes sowie die unterschiedlichen Entwicklungen der Ausprägungen der Kostenbestimmungsfaktoren ist die phasenweise Kontrolle der prognostizierten Wirdkosten und der realisierten Istkosten von besonderer Bedeutung. Während des Entstehungszyklus können Abweichungen auf ihre Ursachen hin untersucht und in der Plankalkulation zu Beginn des Marktzyklus berücksichtigt werden. Die Möglichkeiten der Berücksichtigung in der Preisforderung sind jedoch nicht uneingeschränkt möglich, da der Marktpreis durch externe Faktoren, wie z.B. Kundenwünsche und Konkurrenzpreise, determiniert wird oder aufgrund vertraglicher Bindungen für bestimmte Perioden fix ist.[1]

Trotz der eingeschränkten Möglichkeit, Kostenänderungen durch Preisanpassungen zu kompensieren, ist eine Abbildung und Berücksichtigung dieser Veränderungen zur Erfolgsanalyse und Erfolgsplanung unabdingbar. In den vorangegangenen Abschnitten sind Verfahren dargestellt und entwickelt worden, die die Anpassung der Prognosekosten in zukünftigen Perioden vornehmen. Allen Verfahren ist die analytische Planung gemeinsam, indem pro Kostenbestimmungsfaktor Abweichungen ermittelt und fortgeschrieben werden. Durch dieses Vorgehen sind die Wirdkosten und Erfolge zukünftiger Perioden prognostizierbar.

In diesem Abschnitt wird die Frage beantwortet, wie diese Veränderungen den Kostenträgern über veränderte Deckungsvorgaben anzulasten sind und ob eine Veränderung der Deckungsvorgaben überhaupt notwendig, bzw. gerechtfertigt ist. Es können in der Entscheidungssituation drei Alternativen unterschieden werden:

1. Beibehaltung der gebildeten Deckungsvorgaben,
2. Anlastung der veränderten Kosten ab dem Entscheidungszeitpunkt,
3. Anlastung der veränderten Kosten auf den gesamten Lebenszyklus.[2]

---

1 Vgl.: SCHULTZ, V., Kostenschätzung 1996, S. 23.

2 Vgl.: LÜCKE, WOLFGANG: Fehleinschätzung der Nutzungsdauer in der kalkulatorischen Abschreibung, in: Krp, 3. Jg. (1959), S. 61-66; MÄNNEL, W., Integration 1999, S. 15-16.

Die Lösung dieses Auswahlproblems soll anhand eines vorherigen Beispiels verdeutlicht werden, vgl. Tabelle 26:

Bereiche	Bereich A			Bereich B	
Kostenträger	A1	A2	A3	B1	B2
Geplante Absatzmenge	5.000 St.	2.800 St.	1.250 St.	7.350 St.	3.600 St.
Σ Absatzmenge	20.000 Stück				
Gesamtkosten/Inv.	60.000 DM				
Deckungsvorgabe	3,00 DM/Stück				
Abweichung	+ 10.000 DM				
Bisheriger Absatz	8.000 Stück				

Tab. 26: Berücksichtigung aufgetretener Kostenänderungen

Im Ausgangsbeispiel betragen die Kosten einer Investition in immaterielle Potentiale DM 60.000, durch Division durch die geplante Absatzmenge (20.000 Stück) resultiert die Deckungsvorgabe in Höhe von 3,00 DM/Stück. Während des Marktzyklus wird festgestellt, daß die in den Investitionskosten enthaltenen Prognosekosten, die während des Marktzyklus anfallen, sich um DM 10.000 erhöht haben. Es wurden zu diesem Zeitpunkt bereits 8.000 Stück am Markt abgesetzt.

Ad 1.

Nach Alternative (1.) wird die ursprüngliche Deckungsvorgabe (DM/Stück = 3,00) nicht verändert, wodurch jede Einheit dieses Kostenträgers weiterhin mit DM 3,00 belastet wird. Dieses Vorgehen entspricht dem Egalisierungsprinzip, indem die Werte der Vergangenheit fortgeschrieben werden und jeder Kostenträger mit der gleichen Deckungsvorgabe belastet wird. Die Abweichung (DM 10.000) kann in der Periodenrechnung ausgewiesen und sämtlichen Kostenträgern des Unternehmens angelastet werden.[1] Da die Deckungsvorgaben aufgrund der Abweichung den tatsächlichen Werteverzehr nicht widerspiegeln, wird das Veranlassungsprinzip verletzt, wodurch diese Alternative abzulehnen ist.[2]

---

1 Vgl.: WEIS, E., Projektcontrolling 1997, S. 90.

2 Vgl.: COENENBERG, A. G., Kostenrechnung 1993, S. 62; HABERSTOCK, L., Einführung 1997, S. 91; KILGER, W., Plankostenrechnung 1993, S. 752; FREIDANK, C.-C., Kostenrechnung 1994, S. 124.

Ad 2.
Nach der zweiten Alternative wird die Abweichung auf die zukünftig abzusetzenden Kostenträger verteilt. Die bisherige Absatzmenge (8.000 Stück) wurde mit der Dekkungsvorgabe DM 3,00 belastet. Hierdurch sind [8.000 St. x 3,00 DM =] DM 24.000 bereits angelastet worden. Der noch nicht angelastete Anteil beträgt [DM 60.000 + DM 10.000 - DM 24.000 =] DM 46.000, welcher auf die noch abzusetzende Menge verteilt wird. Hieraus folgt eine Deckungsvorgabe für die zukünftig abzusetzenden Kostenträger in Höhe von

[DM 46.000 : (20.000 St. - 8.000 St.) =] 3,83 DM/Stück.

In dieser Alternative werden die noch nicht angelasteten Kosten auf die noch nicht abgesetzten Kostenträger verrechnet, wodurch insgesamt die volle Kostenhöhe (DM 70.000) dieser Investition über den Umsatzprozeß in das Unternehmen zurückfließt. Dieses Verfahren ist dennoch abzulehnen, da der Prognosefehler der Vergangenheit übernommen wird und der tatsächliche Werteverzehr nicht abgebildet wird, da die Abweichung ausschließlich auf die zukünftige Absatzmenge verteilt wird.[1] Der zukünftigen Absatzmenge werden zu hohe Deckungsvorgaben angelastet, wodurch versucht wird, den Prognosefehler der Vergangenheit zu kompensieren.[2]

Ad 3.
Nach der dritten Entscheidungsalternative wird die Gesamtabsatzmenge (20.000 St.) mit den Kosten der Abweichung belastet, da nur hierdurch das Veranlassungsprinzip eingehalten wird und den tatsächlichen Werteverzehr abbilden kann. Die Deckungsvorgabe resultiert aus der Gegenüberstellung der Gesamtkosten der Investition (DM 60.000 + DM 10.000 =) DM 70.000 mit der gesamten Absatzmenge (20.000 St.), woraus die Deckungsvorgabe in Höhe von (DM 70.000 : 20.000 St. =) 3,50 DM/St. resultiert. Der Nachteil dieser Methode liegt in der Anlastung zu geringer Kosten, da im Ergebnis

(8.000 St. x 3,00 DM/St. + 12.000 St. x 3,50 DM/St. =) DM 66.000

---

1 Vgl.: HABERSTOCK, L., Einführung 1997, S. 91.
2 Vgl.: HABERSTOCK, L., Einführung 1997, S. 91.

den Kostenträgern angelastet werden.[1] Dieser Nachteil ist in der Kalkulation nicht zu vermeiden und findet Berücksichtigung im Ausweis kalkulatorischer Wagnisse in der Erfolgsrechnung, in der diese Differenz ausgewiesen wird und den Projekterfolg schmälert.[2]

b. Prognostizierte Abweichungen zukünftiger Perioden

Die Analyse der Kostenbestimmungsfaktoren als Wird-Wird-Vergleich am Ende einer jeden Periode, bzw. Phase des Lebenszyklus, kann darauf hinweisen, daß in zukünftigen Perioden eine Abweichung eintreten wird. Diese Abweichung kann auf externe Faktoren zurückzuführen sein, indem die Länge des Lebenszyklus durch Bestrebungen der Konkurrenz verkürzt wird oder die in der Prognoseerfolgsrechnung zugrundegelegten Erlöse nicht in voller Höhe realisiert werden können.

Für die Kalkulation und die Erfolgsprognose des Projektes stellt sich die Frage, zu welchem Zeitpunkt diese erwartete Abweichung zu berücksichtigen ist. Im vorangegangenen Abschnitt ist gezeigt worden, daß eine Abweichung in jedem Fall in ihren Auswirkungen kostenträgerweise ermittelt und berücksichtigt werden muß. Ein Prognosefehler der Vergangenheit, bzw. eine nicht vorherzusehende Abweichung eines Kostenbestimmungsfaktors, der unter Umständen gar nicht durch Entscheidungen des Management ausgelöst wurde, ist in der Kalkulation im Zeitpunkt seines Bekanntwerdens zu berücksichtigen und nicht erst im Zeitpunkt seiner Wirksamkeit. Hierbei wird auf die Betrachtungsebene des Lebenszyklus abgestellt und nicht auf einen partiellen Zeitraum. Die Fehler der Prognose im Sinne eine Nichtberücksichtigung dürfen nicht durch spätere Entscheidungen kompensiert werden, sondern es ist so zu prognostizieren, als hätten sämtliche Informationen zu Beginn des Prognosezeitraumes in ihren tatsächlichen Ausprägungen bereits vorgelegen.[3]

---

1 Dieses Problem ist bezüglich der Abschreibungen materieller Investitionen als Abschreibung über Null hinaus diskutiert worden, vgl. KILGER, W., Probleme 1991, S. 87; COENENBERG, A. G., Kostenrechnung 1993, S. 62.

2 Vgl.: LEDERLE, H., Verrechnung 1985, S. 198; KILGER, W., Plankostenrechnung 1993, S. 779-780; HABERSTOCK, L., Einführung 1997, S. 91; FREIDANK, C.-C., Kostenrechnung 1994, S. 124; CHRISTMANN, J./WITTHOFF, H.-W., Kostenrechnung 1994, S. 85.

3 Vgl.: HABERSTOCK, L., Einführung 1997, S. 91.

In der Marktphase M2 wird bekannt, daß in M5 ein Konkurrenzprodukt am Markt eingeführt wird. Aufgrund der Informationen über dieses Produkt erwartet das Unternehmen einerseits eine Verringerung der Absatzmengen in den Phasen M5, M6 und M7, wobei in der Phase M7 der Lebenszyklus bereits beendet ist und kein Absatz mehr stattfindet, vgl. Tabellen 27 und 28. Diese Auswirkung soll am Beispiel der zuvor dargestellten Investition verdeutlicht werden

Bereiche	Bereich A			Bereich B	
Kostenträger	A1	A2	A3	B1	B2
Geplante Absatzmenge	5.000 St.	2.800 St.	1.250 St.	7.350 St.	3.600 St.
Σ Absatzmenge	20.000 Stück				
Gesamtkosten/Inv.	60.000 DM				
Deckungsvorgabe	3,00 DM/Stück				

Tab. 27: Ausgangsdaten

Marktphase	M1	M2	M3	M4	M5	M6	M7
Geplante Absatzmenge	1.000	2.000	3.000	4.000	4.000	3.500	2.500
Prognose					3.000	1.000	0

Tab. 28: Geplante und prognostizierte Absatzmenge

Für das Management ist zur Steuerung dieses Projektes die rechtzeitige Berücksichtigung dieser Informationen notwendig. Desto rechtzeitiger diese Informationen sowohl in der Planung als auch in der Kalkulation abgebildet werden, desto rechtzeitiger können notwendige Maßnahmen zur Gegensteuerung ergriffen und realisiert werden. Für die Kalkulation ist die Frage zu beantworten, in welchem Zeitpunkt die veränderte Situation in ihren Auswirkungen berücksichtigt werden soll.

Auch in diesem Fall wird die Anpassung der Deckungsvorgabe unmittelbar nach Erhalt der Information vorgenommen. Die Kosten der Investition (DM 60.000) werden der geplanten Absatzmenge (1.000 St. + 2.000 St. + 3.000 St. + 4.000 St. + 3.000 St. + 1.000 St. =) 14.000 Stück gegenübergestellt, wodurch die Deckungsvorgabe in Höhe von

(DM 60.000 : 14.000 St. =) 4,29 DM/St. resultiert.

Durch diese Veränderung ändern sich die Rentabilitäten, die Erfolge und auch die Amortisationsdauer des Projektes. Das Management kann im Extrem das Projekt unmittelbar abbrechen und die gebundenen Potentiale und Kapazitäten in alternativen Projekten einsetzen oder durch Maßnahmen in der Leistungserstellung und Leistungsverwertung das Kosten-Nutzen-Verhältnis des Produktes aus Konsumentensicht verbessern und hierdurch den Rückgang der Absatzmenge verhindern oder sogar erhöhen. Diese Entscheidungen können nur auf der Grundlage relevanter Kosten-, Erlös- und Erfolgsdaten beruhen und sind Gegenstand des nächsten Abschnitts.

2. Die Veränderung der Amortisation

Die Kosten- und Erfolgsrechnung hat neben ihrer Dokumentationsfunktion insbesondere die Aufgaben einer Führungsrechnung als Management Accounting zu erfüllen, indem sie dem Management entscheidungsrelevante Informationen bereitstellt und insbesondere die Erfolgswirkungen einzelner Programme oder Maßnahmen abbildet. Hierunter wird eine zweckneutrale Datenbasis verstanden, welche die Kosten- und Erlösinformationen mehrdimensional bereithält und für die jeweilige Entscheidungssituation ausweisen kann. Bezogen auf die Erfolgsauswirkungen von Entscheidungen bezüglich immaterieller Potentiale ist durch die mehrdimensionale Kontierung sowie die Bestimmung von Deckungsvorgaben diese Datenbasis vorhanden.

Entscheidungen des Management bezüglich immaterieller Potentiale werden, insbesondere während des Marktzyklus eines Kostenträgers, auf den gesamten Lebenszyklus bezogen, da im Mittelpunkt der Entscheidungen das Produkt steht. Einerseits werden produktspezifische Entscheidungen in ihre Wirkungen auf die einzelnen Bereiche analysiert, wobei die Messung des Zielbeitrages über die Kosten, bzw. die Höhe der Auszahlungen stattfindet. Andererseits werden Entscheidungen bezüglich anderer Bezugsobjekte, z.B. Bereiche, Prozesse, Kostenstellen, etc., auf ihre Wirkung bezüglich der Produkte untersucht, da die zentrale Zielgröße der Erfolg ist, dessen Maximierung die Handlungsmaxime lautet.

Der Erfolg einer Periode resultiert aus der Summe der Erfolge der gewählten Zurechnungsobjekte, welche in den Marktleistungen bestehen. Es gilt daher zu untersuchen, abzubilden und zu ermitteln, wie sich die Entscheidungen des Management auf die Zielgröße „Erfolg" auswirken. Das Problem des Rechnungswesens besteht darin, mittel- und langfristige Entscheidungen und Zusammenhänge in der kurzfristigen Kosten- und Erfolgsrechnung abzubilden.[1] Hierzu wird als Instrument die Le-

---

1 Vgl. auch MÄNNEL, W., Integration 1999, S. 11; KÜPPER, H.-U., Rechensysteme 1997, S. 23.

benszyklusbetrachtung angewendet, indem die Entscheidungen und ihre Wirkungen auf den gesamten Lebenszyklus abgebildet werden und erst anschließend auf den Planungszeitraum die Kosten- und Erfolgsrechnung heruntergebrochen werden. Dieser Ansatz ist bisher verfolgt worden und stellt auch den Ansatzpunkt der Abbildung der Entscheidungen über den Lebenszyklus dar.

Die Entscheidungen stellen Wahlprozesse dar, deren Vorteilhaftigkeit gegenüber anderer Alternativen monetär bewertet wird. Es soll quantifiziert werden, ob

- ein Lebenszyklus verlängert oder abgebrochen werden soll,
- Weiterentwicklungen den Erfolg positiv beeinflussen,
- Rationalisierungserfolge ihre Kosten decken,
- die Grenzerlöse durch Erhöhung der Absatzmenge die Grenzkosten der hierfür notwendigen Werbung übersteigen, etc.

Eines der wichtigsten Instrumente hierzu ist die bereits angesprochene Amortisation, bzw. die kritische Menge, die als Mindestmenge aussagt, wann das Projekt in die Gewinnzone erreicht. Zuvor ist bereits gezeigt worden, wie eine geringe Kostenerhöhung und Erlössenkung exponentiell auf den Gewinn wirken.[1]

Zur Darstellung der Wirkung von Veränderungen auf den Amortisationszeitpunkt und auf die kritische Menge soll das bereits angeführte Zahlenbeispiel variiert werden, indem die prognostizierten Erlöse um 10% verringert werden und die prognostizierten Kosten um 10% erhöht werden, vgl. Tabelle 29.[2]

Marktphase	M1	M2	M3	M4	M5	M6	M7
Absatzmenge (St.)	8.000	16.000	20.000	28.000	30.000	26.000	22.000
Σ Absatzmenge	150.000 St.						

Tab. 29: Absatzmengen des Ausgangsfalles

mit
Erlös/Stück (E) = DM 72
proportionale Kosten/Stück (K^{prop}) = DM 11
begleitende Fixkosten/Periode (K^{fix}) = DM 330.000
projektspezifische Nachleistungskosten ($K^{NL}_{Projekt}$) = DM 140.800

1 Vgl. Kapitel E.I.2.a.
2 Vgl. Tabelle 28.

produktspezifische Nachleistungskosten ($K^{NL}_{Produkt}$) = DM 312.400
Vorleistungskosten (K^{VL}) = DM 5.496.700

Für die Amortisationsrechnung resultiert folgende Gleichung:

$$DB\ I \times M^{Plan} = K^{VL} + K^{fix} + K^{NL}_{Projekt} + K^{NL}_{Produkt}$$

Zur Ermittlung des DB II werden die produktspezifischen Nachleistungskosten vom DB I subtrahiert, indem die produktspezifischen Nachleistungskosten (DM 312.400) auf die geplante Absatzmenge (150.000 Stück) bezogen werden (= 2,08267 DM/Stück).

$$DB\ II \times M^{Plan} = K^{VL} + K^{fix} + K^{NL}_{Projekt}$$

Der Amortisationszeitpunkt resultiert aus der kritischen Menge, welche sich aus der Auflösung der Gleichung ergibt:

$$\begin{aligned} DB\ II \times M^{Plan} &= K^{VL} + K^{fix} + K^{NL}_{Projekt} \\ 58{,}9173 \times M^{Plan} &= 5.496.700 + 2.310.000 + 140.800 \\ 58{,}9173 \times M^{plan} &= 7.947.500 \\ M^{plan} &= 134.892{,}39 \text{ Stück} \end{aligned}$$

Das 134.893. Stück stellt die kritische Menge dar, welches erstmalig die Gewinnzone erreicht. Diese Menge entspricht 89,93% (ursprüngliche Prognose: 70,72%) der geplanten Gesamtabsatzmenge. Diese kumulierte Menge wird in Phase M7 abgesetzt, in welcher das Produkt erstmals alle fixen und proportionalen Kostenarten abgedeckt hat, vgl. hierzu die Angaben der realistischen Prognose.[1] Tabelle 30 stellt das verwendete Kalkulationsschema mit gerundeten Werten dar:

Durch die veränderten Prognosen hat sich die kritische Menge um 27,16% auf 134.893 Stück erhöht und der Amortisationszeitpunkt hat sich in Phase M7 verschoben.[2]

---

1 Hier zeigt sich der Unterschied zur Projektdeckungsrechnung, in der bereits in M5 ein Überschuß erzielt wurde. Dieser Überschuß stellt keinen Gewinn dar, da die noch ausstehenden Kosten der Nachleistungen in die Erfolgsermittlung miteinzubeziehen sind.

2 Vgl. hierzu auch das Beispiel bei KÜPPER, H.-U., Rechensysteme 1997, S. 24.

Erlös/Stück	72,00 DM
- proportionale Kosten/Stück	11,00 DM
= DB I/Stück	61,00 DM
- Deckungsvorgabe $K^{NL}_{Produkt}$/Stück	2,08 DM
= DB II/Stück	58,92 DM
DB II/Stück x M^{Plan} = DB II/Projekt	8.837.600,00 DM
- $K^{NL}_{Projekt}$/Projekt	140.800,00 DM
- K^{fix}/Projekt	2.310.000,00 DM
- K^{VL}/Projekt	5.496.700,00 DM
= Projekterfolg	890.100,00 DM

Tab. 30: Projekterfolgsrechnung

III. Abbildung der lebenszyklusorientierten Kosten- und Erfolgsrechnung in der Periodenrechnung

1. Der Aufbau der lebenszyklusorientierten Periodenrechnung

a. Das Grundkonzept der lebenszyklusorientierten Periodenrechnung

Im zweiten Abschnitt dieser Arbeit sind die Anforderungen an das Informationsversorgungssystem und insbesondere an die kurzfristige Erfolgsrechnung verdeutlicht worden. Im Mittelpunkt dieser Konzeption steht das Veranlassungsprinzip, welches die Zuordnung von Kosten- und Erlösbeträgen zu Bezugsgrößen bestimmt. Die kurzfristige Erfolgsrechnung soll unter Zugrundelegung der dargestellten Anforderungen gestaltet werden. Bei einem Vergleich zu den bereits existierenden Verfahren der kurzfristigen Erfolgsrechnung werden Unterschiede in der Konzeption verdeutlicht und im Ausweis der Höhe des Betriebsergebnisses sowie einzelner Artikelergebnisse realisiert.[1]

Die Konzeptionen und Anforderungen der kurzfristigen Erfolgsrechnung sollen hierbei verwendet werden, wobei der Fokus auf der veranlassungsgerechten Zuordnung der Kosten immaterieller Vor- und Nachleistungen innerhalb der unterschiedlichen Systeme liegt.

Die kurzfristige Erfolgsrechnung erfüllt die Anforderungen der Entscheidungsrelevanz, wenn sie auf Teilkostenbasis durchgeführt wird.[2] Die Entwicklung der teilkostenorientierten Systeme geht auf die 1930er Jahre zurück. HARRIS stellte die Frage „What did we earn last month?“ und verwies auf die Probleme der auf Vollkosten basierenden Systeme in der kurzfristigen Erfolgsrechnung, da in ihnen schwankende Beschäftigungen zu schwankenden Stückkosten und somit zu periodischen Ergebnisverzerrungen führten.[3] Die Höhe des „tatsächlichen“ Betriebsergebnisses einer (kurzfristigen, unterjährigen) Periode konnte von den Systemen auf Vollkostenbasis nicht geliefert werden.[4] Abhilfe erfolgte in Systemen, die beschäftigungsabhängige

---

1 Vgl. auch MÄNNEL, W., Integration 1999, S. 12.

2 Vgl.: Kapitel C.I.2. sowie Kapitel C.III.2. dieser Arbeit.

3 Vgl.: HARRIS, J. N.: What Did We Earn Last Month?, N.A.C.A.-Bulletin (National Association of Cost Accountants) v. 15.1.1936, S. 501ff.

4 Zur Bedeutung der Betriebsergebnisrechnung vgl. auch MÄNNEL, W., Integration 1999, S. 12.

(variable) Kosten und beschäftigungsunabhängige (fixe) Periodenkosten getrennt auswiesen.[1]

Hierdurch wurde unter anderem der Effekt der Proportionalisierung der fixen Kosten ausgeschaltet. Durch den Ausweis fixer absatzmengenunabhängiger Kosten als Periodenkosten wurden zeitliche Verschiebungen im Ergebnisausweis aufgehoben, da diese Kosten nicht über Zuschlagssätze in den Herstell-/Selbstkosten der einzelnen (abgesetzten) Artikel enthalten sind, wodurch schwankende Absatzmengen zu schwankenden verrechneten Kostenbeträgen führen.[2]

Trotz einer weiteren Differenzierung der Systeme auf Teilkostenbasis, insbesondere der differenzierten Behandlung der Fixkostenblöcke, eventuell ergänzt um Prozeßkosten, sind Proportionalisierungen und insbesondere Pauschalierungen in der kurzfristigen Erfolgsrechnung enthalten. Die besonderen Probleme der Vor- und Nachleistungen können durch die angestrebten Verbesserungen weiterhin nicht gelöst werden.

Die Frage „What did we earn last month?“ kann durch die genannten Umstände in den bestehenden Systemen nicht beantwortet werden. Die Frage des „tatsächlichen“ Betriebsergebnisses einer unterjährigen Periode stellt vielmehr die Aufgabe einer auf Zahlungsströmen basierenden Finanzrechnung dar.[3] Eine Abgrenzung betrieblicher und neutraler Ein- und Auszahlungen ohne Pauschalierungen kann die Frage des „tatsächlichen“ Betriebsergebnisses gewiß besser beantworten und trifft im Kern die von HARRIS aufgeworfene Frage, die bis dato an Relevanz nicht verloren hat.[4]

Das entwickelte Konzept der kalkulatorischen lebenszyklusorientierten Kosten- und Erfolgsrechnung kann in die Systeme der Umsatz- und Gesamtkostenverfahren integriert werden und baut auf die Struktur dieser Systeme auf.

---

1 Vgl.: KÜTING, K./LORSON, P., Technologien 1994, S. 454.

2 Vgl.: SCHWEITZER, M./KÜPPER, H.-U., Systeme 1995, S. 193-194; MÄNNEL, W., Kostenrechnung 1993, S. 169.

3 Vgl. hierzu auch ALTER, R., Projektcontrolling 1990, S. 153.

4 Vgl. hierzu auch FRANZEN, W., Projektcontrolling 1987, S. 37-39.

b. Das Veranlassungsprinzip in der lebenszyklusorientierten Periodenrechnung

In den bestehenden Systemen der kurzfristigen Erfolgsrechnung wird das Veranlassungsprinzip auf die betrachtete Periode angewendet. Ausgehend von dem Absatz einer Periode wird hieraus der Umsatz der Periode bestimmt. In der kurzfristigen Erfolgsrechnung werden dem Umsatz dieser Periode die Kosten dieser Periode gegenübergestellt, als Saldo resultiert das Betriebsergebnis, vgl. das vereinfachte Schema in Darst. 73.[1]

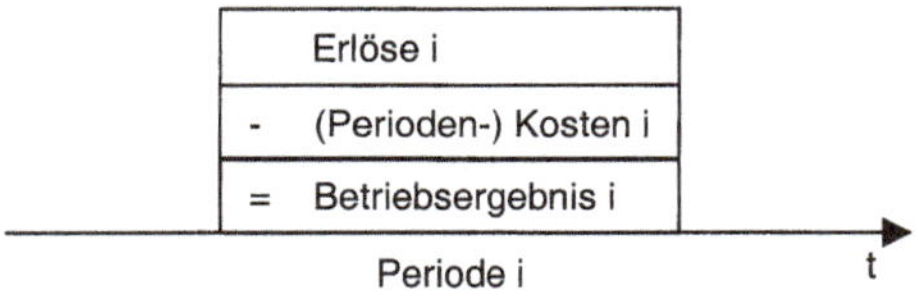

Darst. 73: Systematik der kurzfristigen Erfolgsrechnung

Während die Umsätze einzelnen Artikeln und Bereichen unter Beachtung des Veranlassungsprinzips eindeutig zugeordnet werden können, erfolgt die Zuordnung der Kosten zwar ebenso genau, jedoch nicht bezüglich der Kostenträger, sondern bezüglich der Periode.[2] Die Aussage des Betriebsergebnisses bezieht sich somit auf die Frage, ob die Umsätze einer Periode die Kosten dieser Periode decken, bzw. übersteigen.

---

1 Vgl.: SCHWEITZER, M./KÜPPER, H.-U., Systeme 1995, S. 194-195.

2 Vgl. hierzu auch FREIDANK, C.-C., Kostenrechnung 1994, S. 167, der die Funktion der Kurzfristigen Erfolgsrechnung wie folgt determiniert: „Im Rahmen der Kurzfristigen Erfolgsrechnung (...) werden prinzipiell die gesamten Kosten den gesamten Leistungen einer Rechnungsperiode gegenübergestellt, um den sachzielorientierten Unternehmenserfolg ermitteln zu können." Hierdurch werden die Anforderungen an eine sachzielorientierte Periodenrechnung erfüllt, nicht hingegen die Forderungen des Veranlassungsprinzips, wodurch die Ziele der Kosten- und Erfolgsrechnung nur eingeschränkt erfüllt werden können. Entscheidungen zur Steuerung des Produktions- und Absatzprogramms und zur Förderungswürdigkeit einzelner Artikel können auf der Basis dieser Informationen nicht getroffen werden.
Besondere Probleme entstehen bei der Zuordnung von Erlösschmälerungen, z.B. Rabatte, Boni, Skonti, wenn mehrere Artikel hiervon betroffen sind und die Schmälerung sich auf mehrere Perioden bezieht.

Das generierte Ergebnis mag unter bestimmten Voraussetzungen den Zielen der Entscheidungsträger entsprechen, es widerspricht jedoch den Anforderungen der entscheidungsorientierten und veranlassungsgerechten Kostenrechnung und verzerrt die bereit gestellten Kosten- und Erfolgsinformationen.[1] Die Verzerrungen treten durch die periodenweise Verrechnung, bzw. Zuordnung von Kostenbeträgen auf, die zwar in der Periode entstanden sind, zu den abgesetzten Artikeln dieser Periode jedoch keine finale Beziehung besitzen und durch diese nicht veranlaßt werden.[2]

Die vorgenommene Zuordnung stellt den „Generationenvertrag" dar, der die Kosten eines Betrachtungszeitraums durch die Erlöse dieses Zeitraumes decken läßt.[3] Die Prämisse des Generationenvertrages toleriert die Zerschneidung zeitlicher Zusammenhänge und nimmt die Verletzung des Veranlassungsprinzips in Kauf.[4] Die Aufgaben der Kosten- und Erfolgsrechnung können durch ein derart gestaltetes System nicht erfüllt werden.[5]

„Unternehmen, die Wert auf eine möglichst genaue Produktkalkulation legen, sollten die in ihrer Höhe immer mehr steigenden (Vorleistungs-; d. Verf.) Kosten (..) innerhalb ihres internen Rechnungswesens aktivieren und sodann über die Nutzungsdauer der immateriellen (...) (Potentiale; d. Verf.) hinweg abschreiben."[6]

Zur Bestimmung entscheidungsrelevanter Informationen sowie zur Ermittlung des kalkulatorischen lebenszyklusbezogenen Betriebsergebnisses sind den abgesetzten Artikeln einer Periode die Vor- und Nachleistungskosten dieser Artikel zusätzlich zu den variablen Kosten und bestimmten Fixkosten dieser Periode veranlassungsge-

---

1 Vgl.: LAßMANN, G., Periodenerfolg 1988, S. 227, S. 229; MÄNNEL, W., Kostenkalkulation 1994, S. 109; FRÖHLING, O./WEIS, E., Thesen 1992, S. 138.

2 Vgl.: MÄNNEL, W., Kostenrechnung 1993, S. 168; SIEBER, E. H., Forschung 1939, S. 29; FRÖHLING, O., Verrechnung 1995, S. 345, der hier von Querschnittverrechnung spricht. Anders hingegen SCHNEIDER, D., Abschreibung 1998, S. 34-35.

3 Vgl.: ZIEGLER, H., Leistungen 1982, S. 819; LEDERLE, H., Verrechnung 1985, S. 203-204.

4 Vgl.: FUNKE, S. Vollkostenrechnung 1994, S. 327; FRÖHLING, O., Verrechnung 1995, S. 345; PLINKE, W., Kosten- und Erlösplanung 1984, S. 282; KAISER, K., Kosten- und Leistungsrechnung 1993, S. 27-31; PLINKE, W., Ansatzpunkte 1986, S. 606-611.

5 FRÖHLING, O., Verrechnung 1995, S. 345, fordert ebenfalls die Längsschnittverrechnung, bei der die Kosten derzeitiger Entwicklungszyklen auf die zukünftigen Produktlebenszyklen verrechnet werden.

6 MÄNNEL, W., Kostenrechnung 1993, S. 168, im Original teilweise hervorgehoben. Vgl. auch PIROTH, E., Potentialkosten 1984, S. 254; SIEBER, E. H., Forschung 1939, S. 29; ZWERGEL, A./FRITZ, G., Taktische Kosten 1973, S. 206. Kritisch hierzu SCHNEIDER, D., Abschreibung 1998, S. 34-35.

recht zuzuordnen, bzw. gegenüber zu stellen.[1] Diese Verrechnungsvorschrift erfolgt analog dem Ausweis von Bestandsveränderungen in der kurzfristigen Erfolgsrechnung. Bei dieser Korrektur des Periodenergebnisses werden Differenzen zwischen Produktions- und Absatzmengen neutralisiert. Bei Vor- und Nachleistungskosten werden die Kosten ebenfalls artikel- oder bereichsweise ausgewiesen und werden erst in den Perioden ergebniswirksam, in denen die Artikel abgesetzt und Umsatzerlöse realisiert werden.[2] Darst. 74 verdeutlicht schematisch die Systematik der kalkulatorischen lebenszyklusbezogenen Periodenerfolgsrechnung.

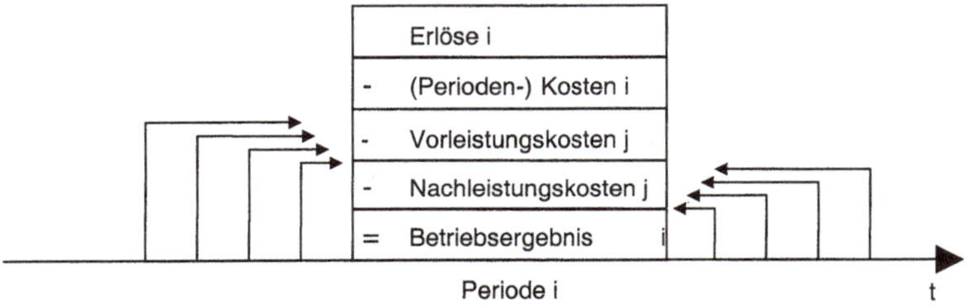

Darst. 74: Systematik der kalkulatorischen lebenszyklusbezogenen Periodenerfolgsrechnung

Anmerkungen: Vor- und Nachleistungskosten besitzen den Index j, da sie aus vorausgehenden Perioden nachverrechnet, bzw. aus zukünftigen Perioden vorverrechnet werden. Der Bezug zu der Periode i wird über die Kontierungshierarchie hergestellt. Die in der Darstellung vor- und nachverrechneten Kosten sind allesamt z.B. durch Artikel j veranlaßt und werden in Periode i verrechnet, da Artikel j in dieser Periode am Markt abgesetzt wird und Erlöse realisiert.

Im Ergebnis wird an dieser Stelle ein Betriebsergebnis ermittelt, welches sich in seiner Höhe von dem Betriebsergebnis bestehender Systeme unterscheidet. In der Betrachtung einer Totalperiode über die gesamte Lebensdauer eines Unternehmens werden in beiden Systemen identische Kostenbeträge verrechnet und zugeordnet, jedoch in unterschiedlichen Perioden.[3] Die Mehrheit der Kosten wird unverändert direkt den Artikeln zuzuordnen sein, hingegen werden sich bei den fixen Vor- und Nachleistungskosten deutliche Unterschiede ergeben.

---

1 Vgl.: MÄNNEL, W., Kostenrechnung 1993, S. 169; MÄNNEL, W., Ausrichtung 1994, S. 382.

2 Vgl.: PIROTH, E., Potentialkosten 1984, S. 254.

3 Von kalkulatorischen Zinsen wird bei dieser Aussage zunächst abstrahiert. Vgl hierzu auch SCHNEIDER, D., Abschreibung 1998, S. 34-35.

Diese Form der Zuordnung der Kosten und Erlöse zu Bezugsgrößen nach dem Veranlassungsprinzip widerspricht der Konzeption der kalkulatorischen Periodenerfolgsrechnung in keinster Weise, wird jedoch aus Gründen der Vereinfachung unterlassen. SCHWEITZER/KÜPPER definieren die Aufgaben der kalkulatorischen Periodenerfolgsrechnung wie folgt: „Die Ermittlung der Kosten und Erlöse, welche auf die bearbeiteten sowie abgesetzten Kosten- und Erlösträger einer Abrechnungsperiode entfallen, ist die Aufgabe einer kalkulatorischen Periodenerfolgsrechnung.“[1]

Probleme in der Realisierung der Aufgaben werden ausschließlich in aufgetretenen Bestandsveränderungen gesehen, nicht jedoch bezüglich Vor- und Nachleistungen. Die Definition widerspricht nicht der Forderung, Vorleistungskosten einer Periode in einer späteren Periode bezüglich einer Bezugsgröße zu ermitteln und auszuweisen, wenn eine veranlassungsgerechte Beziehung existiert, bzw. hergestellt werden kann.[2] Analoges gilt für die Vorverrechnung prognostizierter Nachleistungskosten, wenn bekannt ist, daß ein abgesetztes Produkt dieser Kosten in zukünftigen Perioden verursachen wird.[3] In dieser Konzeption ist die Abgrenzung zu Zahlungsstrom basierten Verfahren deutlich zu erkennen, ebenso die Bedeutung der unterschiedlichen Verfahren zur Erfüllung der Planungs-, Steuerungs- und Kontrollaufgaben eines Unternehmens.

Die Zuordnung der Vor- und Nachleistungskosten zu einzelnen Perioden erfolgt über die Kontierungseinheiten bezüglich der abgesetzten Produkte, bzw. andere Bezugsgrößen.[4] Dieser Zeitpunkt soll in der Erfolgsrechnung als die betrachtete Periode verstanden werden, vgl. Darst. 75.

In Darst. 75 werden die Vor- und Nachleistungskosten in der Periodenrechnung ausgewiesen. Das Zurechnungsobjekt kann die Periode, bzw. die Kalenderzeit sein, wenn eine Zuordnung zu Produkten, Produktgruppen oder Bereichen nicht möglich ist.[5] Hierbei kann es sich um Kosten für Maßnahmen der Werbung oder der Rationalisierung handeln.

---

1 SCHWEITZER, M./KÜPPER, H.-U., Systeme 1995, S. 194, im Original teilweise hervorgehoben.

2 Vgl.: PIROTH, E., Potentialkosten 1984, S. 254.

3 Vgl.: LEDERLE, H., Verrechnung 1985, S. 197; MÄNNEL, W., Kostenkalkulation 1994, S. 109.

4 Vgl.: HERZOG, E./ASSMANN, M., Grenzplankostenrechnung 1993, S. 11. Zu den Problemen periodenbezogener Rechnungen vgl. BUCH, J., Projektrechnung 1991, S. 71-76.

5 Vgl. hierzu die Hierarchie der Bezugsgrößen auf Seite 175 dieser Arbeit.

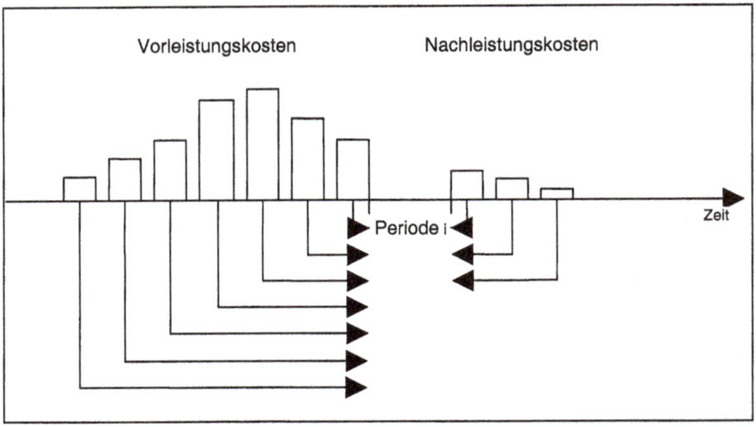

Darst. 75: Verrechnung der Vor- und Nachleistungskosten in der Periodenrechnung

Der Hinweis auf Periode i in Darstellung 92 stellt den Zeitraum der Zuordnung/Verrechnung dar und ist nicht als Bezugsgröße zu verstehen. Die Bezugsgrößen zur Verrechnung der Vor- und Nachleistungskosten resultieren aus der definierten Bezugsgrößen-/Kontierungshierarchie und sollen veranlassungsgerecht als jeweils speziellste Bezugsgröße gebildet werden.

Zur periodenweisen Zuordnung der Vor- und Nachleistungskosten zu Bezugsgrößen müssen zuvor die Kosten gesammelt, differenziert, verdichtet und Bezugsgrößen zugeordnet werden. Hierbei ist ein System zu entwickeln, welches eine eindeutige Erfassung, Zuordnung und Verrechnung ermöglicht. Die Grundstruktur dieses Prozesses ist durch die mehrdimensionale Kontierung bereits gegeben.

c. Die Erfassung und Kontierung der Vor- und Nachleistungskosten

Zur Vorbereitung der Verrechnung der Vor- und Nachleistungskosten in der kalkulatorischen Periodenerfolgsrechnung als letztem Schritt der Kostenrechnung sind in den vorangehenden Schritten der Kostenarten- und der Kostenstellenrechnung diese Kostenarten zu identifizieren, zu quantifizieren und Kontierungseinheiten, bzw. Bezugsgrößen zuzuordnen.[1] In der Kostenartenrechnung können Vorleistungskosten und Nachleistungskosten als eigene Kostenarten definiert werden. Bezüglich der Frage der zeitlichen Verrechnung der Kosten kann somit folgende Kostenartengliederung vorgenommen werden, vgl. Darst. 76.

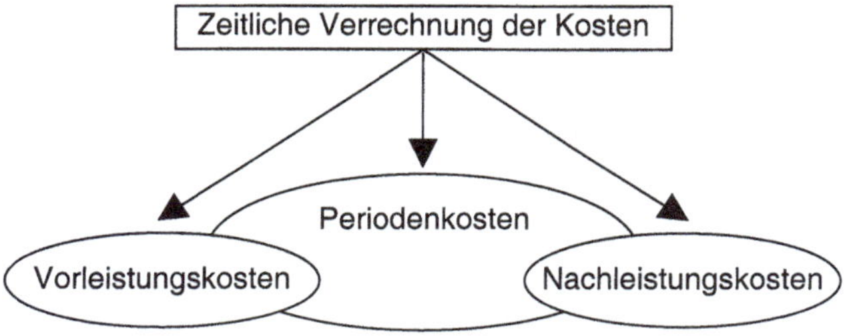

Darst. 76: Zeitliche Verrechnung der Vor- und Nachleistungskosten

In der Kostenartengliederung stellen Periodenkosten Kosten dar, die im Monat ihres Entstehens verrechnet werden. Diese Form stellt die Verrechnung der kalkulatorischen Erfolgsrechnung dar, wozu in der kalkulatorischen Periodenerfolgsrechnung die Mehrheit aller Kosten zählt.

Vorleistungskosten sind zu überprüfen, ob sie als Periodenkosten verrechnet werden, oder in einer Sonderrechnung gesammelt und zu einem späteren Zeitpunkt verrechnet werden.[2] Eine Verrechnung findet dann als Periodenkosten statt, wenn das kontierte Bezugsobjekt sich bereits in der Marktphase befindet und beispielsweise Vorleistungen für eine Serienanpassung, bzw. -verbesserung oder einen face lift erbracht werden.[3]

Nachleistungskosten können ebenfalls in der Periode ihres Entstehens verrechnet werden, wenn produktbezogene Nachleistungskosten entstehen und das Produkt sich noch in seiner Marktphase befindet. Darüber hinaus können Nachleistungskosten während des Nachsorgezyklus anfallen, wenn das Produkt bereits vom Markt genommen wurde. Diese Kosten werden vorverrechnet und kommen in der Periode

---

1 Vgl.: BÜRGEL, H. D., Controlling 1989, S. 73-74.

2 Vgl.: RÜCKLE, D./KLEIN, A., Life-Cycle-Cost 1994, S. 356.

3 Vgl.: ALTER, R., Projektcontrolling 1990, S. 154; MÄNNEL, W., Kostenrechnung 1993, S. 169; PETER, E., Entwicklungskosten 1974, S. 263.

des Entstehens zu keiner Verrechnung. Bei der Höhe der Verrechnung der Vor- und Nachleistungskosten ist zu beachten, daß keinesfalls die Summe der in einer Periode angefallenen Kosten verrechnet wird, sondern ein kalkulatorischer Prognosewert, der auf der Basis der kontierten und prognostizierten Bezugsgröße (Kontierungseinheit) gebildet wird.

In der Praxis führt die Zuordnung zu den genannten drei Merkmalen zu Problemen, da die organisatorischen Einheiten, welche die Kostenartenrechnung durchführen, in der Regel den zweiten Schritt der Kontierung, nämlich auf Vor- und Nachleistungsprojekte, gemäß der Kontierungshierarchie mangels Informationen nicht durchführen können.[1] Als Ergebnis des ersten Schrittes der Kontierung findet die traditionelle Kontierung auf die herkömmlichen Kostenarten sowie auf Kostenstellen statt. Die Unterscheidung der Vor- und Nachleistungskosten sowie die Festlegung der Verrechnung über Bezugsgrößen wird in der Kostenstellenrechnung im nächsten Schritt vorgenommen.

Der Aufbau und die Struktur der kalkulatorischen Periodenerfolgsrechnung erfordern eine getrennte, zusätzliche Rechnung neben der bestehenden Kostenstellenrechnung. Diese Rechnung kann als Projekt- oder Poolrechnung bezeichnet werden.[2] Die Aufgaben der Poolrechnung bestehen in der zweckneutralen Sammlung der Vor- und Nachleistungskosten, da die Kostenentstehung und die Kostenauflösung, bzw. Kostenverrechnung zeitlich auseinanderfallen, sowie in der Verrechnung dieser Kostenbeträge über Bezugsgrößen, vgl. Darst. 77.[3]

In Analogie zur Kontierung der Kostenart und der Kostenstelle eines Belegs wird zusätzlich als Verrechnungsvorschrift eine Kontierungseinheit gemäß der gebildeten Struktur (Artikel, Produktgruppe, Projekt, Prozeß, etc.) mitgegeben. Die Kontierungseinheiten sind in einer Datenbank hinterlegt und können als list box vom Kostenstel-

---

1 Vgl.: LEDERLE, H., Verrechnung 1985, S. 195-197; MÄNNEL, W., Kostenrechnung 1993, S. 167.

2 Vgl.: PLINKE, W., Kosten- und Erlösplanung 1984, S. 271-278; PLINKE, W., Ansatzpunkte 1986, S. 606-611; HELM, K. F., Ergebniscontrolling 1993, S. 47; MÄNNEL, W., Kostenkalkulation 1994, S. 109.

3 Vgl.: EVERSHEIM, W./KÜMPER, R., Vorkalkulation 1996, S. 47; FRÖHLING, O./WEIS, E., Thesen 1992, S. 136; PIROTH, E., Potentialkosten 1984, S. 254; PETER, E., Entwicklungskosten 1974, S. 263; RADOMSKI, J./BETZING, G., Einmalausgaben 1977, S. 192; SIEBER, E. H., Forschung 1939, S. 27, UNTERGUGGENBERGER, S., Problematik 1972, S. 267. Zur Zurechnungsproblematik vgl. BUCH, J., Projektrechnung 1991, S. 48-59.

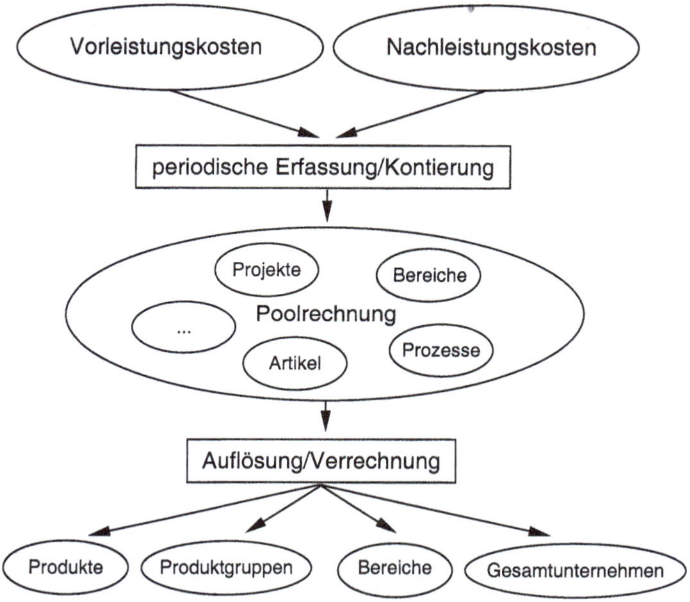

Darst. 77: Systematik der Poolrechnung

lenleiter geöffnet und gebucht werden.[1] Durch die Kostenstellenleiter können hierüber hinaus Anpassungen der Datenbank vorgenommen werden, wenn neue Kontierungseinheiten vorliegen oder alte Kontierungseinheiten nicht weiter benötigt werden.

Zur Buchung der Erlöse einer Periode werden die identischen Kontierungseinheiten verwendet.[2] In der Datenbank sind die Ist- und Prognosekosten hinterlegt, sowie die Ist- und Prognoseabsatzmengen. Über diese Verknüpfungen können periodisch die zu verrechnenden Vor- und Nachleistungskosten ermittelt und in der Periodenerfolgsrechnung ausgewiesen werden.[3] Um zu aktuellen Kostenwerten zu gelangen,

---

1 Zur Konzeption einer Datenbank vgl. auch KLEINER, F., Kostenrechnung 1991, S. 49-90 sowie zu relationalen Datenbanken insbesondere SINZIG, W.: Datenbankorientiertes Rechnungswesen - Grundzüge einer EDV-gestützten Realisierung der Einzelkosten- und Deckungsbeitragsrechnung, 3. Aufl., Berlin u.a. 1990.

2 Vgl.: MÄNNEL, W., Kostenträger 1996, S. 240-241.

3 Zur periodischen Aktualisierung der Daten vgl. BUCH, J., Projektrechnung 1991, S. 113-114.

ist eine regelmäßige Pflege der in der Datenbank hinterlegten Informationen notwendig, da Veränderungen von Mengen und Ist-/Prognosekosten Auswirkungen auf die periodisch zu verrechnenden Kosten besitzen. Diese Form der kalkulatorischen Periodenerfolgsrechnung als parallele periodische Sonderrechnung kann ebenso wie regelmäßige Auswertungen, z.B. in Form von Projektrechnungen, in der kostenträgerweise Lebenszykluserfolgsrechnungen angestellt werden, durchgeführt werden.

Die in der Datenbank hinterlegten Kosten- und Erlöswerte (Ist- und Prognosewerte) können in einer gesonderten Auswertungsrechnung nach ihrer Zahlungswirksamkeit unterschieden und somit als Grundlage für den Ausweis kalkulatorischer Zinsen verwendet werden. Die ermittelten kalkulatorischen Zinsen werden periodisch mit den Vor- und Nachleistungskosten verrechnet und ermöglichen in Projektrechnungen einen langfristigen Vergleich mit alternativen Verwendungszwecken im Lebenszyklus.

In der Poolrechnung werden im Zeitablauf verschiedene Kosten- und Erlösbeträge bezüglich einer Kontierungseinheit eingestellt.[1] Aufgrund der Entscheidung, einen neuen Artikel zu entwickeln, wird in der Datenbank dieser Artikel eingerichtet. Die Artikelstruktur der Datenbank sollte der Struktur der Erfolgsrechnung entsprechen, also z.B. der Artikelstruktur der mehrstufigen Fixkostendeckungsrechnung. Während des Entstehungszyklus werden alle entstandenen Kosten auf diesen Artikel gebucht, Erlöse entstehen während dieser Zeit noch keine.

Mit Beginn der Marktphase ist die Datenbank zu ergänzen. Zum einen sind die Kosten für weitere Vorleistungen sowie für Nachleistungen zu prognostizieren und als Prognosekosten zu hinterlegen. In einem zweiten Schritt sind die Absatzmengen des Artikels zu prognostizieren. Durch die Verknüpfungen können die anteiligen Vor- und Nachleistungskosten des Artikels berechnet und in den Periodenerfolgsrechnungen ausgewiesen werden.

Eine veranlassungsgerechte Zuordnung der Vor- und Nachleistungskosten auf Artikel, als speziellste Kontierungseinheit, wird nicht in allen Fällen möglich sein. Bei der Zuordnung von Gemein-Vorleistungs- und Nachleistungskosten hat sich die Zuordnung an dem artikelweisen Aufbau der Periodenerfolgsrechnung zu orientieren. Kosten für Vorleistungsprojekte oder -prozesse sind in diesen Fällen veranlassungsge-

---

1 Vgl.: PLINKE, W., Kosten- und Erlösplanung 1984, S. 271-278; PLINKE, W., Ansatzpunkte 1986, S. 606-611.

recht der jeweils speziellsten Einheit zuzuordnen, z.B. Produktgruppen, Bereichen, Gesamtunternehmen. Diese Zuordnung ist von der Form der kurzfristigen Erfolgsrechnung abhängig und wird im nächsten Abschnitt dargestellt.

2. Die Vorleistungskosten in der Periodenrechnung

a. Die Istkosten in der Periodenrechnung

Zur differenzierten veranlassungsgerechten Behandlung der Vorleistungskosten soll erneut auf Darst. 8 verwiesen werden. Der Ausweis und die Verrechnung der Vorleistungskosten findet in denjenigen Perioden statt, in denen der Artikel, der die Vorleistungskosten veranlaßt hat, am Markt abgesetzt wird.[1] In den Umsatzperioden werden dem Artikel die Kosten gegenübergestellt, die durch die Entscheidung über seine Herstellung und seinen Absatz veranlaßt wurden.

Als Entscheidungszeitpunkt zur Verrechnung, bzw. Zuordnung der Vor- und Nachleistungskosten, wird der Beginn der Marktphase gewählt, da in dieser Periode erstmalig Umsatzerlöse erzielt werden. Zu diesem Zeitpunkt stellen die bis dahin angefallenen Vorleistungskosten Istkosten dar. Die Istkosten werden über die Bezugsgröße „Produkt" verrechnet, indem die Summe der Istkosten der Summe der Produkte im Lebenszyklus gegenübergestellt wird.[2] Die Summe der abzusetzenden Produkte im Lebenszyklus stellt einen Prognosewert dar, der im Zeitablauf angepaßt werden muß, da die tatsächliche Absatzmenge unterschiedlichen Einflüssen unterliegt.

Im Ergebnis resultiert eine Deckungsvorgabe für Ist-Vorleistungskosten ($DV_{VL,\ IST}$) durch Division der Ist-Vorleistungskosten (VL_{IST}) durch die Prognose-Absatzmenge ($x_{PROGNOSE}$):

$$DV_{VL,\ IST} = VL_{IST} : x_{PROGNOSE}.$$

---

1 Analog SIEGWART, H., Fertigungstechnologien 1992, S. 793, zu Abschreibungen auf das Sachanlagevermögen.

2 Vgl.: MÄNNEL, W., Kostenrechnung 1993, S. 169. Die Bezugsgröße „Produkt" stellt die jeweils speziellste Bezugsgröße dar, da die Struktur der Umsatzerlöse einer Periode ebenfalls über diese Bezugsgröße abgebildet werden. Die Fälle, in denen eine Zuordnung zu dieser Bezugsgröße nicht möglich ist, werden an späterer Stelle dargestellt.

b. Die Prognosekosten in der Periodenrechnung

Die Prognosekosten werden für den Zeitraum der Marktphase prognostiziert und bereits ab der ersten Umsatzperiode mit dem anteiligen prognostizierten Volumen auf Basis der Absatzmenge verrechnet.[1] Die Bestimmung der Deckungsvorgaben der Prognosekosten ($DV_{VL, PROGNOSE}$) erfolgt in Analogie zur Bestimmung der Deckungsvorgaben der Istkosten. Die prognostizierten Vorleistungskosten der zukünftigen Marktphasen ($VL_{PROGNOSE}$) werden durch die prognostizierte Absatzmenge dividiert:

$$DV_{VL, PROGNOSE} = VL_{PROGNOSE} : x_{PROGNOSE}.$$

Insgesamt bestehen die in einer Periode verrechneten Vorleistungskosten (DV_{VL}) aus Ist- und Prognosebestandteilen:

$$DV_{VL} = DV_{VL, IST} + DV_{VL, PROGNOSE}$$

Die Summe der in einer Periode verrechneten Vorleistungskosten ($VL_{Periode}$) resultiert aus der Absatzmenge des entsprechenden Produktes ($x_{IST, Periode}$). Die ermittelten Deckungsvorgaben sind für eine Einheit bestimmt worden und ergeben die Summe der verrechneten Vorleistungskosten, indem sie mit der Absatzmenge des Artikels in dieser Periode multipliziert werden:

$$VL_{Periode\ i} = DV_{VL} \times x_{IST, Periode\ i}.$$

Die gebildeten Deckungsvorgaben gelten in ihrer Höhe, bis eine Anpassung der Plan-, bzw. Prognosewerte erfolgt. Diese Anpassungen werden durch eine veränderte Absatzmenge des Gesamtlebenszyklus und/oder eine Veränderung der Prognosekosten notwendig. Eine Anpassung erfolgt unmittelbar, nachdem eine Veränderung der Plan-/Prognosewerte eingetreten ist, bzw. prognostiziert wird, da hierdurch eine Veränderung der Betriebsergebnisses erfolgt. Mit zunehmender Länge des Marktzyklus werden die zu antizipierenden Anpassungen wertmäßig geringer, da die Planungssicherheit zunimmt und Plan-/Prognosewerte einer Periode in der Folgeperiode Istwerte darstellen.[2]

---

1 Vgl.: LEDERLE, H., Verrechnung 1985, S. 197.

2 Vgl.: RIEZLER, S., Lebenszyklusrechnung 1996, S. 10.

Die Auswirkungen dieser veranlassungsgerechten Verrechnung der Vor- und Nachleistungskosten in der Periodenrechnung zeigen sich insbesondere bei der isolierten Betrachtung der Vorleistungskosten, die einem Artikel direkt zugeordnet werden können und in der Ergebnisrechnung produktbezogen verrechnet werden. Hierzu soll an ein Beispiel aus dem Abschnitt Kostenplanung angelehnt werden. Die Vorleistungskosten entfallen im Beispielfall in folgender Höhe auf die Phasen des Entstehungszyklus, vgl. Darst. 78.

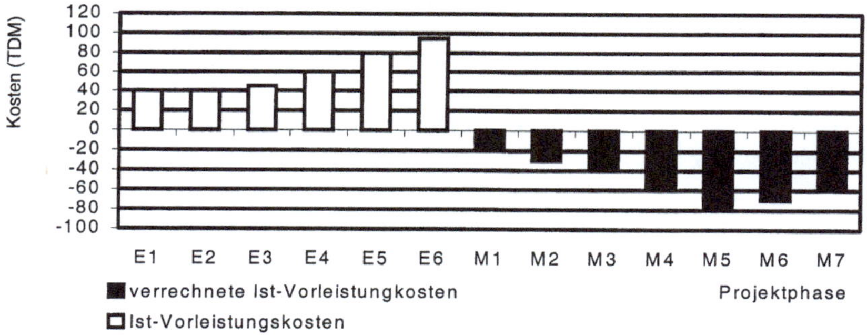

Darst. 78: Zeitliche Entstehung und Verrechnung der Ist-Vorleistungskosten[1]

Die Höhe der verrechneten Vorleistungskosten ist abhängig von der Absatzmenge der Artikel, die die Vorleistungskosten veranlaßt haben und denen die Vorleistungskosten über das Kontierungsmerkmal „Artikel" zugeordnet wurden.

In Darst. 78 folgt die Verrechnung der Vorleistungskosten der Absatzmenge des Artikels, für den die Vorleistungskosten angefallen sind. Würde sich die Absatzmenge als Gleichverteilung über den Marktzyklus erstrecken, ergäbe die Verrechnung eine Verteilung gemäß Darst. 79.

Das besondere Merkmal der kalkulatorischen Verrechnung der Vorleistungskosten besteht in der ausbleibenden Verrechnung während des Entstehungszyklus der Artikel. Während in den traditionellen Verfahren der kurzfristigen Erfolgsrechnung ein Ausweis der Vorleistungskosten in den Perioden der Entstehung erfolgt und dem „Generationenvertrag" somit entsprochen wird, wird in den genannten Beispielen die

---

1 Ist-Vorleistungskosten sind aus Sicht der „Markteinführung" als Entscheidungszeitpunkt bereits während des Entstehungszyklus angefallene Vorleistungskosten.

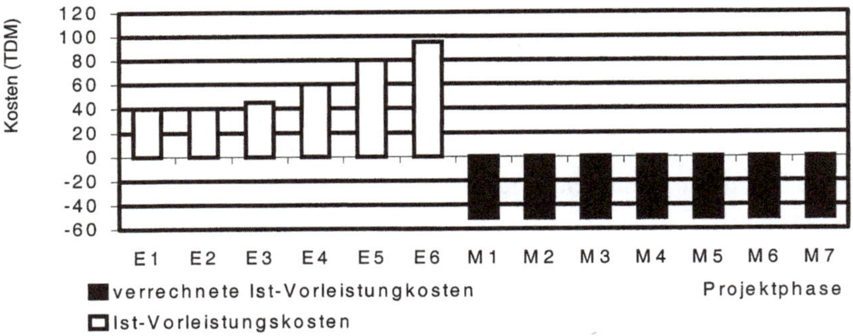

Darst. 79: Zeitliche Entstehung und Verrechnung der Ist-Vorleistungskosten bei Gleichverteilung der Absatzmengen

kalkulatorische Verrechnung ausschließlich während des Marktzyklus des Artikels vorgenommen.[1]

In einer Grenzbetrachtung, ausschließlich bezogen auf einen Artikel oder eine andere Kontierungseinheit, resultieren somit signifikante Differenzen in der zeitlichen Verrechnung gegenüber den traditionellen Verfahren. In einer Gesamtbetrachtung hingegen werden pro Periode in der Regel unterschiedliche Vorleistungskosten über die entsprechenden Kontierungen verrechnet. Die dargestellten Unterschiede existieren in dieser Form ausschließlich bei Grenzbetrachtungen und werden insbesondere zur Verdeutlichung der Grundsätze der kalkulatorischen Verrechnung verwendet.

Im Beispiel würden während des Entstehungszyklus des betrachteten Artikels die Vor- und Nachleistungskosten anderer Artikel oder Kontierungseinheiten verrechnet werden, sofern diese Artikel sich in deren Marktphase befinden.

---

1 Vgl. hierzu BÜRGEL, H. D., Management 1983, S. 96; BETZING, G., Einmalkosten 1980, S. 683. Kritisch zum Generationenvertrag äußern sich EVERSHEIM, W./KÜMPER, R., Vorkalkulation 1996, S. 47.

3. Die Nachleistungskosten in der Periodenrechnung

Im Entscheidungszeitpunkt der Markteinführung stellen die Nachleistungskosten allesamt Prognosekosten dar. In der ersten Phase des Marktzyklus (M1) werden sowohl Istkosten (M1), als auch Prognosekosten (M2 bis Mn, sowie N1 bis Nn) in der kurzfristigen Erfolgsrechnung ausgewiesen.[1] Durch diese Form der kalkulatorischen Verrechnung werden in der ersten Periode des Marktzyklus (M1) Nachleistungskosten der Folgeperioden vorverrechnet, obwohl die Kostenentstehung in der Regel erst in späteren Perioden des Markt- und des Nachsorgezyklus stattfindet. Diese Form der Vorverrechnung wird durch das Veranlassungsprinzip impliziert, da die in späteren Perioden resultierenden Kosten für die bereits abgesetzten Artikel entstehen (werden).[2] Die Deckungsvorgaben der Nachleistungskosten (DV_{NL}) resultieren aus der Division der prognostizierten Nachleistungskosten ($NL_{PROGNOSE}$) durch die prognostizierte Absatzmenge:

$$DV_{NL} = NL_{PROGNOSE} : x_{PROGNOSE}.$$

In den folgenden Marktphasen bestehen die verrechneten Nachleistungskosten aus Ist-Nachleistungskosten der vergangenen Perioden sowie aus den prognostizierten Nachleistungskosten der folgenden Perioden. Auch in diesem Fall können getrennte Deckungsvorgaben für Ist- und Prognose-Nachleistungskosten gebildet werden. Aufgrund des geringen Volumens der Nachleistungskosten gegenüber den Vorleistungskosten kann es als ausreichend erachtet werden, nur mit einer durchschnittlichen Deckungsvorgabe zu arbeiten. Eine Anpassung der Deckungsvorgaben der Nachleistungskosten erfolgt analog an die Höhe des realisierten und/oder prognostizierten Volumens der Nachleistungskosten, wenn sich deren Höhe ändert.

Im Ergebnis werden in der Periodenrechnung vier Deckungsvorgaben pro Kontierungseinheit ausgewiesen:

---

1 Vgl.: LEDERLE, H., Verrechnung 1985, S. 197.

2 Vgl.: MÄNNEL, W., Kostenkalkulation 1994, S. 109. In diesen Darstellungen wird zunächst immer von dem Fall ausgegangen, daß die zu verrechnenden Vor- und Nachleistungskosten einem Artikel veranlassungsgerecht zugeordnet werden können. Neben der Kontierungseinheit Artikel, bzw. Produkt, kann die Verrechnung analog über alle genannten Kontierungseinheiten vorgenommen werden, so z.B. Produktgruppen, Bereiche, Prozesse, Projekte, etc. Die Kontierungseinheit Artikel stellt zunächst den Standardfall dar, der in der periodenweisen Verrechnung die eindeutigste Zuordnung ermöglicht. Die Fälle, in denen diese eindeutige Zuordnung und Auflösung der Kostenbeträge nicht vorgenommen werden kann, werden an späterer Stelle dargestellt.

- Ist-Vorleistungskosten,
- Prognose-Vorleistungskosten,
- Ist-Nachleistungskosten,
- Prognose-Nachleistungskosten.

Die Verwendung der unterschiedlichen Deckungsvorgaben orientiert sich in der Praxis an den betriebsindividuellen Gegebenheiten.

4. Die Darstellung der Periodenerfolgsrechnung

a. Die Periodenerfolgsrechnung auf der Basis des Gesamtkostenverfahrens

Die kalkulatorische Verrechnung der Vor- und Nachleistungskosten in der Periodenerfolgsrechnung baut auf das bestehende System auf und erweitert es um die gewählten Kontierungseinheiten.

Im Betriebsergebniskonto sind nach der traditionellen Rechnung die Vor- und Nachleistungskosten der laufenden Periode enthalten. Die Zuordnung zu den Positionen ist von der Kostenstellenstruktur des betrachteten Unternehmens abhängig. Kosten für FuE, Qualitäts- und Produktionsmanagement können in den Herstellkosten, evtl. auch als Sondereinzelkosten, enthalten sein. Kosten für Marketing, Personalentwicklung oder Rationalisierung sind i.d.R. in den Verwaltungs- und Vertriebsgemeinkosten enthalten. Die Kritik an den traditionellen Verfahren richtet sich hingegen weniger gegen den Ausweis in unterschiedlichen Positionen, als ausschließlich gegen die Verletzung des Veranlassungsprinzips, da die ausgewiesenen Vor- und Nachleistungskosten auf der Sollseite des Betriebsergebniskontos nicht durch die Produkte veranlaßt wurden, deren Verkaufserlöse auf der Habenseite gebucht wurden.

Durch die Berücksichtigung der kalkulatorischen Verrechnung erfolgt ein getrennter Ausweis der zu verrechnenden Vor- und Nachleistungskosten, wodurch sich einzelne Kostenpositionen verringern und einzelne Positionen hinzugefügt werden.[1] Die zu bildende Struktur für eine veranlassungsgerechte Periodenerfolgsrechnung besitzt folgendes Aussehen:

---

1 Vgl. auch MÄNNEL, W., Kostenrechnung 1993, S. 169.

Betriebsergebniskonto

Soll	Haben
Mit Herstellkosten bewertete Lagerbestandsverminderungen	Mit Herstellkosten bewertete Lagerbestandserhöhungen
Herstellkosten der Periode	Verkaufserlöse der Periode
Verwaltungs- und Vertriebskosten der Periode	
Verrechnete Vorleistungskosten	
Verrechnete Nachleistungskosten	
Kalkulatorischer Betriebsgewinn	

Tabelle 31: Struktur des Betriebsergebniskontos nach dem Gesamtkostenverfahren

Der ausgewiesene kalkulatorische Betriebsgewinn differiert in seiner Höhe in beiden Fällen und ist nur in Ausnahmefällen identisch.

b. Die Periodenerfolgsrechnung auf der Basis des Umsatzkostenverfahrens

Das Umsatzkostenverfahren subtrahiert von den Verkaufserlösen einer Periode die den Umsätzen entsprechenden Selbstkosten der verkauften Erzeugnisse. Die entsprechenden Selbstkosten der verkauften Erzeugnisse enthalten Herstellkosten, Verwaltungs- und Vertriebskosten. Da keine Gesamtkosten zum Ausweis kommen, brauchen sind die Verkaufserlöse nicht um Bestandserhöhungen oder Bestandsverminderungen korrigiert zu werden.

In seiner einfachsten Struktur können die zu verrechnenden Vor- und Nachleistungskosten in getrennten Positionen aufgeführt. Bei der Berücksichtigung der kalkulatorischen Verrechnung im Betriebsergebniskonto werden die Kostenbestandteile aus den Herstellkosten und den Verwaltungs- und Vertriebskosten herausgerechnet, wodurch diese Positionen in verringerter Höhe ausgewiesen werden. Zusätzlich werden Positionen für die zu verrechnenden Vor- und Nachleistungskosten eingefügt, vgl. Tabelle 32.

Betriebsergebniskonto

Soll	Haben
Herstellkosten der verkauften Produkte	Verkaufserlöse der Periode
Verwaltungs- und Vertriebskosten der Periode	
Verrechnete Vorleistungskosten	
Verrechnete Nachleistungskosten	
Kalkulatorischer Betriebsgewinn	

Tabelle 32: Struktur des Betriebsergebniskontos nach dem Umsatzkostenverfahren

Die Durchführung der kurzfristigen Erfolgsrechnung nach dem Umsatzkostenverfahren auf Teilkostenbasis erfolgt als

- einstufiges Direct Costing oder als
- mehrstufige Fixkostendeckungsrechnung.[1]

- Einstufiges Direct Costing

Im einstufigen Direct Costing werden die zu verrechnenden Vor- und Nachleistungskosten von dem ermittelten Deckungsbeitrag subtrahiert. Eine Zuordnung zu den variablen Kostenbestandteilen darf nicht vorgenommen werden, obwohl die Höhe der zu verrechnenden Vor- und Nachleistungskosten durch die Multiplikation

$Absatzmenge_{IST}$ x $(DV_{VL} + DV_{NL})$ bestimmt wird.

Die zu verrechnenden Deckungsvorgaben enthalten anteilige fixe Vor- und Nachleistungskosten und dürfen nicht mit den beschäftigungsvariablen Kosten vermischt werden, da sie nicht entscheidungsrelevant sind und durch eine Variation der Be-

---

1 Das Umsatzkostenverfahren auf Vollkostenbasis wird an dieser Stelle nicht weiter erläutert, da hierfür analoges gilt. Das Merkmal dieses Verfahrens ist die fehlende Unterscheidung fixer und variabler Kostenbestandteile, wodurch den einzelnen Artikeln volle Selbstkosten zugeordnet werden.

schäftigung nicht verändert werden können.[1] Durch die Berücksichtigung der kalkulatorischen Deckungsvorgaben findet eine strukturelle Erweiterung des Schemas statt, wodurch der Begriff „einstufig" seine Bedeutung verliert, da nunmehr die ausgewiesenen Fixkosten in mehreren Stufen verrechnet werden. Je nach Differenzierung der kalkulatorischen Verrechnung können darüber hinaus weitere Deckungsbeitragsstufen generiert werden.

Die Struktur des einstufigen Direct Costing besitzt somit folgendes Aussehen:

	Erlöse
-	variable Kosten
=	Deckungsbeitrag I
-	verrechnete Vorleistungskosten
-	verrechnete Nachleistungskosten
=	DB II
-	Fixkosten (periodisch)
=	Betriebsergebnis

Die Höhe der verrechneten Vorleistungskosten (VL_{VERR}) resultiert aus der Deckungsvorgabe der Vorleistungskosten pro Stück (DV_{VL}) und der in der betrachteten Periode abgesetzten Menge ($Absatzmenge_{IST}$):

$VL_{VERR} = DV_{VL} \times Absatzmenge_{IST}$,

analog wird für die Nachleistungskosten verfahren.

In dem dargestellten Schema werden die Vor- und Nachleistungskosten produktbezogen verrechnet.[2] Die Verrechnung anderer Kontierungen (Bereiche, Prozesse, Projekte, etc.) erfolgt in diesem einstufigen Schema nach dem Deckungsbeitrag II, da kein Produktbezug hergestellt werden kann. Durch die Struktur des einstufigen Direct Costing können insofern Vor- und Nachleistungskosten

---

1 Die Entscheidungsrelevanz, bzw. der Anteil entscheidungsrelevanter Bestandteile ist an anderer Stelle bereits dargestellt worden. Vgl. auch ALTER, R., Projektcontrolling 1990, S. 157.

2 Vgl.: MÄNNEL, W., Kostenrechnung 1993, S. 169.

- produktbezogen und
- nicht-produktbezogen

verrechnet werden. Eine weitergehende Zuordnung der nicht-produktbezogenen Vor- und Nachleistungskosten hat zu unterbleiben. Das erweiterte Schema des einstufigen Direct Costing besitzt somit folgende Struktur:

	Erlöse
-	variable Kosten
=	Deckungsbeitrag I
-	verrechnete Vorleistungskosten
-	verrechnete Nachleistungskosten
=	DB II
-	Vorleistungskosten (nicht-produktbezogen)
-	Nachleistungskosten (nicht-produktbezogen)
-	Fixkosten (periodisch)
=	Betriebsergebnis

- Mehrstufige Fixkostendeckungsrechnung.

Aufgrund der differenzierteren Struktur der mehrstufigen Fixkostendeckungsrechnung ist eine exaktere Zuordnung der zu verrechnenden Vor- und Nachleistungskosten möglich, da neben den Produkten weitere Zuordnungs-, bzw. Kontierungskriterien existieren. Die Struktur orientiert sich jedoch weiterhin an Produkten und an Hierarchien, die auf die Produktstruktur aufbauen. Eine Struktur, die daneben Prozesse oder Projekte enthält, ist in dem Schema nicht vorgesehen. Insofern sind auf Prozesse oder Projekte kontierte Vor- und Nachleistungskosten artikelweise umzurechnen, bevor sie in das Schema aufgenommen werden können.

Durch die artikelorientierte Struktur des mehrstufigen Fixkostendeckungsrechnung können Vor- und Nachleistungskosten

- produktbezogen, produktgruppenbezogen, bereichsbezogen und gesamtunternehmensbezogen verrechnet werden. Ein Ausweis aller Kontierungseinheiten, z.B. Projekte oder Prozesse ist in diesem Schema nicht vorgesehen, kann jedoch ergänzt werden.[1] Im Ergebnis der Rechnung resultieren keine erkennbaren Vorteile, da für diese Kontierungseinheiten ein Bezug zu Artikeln hergestellt werden muß, wodurch eine Zusammenfassung zu den gebildeten Stufen die Aussagefähigkeit der Rechnung nicht vermindert.

Die in Kapitel C.II.2.b. genannten Vorteile der mehrstufigen Fixkostendeckungsrechnung gelten ebenso für die kalkulatorische Verrechnung der Vor- und Nachleistungskosten in der kalkulatorischen Periodenerfolgsrechnung. Zur schematischen Darstellung der mehrstufigen Fixkostendeckungsrechnung mit verrechneten Vor- und Nachleistungskosten vgl. folgendes Schema:

	A1	A2	B1	B2	B3	C1	C2	C3
Erlöse								
- variable Kosten								
= DB I								
- verrechnete VL (Produkt)								
- verrechnete NL (Produkt)								
- Produktfixkosten								
= DB II								
Σ DB II								
- verrechnete VL (Bereich)								
- verrechnete NL (Bereich)								
- Bereichsfixkosten								
= DB III								
Σ DB III								
- verrechnete VL (Rest)								
- verrechnete NL (Rest)								
- Unternehmensfixkosten								
= Betriebsergebnis								

1 Vgl.: FISCHER, R./ROGALSKI, M., Deckungsbudgets 1994, S. 60.

Zur Verdeutlichung der bisherigen Darstellungen der kalkulatorischen Periodenerfolgsrechnung soll folgendes Zahlenbeispiel dienen. In der Datenbank sind bezüglich eines Artikels zu Beginn der Marktphase folgende Daten hinterlegt:

Ist-Vorleistungskosten (VL_{IST})	1.650.000 DM
Prognose-Vorleistungskosten ($VL_{PROGNOSE}$)	350.000 DM
Summe Vorleistungskosten	2.000.000 DM
Ist-Nachleistungskosten (NL_{IST})	0 DM
Prognose-Nachleistungskosten ($NL_{PROGNOSE}$)	170.000 DM
Summe Nachleistungskosten	170.000 DM
Ist-Absatzmenge (x_{IST})	0 St.
Prognose-Absatzmenge ($x_{PROGNOSE}$)	50.000 St.
Gesamtabsatzmenge (x)	50.000 St.

Für die erste Periode der Marktphase resultieren somit folgende Deckungsvorgaben (DV):

$DV_{VL,\ IST} = VL_{IST} : x$
$DV_{VL,\ IST} = 1.650.000\ DM : 50.000\ St.$
$DV_{VL,\ IST} = 33{,}00\ DM/St.$

$DV_{VL,\ PROGNOSE} = VL_{PROGNOSE} : x$
$DV_{VL,\ PROGNOSE} = 350.000\ DM : 50.000\ St.$
$DV_{VL,\ PROGNOSE} = 7{,}00\ DM/St.$

$DV_{NL} = NL_{PROGNOSE} : x$
$DV_{NL} = 170.000\ DM : 50.000\ St.$
$DV_{NL} = 3{,}40\ DM$

In Summe werden auf das einzelne Stück Vor- und Nachleistungskosten in folgender Höhe verrechnet:

$DV_{GESAMT} = DV_{VL,\ IST} + DV_{VL,\ PROGNOSE} + DV_{NL}$
$DV_{GESAMT} = 33{,}00\ DM/St. + 7{,}00\ DM/St. + 3{,}40\ DM/St.$
$DV_{GESAMT} = 43{,}40\ DM/St.$

Werden in der ersten Periode der Marktphase 2.500 Stück abgesetzt, werden in dieser Periode (43,40 DM/St. x 2.500 St.) = DM 108.500 als Vor- und Nachleistungskosten verrechnet. Mit zunehmende Zeitdauer werden Prognosewerte realisiert und stellen Istwerte dar. Hierdurch wird einerseits die Kalkulationsgenauigkeit erhöht, andererseits wird durch Prognoseanpassungen eine Anpassung der ursprünglichen Deckungsvorgaben notwendig, wodurch im Zeitablauf unterschiedlich hohe Deckungsvorgaben ausgewiesen werden.

Wird in dem genannten Zahlenbeispiel die Absatzmenge auf 45.000 St. korrigiert, werden ab dieser Korrektur, unter ansonsten konstanten Bedingungen (DM 2.170.000 : 45.000 St.) = 48,22 DM/St. als Gesamtdeckungsvorgabe verrechnet. Diese einstufige Divisionskalkulation deutet bereits eine Vielzahl von möglichen Verrechnungsdifferenzen und -problemen im Zeitablauf an, welche im folgenden Abschnitt dargestellt werden.

Der Verlauf der Kosten und Erlöse während eines Lebenszyklus soll in Darst. 80 verdeutlicht werden.

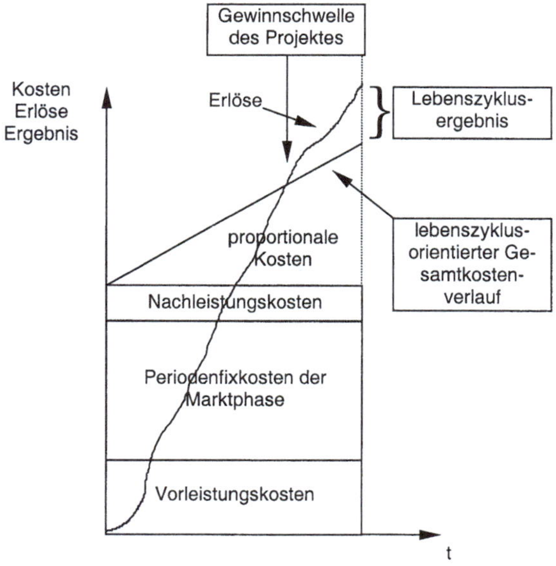

Darst. 80: Darstellung der Lebenszyklusergebnisrechnung

5. Besondere Probleme der Abbildung in der lebenszyklusorientierten kalkulatorischen Erfolgsrechnung

a. Veränderungen der Prognosen im Lebenszyklus

a.a. Veränderungen der Prognosekosten im Lebenszyklus

Das entwickelte System der lebenszyklusbezogenen kalkulatorischen kurzfristigen Erfolgsrechnung ist ein dynamisches System, welches durch die möglichen Veränderungen der Prognosewerte eine periodische Anpassung der Deckungsvorgaben erfordert.

Die Vor- und Nachleistungskosten enthalten Ist- und Prognoseanteile. In dem rollierenden System werden mit zunehmender Zeitdauer, bzw. Marktphase, zunehmend Prognosekosten zu Istkosten, wodurch die Kalkulationsgenauigkeit erhöht wird. Veränderungen der Prognosekosten wirken direkt auf die Deckungsvorgaben und sind periodisch anzupassen. Technisch wird die Neuberechnung der Deckungsvorgaben durch die Hinterlegung und Pflege der Ist- und Prognosewerte in der Datenbank gewährleistet, wodurch automatisch die Deckungsvorgaben verändert und in der Periodenrechnung ausgewiesen werden.

Im letzten Abschnitt ist hierzu ein einfaches Beispiel genannt worden, wodurch die Deckungsvorgabe von insgesamt 43,40 DM/St. auf 48,22 DM/St. gestiegen ist.[1] Ein Vergleich der einzelnen Deckungsvorgaben über die gesamte Marktphase kann unterschiedlich hohe Deckungsvorgaben in den einzelnen Perioden ausweisen. Das Problem der Veränderung der Prognosekosten liegt nicht in der periodischen Verrechnung in der kalkulatorischen Periodenerfolgsrechnung begründet, da die Deckungsvorgaben den Werteverzehr darstellen, sondern in der Summe der verrechneten Vor- und Nachleistungskosten. Hier sei nochmals auf das Zahlenbeispiel des letzten Abschnitts verwiesen:

---

1 Der Grund dieser Veränderung lag in einer Veränderung der Prognosemenge begründet.

Ist-Vorleistungskosten (VL_{IST})	1.650.000 DM	
Prognose-Vorleistungskosten ($VL_{PROGNOSE}$)	350.000 DM	
Summe Vorleistungskosten		2.000.000 DM
Ist-Nachleistungskosten (NL_{IST})	0 DM	
Prognose-Nachleistungskosten ($NL_{PROGNOSE}$)	170.000 DM	
Summe Nachleistungskosten		170.000 DM
Ist-Absatzmenge (x_{IST})	0 St.	
Prognose-Absatzmenge ($x_{PROGNOSE}$)	50.000 St.	
Gesamtabsatzmenge (x)		50.000 St.

Aufgrund der vorliegenden Daten werden bei der prognostizierten Gesamtabsatzmenge die gesamten Vor- und Nachleistungskosten verrechnet. Differenzen in Verrechnungssumme entstehen, wenn eine Veränderung der Prognosekosten während des Marktzyklus auftritt. Hierzu folgendes Zahlenbeispiel:

Alternative A:
In den ersten Periode der Marktphase sollen die Deckungsvorgaben als konstant betrachtet werden. Bis zu einer bestimmten Periode i soll die Absatzmenge 30.000 Stück betragen, wodurch

= 30.000 St. x 40,00 DM/St. (DV_{VL})
= 1.200.000 DM

Vorleistungskosten verrechnet wurden. In Periode i wird bekannt, daß die Summe der Vorleistungskosten sich um DM 200.000 erhöht, da eine Intensivierung der Werbemaßnahmen für die weiteren Perioden entschieden wurde. Hierdurch erhöhen sich die gesamten Vorleistungskosten auf

(DM 2.000.000 + DM 200.000) = DM 2.200.000.

Die Deckungsvorgabe für die Vorleistungskosten beträgt somit insgesamt:

$DV_{VL} = VL\ (VL_{IST} + VL_{PROGNOSE}) : X_{PROGNOSE}$
DV_{VL} = DM 2.200.000 : 50.000 St.
DV_{VL} = 44,00 DM/St.

Während des gesamten Marktzyklus werden somit an Vorleistungskosten verrechnet:

Periode 1 bis Periode i:
= 30.000 St. (x_{IST}) x 40,00 DM/St. ($DV_{VL, alt}$)
= 1.200.000 DM

Periode i+1 bis Periode n:
= 20.000 St. ($x_{PROGNOSE}$) x 44,00 DM/St. ($DV_{VL, neu}$)
= 880.000 DM.

Insgesamt werden durch die Anpassung DM 2.080.000 Vorleistungskosten verrechnet. Die tatsächlich angefallenen Vorleistungskosten betragen hingegen DM 2.200.000. Im Ergebnis dieser Rechnung bleiben

(DM 2.200.000 - DM 2.080.000) = DM 120.000

Vorleistungskosten unverteilt, da nur die ab Periode i abgesetzten Artikel mit ihren anteiligen Deckungsvorgaben belastet werden. Eine Deckung und Verteilung der zusätzlichen DM 200.000 Vorleistungskosten auf die Absatzmenge ab Periode i hat zu unterbleiben, da diese Kosten durch eine Entscheidung verursacht wird, die dem betrachteten Artikel zugute kommt und daher der Gesamtabsatzmenge des betrachteten Artikels gegenüber zu stellen ist.[1]

Alternative B:
Der zweiten Alternative liegt die Grenzbetrachtung zugrunde. Planungen und Entscheidungen können sich nur auf zukünftiges Handeln beziehen. Von der Entscheidung zu einer Intensivierung der Werbemaßnahmen können nur zukünftig abzusetzende Produkte profitieren, wonach diese Grenzkosten auch nur der zukünftigen (prognostizierten) Absatzmenge gegenübergestellt werden dürfen, da diese Kosten durch die zukünftige Absatzmenge veranlaßt werden, bzw. die Kosten eine zukünftige Absatzmenge beeinflussen oder veranlassen.

In dem Beispiel der Alternative A wird die prognostizierte Absatzmenge ab Periode i (20.000 St.) mit den Kosten der Werbemaßnahme, zusätzlich zu den bereits geplan-

---

1 Diese Form der Verrechnung ist bereits in Kapitel E.II.1. für Abschreibungen dargestellt worden.

ten Deckungsvorgaben, belastet. Die zusätzliche Deckungsvorgabe beträgt pro Stück

= DM 200.000 : 20.000 St.
= 10,00 DM/St.,

wodurch eine Gesamtdeckungsvorgabe für Vorleistungskosten von

= DM 40,00 + DM 10,00
= DM 50,00

pro Stück resultiert. Im Lebenszyklus werden hierdurch

= (30.000 St. x 40,00 DM/St.) + (20.000 St. x 50,00 DM/St.)
= 2.200.000 DM

Vorleistungskosten verrechnet, welche der tatsächlichen Höhe der Ist- und Prognose-Vorleistungskosten entsprechen. Diese Form der Verrechnung führt somit zur Kostendeckung.

Die Beurteilung der beiden Alternativen hat sich an den Zwecken der Kosten- und Erfolgsrechnung zu orientieren. Hierbei ist insbesondere auf die Kurzfristigkeit der Entscheidungsgrundlagen abzustellen. Eine Bewertung der geplanten Werbemaßnahme hat aufgrund der hierdurch zu beeinflussenden Parameter zu erfolgen. Diese Parameter sind zukünftige Kosten und Absatzmengen, welche von der Entscheidung beeinflußt werden können. Eine Verrechnung nach Alternative A würde in zukünftigen Perioden nur einen Teil der Grenzkosten berücksichtigen und in der Erfolgsrechnung einen zu geringen Kostenbetrag ausweisen. Können durch die Werbemaßnahme zukünftige Absatzmengen und Umsatzerlöse erhöht werden, wird in der Erfolgsrechnung ein verfälschtes entstehen. In diesem Fall müßten die zukünftigen (veränderten) Umsatzerlöse analog auf die Gesamtabsatzmenge des Lebenszyklus zurückgerechnet werden.

Die Zwecke der Kosten- und Erfolgsrechnung können nur durch eine Verrechnung gemäß Alternative B erfüllt werden. Die Verrechnung gemäß Alternative A findet in

Sonder- und Auswertungsrechnungen statt, in denen der gesamte Lebenszyklus als Projektrechnung dargestellt wird.[1] Die Informationen dieser Auswertungsrechnungen sind insbesondere für Zwecke der Nachkalkulation und des Projektcontrolling nötig, nicht hingegen zur Fundierung kurzfristiger Entscheidungen, durch welche eine aktive Beeinflussung zukünftiger Perioden erfolgen kann.

a.b. Veränderungen der Prognosemengen im Lebenszyklus

Eine Veränderung der Prognosemengen erfolgt analog der Veränderung der Prognosekosten, da die Wirkung auf die ermittelten Deckungsvorgaben identisch ist.[2] In dem zuvor dargestellten Beispiel wird durch eine Intensivierung der Werbemaßnahmen eine Erhöhung der Absatzmenge in zukünftigen Perioden angestrebt. Um eine Beurteilung dieser Werbemaßnahmen vornehmen zu können, sind deren Kosten die Grenzerlöse gegenüber zu stellen. Im Beispiel ist somit eine zweifache Rechnung anzustellen. Einerseits die ursprünglichen Vorleistungskosten zu verrechnen, andererseits die zusätzlichen Kosten der Werbemaßnahme. Zu definieren sind die Absatzmengen, denen die Kosten gegenübergestellt werden, wobei hier das Veranlassungs- und das Grenzprinzip angewendet werden.

In der ursprünglichen Planung sind die Vorleistungskosten (DM 2.000.000) auf die ursprüngliche Absatzmenge (50.000 St.) verteilt worden, wodurch pro Stück DM 40,00 Vorleistungskosten entfallen. Durch die Werbemaßnahme (DM 200.000) wird eine Erhöhung der Absatzmenge um 10.000 Stück auf insgesamt 60.000 Stück erwartet. Im Entscheidungszeitpunkt der Werbemaßnahme beträgt die zukünftig erwartete Absatzmenge (20.000 St. + 10.000 St.) = 30.000 Stück. In der Kalkulation der Deckungsvorgaben werden die (restlichen) 20.000 Stück der ursprünglichen Planung mit der Deckungsvorgabe 40,00 DM/Stück für Vorleistungskosten bewertet. Die Kosten der Werbemaßnahme (DM 200.000) entfallen auf sämtliche Produkte, die von dieser Entscheidung profitieren (20.000 St. + 10.000 St. = 30.000 St.). Die noch zu verrechnenden Vorleistungskosten ab dem Entscheidungszeitpunkt betragen

---

1 Vgl.: WEBER, J., Kostenrechnung 1991, S. 460. Beispiele für projektbegleitende Sonder- oder Auswertungsrechnungen zeigt BUCH, J., Projektrechnung 1991, S. 131-178. Vgl. auch KÜTING, K./LORSON, P., Technologien 1994, S. 454; MÄNNEL, W., Kostenkalkulation 1994, S. 109.

2 Vgl.: LEDERLE, H., Verrechnung 1985, S. 199.

= 200.000 DM + (20.000 St. x 40,00 DM/St.)[1]
= 1.000.000 DM.

Als Deckungsvorgabe resultieren für die Absatzmengen ab dem Entscheidungszeitpunkt:
= 1.000.000 DM : 30.000 St.
= 33,33 DM/St.

Insgesamt werden in den Periodenrechnungen
= (30.000 St. x 40,00 DM/St.) + ((20.000 St. + 10.000 St.) x 33,33 DM/St.)
= 1.200.000 DM + 1.000.000 DM
= 2.200.000 DM

verrechnet, wodurch die gesamte Höhe der Vorleistungskosten verrechnet wurde und die Entscheidung über die Werbemaßnahme explizit in den Perioden ausgewiesen wird. Die Entscheidung über die Werbemaßnahme führt im Beispiel dazu, daß die Deckungsvorgabe für Vorleistungskosten von 40,00 DM/St. auf 33,33 DM/St. sinkt, da die Absatzmenge überproportional steigt und die Kosten der getroffenen Entscheidung kompensiert.

b. Über- und Unterdeckungen in der lebenszyklusorientierten kalkulatorischen Erfolgsrechnung

b.a. Überdeckungen

Im vorangegangenen Abschnitt sind die Auswirkungen von Prognoseänderungen auf die Deckungsvorgaben dargestellt worden. Die technische Realisierung kann mittels einer Datenbank erfolgen, in der die beschriebenen Algorithmen hinterlegt sind. Eine Erfassung der aufgetretenen Veränderungen wird hierbei automatisch auf die zukünftigen Perioden vorgenommen und in der lebenszyklusorientierten kalkulatorischen Erfolgsrechnung der Folgeperioden ausgewiesen. In dem dargestellten wird unter der Prämisse, daß die Prognosen eintreten, Kostendeckung der Vor- und

---

1 Der Betrag (20.000 St. x 40,00 DM/St.) stellt die prognostizierte (Rest-) Absatzmenge der ursprünglichen Prognose dar, welche im Entscheidungszeitpunkt noch nicht abgesetzt wurde. Der Betrag 40,00 DM/St. ist die Deckungsvorgabe der ursprünglichen Prognose für die Vorleistungskosten.

Nachleistungskosten erzielt.[1] Die Höhe der Deckungsvorgaben besitzt dabei folgende Struktur:

	Periode 1 bis i	Periode i+1 bis n
1. Absatzmenge	30.000 St.	30.000 St.
2. DV_{VL}	40,00 DM/St.	33,33 DM/St.
3. Verrechnete VL ((1.) x (2.))	1.200.000 DM	1.000.000 DM
4. Vorleistungskosten	2.200.000 DM	
5. Über-/Unterdeckung ((3.) - (4.))	+/- 0 DM	

In der lebenszyklusorientierten kalkulatorischen Erfolgsrechnung können im Zeitablauf weitere Veränderungen zu Über- und Unterdeckungen der tatsächlichen Vorleistungskosten führen. Diese Über-/Unterdeckungen können teilweise nicht in der Erfolgsrechnung ausgewiesen werden und bedürfen einer besonderen Behandlung.[2]

Eine Überdeckung liegt vor, wenn die Summe der verrechneten Deckungsvorgaben der Vor- und Nachleistungskosten ($\Sigma\ DV_{VL}$, $\Sigma\ DV_{NL}$) höher als die effektiven Vor- und Nachleistungskosten (VL, NL) sind:

$\Rightarrow \Sigma\ (DV_{VL}, DV_{NL}) > \Sigma\ (VL, NL)$.

Es soll geprüft werden, ob und in welcher Höhe den zusätzlichen Absatzmengen Deckungsvorgaben angelastet werden. Dieser Fall tritt beispielsweise ein, wenn im Beispiel die Marktphase des Artikels durch die Werbemaßnahmen verlängert werden kann und keine weiteren Vorleistungen resultieren. Die zusätzliche Absatzmenge soll 5.000 Stück betragen.

Alternative A:
Sofern keine Anpassung der Deckungsvorgaben erfolgt, werden die Deckungsvorgaben der Periode i+1 bis n fortgeschrieben. Die resultierende Überdeckung resultiert wie folgt:

---

1 Vgl.: PLINKE, W., Ansatzpunkte 1986, S. 604.

2 Vgl. BRÖKER, E., Erfolgsrechnung 1993, S. 57-58, zu Restkosten und -erlösen.

	Periode 1 bis i	Periode i+1 bis n+1
1. Absatzmenge	30.000 St.	35.000 St.
2. DV_{VL}	40,00 DM/St.	33,33 DM/St.
3. Verrechnete VL ((1.) x (2.))	1.200.000 DM	1.166.667 DM
4. Vorleistungskosten	2.200.000 DM	
5. Über-/Unterdeckung ((3.) - (4.))	+ 166.667 DM	

Die Überdeckung in Höhe von DM 166.667 DM resultiert aus der Fortschreibung der Verrechnung der DV_{VL} (33,33 DM/St.) der Perioden i+1 bis n für die weiteren 5.000 Stück in Periode n+1.

Alternative B:
Im Beispiel wird der zusätzlichen Absatzmenge eine durchschnittliche Deckungsvorgabe angelastet, wobei von der Prämisse ausgegangen wird, daß die Planung der Deckungsvorgaben für Vorleistungskosten (DV_{VL}) ab der ersten Verrechnungsperiode auf vollständigen Informationen beruht, die zusätzliche Absatzmenge folglich bekannt gewesen sei.[1] Die gesamten Vorleistungskosten (Σ VL) werden auf die gesamte Absatzmenge (x) ex post verteilt:

$\Rightarrow DV_{VL} = \Sigma\, VL : \Sigma\, x.$
$\Rightarrow DV_{VL} = 2.200.000$ DM : 65.000 Stück
$\Rightarrow DV_{VL} = 33{,}85$ DM/St.

In der Periodenrechnung wird die zusätzliche Absatzmenge mit dieser Deckungsvorgabe bewertet, wodurch die Überdeckung des betrachteten Artikels während des gesamten Lebenszyklus wie folgt resultiert:[2]

---

1 Vgl.: RADOMSKI, J./BETZING, G., Einmalausgaben 1977, S. 192.

2 Vgl. Kapitel E.II.1. zum Beispiel der verlängerten Nutzungsdauer bei Abschreibungen auf das Sachanlagevermögen.

	Periode 1 bis i	Periode i+1 bis n	Periode n+1
1. Absatzmenge	30.000 St.	30.000 St.	5.000 St.
2. DV $_{VL}$	40,00 DM/St.	33,33 DM/St.	33,85 DM/St.
3. Verrechnete VL ((1.) x (2.))	1.200.000 DM	1.000.000 DM	169.250DM
	2.369.250 DM		
4. Vorleistungskosten	2.200.000 DM		
5. Über-/Unterdeckung ((3.) - (4.))	+ 169.250 DM		

Die in den Alternativen A und B vorgenommenen Verrechnungen entsprechen dem Prinzip des Werteverzehrs, wonach der zusätzlichen Absatzmenge Vorleistungskosten anteilig angelastet werden. Beide Alternativen sind jedoch abzulehnen, da entscheidungsirrelevante Kosten verrechnet werden und in der lebenszyklusorientierten kalkulatorischen Erfolgsrechnung das Ergebnis des Artikels schmälern. Durch die Entscheidung, die zusätzliche Absatzmenge herzustellen und abzusetzen, resultieren im Beispiel keine zusätzlichen Vorleistungskosten, wonach auch kein Ansatz in der Erfolgsrechnung erfolgen darf. Der zusätzlichen Absatzmenge dürfen in Erfüllung des Veranlassungsprinzips nur die entscheidungsrelevanten Kosten der Herstellung und des Absatzes angelastet werden.

Eine Anlastung von Deckungsvorgaben verhindert das Treffen kurzfristiger Entscheidungen auf der Basis von Kosten und Erlösinformationen aufgrund der Verletzung des Veranlassungsprinzips. In Alternative B fällt die Deckungsvorgabe sogar noch höher aus, als in den Perioden i+1 bis n, woraufhin Entscheidungen zu Lasten dieses Artikels getroffen werden können, indem der Artikel aus dem Programm werden kann oder in der Prioritätenliste der Förderung als gering eingestuft wird, obwohl der Artikel aus Sicht der Vorleistungen „kostenlos" hergestellt und abgesetzt werden kann.

Die Verrechnung entsprechend dem Veranlassungsprinzip sowie dem Prinzip der Entscheidungsorientiertheit erfolgt folgendermaßen.

	Periode 1 bis i	Periode i+1 bis n	Periode n+1
1. Absatzmenge	30.000 St.	30.000 St.	5.000 St.
2. DV $_{VL}$	40,00 DM/St.	33,33 DM/St.	0 DM/St.
3. Verrechnete VL ((1.) x (2.))	1.200.000 DM	1.000.000 DM	0 DM
	2.200.000 DM		
4. Vorleistungskosten	2.200.000 DM		
5. Über-/Unterdeckung ((3.) - (4.))	+/- 0 DM		

Durch diese veranlassungsgerechte Form der Verrechnung werden artikel- oder projektbezogene Überdeckungen der Vorleistungskosten vermieden.[1]

Bei der (Vor-) Verrechnung der Nachleistungskosten während des Marktzyklus ist zwischen produkt- und projektbezogenen Nachleistungskosten zu unterscheiden, wodurch im Ergebnis Überdeckungen auftreten können.[2] Hierzu soll auf das Ausgangsbeispiel verwiesen werden:

Ist-Nachleistungskosten (NL_{IST})	0 DM	
Prognose-Nachleistungskosten ($NL_{PROGNOSE}$)	170.000 DM	
Summe Nachleistungskosten (Σ NL)		170.000 DM
Ist-Absatzmenge (x_{IST})	0 St.	
Prognose-Absatzmenge ($x_{PROGNOSE}$)	50.000 St.	
Gesamtabsatzmenge (x)		50.000 St.

Die Deckungsvorgabe der Nachleistungskosten (DV_{NL}) pro Stück beträgt:

$\Rightarrow DV_{NL} = \Sigma\ NL : x$

$\Rightarrow DV_{NL} = 170.000\ DM : 50.000\ St.$

$\Rightarrow DV_{NL} = 3{,}40\ DM/St.$

Werden während der Marktphase in einer Periode j die prognostizierten Nachleistungskosten nach unten korrigiert (z.B.: Σ NL = 140.000 DM), sind bis zu diesem Zeitpunkt in den Perioden 1 bis j anteilig zu viel Nachleistungskosten verrechnet worden, da aufgrund der korrigierten Prognose die Deckungsvorgabe der Nachleistungskosten (DV_{NL}):

$\Rightarrow DV_{NL,\ neu} = \Sigma\ NL_{neu} : x$

$\Rightarrow DV_{NL,\ neu} = 140.000\ DM : 50.000\ St.$

$\Rightarrow DV_{NL,\ neu} = 2{,}80\ DM/St.$

beträgt. In dem Zeitraum Periode 1 bis Periode j sind pro Stück (DM 3,40 - DM 2,80) = 0,60 DM zuviel verrechnet worden. Ein Ausgleich dieser Überdeckung kann nach-

---

1 Vgl.: PETER, E., Entwicklungskosten 1974, S. 266.

2 Vgl.: LEDERLE, H., Verrechnung 1985, S. 199.

träglich nur dann vorgenommen werden, wenn die Summe der korrigierten Nachleistungskosten noch nicht verrechnet wurde. In dem Beispiel liegt diese Grenze bei:

$\Rightarrow NL_{neu} = DV_{NL,\ alt}\ x$

$\Rightarrow x = NL_{neu} : DV_{NL,\ alt}$

$\Rightarrow x = 140.000\ DM : 3{,}40\ DM/St.$

$\Rightarrow x = 41.176{,}47\ St.$

Mit dem 41.177. Stück ist die korrigierte Summe der Nachleistungskosten (41.177 St. x 3,40 DM/St.) = DM 140.000 verrechnet. Wird die Korrektur der Nachleistungskosten vorgenommen, wenn z.B. bereits 45.000 Stück abgesetzt worden sind, entsteht eine Überdeckung (Ü) wie folgt:

	Periode 1 bis j	Periode j+1 bis n
1. Absatzmenge	45.000 St.	5.000 St.
2. DV_{NL}	3,40 DM/St.	0 DM/St.
3. Verrechnete NL ((1.) x (2.))	153.000 DM	0 DM
4. Nachleistungskosten	140.000 DM	
5. Über-/Unterdeckung ((3.) - (4.))	+ 13.000 DM	

Diese Überdeckung kann in Folgeperioden keiner Korrektur mehr unterzogen werden. Die verbleibende Absatzmenge (5.000 St.) wird in der lebenszyklusorientierten kurzfristigen Erfolgsrechnung mit der Deckungsvorgabe für Nachleistungskosten in Höhe von DM 0 belastet, da die durch den betrachteten Artikel veranlaßten Nachleistungskosten bereits abgedeckt sind und für zukünftige Entscheidungen entscheidungsirrelevante Kosten darstellen.[1] Die realisierte Überdeckung wird zunächst in der Poolrechnung ausgewiesen und in regelmäßigen Abständen mit realisierten Unterdeckungen saldiert.[2]

---

1 Vgl. BACK-HOCK, A., Produktcontrolling 1988, S. 102-103, zu vordisponierten Kosten und Erlösen.

2 Vgl. auch KLEINER, F., Kostenrechnung 1991, S. 144-151; PLINKE, W., Kosten- und Erlösplanung 1984, S. 274-278, der die Saldierung in einem gesonderten Gewinn-und-Verlust-Pool vornimmt.

b.b. Unterdeckungen

Eine Unterdeckung liegt vor, wenn die Summe der verrechneten Deckungsvorgaben der Vor- und Nachleistungskosten (Σ DV_{VL}, Σ DV_{NL}) geringer als die effektiven Vor- und Nachleistungskosten (VL, NL) sind:

$\Rightarrow \Sigma (DV_{VL}, DV_{NL}) < \Sigma (VL, NL)$.

Während bei Überdeckungen eine Entlastung zukünftiger Absatzmengen diskutiert wurde, steht nun eine Belastung zukünftiger Absatzmengen mit erhöhten Deckungsvorgaben zur Diskussion. In dem Beispiel der zusätzlichen Werbemaßnahmen konnten diese Kosten durch die erhöhte Absatzmenge kompensiert werden. Bei einer Erhöhung der Vor- und Nachleistungen oder einer Verringerung der prognostizierten Absatzmenge während des Marktzyklus, denen keine Entscheidung des Management zugrunde liegt, resultieren in einer Projektrechnung erhöhte Deckungsvorgaben. Während des Marktzyklus muß nun entschieden werden, ob und in welcher Höhe dieser Kostenanstieg weiterverrechnet werden darf, wobei die Diskussion maßgeblich von der Entscheidungsrelevanz und insbesondere von der Beeinflußbarkeit der verrechneten Kostenarten bestimmt wird.

Dieser Diskussion liegen drei Alternativen zugrunde:
A: Volle Verrechnung des Kostenanstiegs,
B: Keine Verrechnung des Kostenanstiegs,
C: Teilweise Verrechnung des Kostenanstiegs.

Alternativen A und C führen zu einer Verschlechterung der Artikelergebnisse und können z.B. beim Vorliegen von Engpässen zu einer Eliminierung aus dem Produktionsprogramm führen.[1] Dieser Entscheidung ist entgegen zu halten, daß die verrechneten Vorleistungskosten ganz oder größtenteils sunk costs sind. Jeder positive Deckungsbeitrag kann hierdurch dazu beitragen, die sunk costs kalkulatorisch zu decken. Wird hingegen Alternative B gewählt, muß die Frage beantwortet werden, welche Produkte den höchsten Erfolg erzielen können. Der absolute Deckungsbeitrag eines Artikels kann hierzu keine Aussage liefern, wenn nicht die Höhe der sunk costs bekannt ist und in der Erfolgsrechnung berücksichtigt wird.

---

1 Vgl.: PETER, E., Entwicklungskosten 1974, S. 266; LEDERLE, H., Verrechnung 1985, S. 199.

Die lebenszyklusorientierte kalkulatorische Erfolgsrechnung erfolgt streng nach dem Veranlassungsprinzip. Durch den Ausweis entscheidungsrelevanter Kosten wird die Grundlage für kurzfristige Entscheidungen geschaffen, welche die Zwecke der Kosten- und Erfolgsrechnung determinieren. Eine Erhöhung der Vor- und Nachleistungskosten, bzw. eine Verringerung der prognostizierten Absatzmenge während des Marktzyklus, welche nicht auf Entscheidungen des Management beruhen, dürfen nicht zu einer Erhöhung der Deckungsvorgaben führen, da die betroffenen Artikel diese Veränderung nicht veranlaßt haben. Hierdurch wird Alternative B verfolgt, wonach keine Verrechnung auf die zukünftigen Absatzmengen vorgenommen wird.

Ein Ausweis dieser Kosten erfolgt als Unterdeckung in der Poolrechnung, vgl. folgendes Beispiel. Im Ausgangsfall wird die Absatzmenge auf 40.000 Stück, unter ansonsten unveränderten Parameter, korrigiert.

1. $Absatzmenge_{alt}$	50.000 St.
2. Σ (VL + NL)	2.170.000 DM
3. $DV_{(VL+NL)}$ ((2.) : (1.))	43,40 DM/St.
4. $Absatzmenge_{neu}$	40.000 St.
5. Verrechnete VL/NL ((3.) x (4.))	1.736.000 DM
6. Über-/Unterdeckung ((5.) - (2.))	- 434.000 DM

Eine Verrechnung der Unterdeckung auf die zukünftigen Absatzmengen dieses Artikels könnte einen negativen Deckungsbeitrag bewirken. Und eine Eliminierung des Artikels zur Folge haben. Da die verrechneten Kosten sunk costs sind und nicht mehr beeinflußt werden können, hat eine Verrechnung zu unterbleiben.[1] Jeder abgesetzte Artikel trägt weiterhin zu einer kalkulatorischen Deckung der Vor- und Nachleistungskosten bei, sofern er positive Deckungsbeiträge ausweist. Die noch nicht gedeckten Vor- und Nachleistungskosten werden in der Ergebnisrechnung in Fixkostenschichten ausgewiesen, wie im folgenden Abschnitt dargestellt wird.[2]

---

1 Vgl.: RIEBEL, P., Abbildung 1989, S. 70; LEDERLE, H., Verrechnung 1985, S. 199; FUNKE, S. Vollkostenrechnung 1994, S. 326.

2 Vgl. auch KÜTING, K./LORSON, P., Technologien 1994, S. 454.

b.c. Verrechnung realisierter Über- und Unterdeckungen

In der Systematik der lebenszyklusorientierten kalkulatorischen Erfolgsrechnung werden sämtliche Informationen zu Vor- und Nachleistungskosten in der Datenbank geführt. Bestandteil dieser Datenbank ist die Poolrechnung, welche die Höhe von Über- und Unterdeckungen ausweist. Das Ziel der Erfolgsrechnung besteht in dem Ausweis entscheidungsrelevanter und entscheidungsirrelevanter Kosten. Um die Erfolgsauswirkungen der einzelnen Artikel bewerten zu können, werden die in der Poolrechnung enthaltenen Über- und Unterdeckungen saldiert und in die Erfolgsrechnung überführt, bzw. ausgewiesen.[1] Auch hierbei werden die Systematik und der Aufbau der Fixkostendeckungsrechnung beibehalten. Da es sich in der Poolrechnung um sunk costs handelt, können sie, im Gegensatz zu Fixkosten der Periode, auch in zukünftigen Perioden nicht mehr beeinflusst werden und sind in ihrer tatsächlichen Höhe aus der Erfolgsrechnung fern zu halten.[2]

Die Berücksichtigung der saldierten Über- und Unterdeckungen erfolgt in der Periodenrechnung über die Bildung eines kalkulatorischen Zuschlags für ungedeckte Vor- und Nachleistungskosten bei Anwendung des Gesamtkostenverfahrens. Bei Anwendung des Umsatzkostenverfahrens werden periodisch (fixe) Kostenbeträge ausgewiesen, die den Deckungsbeiträgen gegenübergestellt werden und in voller Höhe ergebniswirksam sind. Durch dieses Vorgehen wird verhindert, daß Unterdekkungen ergebnisneutral behandelt werden.

Die Verrechnung der Poolsalden erfolgt in größeren Abständen als in der Periodenrechnung, damit Schwankungen bereinigt werden können. Hierzu wird die jährliche Bildung vorgeschlagen.[3] Die Zuweisung erfolgt ebenfalls so speziell wie möglich (Produkt, Produktgruppe, Bereich, Gesamtunternehmen) für das Folgejahr, vorausgesetzt, daß die gewählte Bezugsgröße in diesem Zeitraum noch am Markt angeboten wird. Zu Beginn eines Geschäftsjahres beträgt der Poolsaldo 0 DM, da der Saldo bereits auf die Perioden des folgenden Geschäftsjahres kalkulatorisch wurde. Folgendes Beispiel soll dieses Vorgehen verdeutlichen. Für einen Bereich beträgt der Poolsaldo am Jahresende DM 600.000 Unterdeckung. Dieser Saldo wird auf die Pe-

---

1 Vgl. auch BÖNING, D., Probleme 1969, S. 495.

2 Vgl.: RIEBEL, P., Abbildung 1989, S. 70; FUNKE, S. Vollkostenrechnung 1994, S. 326; FRÖHLING, O./WEIS, E., Thesen 1992, S. 136-137.

3 Vgl.: PIROTH, E., Potentialkosten 1984, S. 261.

rioden des Folgejahres verteilt und ist zu decken. Ein unterbleiben dieser Verrechnung würde das Bereichsergebnis verfälschen und zu hohe Deckungsbeiträge ausweisen, da es sich bei dieser Auflösung um effektive Kosten vergangener Perioden handelt, die nun zeitversetzt aufgelöst werden.

In den Systemen des Direct Costing wird ein monatlicher Betrag von

DM 600.000 : 12 = 50.000 DM

ausgewiesen. Im einstufigen Direct Costing erfolgt dieser Ausweis in dem Fixkostenblock und ist durch das Gesamtunternehmen zu tragen. In der mehrstufigen Fixkostendeckungsrechnung erfolgt der Ausweis in der Fixkostenschicht des entsprechenden Bereichs.

In den Systemen der Vollkostenrechnung erfolgt der Ausweis alternativ über Mengen- oder Wertschlüssel. Als Mengenschlüssel erfolgt eine Verteilung auf die Absatzmenge des Bereichs des vergangenen Jahres. Als Wertschlüssel wird der Poolsaldo auf die Herstellkosten des vergangenen Geschäftsjahres bezogen. Hierdurch können absolute Beträge oder Zuschlagssätze verwendet werden. Sofern in den Systemen der Vollkostenrechnung keine Unterteilung nach Bereichen vorgenommen wird, erfolgt die Verrechnung auf das Gesamtunternehmen.

c. Problematik gemeinsamer Vor- und Nachleistungskosten

Eine Vielzahl immaterieller Vor- und Nachleistungen werden nicht artikelbezogen geplant, sondern zielen beispielsweise auf die Verbesserung der Marktposition oder die Gewinnung neuen Wissens ab, ohne daß bereits die Nutzung dieser Potentiale durch einzelne Artikel bestimmt werden kann.[1] Bei diesen immateriellen Vor- und Nachleistungen handelt es sich um Gemeinkosten im Sinne der Zuordnung auf Artikel oder sonstige Bezugsgrößen.[2] Die Planung dieses Potentialaufbaus und die Kontierung in der Poolrechnung erfolgen zunächst zumeist projektbezogen für den Bereich FuE, Werbung oder Qualitätsmanagement.[3] Maßnahmen der Rationalisierung

---

1 Vgl. auch PIROTH, E., Potentialkosten 1984, S. 260-261.

2 Vgl.: BURGER, A., Kostenmanagement 1995, S. 218; AGTHE, K., Fixkostendeckung 1959, S. 405.

3 Vgl.: ALTER, R., Projektcontrolling 1990, S. 155-156.

oder der Personalentwicklung können hingegen als Maßnahmen betrachtet werden, die für das Gesamtunternehmen geplant werden und diesen Bezugsgrößen in der Erfolgsrechnung gegenüber gestellt werden.[1] Die Differenzierung dieser Kosten hängt von unternehmensindividuellen Gegebenheiten sowie der Differenziertheit der Erfolgsrechnung ab.

Werden Vorleistungskosten projektweise erfaßt, erfolgt in der Datenbank automatisch eine Hinterlegung der Bezugsgrößen, über welche in späteren Perioden die Verrechnung zu erfolgen hat.[2] Die Verrechnung gemeinsamer Vor- und Nachleistungskosten erfolgt nach denselben Prinzipien, die der lebenszyklusorientierten kalkulatorischen Erfolgsrechnung zugrunde liegen. Eine Verrechnung findet erst in den Perioden statt, in denen die Kostenträger, die diese Potentiale nutzen, am Markt abgesetzt werden und Erlöse veranlassen.[3] Die Verrechnung stellt die Ergebniswirksamkeit sicher und führt zu einer Auflösung der in der Poolrechnung gesammelten Kostenbeträge. Zur Sicherstellung der Verrechnung sind die in der Datenbank hinterlegten Bezugsgrößen periodisch zu prüfen, da während des Aufbaus der Potentiale und der Kostenentstehung in vielen Fällen noch keine Bezugsgrößen bestimmt werden können.

Vorleistungskosten, die keinen direkten Artikelbezug besitzen, können in der Erfolgsrechnung auch nicht veranlassungsgerecht dieser Ebene zugeordnet werden. Maßnahmen der Werbung, des Produktions- und Qualitätsmanagement, der Rationalisierung oder der Personalentwicklung werden für übergeordnete Einheiten geplant und diesen in der Erfolgsrechnung gegenübergestellt. Die Kosten einer Werbemaßnahme für ein bestimmtes Produkt können hingegen diesem Produkt direkt gegenübergestellt werden. Die Bestimmung der Deckungsvorgaben erfolgt nach der Systematik der Verrechnung der realisierten Über- und Unterdeckungen in der Poolrechnung, indem die Kosten den prognostizierten Absatzmengen zukünftiger Perioden gegenübergestellt werden, die dieses Potential nutzen.[4] Bei einer einmaligen Werbemaßnahme würde als prognostizierte Absatzmenge die Gesamtabsatzmenge des Lebenszyklus darstellen.

---

1 Vgl.: BOTTA, V., Aspekte 1993, S. 69; FREIDANK, C.-C., Target Costing 1994, S. 238.

2 Vgl.: BALMER, B./SIEGWART, H., Verrechnung 1991, S. 177-178. Zur Bedeutung der Verrechnung vgl. AGTHE, K., Fixkostendeckung 1959, S. 407.

3 Vgl. hierzu auch FRÖHLING, O./WEIS, E., Thesen 1992, S. 137.

4 Vgl.: PIROTH, E., Potentialkosten 1984, S. 261.

Da Werbemaßnahmen zumeist mehrfach oder periodisch erfolgen, sind die Perioden zu bestimmen, in welchen die Wirkung dieser Maßnahme stattfindet und dessen Artikel diese Kosten zu tragen haben. Hierfür wird ein unterjähriger Zeitraum bestimmt, innerhalb dessen die Verrechnung auf die prognostizierten Absatzmengen erfolgt.[1] Bei der Festlegung der Verrechnungsperiode ist in jedem Falle auf die Erfüllung des Veranlassungsprinzips zu achten. Die in den Beispielen bisher genannten Verrechnungsperioden (jährlich, quartalsweise, monatlich, etc.) stellen nur Beispiele in den betrachteten Fällen dar und dürfen keinesfalls pauschale Geltung besitzen.

Die Problematik der gemeinsamen Vor- und Nachleistungskosten soll an einem Beispiel aus dem Bereich FuE dargestellt werden. Eine Entwicklung hat Kosten in Höhe von DM 1.000.000 veranlaßt. Dieser Betrag ist in der Poolrechnung auf der Projektnummer gebucht, Bezugsgrößen für die Verrechnung konnten bisher nicht bestimmt werden. Die Entwicklungsergebnisse sollen nun in drei verschiedenen Artikeln verwendet werden, deren Marktphasen zeitversetzt ab der nächsten Periode beginnen. Die Absatzmengen der drei Artikel sind prognostiziert, jedoch veranlassen die Artikel unterschiedlich hohe Produktions- und Absatzkosten. Als Bezugsgrößen der Verrechnung kommen Wert- und Mengenschlüssel in Betracht, die die Grundlage zur Bildung der Deckungsvorgaben darstellen.[2] Folgende Informationen liegen vor:

Artikel	A	B	C
$Absatzmenge_{PROGNOSE}$	100.000 St.	50.000 St.	10.000 St.
$Erlös_{PLAN}$	25,00 DM/St.	40,00 DM/St.	75,00 DM/St.
variable Kosten	11,50 DM/St.	30,00 DM/St.	45,00 DM/St.
$DB\ I_{PLAN}$	13,50 DM/St.	10,00 DM/St.	30,00 DM/St.
Entwicklungskosten (k_E)	1.000.000 DM		

Wertschlüssel werden z.B. in den Systemen der Vollkostenrechnung verwendet, indem im Rahmen der ibL die Kostenstellenkosten einer wertmäßigen Bezugsgröße,

---

1 Zu ein- und mehrdimensionalen Kostenträgergliederungen für Vertriebskosten vgl. BALMER, B./SIEGWART, H., Verrechnung 1991, S. 178-188.

2 Vgl.: PLINKE, W., Kosten- und Erlösplanung 1984, S. 278-279. FRÖHLING, O., Verrechnung 1995, S. 346, arbeitet hier mit Begünstigungsziffern, die einen Leistungsvorteil beziffern, in welchem Ausmaß ein Produkt durch eine Entwicklungsarbeit begünstigt wird.

z.B. Lohnkosten oder Materialkosten einer Periode, gegenübergestellt werden.[1] Im Beispiel wird als Bezugsgröße der Verrechnung der geplante Deckungsbeitrag I gewählt. Die Aussage der Verteilung folgt dem Tragfähigkeitsprinzip, wonach ein Artikel mit einem höheren Deckungsbeitrag I auch eine erhöhte Verrechnung tragen kann.[2] Da die Summe der Absatzmengen unterschiedlich ist, hat zuvor eine Gewichtung der Artikel zu erfolgen.[3] Hierzu wird die Summe der Plan-Deckungsbeiträge bestimmt:

$\Rightarrow \Sigma\ DB\ I_{PLAN} = \Sigma\ DB\ I_A + \Sigma\ DB\ I_B + \Sigma\ DB\ I_C$

$\Rightarrow \Sigma\ DB\ I_{PLAN} = (100.000\ St. \times 13{,}50\ DM/St.) + (50.000\ St. \times 10{,}00\ DM/St.) + (10.000\ St. \times 30{,}00\ DM/St.)$

$\Rightarrow \Sigma\ DB\ I_{PLAN} = 1.350.000\ DM + 500.000\ DM + 300.000\ DM$

$\Rightarrow \Sigma\ DB\ I_{PLAN} = 2.150.000\ DM$

Pro DM Plan-Deckungsbeitrag I entfallen (1.000.000 DM : 2.150.000 DM) = DM 0,4651163 Entwicklungskosten, bzw. 46,51163%. Die Deckungsvorgaben der Entwicklungskosten der drei Artikel betragen somit:

Artikel	A	B	C
$Absatzmenge_{PROGNOSE}$	100.000 St.	50.000 St.	10.000 St.
$DB\ I_{PLAN}$	13,50 DM/St.	10,00 DM/St.	30,00 DM/St.
DV Entwicklungskosten ($DB\ I_{PLAN}$ x 46,51163%)	6,28 DM/St.	4,65 DM/St.	13,95 DM/St.

Bei der Verwendung von Mengenschlüsseln erfolgt für alle Artikel eine einheitliche Deckungsvorgabe, die durch Division der Entwicklungskosten ($k_{ENTWICKLUNG}$) durch die Gesamtabsatzmenge (x_{GESAMT}) resultiert:[4]

$\Rightarrow DV_{ENTWICKLUNG} = k_{ENTWICKLUNG} : x_{GESAMT}$

$\Rightarrow DV_{ENTWICKLUNG} = k_{ENTWICKLUNG} : (x_A + x_B + x_C)$

$\Rightarrow DV_{ENTWICKLUNG} = 6{,}25\ DM/St.$

---

1 Vgl.: BETZING, G., Einmalkosten 1980, S. 684-685; LEDERLE, H., Verrechnung 1985, S. 198; SIEGWART, H., Fertigungstechnologien 1992, S. 796; RADOMSKI, J./BETZING, G., Einmalausgaben 1977, S. 186.

2 Vgl.: FISCHER, R./ROGALSKI, M., Deckungsbudgets 1994, S. 61; GAYER, S., Mängel 1988, S. 183; HELM, K. F., Ergebniscontrolling 1993, S. 47.

3 Vgl.: ALTER, R., Projektcontrolling 1990, S. 160.

4 Vgl.: BETZING, G., Einmalkosten 1980, S. 686-687.

Artikel	A	B	C
DV (Wertschlüssel)	6,28 DM/St.	4,65 DM/St.	13,95 DM/St.
DV (Mengenschlüssel)	6,25 DM/St.	6,25 DM/St.	6,25 DM/St.

Die Veranlassung der Entwicklungskosten erfolgt weder durch die Erlöse oder Kosten eines Artikels, noch durch die Absatzmengen der Artikel. Eine Beeinflussung erfolgt durch die Entscheidungen des Management über Aufnahme, Fortführung oder Einstellung der Entwicklungsmaßnahmen. Durch artikelbezogene Entscheidungen kann keine Beeinflussung der Kostenhöhe erfolgen.

Die Bestimmung der Deckungsvorgaben erfolgt nach den Mengenschlüsseln.[1] Für die unterschiedlichen Deckungsvorgaben der Wertschlüssel existiert kein Argument des Veranlassungsprinzips oder der Entscheidungsorientiertheit. In Analogie zu der Verrechnung der Periodenfixkosten in der Erfolgsrechnung, bzw. dem Ausweis in Fixkostenschichten, wird keine artikelbezogene Gewichtung aufgrund der fehlenden Veranlassung vorgenommen.[2] Die genannten Deckungsvorgaben werden in der Beispielrechnung artikelweise kalkulatorisch bestimmt. Der Ausweis in der lebenszyklusorientierten kalkulatorischen Erfolgsrechnung erfolgt hingegen in den in Absatz E.III.4.b. genannten Schichten, bezogen auf die Summe der Absatzmenge einer Periode.[3] Die Deckungsvorgaben pro Stück werden in der Poolrechnung zur Vorbereitung der periodischen Verrechnung gebildet und erscheinen in der Periodenrechnung nur als Summe der Periode, bezogen auf die Absatzmenge.[4]

---

1 Vgl.: FISCHER, T. M., Kostenmanagement 1993, S. 168; RADOMSKI, J./BETZING, G., Einmalausgaben 1977, S. 192; BOTTA, V., Aspekte 1993, S. 70; FRÖHLING, O./WEIS, E., Thesen 1992, S. 138; KALUZA , B., Kostenmanagement 1994, S. 396; ALTER, R., Projektcontrolling 1990, S. 157, der lineare, degressive und progressive Verrechnungen darstellt. Anders hingegen KILGER, W., Plankostenrechnung 1993, S. 381-382, der nur projektvariable Kostenanteile anteilig auf Kostenträger verrechnet und projektfixe Kostenanteile direkt in der Periodenerfolgsrechnung ausweist.

2 Vgl.: KÜTING, K./LORSON, P., Technologien 1994, S. 454.

3 Vgl.: FRIEDL, B., Prozesskostenrechnung 1994, S. 149; BOTTA, V., Aspekte 1993, S. 71.

4 Vgl.: AGTHE, K., Fixkostendeckung 1959, S. 406.

Literaturverzeichnis

ADAM, DIETRICH (Fertigungssysteme 1993): Flexible Fertigungssysteme (FFS) im Spannungsfeld zwischen Rationalisierung, Flexibilisierung und veränderten Fertigungsstrukturen, in: Schriften zur Unternehmensführung (SzU), Band 46, hrsg. von DIETRICH ADAM, Wiesbaden 1993, S. 5-28

AGTHE, KLAUS (Fixkostendeckung 1959): Stufenweise Fixkostendeckung im System des Direct Costing, in: ZfB, 29. Jg. (1959), Heft 7, S. 404-418

ALBACH, HORST (Unternehmenstheorie 1987): Praxisorientierte Unternehmenstheorie und theoriegeleitete Unternehmenspraxis: Vortrag - gehalten in Gedenken an Professor Dr. Wolfgang Kilger am 11. November 1987, hrsg. von der Universität des Saarlandes, Saarbrücken 1987

ALBRECHT, FRANK (Management 1993): Strategisches Management der Unternehmensressource Wissen - inhaltliche Ansatzpunkte und Überlegungen zu einem konzeptionellen Gestaltungsrahmen, Frankfurt am Main u. a. 1993

ALTER, ROLAND (Projektcontrolling 1990): Integriertes Projektcontrolling auf der Grundlage des Lebenszyklus von Systemen, Diss., Gießen 1990

ASCHOFF, CHRISTOFF (Humanvermögen 1978): Betriebliches Humanvermögen - Grundlagen einer Human-Vermögensrechnung, Wiesbaden 1978

BACHEM, MICHAEL (Information 1970): Kosten- und Ertragsverrechnungen zur Information für Planung und Kontrolle industrieller Forschungs- und Entwicklungsbereiche, Diss., Köln 1970

BACK-HOCK, ANDREA (Produktcontrolling 1988): Lebenszyklusorientiertes Produktcontrolling - Ansätze zur computergestützten Realisierung mit einer Rechnungswesen-, Daten- und Methodenbank, Diss., Erlangen-Nürnberg 1988

BACK-HOCK, ANDREA (Ergebnisrechnung 1992): Produktlebenszyklusorientierte Ergebnisrechnung, in: Handbuch Kostenrechnung, hrsg. von WOLFGANG MÄNNEL, Wiesbaden 1992, S. 703-714

BACK-HOCK, ANDREA (Implementierung 1995): Implementierung und Nutzung der Prozeßkostenrechnung, in: Prozeßkostenrechnung - Bedetung, Methoden, Branchenerfahrungen, Softwarelösungen, hrsg. von WOLFGANG MÄNNEL, Wiesbaden 1995, S. 37-39

BACKHAUS, KLAUS (Auftragsplanung 1980): Auftragsplanung im industriellen Anlagengeschäft, Stuttgart 1980

BACKHAUS, KLAUS (Planung 1984): Planung im industriellen Anlagengeschäft, Düsseldorf 1984

BACKHAUS, KLAUS/FUNKE, STEPHAN (Fixkosteninensität 1994): Fixkostenintensität und Kostenstrukturmanagement - Ergebnisse einer empirischen Studie, in: Controlling, 5. Jg. (1994), Heft 3, S. 124-129

BACKHAUS, KLAUS/FUNKE, STEPHAN (Managementherausforderungen 1996): Managementherausforderungen Fixkostenintensiver Unternehmen, in: Krp, 40. Jg. (1996), S. 75-76

BÄR, KURT (Qualitätskosten 1985): Wie Qualitätskosten zum Führungsinstru-ment werden, in: IO, 54. Jg. (1985), Nr. 11, S. 492-494

BAETGE, JÖRG/JERSCHENSKY, ANDREAS (Frühwarnsysteme 1999): Frühwarnsysteme als Instrumente eines effizienten Risikomanagement und -Controlling, in: Controlling, 11. Jg. (1999), S. 171-176

BÄURLE, ROLF/SCHULTE, CHRISTOF (Kostenmanagement 1992): Effektives Kostenmanagement - Anforderungen und neue Ansätze, in: Effektives Kostenmanagement - Methoden und Implementierung, hrsg. von CHRISTOF SCHULTE, Stuttgart 1992, S. 3-27

BAISCH, FRIEDEMANN/KLOPP, MARCUS/ REISING, WOLFGANG (Früherkennung 1998): Strategische Früherkennung im industriellen Mittelstand - Vom erkannten Trend rechtzeitig zur richtigen Entscheidung, in: Controlling, 10. Jg. (1998), S. 236-243

BALMER, BERNHARD/SIEGWART, HANS (Verrechnung 1991): Die differenzierte Verrechnung der Verwaltungs- und Vertriebskosten in der Industrie, Bern/Stuttgart 1991

BEINHAUER, MANFRED/VIKAS, KURT (Gemeinkostencontrolling 1993): Gemeinkostencontrolling im System der Grenzplankostenrechnung, in: Krp, o. Jg. (1993), S. 79-89

BERKAU, CARSTEN (Prozeßkostenmanagement 1995): Vernetztes Prozeßkostenmanagement - Konzeption und Realisierung mit einem Blackboardsystem, Wiesbaden 1995

BERKAU, CARSTEN (Geschäftsprozeß-Controlling 1996): Effizientes Geschäftsprozeß-Controlling mit modellbasierter Prozeßkostenrechnung, in: Kostenorientiertes Geschäftsprozeßmanagement - Methoden, Werkzeuge, Erfahrungen, hrsg. von CARSTEN BERKAU/PETRA HIRSCHMANN, München 1996, S. 181-201

BERKAU, CARSTEN/HIRSCHMANN, PETRA (Hrsg.): Kostenorientiertes Geschäftsprozeßmanagement - Methoden, Werkzeuge, Erfahrungen, München 1996

BERTHEL, JÜRGEN/HERZHOFF, SABINE/SCHMITZ, GEREON (F&E-Management 1990): Strategische Unternehmungsführung und F&E-Management - Qualifikationen für Führungskräfte, Berlin u.a. 1990

Berufsbildungsgesetz vom 14. August 1969

BETZING, GERHARD (Einmalkosten 1980): Einmalkosten in der Produktkalkulation bei Serienfertigung, in: ZfbF, 32. Jg. (1980), S. 681-689

BINDER, MARKUS (Steuerung 1998): Erfolgsorientierte Steuerung von Produktkosten in Entwicklung und Konstruktion, in: Controlling, 10. Jg. (1998), S. 356-363

BLANCHARD, BENJAMIN S. (Life Cycle Cost 1978): Design and manage to life cycle cost, Portland (OR.) 1978

BÖNING, DIETER (Probleme 1969): Probleme der Bestimmung des Aufwandes und Ertrages industrieller Forschungs- und Entwicklungsprojekte, in: BFuP, 21. Jg. (1969), S. 493-522

BÖRNER, DIETRICH (Kostenverteilung 1993): Kostenverteilung, in: Handwörterbuch des Rechnungswesens, hrsg. von KLAUS CHMIELEWICZ/MARCELL SCHWEITZER, 3., völlig neu gestaltete und ergänzte Aufl., Stuttgart 1993, Sp. 1280-1289

BOHNE, FABIAN (Entwicklungsperspektiven 1994): Entwicklungsperspektiven der führungsorientierten Kostenrechnung, in: Krp, o. Jg. (1994), S. 211-213

BOTTA, VOLKMAR (Aspekte 1993): Aspekte eines controllingorientierten Rechnungswesens, in: Managementorientiertes Rechnungswesen - Konzepte und Analysen zur Entscheidungsvorbereitung, hrsg. von JÜRGEN BLOECH/UWE GÖTZE/BERNT R. A. SIERKE, Wiesbaden 1993, S. 63-74

BROCKHOFF, KLAUS (Forschungsprojekte 1973): Forschungsprojekte und Forschungsprogramme - Ihre Bewertung und Auswahl, 2., erweiterte und geänderte Aufl. von Forschungsplanung im Unternehmen, Wiesbaden 1973

BROCKHOFF, KLAUS (Forschung 1993): Forschung und Entwicklung, in: Vahlens Kompendium der Betriebswirtschaftslehre, Bd. 1, 3., überarb. und erw. Aufl., München 1993, S. 171-201

BROCKHOFF, KLAUS (Forschung 1994): Forschung und Entwicklung - Planung und Kontrolle, 4., erg. Aufl., München/Wien 1994

BRÖKER, ERICH W. (Erfolgsrechnung 1993): Erfolgsrechnung im industriellen Anlagengeschäft - Ein dynamischer Ansatz auf Zahlungsbasis, Wiesbaden 1993

BRÜHL, ROLF (Informationen 1995): Informationen der Prozeßkostenrechnung als Grundlage der Kostenkontrolle, in: Krp, o. Jg. (1995), S. 73-79

BRÜHL, ROLF (Kosten- und Erfolgsrechnung 1996): Führungsorientierte Kosten- und Erfolgsrechnung, München/Wien 1996

BRUGGMANN, MAX (Probleme 1957): Betriebswirtschaftliche Probleme der industriellen Forschung, Diss., St. Gallen 1957

BRUHN, ERNST-EGON (Potentialfaktoren 1965): Die Bedeutung der Potentialfaktoren für die Unternehmungspolitik, Berlin 1965

BRUHN, MANFRED (Marketing 1995): Marketing - Grundlagen für Studium und Praxis, 2., überarb. Aufl., Wiesbaden 1995

BRUHN, MANFRED (Qualitätsmanagement 1997): Qualitätsmanagement für Dienstleistungen - Grundlagen, Konzepte, Methoden, 2., überarb. u. erw. Aufl., Berlin u. a. 1997

BRUNNER, FRANZ J. (Unternehmensgewinn 1988): Höherer Unternehmensgewinn dank "Totalem Qualitätssystem", in: IO, 57. Jg. (1988), Nr. 1, S. 41-44

BUCH, JOACHIM (Projektrechnung 1991): Entscheidungsorientierte Projektrechnung - Überlegungen zur Gestaltung eines Projekt-Controlling-Systems mit Hilfe der Einzelkosten- und Deckungsbeitragsrechnung, Frankfurt am Main u.a. 1991

BÜHNER, ROLF (Organisationslehre 1994): Betriebswirtschaftliche Organisationslehre, 7., verb. und erg. Aufl., München/Wien 1994

BÜHNER, ROLF (Personalmanagement 1994): Personalmanagement, Landsberg/Lech 1994

BÜRGEL, HANS D. (Management 1983): Forschungs- und Entwicklungsmanagement aus der Sicht des Controllers, in: Forschungs- und Entwicklungsmanagement, hrsg. von HANS BLOHM/GÜNTER DANERT im Auftrag der Schmalenbach-Gesellschaft - Deutsche Gesellschaft für Betriebswirtschaft e. V., Stuttgart 1983, S. 93-101

BÜRGEL, HANS D. (Controlling 1989): Controlling von Forschung und Entwicklung - Erkenntnisse und Erfahrungen aus der Praxis, München 1989

BÜRGEL, HANS D. (Projektcontrolling 1989): Projektcontrolling - Planung, Steuerung und Kontrolle von Projekten, in: Controlling, 1. Jg. (1989), S. 4-9

BURGER, ANTON (Kostenrechnung 1992): Entscheidungsorientierte Kostenrechnung für die flexibel automatisierte Fertigung, Stuttgart 1992

BURGER, ANTON (Kostenmanagement 1995): Kostenmanagement, 2., durchges. Aufl., München/Wien 1995

BUSSE VON COLBE, WALTHER/LAßMANN, GERT (Investitionstheorie 1990): Betriebswirtschaftstheorie, Bd. 3, Investitionstheorie, 3., durchges. Aufl., Berlin u.a. 1990

BUTTLER, GÜNTER u.a. (Benchmarking 1999): Benchmarking bei industriellen Dienstleistungen - Instrument zur Steigerung der Leistungsfähigkeit einer Branche, in Krp, 43. Jg. (1999), S. 35-43

CHMIELEWICZ, KLAUS (Hrsg.): Entwicklungslinien der Kosten- und Erlösrechnung, Kommission Rechnungswesen im Verband der Hochschullehrer für Betriebswirtschaft e. V., Stuttgart 1983

CHMIELEWICZ, KLAUS/SCHWEITZER, MARCELL (Hrsg.): Handwörterbuch des Rechnungswesens, 3., völlig neu gestaltete und erg. Aufl., Stuttgart 1993

CHRISTMANN, JÜRGEN/WITTHOFF, HANS-WILHELM (Kostenrechnung 1994): Kosten- und Leistungsrechnung - Einführung in die Grundlagen: Kostenartenrechnung, Kostenstellenrechnung, Kostenträgerrechnung, Vollkostenrechnung, Teilkostenrechnung, Sonderprobleme der Kostenrechnung, Wiesbaden 1994

COENENBERG, ADOLF G. (Hrsg.): Unternehmensrechnung - betriebliche Planungs- und Kontrollrechnungen auf der Basis von Kosten und Leistungen, München 1976

COENENBERG, ADOLF G. (Kostenrechnung 1993): Kostenrechnung und Kostenanalyse, 2., durchgesehene Aufl., Landsberg/Lech 1993

COENENBERG, ADOLF G. (Kostenrechnung 1997): Kostenrechnung und Kostenanalyse, 3. Aufl., Landsberg/Lech 1997

COENENBERG, ADOLF G./FISCHER, THOMAS M. (Prozeßkostenrechnung 1991): Prozeßkostenrechnung - Strategische Neuorientierung in der Kostenrechnung, in: DBW, 51. Jg. (1991), S. 21-38

COENENBERG, ADOLF G./FISCHER, THOMAS (Prozeßkostenrechnung 1995): Anmerkungen zum Stand und zu den Entwicklungstendenzen der Prozeßkostenrechnung, in: Prozeßkostenrechnung - Bedeutung, Methoden, Branchenerfahrungen, Softwarelösungen, hrsg. von WOLFGANG MÄNNEL, Wiesbaden 1995, S. 23-25

COENENBERG, ADOLF G./FISCHER, THOMAS/RAFFEL, ANDREAS (Abweichungsanalyse 1992): Abweichungsanalyse bei Projekten im F&E-Bereich, in: Handbuch Kostenrechnung, hrsg. von WOLFGANG MÄNNEL, Wiesbaden 1992, S. 767-781

COENENBERG, ADOLF G./RAFFEL, ANDREAS (Kosten- und Leistungsanalyse 1988): Integrierte Kosten- und Leistungsanalyse für das Controlling von Forschungs- und Entwicklungsprojekten, in: Krp, o. Jg. (1988), S. 199-207

COMMES, MAX-THEODOR/LIENERT, RICHARD (Controlling 1983): Controlling im FuE-Bereich, in: ZfO, 1983, S. 347-354

COOPER, ROBIN/KAPLAN, ROBERT S. (Decisions 1988): Measure Costs Right - Make the Right decisions, in: HBR, Vol. 66 (1988), S. 96-103

COOPER, ROBIN/KAPLAN, ROBERT S. (Messung 1995): Messung der Kosten der Ressourcennutzung durch prozeßorientierte Systeme, in: Prozeßkostenrechnung -

Bedeutung, Methoden, Branchenerfahrungen, Softwarelösungen, hrsg. von WOLFGANG MÄNNEL, Wiesbaden 1995, S. 43-58

CORSTEN, HANS/STUHLMANN, STEPHAN (Kostenmanagement 1997): Grundlagen eines rechtzeitigen Kostenmanagement, in: Frühzeitiges Kostenmanagement - Kalkulationsmethoden und DV-Unterstützung, hrsg. von WOLFGANG MÄNNEL, Wiesbaden 1997, S. 19-36

DÄUMLER, KLAUS-DIETER/GRABE, JÜRGEN (Deckungsbeitragsrechnung 1994): Kostenrechnung, Bd. 2, Deckungsbeitragsrechnung - Mit Fragen und Aufgaben, Antworten und Lösungen, Test und Tabellen, 5., überarb. u. erw. Aufl., Herne/Berlin 1994

DÄUMLER, KLAUS-DIETER/GRABE, JÜRGEN (Plankostenrechnung 1995): Kostenrechnung, Bd. 3, Plankostenrechnung - Mit Fragen und Aufgaben, Antworten und Lösungen, 5., vollst. neubearb. Aufl., Herne/Berlin 1995

DELLMANN, KLAUS (Rechnungslegung 1982): Rechnung und Rechnungslegung über Forschung und Entwicklung (Teil 1), in: Wpg, 35. Jg. (1982), S. 557-561

DELLMANN, KLAUS (Erfolgsspaltung 1990): Operatives Controlling durch Erfolgsspaltung, in: Controlling, 2. Jg. (1990), S. 4-11

DELLMANN, KLAUS/FRANZ, KLAUS P. (Hrsg.): Neuere Entwicklungen im Kostenmanagement, Bern/Stuttgart/Wien 1994

DELLMANN, KLAUS/FRANZ, KLAUS P. (Kostenrechnung 1994): Von der Kostenrechnung zum Kostenmanagement, in: Neuere Entwicklungen im Kostenmanagement, hrsg. von KLAUS DELLMANN/KLAUS P. FRANZ, Bern/Stuttgart/Wien 1994, S. 15-30

DIEDERICH, HELMUT (Betriebswirtschaftslehre 1989): Allgemeine Betriebswirtschaftslehre, 6., neu bearb. und erw. Aufl., Stuttgart/Berlin/Köln 1989

DOMSCH, MICHEL/EISENFÜHR, FRANZ/ORDELHEIDE, DIETER/PERLITZ, MANFRED (Hrsg.): Unternehmungserfolg - Planung, Ermittlung, Kontrolle - WALTHER BUSSE VON COLBE zum 60. Geburtstag, Wiesbaden 1988

DRUMM, HANS J. (Personalwirtschaftslehre 1995): Personalwirtschaftslehre, 3., neu bearb. und erw. Aufl., Berlin u.a. 1995

EHRT, ROBERT (Zurechenbarkeit 1967): Die Zurechenbarkeit von Kosten auf Leistungen auf der Grundlage kausaler und finaler Beziehungen, Stuttgart u.a. 1967

ESCHENBACH, ROLF (Hrsg.): Controlling, 2., überarb. und erw. Aufl., Stuttgart 1996

EVERLING, WOLFGANG (Entwicklungskosten 1962): Entwicklungskosten in Erfolgsrechnung und Bilanz, in: Krp, o. Jg. (1962), S. 255-262

EVERSHEIM, WALTER/FUHLBRÜGGE, MATTHIAS (Kostenbewertung 1993): Kostenbewertung flexibler Fertigungssysteme, in: Schriften zur Unternehmensführung (SzU), Bd. 46, hrsg. von DIETRICH ADAM, Wiesbaden 1993, S. 29-53

EVERSHEIM, WALTER/KÜMPER, RALF (Vorkalkulation 1996): Prozeß- und ressourcenorientierte Vorkalkulation in den Phasen der Produktentstehung, in: Krp, 40. Jg. (1996), Sonderheft 1, S. 45-52

EVERSHEIM, WALTER/KÜMPER, RALF (Vorkalkulation 1997): Prozeß- und ressourcenorientierte Vorkalkulation in den Phasen der Produktentstehung, in: Frühzeitiges Kostenmanagement - Kalkulationsmethoden und DV-Unterstützung, hrsg. von WOLFGANG MÄNNEL, Wiesbaden 1997, S. 91-107

EVERSHEIM, WALTER/KÜMPER, RALF/GUPTA, CHANDRA (Vorkalkulation 1994): Verursachungsgerechte Vorkalkulation, in: Krp, o. Jg. (1994), S. 239-243

FANDEL, GÜNTER/HEUFT, BRIGIT/PFAFF, ANDREA/PITZ, THOMAS (Kostenrechnung 1999): Kostenrechnung, Berlin 1999

FISCHER, REGINA/ROGALSKI, MARLIES (Deckungsbudgets 1994): Deckungsbudgets als Grundlage der Preiskalkulation, in: Krp, o. Jg. (1994), S. 57-63

FISCHER, REGINA/ROGALSKI, MARLIES (Kosten- und Erlöscontrolling 1995): Datenbankgestütztes Kosten- und Erlöscontrolling - Konzept und Realisierung einer entscheidungsorientierten Erfolgsrechnung, 2., überarb. Aufl., Wiesbaden 1995

FISCHER, THOMAS M. (Kostenmanagement 1993): Kostenmanagement strategischer Erfolgsfaktoren - Instrumente zur operativen Steuerung der strategischen Schlüsselfaktoren Qualität, Flexibilität und Schnelligkeit, München 1993

FLOTOW, PETER (Prozeßkostenmanagement 1996): Modellbasiertes Prozeßkostenmanagement auf der Basis der Analytischen Prozeßkostenrechnung, in: Kostenorientiertes Geschäftsprozeßmanagement - Methoden, Werkzeuge, Erfahrungen, hrsg. von CARSTEN BERKAU/PETRA HIRSCHMANN, München 1996, S. 343-363

FRANZ, KLAUS-PETER (Prozeßkostenrechnung 1990): Die Prozeßkostenrechnung - Darstellung und Vergleich mit der Plankosten- und Deckungsbeitragsrechnung, in: Finanz- und Rechnungswesen als Führungsinstrument, Festschrift für Herbert Vormbaum zum 65. Geburtstag, hrsg. von DIETER AHLERT/KLAUS-PETER FRANZ/HERRMANN GÖPPL, Wiesbaden 1990, S. 110-136

FRANZ, KLAUS-PETER (Kostenbeeinflussung 1992): Moderne Methoden der Kostenbeeinflussung, in: Handbuch Kostenrechnung, hrsg. von WOLFGANG MÄNNEL, Wiesbaden 1992, S. 1492-1505

FRANZ, KLAUS-PETER (Entwicklung 1993): Tendenzen in der Entwicklung der Kostenrechnung, in: Rechnungswesen und EDV, 14. Saarbrücker Arbeitstagung 1993, hrsg. von AUGUST-WILHELM SCHEER, Heidelberg 1993, S. 265-277

FRANZEN, WOLFGANG (Projekt-Controlling 1987): Projekt-Controlling zur Steuerung von Rentabilität und Liquidität bei Auftragsfertigung, in: DBW, 47. Jg. (1987), S. 33-39

FREIDANK, CARL-CHRISTIAN (Target Costing 1993): Unterstützung des Target Costing mit Hilfe der Prozeßkostenrechnung, in: Marktnähe und Kosteneffizienz schaffen - Effektives Controlling für neue Führungsstrukturen, hrsg. von PÉTER HORVÁTH, Stuttgart 1993, S. 207-232

FREIDANK, CARL-CHRISTIAN (Kostenrechnung 1994): Kostenrechnung - Einführung in die begrifflichen, theoretischen, verrechnungstechnischen sowie planungs- und kontrollorientierten Grundlagen des innerbetrieblichen Rechnungswesens, 5., überarb. und erw. Aufl., München/Wien 1994

FREIDANK, CARL-CHRISTIAN (Target Costing 1994): Unterstützung des Target Costing durch die Prozesskostenrechnung, in: Neuere Entwicklungen im Kostenmanagement, hrsg. von KLAUS DELLMANN/KLAUS P. FRANZ, Bern/Stuttgart/Wien 1994, S. 223-259

FRESE, ERICH (Hrsg.): Enzyklopädie der Betriebswirtschaftslehre, Bd. 2, Handwörterbuch der Organisation (HWO), 3., völlig neu gestaltete Aufl., Stuttgart 1992

FREUDENMANN, HELMUT (Planung 1965): Planung neuer Produkte, Stuttgart 1965

FRIEDL, BIRGIT (Prozesskostenrechnung 1994): Prozesskostenrechnung als Instrument eines programmorientierten Kostenmanagements, in: Neuere Entwicklungen im Kostenmanagement, hrsg. von KLAUS DELLMANN/KLAUS P. FRANZ, Bern/Stuttgart/Wien 1994, S. 135-166

FRIEDL, BIRGIT (Anforderungen 1995): Anforderungen unterschiedlicher Rechnungsziele an die Prozeßkostenrechnung, in: Prozeßkostenrechnung - Bedeutung, Methoden, Branchenerfahrungen, Softwarelösungen, hrsg. von WOLFGANG MÄNNEL, Wiesbaden 1995, S. 103-113

FRIES, STEFAN (Qualitätskostenrechnung 1994): Neuorientierung der Qualitätskostenrechnung in prozessorientierten TQM-Unternehmen - Entwurf eines ganzheitlichen Entwicklungsprozesses zur Auswahl von Prozessmessgrössen, Diss., St. Gallen 1994

FRÖHLING, OLIVER (Prozeßkostenrechnung 1989): Prozeßkostenrechnung - System mit Zukunft?, in: IO, 58. Jg. (1989), Nr. 10, S. 67-69

FRÖHLING, OLIVER (Controlling 1990): Mehr Controlling in Forschung und Entwicklung nötig, in: IO, 59. Jg. (1990), S. 67-71

FRÖHLING, OLIVER (Accounting 1991): Strategisches Management Accounting, in: Krp, o. Jg. (1991), S. 7-12

FRÖHLING, OLIVER (Prozeßkostenrechnung 1992): Thesen zur Prozeßkostenrechnung, in: ZfB, 62. Jg. (1992), S. 723-741

FRÖHLING, OLIVER (Kostenmanagement 1994): Dynamisches Kostenmanagement - konzeptionelle Grundlagen und praktische Umsetzung im Rahmen eines strategischen Kosten- und Erfolgs-Controlling, München 1994

FRÖHLING, OLIVER (Verrechnung 1995): Wiedergewinnungs-Kalkulation - Lebenszyklusübergreifende Verrechnung von Vorleistungskosten bei wiederverwendbaren Komponenten, in: Krp, o. Jg. (1995), S. 345-347

FRÖHLING, OLIVER/WEIS, EKART (Thesen 1992): Thesen zum Kostenmanagement in den 90er Jahren - Schritte auf dem Weg zu einer dynamischen Marktkostenrechnung, in: Controlling, 4. Jg. (1992), S. 134-141

FRÖHLING, OLIVER/WULLENKORD, AXEL (Qualitätskostenmanagement 1991): Qualitätskostenmanagement als Herausforderung an das Controlling, in: Krp, o. Jg. (1991), S. 171-178

FUNKE, STEPHAN (Vollkostenrechnung 1994): Eignung der Vollkostenrechnung für die Zwecke der Kosten- und Leistungsrechnung bei hohen Fixkostenanteilen, in: Krp, o. Jg. (1994), S. 324-329

GAITANIDES, MICHAEL (Prozeßorganisation 1983): Prozeßorganisation - Entwicklung, Ansätze und Programme prozeßorientierter Organisationsgestaltung, München 1983

GAS, BRUNO (Wirtschaftlichkeitsrechnung 1971): Wirtschaftlichkeitsrechnung bei immateriellen Investitionen, Frankfurt am Main/Zürich 1972

GAYER, STEPHAN (Mängel 1988): Mängel und Gefahren der traditionellen Vollkosten- und Nettoergebnisrechnung, in: Krp, o. Jg. (1988), S. 182-183

GEBERT, DIETHER/STEINKAMP, THOMAS (Weiterbildung 1990): Innovativität und Produktivität durch betriebliche Weiterbildung - Eine empirische Analyse in mittelständischen Unternehmen, Stuttgart 1990

GESEKUS, JÜRGEN (Qualitätskosten 1980): Qualitätskosten, in: Handbuch der Qualitätssicherung, hrsg. von WALTER MASING, München/Wien 1980, S. 903-914

GLASER, HORST (Prozeßkostenrechnung 1992): Prozeßkostenrechnung - Darstellung und Kritik, in: ZfbF, 44. Jg. (1992), S. 275-288

GLASER, HORST (Prozeßkostenrechnung 1993): Prozeßkostenrechnung, in: Handwörterbuch des Rechnungswesens, hrsg. von KLAUS CHMIELEWICZ/MARCELL SCHWEITZER, 3., völlig neu gestaltete und ergänzte Aufl., Stuttgart 1993, Sp. 1643-1651

GLASER, HORST (Entscheidungsrelevanz 1995): Zur Entscheidungsrelevanz prozeßorientierter Stückkosten, in: Prozeßkostenrechnung - Bedeutung, Methoden, Branchenerfahrungen, Softwarelösungen, hrsg. von WOLFGANG MÄNNEL, Wiesbaden 1995, S. 115-123

GLASER, HORST (Prozeßkostenrechnung 1996): Prozeßkostenrechnung und Kalkulationsgenauigkeit - Zur allgemeinen Erfassung von Kostenverzerrungen, in: Krp, 40. Jg. (1996), S. 28-34

GLASER, HORST (Analyse 1996): Kritische Analyse eines prozeßorientierten Kostenmanagements, in: Kostenorientiertes Geschäftsprozeßmanagement - Methoden, Werkzeuge, Erfahrungen, hrsg. von Carsten Berkau/Petra Hirschmann, München 1996, S. 165-178

GRAßHOFF, JÜRGEN/GRÄFE, CHRISTIAN (Kostenmanagement 1998): Integratives Kostenmanagement im Entstehungszyklus eines Serienerzeugnisses, in: Krp, 42. Jg. (1998), S. 62-69

GRAßHOFF, JÜRGEN/GRÄFE, CHRISTIAN/NITSCHKE, FRIEDRICH (Entwicklungskostenkalkulationen 1999): Strategische Entwicklungskostenkalkulationen und Entwicklungsbedarfs-Portfolios als Instrumente des Kostenmanagements von Produktinnovationen, in: Controlling, 11. Jg. (1999), S. 121-127

GROCHLA, ERWIN/WITTMANN, WALDEMAR (Hrsg.): Enzyklopädie der Betriebswirtschaftslehre: Handwörterbuch der Betriebswirtschaft (HWB), 4., völlig umgestaltete Aufl., Stuttgart 1975

GROH, MANFRED (Verrechnung 1960): Die Verrechnung und Bilanzierung von industriellen Forschungs- und Entwicklungskosten, Diss., Bonn 1960

GRUBER, HORST (Feed-Forward-Kopplung 1996): Feed-Forward-Kopplung - Ein neuer Ansatz im operativen Kostenmanagement, in: Controlling, 8. Jg. (1996), S. 156-163

GRÜNEFELD, HANS-GÜNTHER (Kostenerfassung 1976): Kostenerfassung und Ansätze zur Ertragsbemessung betrieblicher Aus- und Weiterbildungsmaßnahmen, in: BFuP, 28. Jg. (1976), S. 334-345

GÜNTHER, THOMAS/SCHUH, HEIKO (Näherungsverfahren 1998): Näherungsverfahren für die frühzeitige Kalkulation von Produkt- und Auftragskosten, in: Krp, 42. Jg. (1998), S. 381-389

GUTENBERG, ERICH (Produktion 1983): Grundlagen der Betriebswirtschaftslehre, Erster Bd., Die Produktion, 24., unveränd. Aufl., Berlin/Heidelberg/New York 1983

GUTENBERG, ERICH (Absatz 1979): Grundlagen der Betriebswirtschaftslehre, Zweiter Bd., Der Absatz, 16. Aufl., Berlin/Heidelberg/New York 1979

HABERSTOCK, LOTHAR (Grundzüge 1982): Grundzüge der Kosten- und Erfolgsrechnung, 3., verb. Aufl., München 1982

HABERSTOCK, LOTHAR (Voll- und Teilkosten 1993): Voll- und Teilkosten, in: Handwörterbuch des Rechnungswesens, hrsg. von KLAUS CHMIELEWICZ/MARCELL SCHWEITZER, 3., völlig neu gestaltete und erg. Aufl., Stuttgart 1993, Sp. 2116-2120

HABERSTOCK, LOTHAR (Einführung 1997): Kostenrechnung, Bd. 1, Einführung, 9., vollst. überarb. Aufl., Hamburg 1997

HABERSTOCK, LOTHAR (Plankostenrechnung 1997): Kostenrechnung, Bd. 2, (Grenz-)Plankostenrechnung - mit Fragen, Aufgaben und Lösungen, 7., durchges. Aufl., Hamburg, Nachdruck 1997

HAHN, DIETGER (PuK 1996): PuK, Controllingkonzepte - Planung und Kontrolle, Planungs- und Kontrollsysteme, Planungs- und Kontrollrechnung, 5., überarb. u. erw. Aufl., Wiesbaden 1996

HAHN, DIETGER/LAßMANN, GERT (Produktionswirtschaft 1986): Produktionswirtschaft, 1. Bd., Heidelberg/Wien 1986

HAMMANN, PETER/ERICHSON, BERND (Marktforschung 1990): Marktforschung, 2., neubearb. und erw. Aufl., Stuttgart/New York 1990

HAMMER, MICHAEL/CHAMPY, JAMES (Business 1994): Business Reengineering - Die Radikalkur für das Unternehmen, aus dem Amerikanischen von Patricia Künzel, München 1994

HARDT, ROSEMARIE (Kostenmanagement 1998): Kostenmanagement - Methoden und Instrumente, München/Wien 1998

HARTMANN, BERNHARDT (Witschaftsgut 1972): Die Bilanzierung eines entgeltlich erworbenen EDV-Systems (Computersystems) als abnutzbares bewegliches körperliches Wirtschaftsgut, in: Wpg, 25. Jg. (1972), S. 289-299

HAX, HERBERT/KERN, WERNER/SCHRÖDER, HANS-HORST (Zeitaspekte 1989): Zeitaspekte in betriebswirtschaftlicher Theorie und Praxis - 50. Wissenschaftliche Jahrestagung des Verbandes der Hochschullehrer für Betriebswirtschaft e.V. Köln, 24.-28. Mai 1988, Stuttgart 1989

HAY, PAUL H./HIERONIMUS, ALBERT/HUSS, HANS-PETER (Projektabrechnung 1993): Projektabrechnung, in: Handwörterbuch des Rechnungswesens, hrsg. von KLAUS CHMIELEWICZ/MARCELL SCHWEITZER, 3., völlig neu gest. und erg. Aufl., Stuttgart 1993, Sp. 1635-1643

HEINE, ANDREAS (Produktkostenmanagement 1995): Entwicklungsbegleitendes Produktkostenmanagement - Gestaltung des Führungssystems am Beispiel der Automobilindustrie, Wiesbaden 1995

HEINEN, EDMUND (Zielsystem 1971): Das Zielsystem der Unternehmung - Grundlagen betriebswirtschaftlicher Entscheidungen, 2. Aufl., Wiesbaden 1971

HEINEN, EDMUND (Kostenlehre 1978): Betriebswirtschaftliche Kostenlehre - Kostentheorie und Kostenentscheidungen, 5., verb. Aufl., Wiesbaden 1978

HELM, KARL F. (Ergebniscontrolling 1993): Ergebniscontrolling für Projekte, in: Krp, o. Jg. (1993), Sonderheft 1, S. 46-54

HENTZE, JOACHIM (Personal I 1991): Personalwirtschaftslehre, Bd. 1, Grundlagen, Personalbedarfsermittlung, -beschaffung, -entwicklung und -einsatz, 5., überarb. Aufl., Bern/Stuttgart 1991

HENTZE, JOACHIM (Personal II 1991): Personalwirtschaftslehre, Bd. 2, Personalerhaltung und Leistungsstimulation, Personalfreistellung und Personalinformationswirtschaft, 5., überarb. und erg. Aufl., Bern/Stuttgart 1991

HERZOG, ERNST (Bezugsgrößenkalkulation 1995): Bezugsgrößenkalkulation mit Prozeßkosten, in: Prozeßkostenrechnung - Bedeutung, Methoden, Branchenerfahrungen, Softwarelösungen, hrsg. von WOLFGANG MÄNNEL, Wiesbaden 1995, S. 125-135

HERZOG, ERNST/ASSMANN, MANFRED (Grenzplankostenrechnung 1993): Grenzplankostenrechnung als geschlossenes Planungs-, Abrechnungs- und Informationssystem für das Kosten- und Deckungsbeitragsmanagement, in: Krp, o. Jg. (1993), S. 9-16

HILL, WILHELM (Marketing 1988): Marketing, Bd. 2, Die Marketinginstrumente, Integration des Marketing, 6., unveränd. Aufl., Bern/Stuttgart 1988

HÖFT, UWE (Lebenszykluskonzepte 1992): Lebenszykluskonzepte - Grundlage für das strategische Marketing- und Technologiemanagement, Berlin 1992

HOITSCH, HANS-JÖRG (Produktionswirtschaft 1993): Produktionswirtschaft - Grundlagen einer industriellen Betriebswirtschaftslehre, 2., völlig überarb. und erw. Aufl., München 1993

HOLZWARTH, JOCHEN (Kostenrechnung 1993): Strategische Kostenrechnung? - Zum Bedarf an einer modifizierten Kostenrechnung für die Bewertung der Alternativen strategischer Entscheidungen, Stuttgart 1993

HORVÁTH, PÉTER (Hrsg.): Strategieunterstützung durch das Controlling - Revolution im Rechnungswesen?, Stuttgart 1990

HORVÁTH, PÉTER (Revolution 1990): Revolution im Rechnungswesen - Strategisches Kostenmanagement, in: Strategieunterstützung durch das Controlling - Revolution im Rechnungswesen?, hrsg. von PÉTER HORVÁTH, Stuttgart 1990, S. 175-193

HORVÁTH, PÉTER (Hrsg.): Marktnähe und Kosteneffizienz schaffen - Effektives Controlling für neue Führungsstrukturen, Stuttgart 1993

HORVÁTH, PÉTER (Controlling 1994): Controlling, 5., überarb. Aufl., München 1994

HORVÁTH, PÉTER/KIENINGER, MICHAEL/MAYER, REINHOLD/SCHIMANK, CHRISTOF (Prozeßkostenrechnung 1993): Prozeßkostenrechnung - oder wie die Praxis die Theorie überholt, Kritik und Gegenkritik, in: DBW, 53. Jg. (1993), S. 609-628

HORVÁTH, PÉTER/MAYER, REINHOLD (Prozeßkostenrechnung 1989): Prozeßkostenrechnung - Der neue Weg zu mehr Kostentransparenz und wirkungsvolleren Unternehmensstrategien, in: Controlling, 1. Jg. (1989), S. 214-219

HORVÁTH, PÉTER/MAYER, REINHOLD (Prozeßkostenrechnung 1995): Konzeption und Entwicklungen der Prozeßkostenrechnung, in: Prozeßkostenrechnung - Bedeutung, Methoden, Branchenerfahrungen, Softwarelösungen, hrsg. von WOLFGANG MÄNNEL, Wiesbaden 1995, S. 59-86

HORVÁTH, PÉTER/RENNER, ANDREAS (Prozeßkostenrechnung 1990): Prozeßkostenrechnung, in FB/IE, 39. Jg. (1990), S. 100-107

HORVÁTH, PÉTER/URBAN, GEORG (Hrsg.): Qualitätscontrolling, hrsg. im Auftrag des Förderkreises Betriebswirtschaft der Universität Stuttgart e.V., Stuttgart 1990

HORVÁTH & PARTNER (Controllingkonzept 1995): Das Controllingkonzept - Der Weg zu einem wirkungsvollen Controllingsystem, 2., völlig überarb. Aufl., München 1995

HUBER, RUDOLF (Gemeinkosten-Wertanalyse 1987): Gemeinkosten-Wertanalyse - Methoden der Gemeinkosten-Wertanalyse (GWA) als Element einer Führungsstrategie für die Unternehmungsverwaltung, 2., erw. Aufl., Bern/Stuttgart 1987

HUMMEL, SIEGFRIED (Kosten 1975): Fixe und variable Kosten - Zwei häufig mißverstandene Grundbegriffe der Kostenrechnung, in: Krp, o. Jg. (1975), S. 63-74

HUMMEL, SIEGFRIED (Kostenbegriff 1983): Entscheidungsorientierter Kostenbegriff, Identitätsprinzip und Kostenzurechnung, in: ZfB, 53. Jg. (1983), S. 1204-1209

HUMMEL, SIEGFRIED (Kosteninformationen 1992): Die Forderung nach entscheidungsrelevanten Kosteninformationen, in: Handbuch Kostenrechnung, hrsg. von WOLFGANG MÄNNEL, Wiesbaden 1992, S. 76-83

HUMMEL, SIEGFRIED (Relevante Kosten 1993): Relevante Kosten, in: Handwörterbuch des Rechnungswesens, hrsg. von KLAUS CHMIELEWICZ/MARCELL SCHWEITZER, 3., völlig neu gest. und erg. Aufl., Stuttgart 1993, Sp. 1713-1717

HUMMEL, SIEGFRIED/MÄNNEL, WOLFGANG (Kostenrechnung I 1990): Kostenrechnung, Bd. 1, Grundlagen, Aufbau und Anwendung, 4., völlig neu bearb. und erw. Aufl., Nachdruck, Wiesbaden 1993

HUMMEL, SIEGFRIED/MÄNNEL, WOLFGANG (Kostenrechnung II 1983): Kostenrechnung, Bd. 2, Moderne Verfahren und Systeme, 3. Aufl., Nachdruck, Wiesbaden 1993

IFUA HORVÁTH & PARTNER GmbH Stuttgart (Hrsg.): Prozesskostenmanagement, München 1991

IHDE, GÖSTA-BERND (Rationalisierung 1970): Grundlagen der Rationalisierung - Theoretische Analyse und praktische Probleme, Berlin 1970

JÄGER, JOHANNES (Planung 1976): Planung und Kontrolle von Forschungs- und Entwicklungsprojektkosten, Diss., Würzburg 1976

JEHLE, EGON (Gemeinkostenmanagement 1992): Gemeinkostenmanagement, in: Handbuch Kostenrechnung, hrsg. von WOLFGANG MÄNNEL, Wiesbaden 1992, S. 1506-1523

JEHLE, EGON/MÜLLER, KLAUS/MICHAEL, HORST (Produktionswirtschaft 1994): Produktionswirtschaft - Eine Einführung mit Anwendungen und Kontrollfragen, 4., überarb. u. erw. Aufl., Heidelberg 1994

KAGERMANN, HENNING (Realisierung 1995): Realisierung prozeßorientierter Kostenrechnungssyteme mit SAP/RK - gegenwärtiger Stand und Entwicklungstendenzen, in: Prozeßkostenmanagement, hrsg. von PÉTER HORVÁTH, München 1991, S. 156-180

KAISER, KLAUS (Kosten- und Leistungsrechnung 1993): Kosten- und Leistungsrechnung bei automatisierter Produktion, 2., überarb. Aufl., Wiesbaden 1993

KALUZA, BERND (Kostenmanagement 1994): Kostenmanagement bei neuen Technologien, in: Neuere Entwicklungen im Kostenmanagement, hrsg. von KLAUS DELLMANN/KLAUS P. FRANZ, Bern/Stuttgart/Wien 1994, S. 371-421

KAMISKE, GERD F./BRAUER, JÖRG-PETER (Qualitätsmanagement 1993): Qualitätsmanagement von A bis Z - Erläuterungen moderner Begriffe des Qualitätsmanagements, München/Wien 1993

KEIL, ANDREAS (Controlling 1991): Controlling immaterieller Vorleistungen, in: Krp, o. Jg. (1991), S. 179-184

KIENER, STEFAN/MAIER-SCHEUBECK, NICOLAS/WEIß, MANFRED (Management 1993): Produktions-Management - Grundlagen der Produktionsplanung und -steuerung, 4., wesentlich erw. und verb. Aufl., München/Wien 1993

KILGER, WOLFGANG (Deckungsbeiträge 1980): Soll- und Mindest-Deckungsbeiträge als Steuerungselemente der betrieblichen Planung, in: Führungsprobleme industrieller Unternehmungen - Festschrift für Friedrich Thomée zum 60. Geburtstag, hrsg. von DIETGER HAHN, Berlin/New York 1980

KILGER, WOLFGANG (Probleme 1980): Offene Probleme der Plankosten- und Deckungsbeitragsrechnung, in: Plankosten- und Deckungsbeitragsrechnung in der Praxis - Anwendungen, offene Probleme, Entwicklungstendenzen, Saarbrücker Arbeitstagung 1980, hrsg. von WOLFGANG KILGER/AUGUST-WILHELM SCHEER, Würzburg/Wien 1980, S. 39-70

KILGER, WOLFGANG (Betriebe 1982): Potentielle Unwirtschaftlichkeitszentren industrieller Betriebe, in: Rationalisierung, 3. Saarbrücker Arbeitstagung 1982, hrsg. von WOLFGANG KILGER/AUGUST-WILHELM SCHEER, Würzburg/Wien 1982, S. 48-75

KILGER, WOLFGANG (Grenzplankostenrechnung 1983): Grenzplankostenrechnung, in: Entwicklungslinien der Kosten- und Erlösrechnung, Kommission Rechnungswesen im Verband der Hochschullehrer für Betriebswirtschaft e. V., hrsg. von KLAUS CHMIELEWICZ, Stuttgart 1983, S. 57-86

KILGER, WOLFGANG (Kostenträgerrechnung 1986): Die Kostenträgerrechnung als leistungs- und kostenwirtschaftliches Spiegelbild des Produktions- und Absatzprogramms, in: Rechnungswesen und EDV, 7. Saarbrücker Arbeitstagung 1986, hrsg. von WOLFGANG KILGER/AUGUST-WILHELM SCHEER, Heidelberg 1986, S. 3-53

KILGER, WOLFGANG (Einführung 1987): Einführung in die Kostenrechnung, 3., durchges. Aufl., Wiesbaden 1987

KILGER, WOLFGANG (Probleme 1991): Offene Probleme der Plankosten- und Deckungsbeitragsrechnung, in: Grenzplankostenrechnung - Stand und aktuelle Probleme, Hans Georg Plaut zum 70. Geburtstag, hrsg. von AUGUST-WILHELM SCHEER, 2., durchges. Aufl., Wiesbaden 1991, S. 83-104

KILGER, WOLFGANG (Plankostenrechnung 1993): Flexible Plankostenrechnung und Deckungsbeitragsrechnung, 10. Aufl., vollst. überarb. und erw. von KURT VIKAS, Wiesbaden 1993

KILGER, WOLFGANG/SCHEER, AUGUST-WILHELM (Hrsg.): Plankosten- und Deckungsbeitragsrechnung in der Praxis - Anwendungen, offene Probleme, Entwicklungstendenzen, Saarbrücker Arbeitstagung 1980, Würzburg/Wien 1980

KILGER, WOLFGANG/SCHEER, AUGUST-WILHELM (Hrsg.): Rationalisierung, 3. Saarbrücker Arbeitstagung 1982, Würzburg/Wien 1982

KILGER, WOLFGANG/SCHEER, AUGUST-WILHELM (Hrsg.): Rechnungswesen und EDV, 5. Saarbrücker Arbeitstagung 1984, Heidelberg 1984

KILGER, WOLFGANG/SCHEER, AUGUST-WILHELM (Hrsg.): Rechnungswesen und EDV, 6. Saarbrücker Arbeitstagung 1985, Heidelberg 1985

KILGER, WOLFGANG/SCHEER, AUGUST-WILHELM (Hrsg.): Rechnungswesen und EDV, 7. Saarbrücker Arbeitstagung 1986, Heidelberg 1986

KISTNER, KLAUS-PETER/SCHMIDT, REINHART (Hrsg.): Unternehmensdynamik - Horst Albach zum 60. Geburtstag, Wiesbaden 1991

KLEIN, ANDREAS/VIKAS, KURT (Überblick 1999): Überblick über das prozeßorientierte Controlling, in: Krp, 43. Jg. (1999), S. 83-90

KLEINER, FRANZ (Kostenrechnung 1991): Kostenrechnung bei flexibler Automatisierung, München 1991

KLOOCK, JOSEF (Prozeßkostenrechnung 1992): Prozeßkostenrechnung als Rückschritt und Fortschritt der Kostenrechnung, in: Krp, o. Jg. (1992), S. 183-193 und S. 237-245

KLOOCK, JOSEF (Prozeßkostenrechnung 1995): Flexible Prozeßkostenrechnung und Deckungsbeitragsrechnung, in: Prozeßkostenrechnung - Bedeutung, Methoden, Branchenerfahrungen, Softwarelösungen, hrsg. von WOLFGANG MÄNNEL, Wiesbaden 1995, S. 137-151

KLOOCK, JOSEF/SIEBEN, GÜNTER/SCHILDBACH, THOMAS (Leistungsrechnung 1993): Kosten- und Leistungsrechnung, 7., akt. u. erw. Aufl., Düsseldorf 1993

KLOOCK, JOSEF/SIEBEN, GÜNTER/SCHILDBACH, THOMAS (Leistungsrechnung 1999): Kosten- und Leistungsrechnung, 8., akt. u. erw. Aufl., Düsseldorf 1999

KLOOCK, JOSEF/DIERKES, STEFAN (Kostenkontrolle 1996): Kostenkontrolle mit der Prozeßkostenrechnung, in: Kostenorientiertes Geschäftsprozeßmanagement - Methoden, Werkzeuge, Erfahrungen, hrsg. von CARSTEN BERKAU/PETRA HIRSCHMANN, München 1996, S. 93-119

KLÜMPER, PETER (Kostenrechnung 1979): Grundlagen der Kostenrechnung - Darstellung, Kontrollfragen, Aufgaben, Lösungen, Herne/Berlin 1979

KLUSEN, NORBERT (Weiterbildung 1975): Innerbetriebliche Weiterbildung - Methoden und Lösungsformen in der industriellen Praxis, Berlin 1975

KNAYER, MANFRED (Taktische Kosten 1969): Taktische und strategische Kosten, in: DB, 22. Jg. (1969), S. 1253-1258

KNAYER, MANFRED (Taktische Kosten 1971): Taktische Kosten - Eine neue Kostengruppe, in: Krp, o. Jg. (1971), S. 19-26

KNAYER, MANFRED (Taktische Kosten 1974): Taktische Kosten - Über die Notwendigkeit eines neuen Kostenbegriffs, in: VuB, 44. Jg. (1974), S. 168-173

KNOLMAYER, GERHARD (Potentialplanung 1989): Potentialplanung, in: Handwörterbuch Export und Internationale Unternehmung, Bd. XII, hrsg. von KLAUS MACHARZINA/MARTIN K. WELGE, Stuttgart 1989, Sp. 1672-1682

KOCH, HELMUT (Kostenbegriff 1958): Zur Diskussion über den Kostenbegriff, in: ZfhF, N.F., 10. Jg. (1958), S. 355-399

KOCH, JOACHIM (Kostenrechnung 1990): Kosten- und Leistungsrechnung, 4., völlig überarb. und erw. Aufl., München/Wien 1990

KOSIOL, ERICH (Analyse 1958): Kritische Analyse der Wesensmerkmale des Kostenbegriffes, in: Betriebsökonomisierung durch Kostenanalyse, Absatzrationalisierung und Nachwuchserziehung, Festschrift für Rudolf Seyffert zu seinem 65. Geburtstag, hrsg. von ERICH KOSIOL/FRIEDRICH SCHLIEPER, Köln/Opladen 1958, S. 7-37

KOSIOL, ERICH (Kostenrechnung 1972): Kostenrechnung und Kalkulation, 2., überarb. Aufl., Berlin/New York 1972

KOSSACK, EBERHARD (Wirtschaftsgüter 1958): Die immateriellen Wirtschaftsgüter in betriebswirtschaftlicher Sicht, Diss., München 1958

KOSSACK, EBERHARD (Wirtschaftsgüter 1960): Die immateriellen Wirtschaftsgüter und ihre Behandlung in der Bilanz, Wiesbaden 1960

KOTLER, PHILIP/ARMSTRONG, GARY (Marketing 1988): Marketing - Eine Einführung, aus dem Amerikanischen übersetzt von Peter Linnert, Wien 1988

KOTLER, PHILIP/BLIEMEL, FRIEDHELM (Marketing 1995): Marketing-Management - Analyse, Planung, Umsetzung und Steuerung, 8., vollst. neu bearb. und erw. Aufl., Stuttgart 1995

KRAHNEN, JAN PIETER (Sunk costs 1991): Sunk costs und Unternehmensfinanzierung, Wiesbaden 1991

KRALLMANN, HERMANN (Systemanalyse 1996): Systemanalyse im Unternehmen - Geschäftsprozessoptimierung, partizipative Vorgehensmodelle, objektorientierte Analyse, 2., durchges. Aufl., München/Wien 1996

KREIKEBAUM, HARTMUT (Potentialanalyse 1971): Die Potentialanalyse und ihre Bedeutung für die Unternehmensplanung, in: ZfB, 41. Jg. (1971), S. 257-272

KREIKEBAUM, HARTMUT (Unternehmensplanung 1993): Strategische Unternehmensplanung, 5., überarb. Aufl., Stuttgart/Berlin/Köln 1993

KRUMMENACHER, STEFAN (Prozessmanagement 1993): Prozessmanagement und Quality Engineering als Bausteine von Total Quality Management für die Maschinenindustrie, Diss., St. Gallen 1993

KRUSCHWITZ, LUTZ (Investitionsrechnung 1995): Investitionsrechnung, 4., bearb. Aufl., Berlin/New York 1990

KÜNZLI, ERNST (Forschungsplanung 1984): Forschungs- und Entwicklungsplanung - Eine situative Betrachtung, Bern/Stuttgart 1984

KÜPPER, HANS-ULRICH (Teilkostenrechnung 1983): Teilkostenrechnung bei zunehmender Fixkostenbelastung, in: ZfB, 53. Jg. (1983), S. 71-75

KÜPPER, HANS-ULRICH (Zinsen 1991): Bestands- und zahlungsstromorientierte Berechnung von Zinsen in der Kosten- und Leistungsrechnung, in: ZfbF, 43. Jg. (1991), S. 3-20

KÜPPER, HANS-ULRICH (Entwicklungslinien 1991): Entwicklungslinien der Kostenrechnung im Dienstleistungsunternehmen, in: Grenzplankostenrechnung - Stand und aktuelle Probleme, Hans Georg Plaut zum 70. Geburtstag, hrsg. von AUGUST-WILHELM SCHEER, 2., durchges. Aufl., Wiesbaden 1991, S. 53-82

KÜPPER, HANS-ULRICH (Anforderungen 1992): Anforderungen an die Kostenrechnung aus Sicht des Controlling, in: Handbuch Kostenrechnung, hrsg. von WOLFGANG MÄNNEL, Wiesbaden 1992, S. 138-153

KÜPPER, HANS-ULRICH (Analyse 1994): Vergleichende Analyse moderner Ansätze des Gemeinkostenmanagements, in: Neuere Entwicklungen im Kostenmanagement, hrsg. von KLAUS DELLMANN/KLAUS P. FRANZ, Bern/Stuttgart/Wien 1994, S. 31-77

KÜPPER, HANS-ULRICH (Rechensysteme 1997): Pagatorische und kalkulatorische Rechensysteme, in: Krp, 41. Jg. (1997), S. 20-26

KÜPPERS, BERT (Weiterbildung 1981): Betriebliche Aus- und Weiterbildung, München 1981

KÜTING, KARLHEINZ/LORSON, PETER (Prozeßkostenrechnung 1991): Grenzplankostenrechnung versus Prozeßkostenrechnung - Quo vadis Kostenrechnung?, in: BB, 46. Jg. (1991), S. 1421-1433

KÜTING, KARLHEINZ/LORSON, PETER (Technologien 1994): Neue Technologien - Instrumente und Objekte von Kostenrechnung und antizipativem Kostenmanagement, in: Neuere Entwicklungen im Kostenmanagement, hrsg. von KLAUS DELLMANN/KLAUS P. FRANZ, Bern/Stuttgart/Wien 1994, S. 423-460

KÜTING, KARLHEINZ/LORSON, PETER (Prozeßkostenrechnung 1995): Stand, Entwicklungen und Grenzen der Prozeßkostenrechnung, in: Prozeßkostenrechnung - Bedeutung, Methoden, Branchenerfahrungen, Softwarelösungen, hrsg. von WOLFGANG MÄNNEL, Wiesbaden 1995, S. 87-101

KÜTING, KARLHEINZ/LORSON, PETER (Benchmarking 1996): Benchmarking von Geschäftsprozessen als Instrument der Geschäftsprozeßanalyse, in: Kostenorientiertes Geschäftsprozeßmanagement - Methoden, Werkzeuge, Erfahrungen, hrsg. von CARSTEN BERKAU/PETRA HIRSCHMANN, München 1996, S. 121-140

KUHN, AXEL/MANTHEY, CHRISTOPH (Prozeßkettenanalyse 1996): Kosten- und Leistungstransparenz durch die ressourcenorientierte Prozeßkettenanalyse, in: Krp, o. Jg. (1996), S. 129-138

KUNZ, BEAT RUDOLF (Differenziertheit 1983): Die Differenziertheit der Kosten, in: WiSt, 12. Jg. (1983), S. 449-454

LANDSBERG, GEORG VON/WEIß, REINHOLD (Hrsg.): Bildungs-Controlling, 2., überarb. Aufl., Stuttgart 1995

LANG, HELMUT (Kostenrechnung 1994): Kosten- und Leistungsrechnung, 3., verbesserte und erw. Aufl., München 1994

LAßMANN, GERT (Serienfertigung 1984): Aktuelle Probleme der Kosten- und Erlösrechnung sowie des Jahresabschlusses bei weitgehend automatisierter Serienfertigung, in: ZfbF, 36. Jg. (1984), S. 959-978

LAßMANN, GERT (Probleme 1985): Aktuelle Probleme der Kosten- und Erlösrechnung bei weitgehend automatisierter Serienfertigung, in: Wolfsburger Fachgespräche 7: Dokumentation der Tagung am 25. und 26. Mai 1984, hrsg. von der Volkswagenwerk AG, Wolfsburg 1985, S. 3-39

LAßMANN, GERT (Periodenerfolg 1988): Besonderheiten der Ermittlung des Periodenerfolges beim Einsatz von automatisierten Produktionssystemen im Industrieunternehmen, in: Unternehmungserfolg - Planung, Ermittlung, Kontrolle, Walther Busse von Colbe zum 60. Geburtstag, hrsg. von MICHEL DOMSCH/FRANZ EISENFÜHR/DIETER ORDELHEIDE/MANFRED PERLITZ, Wiesbaden 1988, S. 223-234

LEDERLE, H. (Verrechnung 1985): Planung, Verrechnung und Kontrolle der Forschungs- und Entwicklungskosten in der Automobilindustrie, in: Rechnungswesen und EDV, 6. Saarbrücker Arbeitstagung 1985, hrsg. von WOLFGANG KILGER/AUGUST-WILHELM SCHEER Würzburg/Wien 1985, S. 189-205

LINDEMANN, FRITZ (Rationalisierung 1984): Rationalisierung, in: Management-Enzyklopädie - Das Management-Wissen unserer Zeit, Bd. 8, 2. Aufl., Landsberg/Lech 1984, S. 80-84

LOHMANN, KARL/ENKE, MARGIT/KÖRNERT, JAN (Kostenrechnung 1995): Kosten- und Leistungsrechnung - Studien- und Arbeitsbuch, München/Wien 1995

LOHMANN, ULRICH (Gemeinkostenmanagement 1992): Leistungsorientiertes, antizipatives Gemeinkostenmanagement, in: Effektives Kostenmanagement - Methoden und Implementierung, hrsg. von CHRISTOF SCHULTE, Stuttgart 1992, S. 127-161

LORSON, PETER (Prozeßkostenrechnung 1992): Prozeßkostenrechnung versus Grenzplankostenrechnung, in: Krp, o. Jg. (1992), S. 7-12

LUCZAK, HOLGER (Arbeitswissenschaft 1993): Arbeitswissenschaft, Berlin u.a. 1993

LÜCK, WOLFGANG (Rationalisierung 1984a): Rationalisierung, in: DBW, 44. Jg. (1984), S. 679-681

LÜCK, WOLFGANG (Rationalisierung 1984b): Rationalisierung - Begriff, Ursachen, Verfahren und Widerstände, in: Wisu, 13. Jg. (1984), S. 161-165

LÜCK, WOLFGANG (Strukturwandel 1984): Strukturwandel der Wirtschaft und Rationalisierung, in: Rationalisierung, Bd. 5 der Schriftenreihe der Betriebswirtschaftlichen Abteilung der Versuchs- und Lehranstalt für Brauerei in Berlin (VLB), hrsg. von WOLFGANG LÜCK, Berlin 1984, S. 17-63

LÜCK, WOLFGANG (Möglichkeiten 1984): Checkliste - Möglichkeiten der innerbetrieblichen Rationalisierung, in: Rationalisierung, Bd. 5 der Schriftenreihe der Betriebswirtschaftlichen Abteilung der Versuchs- und Lehranstalt für Brauerei in Berlin (VLB), hrsg. von WOLFGANG LÜCK, Berlin 1984, S. 103-113

LÜCK, WOLFGANG (Hrsg.): Rationalisierung, Bd. 5 der Schriftenreihe der Betriebswirtschaftlichen Abteilung der Versuchs- und Lehranstalt für Brauerei in Berlin (VLB), Berlin 1984

LÜCKE, WOLFGANG (Arbeitsleistung 1992): Arbeitsleistung und Arbeitsentlohnung, 2., durchges. Aufl., Wiesbaden 1992

MÄNNEL, WOLFGANG (Kostenrechnung 1991): Kostenrechnung als Instrument der Unternehmensführung, in: Grenzplankostenrechnung - Stand und aktuelle Probleme, Hans Georg Plaut zum 70. Geburtstag, hrsg. von AUGUST-WILHELM SCHEER, 2., durchges. Aufl., Wiesbaden 1991, S. 13-29

MÄNNEL, WOLFGANG (Hrsg.): Handbuch Kostenrechnung, Wiesbaden 1992

MÄNNEL, WOLFGANG (Kostenrechnung 1993): Kostenrechnung, Kostencontrolling und Kostenmanagement für Forschung und Entwicklung, in: Krp, o. Jg. (1993), S. 165-170

MÄNNEL, WOLFGANG (Kostenmanagement 1993): Kostenmanagement als Aufgabe der Unternehmensführung, in: Krp, o. Jg. (1993), S. 210-214

MÄNNEL, WOLFGANG (Kostenkalkulation 1994): Frühzeitige Kostenkalkulation und lebenszyklusbezogene Ergebnisrechnung, in: Krp, o. Jg. (1994), S. 106-110

MÄNNEL, WOLFGANG (Kostenmanagement 1994): Bedeutsame Aufgabenfelder des Kostenmanagements, in: Krp, o. Jg. (1994), S. 201-204

MÄNNEL, WOLFGANG (Mängel 1994): Mängel und Gefahren traditioneller Vollkosten- und Nettoergebnisrechnungen, in: Krp, o. Jg. (1994), S. 271-280

MÄNNEL, WOLFGANG (Ausrichtung 1994): Ausrichtung von Kostenrechnung, Kostencontrolling und Kostenmanagement auf marktorientiert segmentierte Unternehmensstrukturen, in: Krp, o. Jg. (1994), S. 381-385

MÄNNEL, WOLFGANG (Entwicklungslinien 1995): Entwicklungslinien der Plankostenrechnung und Deckungsbeitragsrechnung, in: Krp, o. Jg. (1995), S. 53-62

MÄNNEL, WOLFGANG (Hrsg.): Prozeßkostenrechnung - Bedeutung, Methoden, Branchenerfahrungen, Softwarelösungen, Wiesbaden 1995

MÄNNEL, WOLFGANG (Bedeutung 1995): Zur Bedeutung der Prozeßkostenrechnung, in: Prozeßkostenrechnung - Bedeutung, Methoden, Branchenerfahrungen, Softwarelösungen, hrsg. von WOLFGANG MÄNNEL, Wiesbaden 1995, S. 15-22

MÄNNEL, WOLFGANG (Kostenträger 1996): Kostenträger, in: Krp, 40. Jg. (1996), S. 240-242

MÄNNEL, WOLFGANG (Prozeßkostenmanagement 1996): Prozeßkostenmanagement, in: Kostenorientiertes Geschäftsprozeßmanagement - Methoden, Werkzeuge, Erfahrungen, hrsg. von CARSTEN BERKAU/PETRA HIRSCHMANN, München 1996, S. 69-91

MÄNNEL, WOLFGANG (Hrsg.): Frühzeitiges Kostenmanagement - Kalkulationsmethoden und DV-Unterstützung, Wiesbaden 1997

MÄNNEL, WOLFGANG (Produktkostenkalkulationen 1997): Frühzeitige Produktkostenkalkulationen für das Kostenmanagement, in: Frühzeitiges Kostenmanagement - Kalkulationsmethoden und DV-Unterstützung, hrsg. von WOLFGANG MÄNNEL, Wiesbaden 1997, S. 3-18

MÄNNEL, WOLFGANG (Integration 1999): Integration des Rechnungswesens für ein durchgängiges Controlling, in: Krp, 43. Jg. (1999), S. 11-21

MÄNNEL, WOLFGANG/HELM, KARL F. (Kostenspaltung 1988): Begriff, Wesen und Bedeutung der Kostenspaltung, in: Krp, o. Jg. (1988), S. 226-227

MÄNNEL, WOLFGANG/MÜLLER, HEINRICH (Hrsg.): Modernes Kostenmanagement - Grenzplankostenrechnung als Controllinginstrument, Beiträge der Plaut-Gruppe, Wiesbaden 1995

MÄNNEL, WOLFGANG/WARNICK, BERND (Rechnungswesen 1990): Entscheidungsorientiertes Rechnungswesen, in: Handbuch Controlling, hrsg. von ELMAR MAYER/JÜRGEN WEBER, Stuttgart 1990, S. 395-418

MALTRY, HELMUT (Entscheidungsrelevanz 1990): Überlegungen zur Entscheidungsrelevanz von Fixkosten im Rahmen operativer Planungsrechnungen, in: BFuP, 42. Jg. (1990), S. 294-311

MARR, RAINER/HOFMANN, KLAUS (Rationalisierung 1992): Rationalisierung, in: Handwörterbuch der Organisation (HWO), hrsg. von ERICH FRESE, 3., völlig neu gestaltete Aufl., Stuttgart 1992, Sp. 2141-2152

MARTIN, THOMAS A. (Forschungscontrolling 1992): Operatives Forschungs- und Entwicklungscontrolling in Industriebetrieben - Eine betriebswirtschaftliche Untersuchung unter besonderer Berücksichtigung der Kosten- und Leistungsrechnung sowie anderer ausgewählter operativer Planungs- und Kontrollinstrumente, Pfaffenweiler 1992

MASING, WALTER (Qualitätssicherung 1980): Qualitätssicherung der Serien- und Massenfertigung, in: Handbuch der Qualitätssicherung, hrsg. von WALTER MASING, München/Wien 1980, S. 553-561

MASING, WALTER (Hrsg.): Handbuch der Qualitätssicherung, hrsg. von WALTER MASING, München/Wien 1980

MATHES, HEINZ D. (Rationalisierung 1981): Rationalisierung, in: Handwörterbuch der Wirtschaftswissenschaft (HdWW), Bd. 6, hrsg. von WILLI ALBERS u.a., Stuttgart u.a. 1981, S. 399-406

MAYER, ELMAR/WEBER, JÜRGEN (Hrsg.): Handbuch Controlling, Stuttgart 1990

MAYER, REINHOLD (Prozeßkostenrechnung 1990b): Prozeßkostenrechnung, in: Krp, o. Jg. (1990), S. 307-312

MAYER, REINHOLD (Prozeßkostenrechnung 1991): Prozeßkostenrechnung und Prozeßkostenmanagement - Methodik, Vorgehensweise und Einsatzmöglichkeiten, in: Prozesskostenmanagement, hrsg. von IFUA HORVÁTH & PARTNER, München 1991, S. 73-99

MAYER, REINHOLD (Prozeßkostenrechnung 1996): Prozeßkostenrechnung und Prozeß(kosten)optimierung als integrierter Ansatz - Methodik und Anwendungsempfehlungen, in: Kostenorientiertes Geschäftsprozeßmanagement - Methoden, Werkzeuge, Erfahrungen, hrsg. von CARSTEN BERKAU/PETRA HIRSCHMANN, München 1996, S. 43-67

MEFFERT, HERIBERT (Marketing 1980): Marketing - Einführung in die Absatzpolitik, mit Fallstudie VW-Golf, 5. Aufl., Wiesbaden 1980

MELLEROWICZ, KONRAD (Forschung 1958): Forschungs- und Entwicklungstätigkeit als betriebswirtschaftliches Problem, Freiburg im Breisgau 1958

MENSCH, GERHARD (Kostenplanung 1997): Kostenplanung - Ein Modell zur Prinzipdarstellung, in: Krp, 41. Jg. (1997), S. 59-63

MENTZEL, WOLFGANG (Personalentwicklung 1994): Unternehmenssicherung durch Personalentwicklung - Mitarbeiter motivieren, fördern und weiterbilden, 6., durchges. Aufl., Freiburg im Breisgau 1994

MEYER, H. W. (Funktionsanalyse 1980): Die Funktionsanalyse als Instrument der Personalkostenplanung, in: Plankosten- und Deckungsbeitragsrechnung in der Praxis - Anwendungen, offene Probleme, Entwicklungstendenzen, Saarbrücker Arbeitstagung 1980, hrsg. von WOLFGANG KILGER/AUGUST-WILHELM SCHEER, Würzburg/Wien 1980, S. 73-93

MEYER-PIENING, ARNULF (Zero Base Budgeting 1978): Zero Base Budgeting als Planungs- und Führungsinstrument, in: RKW-Handbuch Führungstechnik und Organisation, Kennzahl 2072, hrsg. von E. POTTHOFF, Berlin 1978, S. 3-35

MICHEL, HARTMUT (Grenzkosten 1964): Grenzkosten und Opportunitätskosten - Zur Diskussion um das Problem Voll- oder Teilkostenrechnung, in: ZfbF, 16. Jg. (1964), S. 82-93

MICHEL, REINER M. (Projektcontrolling 1996): Projektcontrolling und Reporting, 2., vollst. neubearb. u. erw. Aufl., Heidelberg/Zürich 1996

MILLER, JEFFREY G./VOLLMANN, THOMAS E. (Fabrik 1986): Die verborgene Fabrik, in: Harvard manager, o. Jg. (1986), S. 84-89

MOXTER, ADOLF (Immaterielle Vermögensgegenstände 1986): Immaterielle Vermögensgegenstände des Anlagevermögens, in: Handwörterbuch unbestimmter Rechtsbegriffe im Bilanzrecht des HGB, hrsg. von ULRICH LEFFSON/DIETER RÜCKLE/BERNHARD GROßFELD, Köln 1986, S. 246-250

MÜLLER, ARMIN (Gemeinkosten 1992): Gemeinkosten-Management - Vorteile der Prozesskostenrechnung, Wiesbaden 1992

MÜLLER, HEINRICH (Grenzplankostenrechnung 1993): Prozeßkonforme Grenzplankostenrechnung - Stand, Nutzanwendungen, Tendenzen, Wiesbaden 1993

NEUBERGER, OSWALD (Personalentwicklung 1991): Personalentwicklung, Stuttgart 1991

NIESCHLAG, ROBERT/DICHTL, ERWIN/HÖRSCHGEN, HANS (Marketing 1994): Marketing, 17., neu bearb. Aufl., Berlin 1994

OBERHOFER, ALBERT F. (Qualitätswirtschaft 1987): Qualitätswirtschaft, Köln 1987

OECD (Organization for Economic Co-operation and Development; Messung 1971): Allgemeine Richtlinien für statistische Übersichten in Forschung und experimenteller Entwicklung, Frascati-Handbuch II, hrsg. vom Stifterverband für die Deutsche Wissenschaft, Essen 1971

OECKING, GEORG (Qualitätskostenmanagement 1995): Qualitätskostenmanagement, in: Krp, o. Jg. (1995), S. 80-86

OLFERT, KLAUS (Kostenrechnung 1987): Kostenrechnung, 7., durchges. Aufl., Ludwigshafen (Rhein) 1987

OLFERT, KLAUS/STEINBUCH, PITTER A. (Personalwirtschaft 1995): Personalwirtschaft, 6. Aufl., Ludwigshafen (Rhein) 1995

OLSHAGEN, CHRISTOPH (Prozesskostenrechnung 1991): Prozesskostenrechnung - Aufbau und Einsatz, Wiesbaden 1991

ORTLIEB, PETRA (Qualitätsmanagement 1993): Qualitätsmanagement und betriebliches Anreizsystem, Pfaffenweiler 1993

O. V. (Firmenwert 1995): Beim Geschäfts- oder Firmenwert ist vieles reine Willkür, in: Frankfurter Allgemeine Zeitung vom 09. Februar 1995, S. 22

PAMPEL, JOCHEN R. (Ressourcenorientierung 1996): Ressourcenorientierung für das Kostenmanagement, in: Krp, 40. Jg. (1996), S. 321-330

PERRIDON, LOUIS/STEINER, MANFRED (Finanzwirtschaft 1991): Finanzwirtschaft der Unternehmung, 6., völlig überarb. und erw. Aufl., München 1991

PETER, ERICH (Entwicklungskosten 1974): Entwicklungskosten in der Kalkulation, in: Krp, o. Jg. (1974), S. 263-266

PETERS, SÖNKE/BRÜHL, ROLF/STELLING, JOHANNES N. (Betriebswirtschafts-lehre 1997): Betriebswirtschaftslehre - Einführung, 7., überarb. u. erw. Aufl., München/Wien 1997

PFEIFFER, THOMAS (Wirtschaftsgut 1984): Begriffsbestimmung und Bilanzfähigkeit des immateriellen Wirtschaftsgutes, in: Steuer und Wirtschaft, 61. Jg. (1984), S. 326-339

PFEIFFER, WERNER (Rationalisierung 1993): Rationalisierung, in: Handwörterbuch der Betriebswirtschaft (HWB), Bd. 3, hrsg. von WALDEMAR WITTMANN, 5., völlig neu gestaltete Aufl., Stuttgart 1993, Sp. 3639-3648

PFEIFFER, WERNER/BISCHOF, PETER (Produktlebenszyklen 1981): Produktlebenszyklen - Instrument jeder strategischen Produktplanung, in: Planung und Kontrolle - Probleme der strategischen Unternehmensführung, hrsg. von HORST STEINMANN, München 1981

PFOHL, HANS-CHRISTIAN (Planung 1981): Planung und Kontrolle, Stuttgart u.a. 1981

PFOHL, HANS-CHRISTIAN/WÜBBENHORST, KLAUS L. (Lebenszykluskosten 1983): Lebenszykluskosten - Ursprung, Begriff und Gestaltungsvariablen, in: JfB, 33. Jg. (1983), S. 142-155

PICOT, ARNOLD (Rationalisierung 1979): Rationalisierung im Verwaltungsbereich als betriebswirtschaftliches Problem, in: ZfB, 49. Jg. (1979), S. 1145-1165

PICOT, ARNOLD/RISCHMÜLLER, GERHARD (Verwaltungskosten 1981): Planung und Kontrolle der Verwaltungskosten in Unternehmungen, in: ZfB, 51. Jg. (1981), S. 331-346

PINNEKAMP, HEINZ-JÜRGEN (Kostenrechnung 1993): Kosten- und Leistungsrechnung - Einführung in die interne Erfolgsrechnung, Kostenkontrolle und Entscheidungsrechnung, München/Wien 1993

PIROTH, ERWIN (Potentialkosten 1984): Die Potentialkosten im System der Plankostenrechnung, Köln u.a. 1984

PLAUT, HANS G. (Deckungsbeitragsrechnung 1992): Grenzplankosten- und Dekkungsbeitragsrechnung als modernes Kostenrechnungssystem, in: Handbuch Kostenrechnung, hrsg. von WOLFGANG MÄNNEL, Wiesbaden 1992, S. 203-225

PLINKE, WULFF (Kosten- und Erlösplanung 1984): Kosten- und Erlösplanung im industriellen Anlagengeschäft auf der Grundlage eines projektorientierten Rechnungswesens, in: Planung im industriellen Anlagengeschäft, hrsg. von KLAUS BACKHAUS, Düsseldorf 1984, S. 265-287

PLINKE, WULFF (Erlösplanung 1985): Erlösplanung im industriellen Anlagengeschäft, Wiesbaden 1985

PLINKE, WULFF (Ansatzpunkte 1986): Ansatzpunkte einer projektorientierten Kosten- und Leistungsrechnung im Unternehmen des langfristigen Anlagenbaus, in: Rechnungswesen und EDV, 7. Saarbrücker Arbeitstagung 1986, hrsg. von WOLFGANG KILGER/AUGUST-WILHELM SCHEER, Heidelberg 1986, S. 601-615

PÜMPIN, CUNO (Dynamik-Prinzip 1992): Das Dynamik-Prinzip - Zukunftsorientierungen für Unternehmer und Manager, Düsseldorf/Wien 1992

RADOMSKI, JÜRGEN/BETZING, GERHARD (Einmalausgaben 1977): Die kalkulatorische Behandlung von Einmalausgaben für Produkt-Entwicklung, -Herstellung und -Markteinführung aus absatzpolitischer Sicht, in: ZfbF, 29. Jg. (1977), Sonderheft 7, S. 185-196

RAFFÉE, HANS (Gegenstand 1993): Gegenstand, Methoden und Konzepte der Betriebswirtschaftslehre, in: Vahlens Kompendium der Betriebswirtschaftslehre, Bd. 1, 3., überarb. u. erw. Aufl., München 1993, S. 3-46

RATTAY, GÜNTER (Projektplanung 1996): Projektplanung und -steuerung, in: Controlling, hrsg. von ROLF ESCHENBACH, 2., überarb. und erw. Aufl., Stuttgart 1996, S. 371-412

REICHMANN, THOMAS (Controlling 1995): Controlling mit Kennzahlen und Managementberichten - Grundlagen einer systemgestützten Controlling-Konzeption, 4., überarb. und erw. Aufl., München 1995

REICHMANN, THOMAS/FRÖHLING, OLIVER (Kosten- und Erfolgscontrolling 1994): Produktlebenszyklusorientierte Planungs- und Kontrollrechnungen als Bausteine eines dynamischen Kosten- und Erfolgscontrolling, in: Neuere Entwicklungen im Kostenmanagement, hrsg. von KLAUS DELLMANN/KLAUS P. FRANZ, Bern/Stuttgart/Wien 1994, S. 281-333

REICHMANN, THOMAS/FRÖHLING, OLIVER (Prozeßkostenrechnung 1995): Prozeßkostenrechnung und Fixkostenmanagement, in: Prozeßkostenrechnung - Bedeutung, Methoden, Branchenerfahrungen, Softwarelösungen, hrsg. von WOLFGANG MÄNNEL, Wiesbaden 1995, S. 153-175

REICHMANN, THOMAS/NEUKIRCHEN, RALPH (Potentialanalyse 1998): Potentialanalyse interner Dienstleistungsprozesse - Eine vorgelagerte Entscheidungsstufe für das Outsourcing, in: Controlling, 10. Jg. (1998), S. 340-348

REICHMANN, THOMAS/SCHÖN, DIETMAR (Gemeinkostenplanung 1996): Prozeßkostenrechnung wirtschaftlicher gestalten mit randomsamplegestützter Gemeinkostenplanung, in: Krp, 40. Jg. (1996), S. 287-294

REICHMANN, THOMAS/SCHWELLNUß, AXEL G./FRÖHLING, OLIVER (Plankostenrechnung 1990): Fixkostenmanagementorientierte Plankostenrechnung - Kostentransparenz und Entscheidungsrelevanz gleichermaßen sicherstellen, in: Controlling, 2. Jg. (1990), S. 60-67

REIß, MICHAEL/CORSTEN, HANS (Kostenmanagement 1992): Gestaltungsdomänen des Kostenmanagements, in: Handbuch Kostenrechnung, hrsg. von WOLFGANG MÄNNEL, Wiesbaden 1992, S. 1478-1491

RICHERT, EGON (Marketingpotential 1992): Das strategische Marketingpotential der Unternehmung - Möglichkeiten und Grenzen der Darstellung und Bewertung im Rahmen des strategischen Marketing, Frankfurt am Main u.a. 1992

RICHTER, MARTIN (Immaterielle Anlagewerte 1990): Die immateriellen Anlagewerte, in: Handbuch des Jahresabschlusses in Einzeldarstellungen, Abt. II/2, 2., neubearb. Aufl., Köln 1990, hrsg. von KLAUS VON WYSOCKI/JOACHIM SCHULZE-OSTERLOH, Köln, Grundwerk 1984, S. 1-57

RICK-LENZE, ROLAND (Fixkostenmanagement 1992): Fixkostenmanagement in einem Unternehmen der Elektroindustrie, in: Effektives Kostenmanagement - Methoden und Implementierung, hrsg. von CHRISTOF SCHULTE, Stuttgart 1992, S. 195-225

RIEBEL, PAUL (Einzelkosten 1959): Das Rechnen mit Einzelkosten und Deckungsbeiträgen, in: ZfhF, N. F., 11. Jg. (1959), S. 213-238

RIEBEL, PAUL (Kosten 1972): Kosten und Preise bei verbundener Produktion, Substitutionskonkurrenz und verbundener Nachfrage, 2. Aufl., Opladen 1972

RIEBEL, PAUL (Meinung 1981): Gemeinkosten-Management, in: BFuP-Meinungsspiegel zum Thema Gemeinkostenmanagement, BFuP, 33. Jg. (1981), S. 70-86

RIEBEL, PAUL (Thesen 1983): Thesen zur Einzelkosten- und Deckungsbeitragsrechnung, in: Entwicklungslinien der Kosten- und Erlösrechnung, Kommission Rechnungswesen im Verband der Hochschullehrer für Betriebswirtschaft e. V., hrsg. von KLAUS CHMIELEWICZ, Stuttgart 1983, S. 21-56

RIEBEL, PAUL (Abbildung 1989): Probleme der Abbildung zeitlicher Strukturen im Rechnungswesen, in: Zeitaspekte in betriebswirtschaftlicher Theorie und Praxis - 50. Wissenschaftliche Jahrestagung des Verbandes der Hochschullehrer für Betriebswirtschaft e.V. Köln, 24.-28. Mai 1988, hrsg. von HERBERT HAX/WERNER KERN/HANS-HORST SCHRÖDER, Stuttgart 1989, S. 61-76

RIEBEL, PAUL (Deckungsbeitragsrechnung 1993): Deckungsbeitragsrechnung, in: Handwörterbuch des Rechnungswesens, hrsg. von KLAUS CHMIELEWICZ/MARCELL SCHWEITZER, 3., völlig neu gestaltete und ergänzte Aufl., Stuttgart 1993, Sp. 364-378

RIEBEL, PAUL (Einzelkostenrechnung 1994): Einzelkosten- und Deckungsbeitragsrechnung - Grundfragen einer markt- und entscheidungsorientierten Unternehmensrechnung, 7., überarb. und wesentlich erw. Aufl., Wiesbaden 1994

RIEBEL, PAUL (Deckungsbeitragsrechnung 1994): Einzelerlös-, Einzelkosten- und Deckungsbeitragsrechnung als Kern einer ganzheitlichen Führungsrechnung, in: Krp, o. Jg. (1994), S. 9-31

RIEG, ROBERT (Entscheidungsrelevanz 1995): Entscheidungsrelevanz der Prozeßkostenrechnung, in: Krp, o. Jg. (1995), S. 234-238

RIEZLER, STEPHAN (Lebenszyklusrechnung 1996): Lebenszyklusrechnung - Instrument des Controlling strategischer Projekte, Wiesbaden 1996

ROEVER, MICHAEL (Gemeinkosten 1981): Gemeinkosten-Management, in: BFuP-Meinungsspiegel, 33. Jg. (1981), S. 70-86

ROGALSKI, E. (Taktische Kosten 1974): Taktische Kosten, in: VuB, 44. Jg. (1974), S. 275-278

ROGALSKI, MARLIES (Prozeßkostenrechnung 1996): Prozeßkostenrechnung im Rahmen der Einzelkosten- und Deckungsbeitragsrechnung, in: Krp, 40. Jg. (1996), S. 91-97

ROSENKRANZ, KARL (Entwicklungskosten 1953): Die Entwicklungskosten im industriellen Rechnungswesen, in: ZfhF, N. F., 5. Jg. (1953), S. 411-423

RÜCKLE, DIETER/KLEIN, ANDREAS (Life-Cycle-Cost 1994): Product-Life-Cycle-Cost Management, in: Neuere Entwicklungen im Kostenmanagement, hrsg. von KLAUS DELLMANN/KLAUS P. FRANZ, Bern/Stuttgart/Wien 1994, S. 335-367

SCHÄTZLE, GERHARD (Forschung und Entwicklung 1965): Forschung und Entwicklung als unternehmerische Aufgabe, Köln/Opladen 1965

SCHEER, AUGUST-WILHELM (Hrsg.): Rechnungswesen und EDV, 10. Saarbrücker Arbeitstagung 1989, Heidelberg 1989

SCHEER, AUGUST-WILHELM (CIM 1990): CIM Computer Integrated Manufacturing - Der computergesteuerte Industriebetrieb, 4., neu bearb. und erw. Aufl., Berlin u.a. 1990

SCHEER, AUGUST-WILHELM (Hrsg.): Grenzplankostenrechnung - Stand und aktuelle Probleme, Hans Georg Plaut zum 70. Geburtstag, 2., durchges. Aufl., Wiesbaden 1991

SCHEER, AUGUST-WILHELM (Hrsg.): Rechnungswesen und EDV, 14. Saarbrücker Arbeitstagung 1993, Heidelberg 1993

SCHEER, AUGUST-WILHELM (Modellunterstützung 1996): Modellunterstützung für das kostenorientierte Geschäftsprozeßmanagement, in: Kostenorientiertes Geschäftsprozeßmanagement - Methoden, Werkzeuge, Erfahrungen, hrsg. von CARSTEN BERKAU/PETRA HIRSCHMANN, München 1996, S. 3-25

SCHERRER, GERHARD (Kostenkontrolle 1994): Probleme der Kostenkontrolle in der aktivitätsorientierten Kostenrechnung, in: Neuere Entwicklungen im Kostenmanagement, hrsg. von KLAUS DELLMANN/KLAUS P. FRANZ, Bern/Stuttgart/Wien 1994, S. 585-606

SCHILDBACH, THOMAS (Vollkostenrechnung 1993): Vollkostenrechnung als Orientierungshilfe - Ein Rechtfertigungsversuch, in: DBW, 53. Jg. (1993), S. 345-359

SCHILLER, ULF/LENGFELD, STEPHAN (Planung 1998): Strategische und operative Planung mit der Prozeßkostenrechnung, in: ZfB, 68. Jg. 1998, S. 525-547

SCHIMANK, CHRISTOF (Entscheidungsunterstützung 1990): Strategische Entscheidungsunterstützung durch prozeßorientierte Kosteninformationen, in: Strategieunterstützung durch das Controlling - Revolution im Rechnungswesen?, hrsg. von PÉTER HORVÁTH, Stuttgart 1990, S. 227-247

SCHNEIDER, DIETER (Kostentheorie 1961): Kostentheorie und verursachungsgemäße Kostenrechnung, in: ZfhF, N. F., 13. Jg. (1961), S. 677-707

SCHNEIDER, DIETER (Entscheidungsrelevante Kosten 1984): Entscheidungsrelevante fixe Kosten, Abschreibungen und Zinsen zur Substanzerhaltung, in: DB, 37. Jg. (1984), S. 2521-2528

SCHNEIDER, DIETER (Abschreibung 1998): Rechnungszweckwidrige wiederbeschaffungswertorientierte Abschreibung, in Krp, 42. Jg. (1998), S. 34-36

SCHNUTENHAUS, O. R. (Kausalität 1967): Über die angebliche Entwertung der Kausalität im Kostenrechnungswesen sowie über Zurechnungsverfahren, in: DB, 20. Jg. (1967), S. 129-133

SCHOLL, KAI/DITTMAR, JUTTA (Prototyping 1996): Rapid Prototyping - Mehr Wissen über neue Produkte, in: Controlling, 8. Jg. (1996), S. 190-191

SCHÜTZDELLER, KLAUS (Projektcontrolling 1991): Projektcontrolling als Führungs- und Informationsinstrument, in: Krp, o. Jg. (1991), S. 19-23

SCHUH, GÜNTHER (Kostenmanagement 1997): Wohin bewegt sich das Kostenmanagement? - Methoden zur verursachungsgerechten Zuweisung von Gemeinkosten auf die einzelnen Produkte, in: Krp, 41. Jg. (1997), S. 34-39

SCHULTE, CHRISTOF (Kostenmanagement 1992): Effektives Kostenmanagement - Methoden und Implementierung, Stuttgart 1992

SCHULTE, CHRISTOF (Komplexitätsmanagement 1992): Komplexitätsmanagement, in: Effektives Kostenmanagement - Methoden und Implementierung, hrsg. von CHRISTOF SCHULTE, Stuttgart 1992, S. 83-94

SCHULTZ, VOLKER (Kostenschätzung 1996): Stochastische Kostenschätzung bei Auftragsprojekten, in: Krp, 40. Jg. (1996), S. 22-27

SCHWARZ, HORST (Kostenträgerrechnung 1969): Kostenträgerrechnung und Unternehmungsführung, Herne/Berlin 1969

SCHWARZE, JOCHEN (Prozeßorientierung 1998): Prozeßorientierung als Grundlage eines Verwaltungscontrolling, in: Controlling, 10. Jg. (1998), S. 80-90

SCHWEIGER, GÜNTER/SCHRATTENECKER, GERTRAUD (Werbung 1992): Werbung - Eine Einführung, 3., bearb. und erg. Aufl., Stuttgart 1992

SCHWEITZER, MARCELL (Systematik 1992): Systematik von Konzepten der Kosten- und Leistungsrechnung, in: Handbuch Kostenrechnung, hrsg. von WOLFGANG MÄNNEL, Wiesbaden 1992, S. 185-202

SCHWEITZER, MARCELL/KÜPPER, HANS-ULRICH (Rationalisierung 1975): Rationalisierung, in: Handwörterbuch der Betriebswirtschaft (HWB), hrsg. von ERWIN GROCHLA/WALDEMAR WITTMANN, 4., völlig umgestaltete Aufl., Stuttgart 1975, Sp. 3303-3311

SCHWEITZER, MARCELL/KÜPPER, HANS-ULRICH (Systeme 1995): Systeme der Kosten- und Erlösrechnung, 6., vollst. überarb. u. erw. Aufl., München 1995

SCHWEITZER, MARCELL/KÜPPER, HANS-ULRICH (Systeme 1998): Systeme der Kosten- und Erlösrechnung, 7. Aufl., München 1998

SEEBERG, THOMAS/SEIDENSCHWARZ, WERNER (Kostenmanagement 1993): 6 Schritte zum marktorientierten Kostenmanagement, in: Marktnähe und Kosteneffizienz schaffen - Effektives Controlling für neue Führungsstrukturen, hrsg. von PÉTER HORVÁTH, Stuttgart 1993, S. 155-172

SEGHEZZI, HANS D./FRIES, STEFAN (Fehlerkostenrechnung 1995): Zweckmäßige Fehlerkostenrechnung anstatt traditioneller Qualitätskostenrechnung, in: Krp, o. Jg. (1995), S. 87-91

SEIDENSCHWARZ, WERNER (Controlling 1998): Controlling für Unternehmen mit beweglichen Strukturen - Ergebnisse einer empirischen Untersuchung und ein erster konzeptioneller Ansatz für die dazugehörige Unternehmenssteuerung, in: Controlling, 10. Jg. (1998), S. 244-251

SERFLING, KLAUS (Controlling 1992): Controlling, 2., überarb. und erw. Aufl., Stuttgart/Berlin/Köln 1992

SERFLING, KLAUS/SCHULTZE, RONALD (Benchmarking 1997): Benchmarking als Tool der Unternehmensführung und des Kostenmanagements, in: Krp, 41. Jg. (1997), S. 193-202

SHENG, QIU (Qualitätsmanagement 1991): Qualitätsmanagement unter besonderer Berücksichtigung des CIM-Konzeptes, Diss., Gießen 1991

SIEBER, EUGEN H. (Forschung 1939): Forschungs- und Entwicklungskosten, insbesondere ihre Behandlung in Erfolgsrechnung und Kalkulation, in: Festgabe für Alexander Hoffmann zu seinem 60. Geburtstag, hrsg. von EUGEN H. SIEBER, Darmstadt/Leipzig 1939, S. 1-32

SIEGWART, HANS (Fertigungstechnologien 1992): Anpassung der Kosten- und Leistungsrechnung an moderne Fertigungstechnologien, in: Handbuch Kostenrechnung, hrsg. von WOLFGANG MÄNNEL, Wiesbaden 1992, S. 791-798

SIEGWART, HANS/KLOSS, URSULA (Verrechnung 1984): Erfassung und Verrechnung von Forschungs- und Entwicklungskosten, Bern 1984

SIEGWART, HANS/RAAS, FREDY (Rechnungswesen 1991): CIM-orientiertes Rechnungswesen - Bausteine zu einem System-Controlling, Düsseldorf 1991

SIEGWART, HANS/SENTI, RICHARD (Life Cycle 1995): Product Life Cycle Management - Die Gestaltung eines integrierten Produktlebenszyklus, Stuttgart 1995

SIMMONDS, KENNETH (Accounting 1989): Strategisches Management Accounting - Ein Paradigma entsteht, in: Controlling, 1. Jg. (1989), S. 264-269

STANDOP, DIRK (Produktrückruf 1992): Kosten von Produktrückrufen, in: Handbuch Kostenrechnung, hrsg. von WOLFGANG MÄNNEL, Wiesbaden 1992, S. 907-916

STEINBACH, W. S. (Qualitätskosten 1988): Qualitätskosten, in: Handbuch der Qualitätssicherung, 2. Aufl., hrsg. von WALTER MASING, München/Wien 1988, S. 879-900

STEINBUCH, PITTER A./OLFERT, KLAUS (Fertigungswirtschaft 1995): Fertigungswirtschaft, 6., akt. Aufl., Ludwigshafen (Rhein) 1995

STELLING, JOHANNES N. (Probleme 1998): Probleme der Bestimmung wertmäßiger Kosten und Erlöse, in: Diskussionspapier 1998/02, hrsg. von der Wirtschaftswissenschaftlichen Dokumentation, Fachbereich 14, Technische Universität Berlin, Berlin 1998

STÖCKERT, BERND/MEYER, SILKE/RÖSLER MIKE (Kostenvorhersagen 1999): Kostenvorhersagen für das Angebotsengineering komplexer Produkte, in Krp, 43. Jg. (1999), S. 22-29

STRECKER, ANDREAS (Prozesskostenrechnung 1991): Prozesskostenrechnung in Forschung und Entwicklung, München 1991

STRIENING, HANS-DIETER (Prozeß-Management 1988a): Prozeß-Management - Versuch eines integrierten Konzeptes situationsadäquater Gestaltung von Verwaltungsprozessen, dargestellt am Beispiel in einem multinationalen Unternehmen, IBM Deutschland GmbH, Frankfurt am Main u.a. 1988

STRIENING, HANS-DIETER (Gemeinkostenmanagement 1996): Aufgaben und Instrumente des Gemeinkostenmanagements, in: Krp, 40. Jg. (1996), S. 9-15

STUDT, JÜRGEN (Projektkostenrechnung 1983): Projektkostenrechnung, Thun/Frankfurt am Main 1983

STÜDEMANN, KLAUS (Immaterielle Güter 1985): Grundlagen zur Unterscheidung von materiellen ind immateriellen Gütern und zu ihrer Aktivierung in der Bilanz, in: DB, 38. Jg. (1985), S. 345-352

TANSKI, JOACHIM (Kostenplanung 1984): Kostenplanung und Kostenkontrolle im Forschung- und Entwicklungsbereich industrieller Unternehmungen, Bern/Stuttgart 1984

THOM, NORBERT (Personalentwicklung 1987): Personalentwicklung als Instrument der Unternehmungsführung - Konzeptionelle Grundlagen und empirische Studien, Stuttgart 1987

TÖPFER, ARMIN (Marketing 1991): Marketing für Start-up-Geschäfte mit Technologieprodukten, in: Technologie-Marketing, hrsg. von ARMIN TÖPFER/T. SOMMERLATTE, Landsberg 1991, S. 163-200

TÖPFER, ARMIN/MEHDORN, HARTMUT (Quality 1995): Total Quality Management - Anforderungen und Umsetzung im Unternehmen, 4., akt. Aufl., Neuwied/Kriftel/Berlin 1995

TYLL, ÁRPÁD (Forschung und Entwicklung 1989): Forschung und Entwicklung im strategischen Management industrieller Unternehmen - Die Integration von technischem und Management-Know-how in die FuE-Planung, Berlin 1989

UNTERGUGGENBERGER, SILVIO (Problematik 1972): Betriebswirtschaftliche Überlegungen zur Problematik der Forschungs- und Entwicklungskosten für neue Industrieprodukte, in: ZfB, 42. Jg. (1972), S. 263-282

VEIT, KLAUS-RÜDIGER (Vermögensgegenstände 1990): Die Behandlung immaterieller Vermögensgegenstände bzw. Wirtschaftsgüter in Handels- und Steuerbilanz, in: Steuer und Studium, 11. Jg. (1990), S. 170-174

VEIT, KLAUS-RÜDIGER (Behandlung 1992): Die bilanzielle Behandlung von Forschungs- und Entwicklungsausgaben, in: WiSt, 21. Jg. (1992), S. 453-457

VIKAS, KURT (Grenzplankostenrechnung 1991): Grenzplankostenrechnung im Dienstleistungsbereich, in: Grenzplankostenrechnung - Stand und aktuelle Probleme, Hans Georg Plaut zum 70. Geburtstag, hrsg. von AUGUST-WILHELM SCHEER, 2., durchges. Aufl., Wiesbaden 1991, S. 229-259

VIKAS, KURT (Kostenmanagement 1996): Neue Konzepte für das Kostenmanagement - Vergleich der aktuellen Verfahren für Industrie- und Dienstleistungsunternehmen, 3., überarb. und wesentlich erw. Aufl., Wiesbaden 1996

VIKAS, KURT (Dienstleistungskalkulation 1996): Dienstleistungskalkulation, in: Kostenorientiertes Geschäftsprozeßmanagement - Methoden, Werkzeuge, Erfahrungen, hrsg. von CARSTEN BERKAU/PETRA HIRSCHMANN, München 1996, S. 27-42

VORMBAUM, HERBERT/FRANZ, KLAUS-PETER/RAUTENBERG, HANS GÜNTER (Forschung 1980): Die Abbildung von Forschung und Entwicklung in der externen Rechnungslegung von Unternehmungen - Ein Beitrag zur Behandlung immaterieller Anlagewerte im Jahresabschluß, in: Wettbewerb und Fortschritt - Festschrift zum 65. Geburtstag von Burkhardt Röper, hrsg. von WALTER HAMM/REIMER SCHMIDT, Baden-Baden 1980, S. 183-204

WÄSCHER, DIETER (Management 1992): Management der gemeinkostentreibenden Faktoren am Beispiel eines Maschinenbau-Unternehmens, in: Effektives Kostenmanagement - Methoden und Implementierung, hrsg. von CHRISTOF SCHULTE, Stuttgart 1992, S. 163-192

WEBER, JÜRGEN (Change-Management 1989): Change-Management für die Kostenrechnung - Zur Notwendigkeit des beständigen Wandels der Kostenrechnung, in: Rechnungswesen und EDV, 10. Saarbrücker Arbeitstagung 1989, hrsg. von AUGUST-WILHELM SCHEER, Heidelberg 1989, S. 30-47

WEBER, JÜRGEN (Change Management 1990): Change Management für die Kostenrechnung - Zum Veränderungsbedarf der Kostenrechnung, in: Controlling, 2. Jg. (1990), S. 120-126

WEBER, JÜRGEN (Kostenrechnung 1991): Kostenrechnung als Controlling-Objekt - Zur Neuausrichtung und Weiterentwicklung der Kostenrechnung, in: Unternehmensdynamik - Horst Albach zum 60. Geburtstag, hrsg. von KLAUS-PETER KISTNER/REINHART SCHMIDT, Wiesbaden 1991, S. 443-479

WEBER, JÜRGEN (Entscheidungsorientierung 1994): Kostenrechnung zwischen Verhaltens- und Entscheidungsorientierung, in: Krp, o. Jg. (1994), S. 99-104

WEBER, JÜRGEN (Kostenrechnung 1994): Einführung in das Rechnungswesen, Bd. 2, Kostenrechnung, 2., durchges. und verb. Aufl., Stuttgart 1993

WEBER, JÜRGEN (Controlling 1995): Einführung in das Controlling, 6., durchges. und erw. Aufl., Stuttgart 1995

WEBER, RUDOLF (Forschungsaufwendungen 1971): Begriff, Erfassung und Kontrolle der Forschungs- und Entwicklungsaufwendungen in der chemischen Industrie, Diss., Basel 1971

WEIGAND, CHRISTOPH (Entscheidungsorientierung 1988): Entscheidungsorientierung im Rahmen der Kostenrechnung, in: Krp, o. Jg. (1988), S. 134-135

WEILENMANN, PAUL (Management Accounting 1992): Management Accounting und neue Technologien, in: Handbuch Kostenrechnung, hrsg. von WOLFGANG MÄNNEL, Wiesbaden 1992, S. 799-809

WEIS, EKART (Projekt-Controlling 1997): Kostenorientiertes Projekt-Controlling, in: Krp, 41. Jg. (1997), S. 87-95

WILD, JÜRGEN (Grundlagen 1974): Grundlagen der Unternehmungsplanung, Reinbek bei Hamburg 1974

WILDEMANN, HORST (Kostenprognosen 1982): Kostenprognosen bei Großprojekten, Stuttgart 1982

WITT, FRANK-JÜRGEN (Deckungsbeitragsmanagement 1991): Deckungsbeitragsmanagement, München 1991

WITTE, EBERHARD (Investitionen 1962a): Forschung, Werbung und Ausbildung als Investitionen, in: Hamburger Jahrbuch für Wirtschafts- und Gesellschaftspolitik, 7. Jg. (1962), S. 210-226

WITTE, EBERHARD (Investitionen 1962b): Immaterielle Investitionen, in: Rationalisierung, 13. Jg. (1962), S. 237-238

WITTMANN, WALDEMAR (Hrsg.): Enzyklopädie der Betriebswirtschaftslehre, Bd. 3, Handwörterbuch der Betriebswirtschaft (HWB), Teilband 3: R-Z, 5., völlig neu gestaltete Aufl., Stuttgart 1993

WÖHE, GÜNTER (Einführung 1993): Einführung in die Allgemeine Betriebswirtschaftslehre, 18., überarb. u. erw. Aufl., München 1993

WOMACK, JAMES P./JONES, DANIEL T./ROOS, DANIEL (Revolution 1994): Die zweite Revolution in der Autoindustrie - Konsequenzen aus der weltweiten Studie aus dem Massachusetts Institute of Technology, dt. Übersetzung von Wilfried Hof, hrsg. von EBERHARD C. STOTKO, 8., durchges. Aufl., Frankfurt am Main/New York 1994

WÜBBENHORST, KLAUS L. (Lebenszykluskosten 1984): Konzept der Lebenszykluskosten, Darmstadt 1984

WÜBBENHORST, KLAUS L. (Lebenszykluskosten 1992): Lebenszykluskosten, in: Effektives Kostenmanagement - Methoden und Implementierung, hrsg. von CHRISTOF SCHULTE, Stuttgart 1992, S. 245-272

WÜEST, GERHARD (Prozeßplanung 1996): Prozeßplanung und -steuerung, in: Controlling, hrsg. von ROLF ESCHENBACH, 2., überarb. und erw. Aufl., Stuttgart 1996, S. 413-441

ZÄPFEL, GÜNTHER (Produktionswirtschaft 1982): Produktionswirtschaft - Operatives Produktions-Management, Berlin/New York 1982

ZANGL, HANS (Durchlaufzeiten 1985): Durchlaufzeiten im Büro - Prozeßorganisation und Aufgabenintegration als effizienter Weg zur Rationalisierung der Büroarbeit mit neuen Bürokommunikationstechniken, Berlin 1985

ZEHBOLD, CORNELIA (Kostenbeeinflussung 1996): Frühzeitige, lebenszyklusbezogene Kostenbeeinflussung und Ergebnisrechnung, in: Krp, 40. Jg. (1996), S. 46-51

ZENTES, JOACHIM (Marketing 1993): Marketing, in: Vahlens Kompendium der Betriebswirtschaftslehre, Bd. 1, 3., überarb. u. erw. Aufl., München 1993, S. 321-395

ZENTRALVERBAND DER DEUTSCHEN WERBEWIRTSCHAFT (Hrsg.): Werbung in Deutschland 1994, Bonn 1994

ZIEGENBEIN, KLAUS (Controlling 1998): Controlling, 6., überarb. u. erw. Aufl., Ludwigshafen (Rhein) 1998

ZIEGLER, HASSO (Leistungen 1982): Immaterielle Leistungen - Eine Herausforderung für Theorie und Praxis, in: ZfbF, 34. Jg. (1982), S. 816-825

ZIEGLER, HASSO (Kostenrechnung 1992): Prozeßorientierte Kostenrechnung im Hause Siemens, in: BFuP, 42. Jg. (1992), S. 304-318

ZIMMERER, CARL (Bilanzmanipulationen 1979): Bilanzmanipulationen, in: DBW, 39. Jg. (1979), S. 459-465

ZWERGEL, ARNULF/FRITZ, GERHARD (Taktische Kosten 1973): Taktische Kosten - Kriterien der Auswahl neuer Produkte im Maschinenbau, in: Krp, o. Jg. (1973), S. 201-210

Peter Lang · Europäischer Verlag der Wissenschaften

Kammel, Andreas

Strategischer Wandel und Management Development

Integriertes Konzept, theoretische Grundlagen und praktische Lösungsansätze

Frankfurt/M., Berlin, Bern, Bruxelles, New York, Oxford, Wien, 2000. 779 S.
Forum Personalmanagement. Bd. 3
Herausgegeben von Michel E. Domsch und Désirée H. Ladwig
ISBN 3-631-36809-7 br. DM 168.–*

Die Arbeit wurde mit dem Heinrich-Büssing-Preis 2000 der Stiftung zur Förderung der Wissenschaften an der Technischen Universität Carolo-Wilhelmina zu Braunschweig ausgezeichnet.
Strategische Managementkompetenzen sind zentrale Komponenten dauerhafter Wettbewerbsvorteile von Organisationen. Mit dieser Arbeit wird das Ziel verfolgt, einen theoriegestützten konzeptionellen Bezugsrahmen und ein problemspezifisches heuristisches Wissenspotential für die Lösung strategiebezogener Problemstellungen des Management Development zu schaffen. Der Ansatz erhebt den Anspruch, ein stärker in das Gesamtkonzept des Managements des strategischen Wandels integriertes Konzept zu repräsentieren, durch das eine Organisation sich unter fortlaufend veränderten Bedingungskonstellationen eher als bei der herkömmlichen Führungskräfteentwicklung in einer Position befindet, die ihr ausreichende Kompetenzen und Handlungsspielräume zu „richtigen" strategischen Problemlösungen bietet. Das theoretisch fundierte Gesamtkonzept dient dazu, den strategischen Gestaltungsabsichten zu einer tragfähigeren Ausgangsbasis zu verhelfen.

Aus dem Inhalt: Konzeptionelle Grundlagen des strategischen Managements und der Führungskräfteentwicklung – Ressourcen- und kompetenzenbezogene Betrachtung von Unternehmen – Lernen in und von Organisationen – Lerntheoretische Grundlagen und Personalentwicklung – Strategische Ausdifferenzierung von Management Development

Frankfurt/M · Berlin · Bern · Bruxelles · New York · Oxford · Wien
Auslieferung: Verlag Peter Lang AG
Jupiterstr. 15, CH-3000 Bern 15
Telefax (004131) 9402131
*inklusive Mehrwertsteuer
Preisänderungen vorbehalten

FSC
www.fsc.org
MIX
Papier | Fördert gute Waldnutzung
FSC® C083411

Kolibri 360 GmbH
Ferdinand-Jühlke-Straße 7
99095 Erfurt, Deutschland
produktsicherheit@kolibri360.de

Druck:
CPI Druckdienstleistungen GmbH
im Auftrag der
Kolibri 360 GmbH
Ferdinand-Jühlke-Str. 7
99095 Erfurt